新时代马克思主义教育学系列教材

总 主 编　顾明远
执行主编　刘复兴

教育管理学

主　编 / 杨颖秀

中国人民大学出版社
· 北京 ·

内容简介

本书以习近平新时代中国特色社会主义思想为指导，充分体现党的二十大精神，牢牢掌握“培养什么人、怎样培养人、为谁培养人”的正确方向，坚持立德树人、课程思政的基本原则，结合我国新时代重要教育战略、政策和法律，阐述教育管理改革的理论与实践，揭示教育治理、教育法治的行动策略，关注教育管理的重点、难点和前沿问题，将教育管理的方法与技术应用于教育管理实践。

本书共十二章，从社会对教育管理人才的需求以及教育管理学的学科体系出发选择内容。第一章为绪论，阐述教育管理学的研究对象及学科性质、教育管理学的发展历程、研究和学习教育管理学的意义及方法。第二至五章为总论，从宏观的视角阐述教育管理的含义、理论基础及变革，教育体制，教育政策与教育法治，教育战略与规划等内容。第六至十二章为分论，从微观的视角阐述教学领导与管理、教育人力资源管理、学生管理、教育财政、学校安全管理、教育督导、教育评价等内容。全书系统地阐述了我国教育管理特别是新时代教育管理的变革和发展趋势，形成具有中国特色的教育管理理论。

本书关照学习者的学习特点和思维特点，选择更利于学习者掌握知识和提高能力的编写体例。每章通过“学习目标”指出学习重点，明确学习路径，通过“拓展阅读”“案例分析”帮助学习者理解和掌握重要理论和重点知识，提高学习者运用所学知识解决教育管理实际问题的能力，通过“理解探究”提出问题，为学习者深入思考搭建桥梁，通过“阅读导航”丰富学习者的学习素材，拓宽学习者的学术视野。同时，通过二维码为学习者查阅党和国家的重要教育政策及法律法规提供方便。

作者简介

杨颖秀，教育学博士，东北师范大学二级教授、资深教授、博士生导师。中国教育学会教育政策与法律研究分会副理事长，中国教育学会教育管理分会副理事长。《中小学管理》《教学与管理》杂志编委。首批国家级一流本科课程“学校管理”负责人。美国太平洋路德大学、弗吉尼亚大学、斯坦福大学以及芬兰赫尔辛基大学访问学者或访问教授。主要从事教育管理、教育法、教育政策等领域的教学与研究工作。多次赴美国、加拿大、英国、西班牙、南非等国家参加学术会议。出版学术著作 1 部，主编教材 10 余本。独立或以第一作者身份发表学术论文 100 余篇，多篇被《中国学术年鉴》、《新华文摘》以及中国人民大学复印报刊资料等转载。主持教师教育国家级精品资源共享课项目、国家社会科学基金项目、教育部人文社会科学重点研究基地重大项目、教育部人文社会科学研究规划基金项目、全国教育科学规划重点课题、国务院学位委员会办公室委托课题等。荣获第三届、第四届全国教育科学研究优秀成果奖三等奖，吉林省第七届、第八届、第十届社会科学优秀成果奖二等奖，吉林省第五届、第六届、第七届、第八届、第十届教育科学优秀成果奖一等奖等。

总　序

党的十八大以来，中国特色社会主义进入新时代。党的十九大把习近平新时代中国特色社会主义思想确立为全党的指导思想。面对世界百年未有之大变局、第四次工业革命以及数字文明时代到来的挑战，习近平总书记在全国教育大会上明确指出“教育是国之大计、党之大计”，把我国教育的地位和作用提到前所未有的高度，提出了一系列关于教育的重要论述，突出强调了“培养什么人、怎样培养人、为谁培养人”这一教育的根本问题，提出了德智体美劳全面发展与培养堪当民族复兴重任的时代新人的根本要求。党的二十大报告提出中国式现代化理论，强调了建设教育强国的重大战略意义，要求实现教育、科技与人才三位一体的战略布局。2022 年 4 月 25 日，在中国人民大学考察时，习近平总书记提出“建构中国自主的知识体系”。2023 年 5 月 29 日，习近平总书记在中共中央政治局第五次集体学习时发表重要讲话，提出要加快建设教育强国。加快建设教育强国，实现教育的创新驱动发展与高质量发展已经成为新时代我国教育重大变革的新要求。

我国教育学的发展面临新的历史契机。教育学理论建设也要与时俱进，努力建设中国特色、世界水平教育学理论体系。一是要坚持马克思主义指导地位与习近平新时代中国特色社会主义思想。马克思主义是我们的根本指导思想。辩证唯物主义与历史唯物主义哲学为我们从事教育学研究提供了根本的世界观与方法论。坚持马克思主义指导地位与坚持中国特色社会主义教育发展道路，是新时代建设中国特色、世界水平教育学理论体系的基本要求。习近平新时代中国特色社会主义思想是把马克思主义基本原理同中国具体实际相结合、同中华优秀传统文化相结合的最新成果，是当代中国马克思主义、21 世纪马克思主义。习近平总书记关于教育的重要论述，从教育的地位与作用、人的全面发展、教育与生产劳动相结合等方面继承与发展了马克思主义教育理论，从中华优秀传统文化的现代使命与中国式教育现代化等方面创新与发展了马克思主义教育理论。马克思主义与习近平新时代中国特色社会主义思想进教材、进课堂、进头脑，是我国教育学理论体系建设需要认真完成的时代课题。

二是要研究新问题、创造新理论与建设新体系。加快建设教育强国的战略要求提出了教育学需要研究的一系列新的重大理论与实践问题，如习近平总书记关于教育的重要论述的理论体系，中国特色教育学自主知识体系的建构，中国式教育现代化基本问题，作为国之大计、党之大计的教育的地位与作用，教育、科技与人才三位一体的战略布局，拔尖创新人才培养模式，大中小学思政教育一体化建设以及建构良好的教育环境与生态，等等。这些既是新的时代要求又是我国教育学发展的新的契机。教育学工作者要系统研究这些新问题，研究中国问题、本土问题；要切实加强新的社会条件下教育基本理论与基本规律的研究，创新和发展中国特色社会主义教育理论，特别要关注战略教育学的建设问题，努力建构具有世界水平的中国特色教育学自主知识体系。

三是要认真研究与回应数字文明的新趋势与新问题，发展中国特色数字教育学。数字文明时代的到来对于教育学的发展是一个根本性的挑战。未来哪个国家能够站在世界教育数字化转型的前沿，哪个国家能够具备世界水平的教育，哪个国家就会摘得世界教育皇冠上的明珠。在教育的数字化转型这个问题上，无论是理论还是实践，目前我们大致与欧美发达国家处在同一条起跑线上，这也是发展中国特色教育学理论体系的一个契机。我们必须抓住这个机会，大力创新与发展中国特色数字教育学。

四是要继承与发扬中华优秀传统文化，坚持马克思主义与中华优秀传统文化相结合。5 000 多年的中华优秀传统文化蕴含着中华民族丰富的教育智慧。学思结合、知行合一、因材施教等教育思想直到今天仍然闪耀着智慧的光芒。中华优秀传统文化、革命文化、社会主义先进文化以及人类一切优秀的文明成果，对于我们今天强化中国特色社会主义教育道路自信、理论自信、制度自信与文化自信，建设良好的教育环境与生态都具有重要的指导意义。新时代中国特色教育学理论体系的建设必须做好马克思主义与中华优秀传统文化相结合这篇大文章。

五是要实现研究方法论的转型。研究方法论的现代化问题一直是我国教育学研究与学科建设的一个薄弱环节。在建构中国特色教育学自主知识体系的过程中，实现研究方法论的转型十分必要。一方面，要坚持马克思主义哲学方法论与习近平新时代中国特色社会主义思想的方法论。另一方面，要补好世界教育学史中关于解释主义、实证主义、分析主义与行动研究的课；要瞄准哲学方法论与科学方法论变革的世界前沿，处理好文化分析与大数据分析、科学主义与人文主义、政策科学与政策分析、线上教育研究与线下教育研究的关系，积极推动教育学研究领域跨学科与跨文化的发展。

从历史的眼光来看，明末清初以来，西学东渐是世界范围内知识传播的一个基本特点。我国近代教育学的发展也主要是一个西学东渐的过程，早期先是通过学习日本明治维新的经验来学习欧洲赫尔巴特的教育学，20 世纪二三十年代则主要学习美国杜威的教育学理论，新中国成立早期主要是对于苏联凯洛夫教育学的学习，改革开放以后又有一轮学习欧美教育学的热潮。在这个历史进程中，马克思主义教育理论的创新与发展是一个重大的历史事件。特别是 1921 年中国共产党成立以后，马克思主义教育理论得到了长足发展。中国的马克思主义教育学是在马克思主义指导下，在中国共产党的革命、社会与教育实践的基础上，把马克思主义基本原理同中国具体实际相结合、同中华优秀传统文化相结合而形成与发展起来的具有中国特色的教育学理论。毛泽东教育思想、邓小平教育理论与习近平总书记关于教育的重要论述继承、发展与创新了马克思主义教育理论。

马克思主义基本教育原理与中国共产党 100 多年教育理论与实践的发展，为新时代研究与探索中国特色教育学自主知识体系奠定了坚实的基础。新时代我们要以中国式现代化推进中华民族伟大复兴，必须加快建设教育强国，必须努力建设中国特色、世界水平教育学理论体系。在实现中国式现代化的进程中，改变教育学西学东渐的知识传播格局，积极推进马克思主义基本教育原理与习近平总书记关于教育的重要论述进教材、进课堂、进头脑，探索与建构中国特色教育学自主知识体系，成为中国教育学科发展与教育学工作者的历史性任务。

为了推动完成这样一个历史任务，中国人民大学出版社策划了“新时代马克思主义教育学系列教材”。这套教材，一是以习近平新时代中国特色社会主义思想与习近平总书记关于教育的重要论述为基本遵循，以马克思主义科学方法论为编写指导；二是尊重中国教育本土发展与中国共产党百余年来办教育的实际历程，扎根于中国教育理论与实践发展的土壤之中，用中国本土的研究语言来呈现教育学理论的发展；三是充分体现世界范围内教育学科发展的最新研究成果，具有鲜明的时代性、理论性、前瞻性和创新性，是全国首套新时代马克思主义教育学系列教材。本套教材既呈现了马克思主义教育学的基本特色，全面反映了马克思主义关于教育的地位与作用、人的全面发展及教育与生产劳动相结合的理论体系，又深度融合和贯彻了习近平总书记关于教育的重要论述，具体反映了习近平总书记关于教育的重要论述对于马克思主义教育理论的创新与发展的理论成果，努力推动建构新时代中国特色教育学自主知识体系。

前　言

管理科学的诞生已有一个多世纪的历史，与之相伴，教育管理也在科学管理的轨道上不断前行。为此，中外学者对教育管理实践变革的著述层出不穷。时至今日，教育管理学已然形成了相对系统的知识体系，与教育学、管理学、法学、政策学、决策学、领导学、社会学、统计学等社会科学和自然科学的分支学科交叉相融。这种交叉性既反映了教育管理活动的复杂性和系统性，也反映了教育管理学研究的动态性、综合性以及应用性等特征。

中国共产党第二十次全国代表大会指出："实践没有止境，理论创新也没有止境。"不可否认，管理理论源于西方的科学管理理论，其是建立在大量的实验及实践基础之上的，并对后来的管理实践产生了重要的影响。但这并不意味着任何国家包括教育管理在内的任何管理活动都要或都在复制源于企业管理研究的西方管理理论。这就向本书的编写提出了一系列无法回避的问题，例如：书中如何阐述西方管理理论及其演进过程？如何认识西方管理理论与中国教育管理实践变革的关系？如何构建具有中国特色的教育管理学的理论、知识及方法体系，讲出中国教育管理学的学术话语？要回答这些问题，唯一正确的选择就是以马克思辩证唯物主义和历史唯物主义为指导，正确看待理论与实践的关系以及理论与特定历史环境的关系。针对这些问题，本书做了如下探索：

第一，如何阐述西方管理理论及其演进过程？如何认识西方管理理论与中国教育管理实践变革的关系？对于这两个问题，本书坚持以历史唯物主义为指导，按照西方管理理论的演进过程，概述不同理论的基本观点，分析其形成的历史背景和未来的发展趋势，并遵循辩证唯物主义方法论，客观地剖析不同的理论对社会发展特别是对教育管理实践变革的积极影响与消极影响，进而依据辩证唯物主义，阐述中国教育管理的实践变革与理论创新。结论表明，中国的教育管理实践对西方的管理理论不是完全照搬，而是入境问俗、有的放矢、与时俱进地立足于中国的政治、经济、文化、人口、教育等背景，走中国教育管理实践的变革之路。为此，本书在第二章专设第三节对国内外的教育管理变革进行概括总结，重点阐述了治理理论影响下中国教育管理的实践变革与理论创新，从"推进国家治理体系和治理能力现代化"目标的提出，到各级各类教育治理的聚焦点和成绩的取得，全方位地展现了中国教育管理的治理策略和理论生长点。在此基础上，以下各章分别呈现了教育治理的不同侧面。包括：在"教育体制"一章，通过对中国教育管理体制、学校领导体制、办学体制演进过程的阐述，突出了坚持党的领导的本质特征；在"教育政策与教育法治"一章，阐述了依法治国、依法治教的教育治理进程；在"教育战略与规划"一章，通过对不同阶段教育战略重点的阐释，彰显教育优先发展的治国理政战略；等等。

西方管理理论的演进也带来了学术话语上的改进，其中无法忽略的就是“领导”一词的出现以及对领导行为与管理行为的认识转变。韦伯的组织理论、西蒙的决策理论等，都在一定程度上包含着对领导职能和领导行为的认识。但这种认识并没有和管理相对立，所以在组织行为学中，有些理论既被称为管理理论也被称为领导理论，如管理方格理论也被称为领导方格理论，权变理论主要阐述领导的权变领导风格。但由于决策的重要性凸显，因此，“领导”“领导者”“领导力”等术语越来越多地受到管理实践的重视，在教育管理中出现了“道德领导”“课程领导”“校长领导力”等术语。对此，本书为能呈现一个完整的管理理论框架，在第二章对“管理理论”的阐述中一直没有出现对“领导理论”的系统介绍，而是通过“教学领导与管理”一章，集中阐述了领导的含义和领导理论的演进过程，对领导与管理的关系做了解析，并阐述了“诚实领导”等前沿领导理论。也就是说，领导理论对中国的教育管理实践具有重要的影响，认识领导与管理的差异，有助于教育管理为办好人民满意的教育做出正确的决策。

第二，如何构建具有中国特色的教育管理学的理论、知识及方法体系，讲出中国教育管理学的学术话语？这一问题离不开如前所述的对中国教育管理实践的理解，也直接关乎本书的内容选择和体系设计。目前已经出版的教育管理学著作体系多样。有的侧重于理论研究，有的侧重于实践研究，有的侧重于要素研究，有的侧重于职能研究，有的进行综合研究。但大多版本的基本架构还是分为教育管理的理论基础、教育行政、学校管理三个板块设计教育管理学的著作体系，并且通常将基础教育管理和高等教育管理的内容分在不同的著作中阐述。然而，教育管理实践的纵横体系并不是截然割裂的，而是在国家大政方针的统一引领下同步进行的，这就无法将教育行政与学校管理、高等教育管理与基础教育管理的界限划分得十分清晰。因此，本书的编写紧紧围绕国家的教育方针及政策法律，特别是新时代的教育政策法律，本着系统融合、注重差异的原则，从教育管理学的知识结构和我国教育管理实践变革的整体样态出发选择其内容，设计其体系。其中，对西方管理理论及其演进过程、西方管理理论与我国教育管理实践变革的关系的阐述已经述及。而“教育人力资源管理”“学生管理”“教育财政”“教育督导”“教育评价”等，都是在教育政策与教育法治、教育战略与规划的引领和规约下，统合阐述宏观管理和微观管理、高等教育管理和基础教育管理的相关内容的。例如，“教育人力资源管理”一章，统合了“教育行政人员的管理”“学校领导人员的管理”“教师的管理”三部分内容，而不是将这些人员的管理分别写在教育行政和学校管理板块。此外，还突出了教育人力资源管理在注重道德素质、改革职级职务职称制度、强调责任追究等方面的特色。对于“教学领导与管理”以及“学校安全管理”，除基本理论相通外，在具体的课程设计和学生伤害事故防范等方面，因为高等教育和基础教育有着很大的差异，所以本书以基础教育为重点展开具有针对性的阐述和分析。“教学领导与管理”一章，不仅集中阐述了领导理论，还重点阐述了基础教育课程改革实践在突出素质教育、贯彻党的教育方针、培养德智体美劳全面发展的社会主义建设者和接班人等方面取得的成绩。“学校安全管理”一章，在突出学生伤害事故防范的同时，也将学校空间管理的知识融入其中。这样设计本书的知识体系，不仅将教育管理的计划、组织、指导、协调、控制、监督等职能和人、财、物、时间、空间、信息等要素管理统一了起来，也减轻了学习者的学习负担。需要提及的是，本书在阐述教育管理的内容时虽然也从教育行政和学校管理两个方面着手进行交代，但最终更强调的是两者的统一关系。

系统融合、注重差异的原则同样体现在对“研究和学习教育管理学的方法”的阐述上。教育管理学的研究过程也是学习的过程，反之亦然。因此，本书并没有对研究和学习教育管理学的方法进行严格区分。同时，基于对管理有法但无定法的考量，也没有更多地列举研究与学习教育管理学的方法，而是采用举一反三、突出重点的策略，在文献研究法中，延伸了统计资料分析、内容分析、历史-比较分析的方法，在此基础上重点介绍了调查研究法、实验研究法、案例研究法，这些都是教育管理学研究经常使用的和比较适用的方法。除此之外，在“教育督导”和“教育评价”两章还介绍了督导和评价的具体方法，解释了“教育评估”和“教育评价”在中国教育管理语境下的使用方式，以避免在教育评价过程中出现偏颇。

教育管理学在发展过程中，学科知识体系逐渐扩大，研究内容更加深化，不仅形成了坚实的理论基础和独立的知识及方法体系，还逐渐分化出了包括教育行政与学校管理、教育领导与决策、教育政策与法律、教育经济与财政、教育督导与评价、教育统计与测量等内容的学科群。面对这种情况，本书提出了重新思考教育管理的学科定位问题，以便为教育管理学科的发展提供更大的空间。

最后需要说明的是，对于信息要素的管理本书并没有浓墨重彩。主要的思考在于：在数字时代，越来越多的管理者或领导者、教育者、受教育者成为这一时代的“原住民”，他们对信息技术的使用并不陌生，教育的发展也使现代技术设备进入教育教学和教育管理过程。但问题在于如何抵御数字时代给受教育者带来的伦理困扰及身心伤害。对此，在“学校安全管理”一章从“学生伤害事故的隐患及防范”的角度阐述了相关的内容。但这种安排的力度或许还不充分，有待于继续完善。

受中国人民大学出版社的信任和邀请编写《教育管理学》一书，我们感到十分荣幸和欣慰。要讲好中国教育管理的实践故事，说好中国教育管理的学术话语，写好一本具有中国特色的《教育管理学》实属不易。本书在编写之初真诚地邀请了几位具有教育和教育管理专业背景、长期从事教育管理理论研究和教育教学实践、具有丰富的教育管理工作经验的专家学者参与本书的编写工作。如今，在全体人员的精诚合作下完成了这项工作，具体分工如下：杨颖秀（教授、博士生导师）主持编写、统稿，并编写第一章、第六章、第七章、第十章，杨朔镔（副教授、硕士生导师）编写第二章、第三章，王智超（教授、博士生导师）编写第四章、第五章，李宁（教授、硕士生导师）编写第八章，夏雪（副教授、博士生导师）编写第九章，刘海滨（教授、博士生导师）编写第十一章、第十二章。

本书在编写的过程中借鉴了诸多学者的研究成果，在此深表诚挚的谢意！书中存在的这样或那样的问题及不足，敬请读者批评指正。

再次感谢中国人民大学出版社对出版此书的支持！

杨颖秀

2023 年 12 月 19 日

目　录

第一章　绪　论

学习目标

1. 掌握教育管理学的研究对象及学科性质。
2. 了解教育管理学的发展历程。
3. 理解研究和学习教育管理学的意义。
4. 掌握研究和学习教育管理学的方法。

第一节　教育管理学的研究对象及学科性质

中国共产党第二十次全国代表大会提出了一系列教育的任务目标，要求办好人民满意的教育，全面贯彻党的教育方针，培养德智体美劳全面发展的社会主义建设者和接班人。要将这些任务目标付诸实践，就需要懂得教育管理理论，遵循教育管理规律，发挥好教育管理的各项职能，对教育实施科学的管理。而这一系列行动恰恰是教育管理学要研究的重要内容。

一、教育管理学的研究对象

教育管理学是研究教育管理现象及其规律的学科。

教育管理现象是指教育管理活动中表现出来的外部形态和联系。通过分析教育管理现象可以探究现象背后的问题，分析引发问题的原因，进而有针对性地选择解决问题的方案。也就是说，透过教育管理现象可以找到现象背后的本质，即找到教育管理现象固有的，决定教育管理性质、面貌以及发展的根本属性。

教育管理规律是指教育管理现象之间的内在的本质联系。如果不同的教育管理现象之间的内在的本质联系不断反复出现，在一定条件下经常起作用，并使教育管理向着一定的趋向发展，则这种本质联系就是教育管理的规律。

教育管理学就是要在分析教育管理现象本质属性的前提下，揭示教育管理现象之间的内在的本质联系，发现教育管理规律，掌握和运用教育管理规律。

教育管理现象具体通过各级各类教育组织以及教育管理者的管理活动表现出来，也通过受教育者的行为反馈出来。教育组织包括宏观管理教育事务的各级教育行政组织，例如，教育部、教育厅、教育局等，也包括微观管理教育事务的各级各类学校，例如，按学制系统划分的小学、初中、高中、大学，按学校类型划分的普通教育学校、特殊教育学校等。教育管理者包括教育行政组织的管理者，也包括学校的管理者。教师在参与学校管理活动以及班级和课堂管理活动时，也是学校的管理者。家长也具有参与学校管理和监督的权利，也是一定意义上的学校管理者。教育组织以及教育管理者的管理活动很多，例如，教育行政部门发布教育政策，学校设计课程，教师评价学生，学生参加班级活动，家长与学校合作，等等。教育管理现象就存在于这些组织和个体的教育管理活动之中，发现这些现象内在的本质联系及其对教育管理发展产生的趋向性影响，就可以发现一定的教育管理规律。

二、教育管理学的学科性质

《现代汉语词典》将“学科”一词定义为“按照学问的性质而划分的门类，如自然科学中的物理学、化学”①，又将“学问”定义为“正确反映客观事物的系统知识”②。《中国大百科全书·教育》将学科称为“教学科目”，将其定义为依据一定的教学理论组织起来的科学基础知识体系③。根据《现代汉语词典》和《中国大百科全书·教育》对学科的定义，作为学科至少需要满足两个条件。一是要有系统的知识体系，二是其知识体系要能体现一定的学科性质。而这种性质则应源于学科在科学中的分科知识体系性质，因为科学被称为反映自然、社会、思维等的客观规律的分科的知识体系④。教育管理学是单一体现自然、社会、思维某一分科的知识体系，还是交叉体现多分科的知识体系，就成为认识教育管理学学科性质的基本依据。

教育管理学是研究教育管理现象及其规律的学科，它不同于“研究人类教育活动及其内在规律”⑤ 的教育学，也不同于“研究人类管理活动一般规律”⑥ 的管理学。但教育管理学又要应用教育学和管理学等学科的基本理论管理教育。所以，教育管理学是交叉学科。2021 年，国务院学位委员会印发《交叉学科设置与管理办法（试行）》，将“交叉学科”定义为：多个学科相互渗透、融合形成的新学科，具有不同于现有一级学科范畴的概念、理论和方法体系，已成为学科、知识发展的新领域。交叉学科的设置需满足具有新的、明确的研究对象以及需要通过多学科理论和方法交叉融合解决的新科学问题和现象，具有形成相对独立的理论、知识和方法体系的发展潜力等基本条件。教育管理学的理论、知识和方法体系，不仅交叉融合教育学和管理学的理论、知识和方法体系，还交叉融合法学、政策学、决策学、领导学、社会学、统计学等学科的理论、知识和方法体系，这些学科既有自然科学分科也有社会科学分科。教育管理学通过交叉融合这些学科的理论、知

---

① 中国社会科学院语言研究所词典编辑室．现代汉语词典［M］．7 版．北京：商务印书馆，2016：1488.

② 同①1489.

③ 中国大百科全书总编辑委员会《教育》编辑委员会，中国大百科全书出版社编辑部．中国大百科全书·教育［M］．北京：中国大百科全书出版社，1985：434.

④ 同①735.

⑤⑥ 《管理学》编写组．管理学［M］．北京：高等教育出版社，2019：1.

识、方法及技术，构建其知识体系，并据此管理教育事务，解决教育及教育管理中的问题。因此，教育管理学是一个交叉学科。学科之间的交叉可以分为三种情况：第一种情况是部分交叉关系，第二种情况是包含交叉关系，第三种情况是重合交叉关系。教育管理学与教育学和管理学等学科的交叉应当属于第一种情况。其学科体系包括教育行政与学校管理、教育领导与决策、教育政策与法律、教育经济与财政、教育督导与评价、教育统计与测量等内容。

本书主要是对教育管理学的理论、知识、方法以及教育管理实践变革进行概要阐述。既要掌握教育管理学的理论、知识和方法体系，还需要深入学习教育管理学诸多子学科的系统知识。

第二节 教育管理学的发展历程

教育管理学作为一门学科，经历了从诞生到成熟的发展过程。政治、经济、文化、技术的变迁和人的身心发展规律的永恒，是影响教育管理学发展的重要因素。

一、教育管理学的诞生

1908年，美国的达顿（Dutton）和斯奈登（Snedden）创作的《美国公共教育管理》（*The Administration of Public Education in the United States*）被认为是教育管理学产生的代表作。《美国公共教育管理》英文版共31章、600余页，呈现了当时条件下教育管理实践从宏观到微观的全部过程。它从美国学校管理介绍入手，具体对促进优质教育的因素、联邦政府与教育、州政府与教育及管理、地方政府与教育管理、教育管理中的问题、城市学校制度及管理、公共教育财政、校舍、教科书及其提供、教学与督学、教职工、教师服务与改进、幼儿园和小学督导、小学课程学习、等级与升级、中学管理、师范学校管理、职业教育管理、体育管理、改正教育管理、问题儿童教育管理、夜校和继续教育学校管理、义务教育和童工法、学校纪律与政府、学校记录和报告、公共教育的未知领域、学校与社会等方面，做了详尽的论述。从这些内容来看，教育管理学研究从开始就包括各级政府对各级各类教育的管理和对各级各类学校的内部管理两个层面。在不同层面的管理中，管理的主体已经涉及政府、学校、社会；管理的事项已经涵盖法律、体制、制度、督导、教学、财政、校舍；管理中的人已经包括教职工、学生等。之所以会有如此完整的体系，主要是因为19世纪末20世纪初工业革命风起云涌，科学管理理论已经诞生，各国义务教育迅速普及，教育的内外情况迫切要求尽快提高教育管理的水平。因而，在教育管理主体、事项、对象相对稳定的情况下，教育管理学有了明确的研究领域，并成为一门独立的学科①。

《美国公共教育管理》问世后，在世界范围内相继出现了众多的教育管理学著作，其中包括中国在20世纪30年代至40年代出版的一批教育管理学的著作。诸如：常导之

---

① 杨颖秀．教育管理学的发展轨迹、价值取向及其对研究者素质的挑战［J］．教学与管理，2005（28）：5-8.

1930年的《教育行政大纲》(上、下)、张季信1931年的《中国教育行政大纲》、杜佐周1933年的《教育与学校行政原理》、罗廷光1942年的《教育行政》等，均是教育管理学发展史上的代表作。这表明，中国的教育管理学研究在历史上是与世界同步的。

新中国成立以后，受多种因素的影响，中国起步较早的教育管理学研究中断了30余年，20世纪80年代中期以后才重新起步。在教育管理学研究者的努力下，20世纪90年代至20世纪末一批教育管理学著作相继出版了。例如，陈孝彬主编的《教育管理学》(北京师范大学出版社，1990年第1版、1999年修订版)、陈孝彬和高洪源主编的《教育管理学》(北京师范大学出版社，2008年第3版)、安文铸著的《现代教育管理学引论》(北京师范大学出版社，1995年第1版)、刘文修编著的《教育管理学》(河北教育出版社，1996年第1版)、萧宗六著的《教育管理研究》(华中师范大学出版社，2000年第1版)、吴志宏等主编的《新编教育管理学》(华东师范大学出版社，2000年第1版、2008年第2版)等。这些教育管理学著作都系统地阐述了教育管理学的知识体系，在丰富教育管理学理论、助推教育管理实践变革方面起到了重要的承上启下的作用。

二、教育管理学的发展

历经百余年的努力，21世纪以后，大批的教育管理学著作问世，并表现出在继承已有研究的基础上再发展的新特点。继承表现为学科体系的延续，这是由教育管理的对象决定的；发展表现为研究范围的扩大和内容的深化，这是由管理理论，管理实践，科学技术的发展、变革和创新决定的。

例如，《教育管理理论与实践》(*Educational Administration Concepts and Practices*)一书，其内容分为四个部分。第一部分：基本原则和理论，包括管理理论的发展、组织结构、组织文化。第二部分：管理过程，包括动机、领导、决策、交往、组织变革。第三部分：教育结构构建，包括联邦和州政府与教育、地方学区、学校财政与运营、法律视角与教育。第四部分：项目与服务管理，包括课程发展和执行、分析和改进教学、人力资源管理、教育管理生涯等。从这一著作的体系来看，其仍从教育管理实践出发，包括了教育管理过程、教育管理组织结构、教育法律、教学管理、人的管理、财务管理等内容，但在理论研究上明显地扩大了视野，强调对理论发展脉络和组织理论的研究，强调人力资源管理，强调教育管理的专业性以及教育管理者的职业生涯①。这种变化反映了研究者对现代教育管理的理论性与实践性认识的深化以及科学技术的发展对教育管理实践的要求。

我国在21世纪以后也有大批的教育管理学著作问世。例如，吴志宏主编的《教育管理学》(华东师范大学出版社，2001年第1版)、杨颖秀著的《教育管理学》(东北师范大学出版社，2002年第1版)、黄崴著的《教育管理学：概念与原理》(广东高等教育出版社，2002年第1版)、孙绵涛著的《教育管理学》(人民教育出版社，2006年第1版)、吴志宏主编的《教育管理学》(人民教育出版社，2006年第1版)、张新平著的《教育管理学导论》(上海教育出版社，2006年第1版)、黄崴主编的《教育管理学》(中国人民大学出

① 杨颖秀．教育管理学的发展轨迹、价值取向及其对研究者素质的挑战[J]．教学与管理，2005(28)：5-8.

版社，2009年第1版）、司晓宏著的《教育管理学论纲》（高等教育出版社，2009年第1版）、褚宏启和张新平主编的《教育管理学教程》（北京师范大学出版社，2013年第1版）、曾天山和褚宏启主编的《现代教育管理学》（教育科学出版社，2014年第1版）等。

这些著作一方面继承了教育管理学的学科体系，主要从教育行政和学校管理的宏观管理和微观管理的视角对教育管理的基本理论、教育管理体制、教育政策与法律、教育的人财物管理、教育督导评估等不同方面进行阐述；另一方面也扩大了研究范围和深化了研究内容。以孙绵涛著的《教育管理学》为例，包括导论及其他六论，即教育管理学理论范畴及理论逻辑的新探索、教育管理学科论、教育管理活动论、教育体制论、教育机制论、教育管理观念论、教育管理人论。在教育管理学科论中认为学科的知识形态是学科之所以成为学科的本质属性，同时认为，学科具有系统创造知识的价值和系统的管理价值以及全面育人的价值①。这种体例突出反映了对教育管理学科理论体系建构的深入化发展趋势。

三、教育管理学的分化与成熟

由于教育管理学研究的逐渐深化和研究内容的不断丰富，对教育管理某一领域的研究呈现出相对完善的状态，并以专门著述的方式不断从教育管理学中分化出来。从国内外情况来看，教育管理学逐渐分化出了专门研究教育行政、学校管理、教育组织、教育法律、教育政策、学校课程领导与管理、教育经济、教育财政、学校领导、教师管理、学校安全、教育统计、教育测量、教育督导、教育评价、教育管理方法、教育技术等的著作。

例如，我国专门研究教育行政的著作主要有：张济正等主编的《教育行政学通论》（华东师范大学出版社，1992年第1版）、萧宗六和贺乐凡主编的《中国教育行政学》（人民教育出版社，1996年第1版、2004年第2版）、吴志宏著的《教育行政学》（人民教育出版社，2000年第1版）、孙绵涛主编的《教育行政学》（高等教育出版社，2006年第1版）等。

教育行政方面的著作多从教育行政基本理论、教育行政组织、教育制度和教育管理体制、教育法律与政策、教育人财物的管理、教育规划、教育督导、教育评价等领域阐述教育行政的理论、知识和方法。以张济正等主编的《教育行政学通论》为例，全书分为绪论、教育行政目的论、教育行政法制论、教育行政组织论、教育行政活动（因素）论、教育行政活动（职能）论，共6编，18章。其中，“教育行政活动（因素）论”一编撰写的是教育人财物的行政活动，“教育行政活动（职能）论”一编撰写的是教育事业发展计划、教育督导、教育评价、教育科学研究、教育统计的行政活动。

又如，我国专门研究学校管理的著作主要有：北京教育行政学院学校管理教研室编的《学校管理》（教育科学出版社，1981年第1版）、齐亮祖主编的《普通学校管理学》（辽宁教育出版社，1985年第1版）、萧宗六的《学校管理学》（人民教育出版社，1988年第1版、1994年第2版、2001年第3版、2008年第4版、2018年第5版）、张济正主编的

① 孙绵涛．教育管理学［M］．北京：人民教育出版社，2006：42-44．

《学校管理学导论》（华东师范大学出版社，1990 年第 2 版）、孙灿成主编的《学校管理学概论》（人民教育出版社，1993 年第 1 版）、黄兆龙编著的《现代学校管理学新论》（中国经济出版社，1994 年第 1 版）、阎德明主编的《现代学校管理学》（人民教育出版社，1999 年第 1 版）、杨颖秀主编的《学校管理学》（人民教育出版社，2004 年第 1 版）、杨天平著的《学校常规管理学》（人民出版社，2004 年第 1 版）、杨颖秀著的《学校管理》（北京师范大学出版社，2012 年第 1 版）、赵敏主编的《学校管理学》（广东高等教育出版社，2017 年第 1 版）等。

学校管理方面的著作多从学校管理理论、学校管理理念、学校管理文化、学校组织管理、学校人的管理、学校物的管理、学校活动管理、学校管理方法等领域阐述学校管理的理论、知识和方法。以萧宗六的《学校管理学》为例，在历经 30 年的时间里，经过五次出版，构建了具有代表性的学校管理学的知识体系。全书分为学校管理学基本理论、学校管理理念、学校人员管理、学校工作管理（上）、学校工作管理（下）等。在“学校管理理念”一编，将全面贯彻教育方针、实施素质教育和依法治校作为学校管理理念。在“学校工作管理（上）”一编，将德育、智育、体育卫生、美育、劳动技术教育、社会实践活动作为学校管理的重要工作，改变了将智育等同于教学的认识，将全面贯彻教育方针贯穿于学校管理的全过程。

教育管理学研究领域出现的综合研究教育管理现象及其规律的教育管理学与分化研究教育管理现象及其规律的专门著述并存的现象，导致了教育管理学科知识体系的逐渐扩大、研究内容的更加深化，教育管理学已经形成一个学科群，并促使教育管理理论与实践工作者重新思考教育管理学的学科地位问题，提出将教育管理学科从已有的二级学科归位为一级学科①。与此同时，从属于教育管理学的一些研究领域如教育领导与管理、教育政策与法律、教育测量与评价等，已出现在学科目录的二级学科中。因此，综合研究与分化研究并存的现象意味着教育管理学作为一门学科已经成熟，形成了独自的理论、知识和方法体系。

教育管理学的成熟表现为综合研究与分化研究教育管理学的著作层出不穷、学科逐渐分化、研究领域不断扩大、研究内容更加深化等，除此之外，国内外还有较多的教育管理领域的期刊等不断涌现。例如，国内的《中小学管理》《教学与管理》《现代教育管理》等，国外的 *Educational Administration Quarterly*、*Educational Leadership*、*Educational Management Administration & Leadership*、*School Effectiveness and School Improvement* 等，都是集中研究教育管理问题的重要载体，对教育管理学的发展起到了有力的促进作用。

在教育管理学逐渐走向成熟的过程中，我国各种社团组织也相继出现。1981 年 4 月，全国教育学研究会第二届年会在福州召开，会上部分学者请求成立全国学校管理研究会筹备组。1983 年 10 月，中国教育学会学校管理研究会在西安举行成立大会暨首届学术年会，1985 年 7 月，在贵州省贵阳市举行第二届学术年会，1987 年改为中国教育学会教育管理

---

① 杨颖秀．走出徘徊：确立教育管理学一级学科地位的思考［J］．中小学管理，2008（12）：14－17；秦惠民，申素平．教育类一级学科设置探讨［J］．教育研究，2009（9）：40－45．历史上，教育管理学之所以在学科目录中被列为二级学科，主要原因有两个：其一是受苏联早期教育学体系将学校管理作为其四大模块之一的影响，其二是人们对管理的科学性以及管理与教育的关系的认识还不够准确和不够充分。

研究会，现称中国教育学会教育管理分会。中国教育学会教育管理分会成立后，下设专门研究教育管理学科建设与发展的学术组织，此后按照中国教育学会的管理要求不断变更组织名称和管理权限。教育管理研究组织的成立也促进了教育管理学科的深入研究与快速发展。

第三节 研究和学习教育管理学的意义及方法

十九届四中全会指出，到新中国成立100年时，全面实现国家治理体系和治理能力现代化，使中国特色社会主义制度更加巩固、优越性充分展现。教育治理体系和治理能力现代化是国家治理体系和治理能力现代化的重要内容，教育管理理论与实践对推进教育治理体系和治理能力现代化具有重要的作用。这就需要我们理解研究和学习教育管理学的意义，掌握必要的研究和学习方法。

一、研究和学习教育管理学的意义

中国共产党第二十次全国代表大会提出加强基础学科、新兴学科、交叉学科建设。教育管理学是为做好人才培养提供理论、知识、方法和技术的学科。因此，研究和学习教育管理学无论是对教育管理的理论工作者还是对教育管理的实践工作者都具有重要的意义。

（一）认识教育管理规律

教育管理活动是处处存在的，每个人既可能是教育管理者，也可能是教育管理的对象。身处其中，就可能忽视对教育管理现象的反思，甚至可能对错误的教育管理行为推波助澜。这常常是因为人们在很多情况下是凭借感觉和经验认识教育管理现象的，而感觉和经验并不是理性的，也无法保证是正确的。教育管理学的理论、知识、方法，要对众多的教育管理案例、经验及教训进行总结，并不断去粗取精，去伪存真，将教育管理实践中正确的做法提升为理论，揭示其中的规律性。在这个过程中，有时教育管理规律的总结还需要建立在实验的基础之上，使人们对教育管理规律的认识更准确。所以，研究和学习教育管理学，可以帮助我们在最短的时间内，更好地了解教育管理现象，认识教育管理的客观规律，积极参与各项教育管理活动。

（二）遵循教育管理规律

尽管教育管理规律是客观存在的，但遵循教育管理规律还需要主观上的自觉性。这种自觉性的培养需要在正确认识教育管理规律的基础上，养成依据教育管理的基本准则、基本规范管理教育的行为习惯，按照教育管理规律进行决策，发挥教育管理职能的优势作用，管理好教育的人、财、物、时间、空间、信息等各种资源。资源的浪费和损失是不可逆的，浪费和损失资源，违背教育管理规律，则会受到规律的惩罚。教育管理中有很多规律可循，例如，系统管理规律、质量管理规律、管理过程规律等。研究和学习教育管理学可以帮助我们在认识教育管理规律的基础上，接受教育管理规律，逐渐养成遵循教育管理规律的习惯，正确和自觉地履行教育管理职责，提高教育管理的质量和效益。

（三）应用教育管理规律

研究和学习教育管理规律的最终目的在于应用教育管理规律，指导教育管理实践，解决教育管理实践中的问题。教育管理受政治、经济、文化、人口等诸多因素的影响，这些因素错综复杂，会给教育管理实践带来各种各样的问题。加之教育管理者能力水平高低不同，对教育管理影响因素复杂性的认识也会存在差异。这就为解决教育管理问题增加了难度。在此情况下，要解决教育管理实践中的问题，可以从分析导致问题存在的各种因素及其相互关系入手，破解问题存在的根源，达到解决问题的目的。这一过程也就是发现和应用教育管理规律的过程。研究和学习教育管理学可以帮助我们掌握发现教育管理规律的知识和方法，提高应用教育管理规律的能力，达到及时解决教育管理实践问题的目的。

二、研究和学习教育管理学的方法

管理有法但无定法。要掌握研究和学习教育管理学的方法，首先要以马克思主义为指导，确立正确的方法论；其次要以科学的思维方式审视教育管理实践，提高运用教育管理理论解决教育管理实践问题的能力。教育管理学知识体系的建构过程是对教育管理学的研究过程，学习教育管理学的过程是对教育管理学的知识体系再认识的过程。研究者可以通过相应的研究方法建构教育管理学的知识体系，学习者可以通过与研究者相同的研究方法认识、验证、丰富、再建构教育管理学的知识体系。方法是多种多样的，以下几种具体的方法可以为研究和学习教育管理学提供一定的帮助：

1. 文献研究法

文献研究法是指通过已有的历史资料发掘事实和证据，从而全面了解和掌握要研究的问题的方法。资料有文字的、影像的、音像的等不同形式的载体。文献研究法的主要特点有两个：一是属于间接研究或非接触性研究，可以避免直接与研究对象接触、进行调查而给研究对象带来的干扰，从而减少资料的失真。二是可以在收集资料的基础上展开资料分析，这可以使文献研究拓展为统计资料分析、内容分析、历史-比较分析等不同的研究。从文献中得出的统计资料可以作为调查资料的补充，可以作为研究的背景，也可以作为研究的直接资料。内容分析将现存的文字资料转换成数据资料，再对这些资料的主要内容进行客观的、系统的和定量的描述，从中分析一定的社会现象。例如，通过查阅减轻学生课业负担方面的政策文献，统计政策提出的减轻学生课业负担的措施，可以分析出减轻学生课业负担的历史过程和实效性等情况。内容分析是一种规范研究，需要经过抽样、编录、分析等研究过程。历史-比较分析通过对现有资料涉及的不同国家、不同社会的历史事件或历史过程进行纵横比较，去发现社会发展的一般模式或规律。历史-比较分析的使用需要具有较好的抽象思维和辩证思考，是一种常用的理论分析①。例如，通过比较不同国家教育管理体制的发展情况，可以归纳概括出世界教育管理体制的类型和发展趋势。

① 袁方．社会研究方法教程［M］．北京：北京大学出版社，1997：143－144.

2. 调查研究法

调查研究法是指通过观察、访谈、问卷等方式获得研究资料，并对这些资料进行分析的方法。调查研究法通常以个体为研究单位，即使是大样本的问卷调查也是由每一个个体填写问卷的结果。这种方法不受时间和空间的限制，可用于描述性、解释性和探索性的研究。调查研究法也可以利用他人收集的调查数据，即二手资料，进行分析。这样做的优势在于可以节省经费，劣势在于难以保证效度，因为获得一手资料的目的和用二手资料进行分析的目的可能是不同的。通过调查研究法可以描述、解释和探索教育管理理论，认识、理解、创新教育管理理论，运用教育管理理论解决教育管理实践中的问题，进而丰富教育管理学的知识体系。

3. 实验研究法

实验研究法是指通过控制一定的环境，揭示变量之间的相互关系的方法。实验有实验室实验和实地实验。教育管理学研究一般使用实地实验。管理之所以被称为科学，其主要原因之一在于其理论基础是建立在实验基础之上的。实验需要事先拟定一个假设，通过实验验证或否定这一假设，最终得出实验结论。实验由自变量和因变量、实验组和控制组、前测和后测三个部分组成，通过准备阶段、实施阶段、资料处理阶段三个基本程序完成。教育管理中的很多决策往往需要建立在实验的基础上，针对实验中的问题修正决策方案，然后推广决策方案。教育管理学要将实验中的成功经验总结出来，提升为理论，寻找内在的规律性。因此，研究和学习教育管理学，可以更多地了解教育管理实验，也可以通过参与实验、实施实验创新教育管理理论、为教育决策提供参考。

4. 案例研究法

案例研究法起源于美国的哈佛大学，较早用于行政学研究，以后为许多社会科学研究所采用。案例研究法是指通过调查研究、资料搜集等途径，将已经发生的、典型的事件撰写成描述性的文字资料，然后用客观公正的态度对其进行分析或得出解决问题的途径的方法。案例研究法的目的在于描述或再现一个个案。案例可以是一个人、一个家庭、一个团体或一个机构。例如，一位校长、一位教师、一位学生、一所学校等。所以，如何鉴定一个案例是否对研究目的具有代表性和可推广性是正确使用案例研究法的关键。案例研究法的优势在于可以通过借喻的手段拓宽研究者的思路，使研究更加生动。研究和学习教育管理学可以通过典型的案例说明其中蕴含的理论、知识、方法、技术等，生动再现教育管理的行动过程，也可以通过案例分析为解决教育管理问题找到答案。

案例分析

学校放假　社区开学[①]

有人把寒暑假视为青少年教育的“盲区”，学校难管，社会不管。可在浙江省绍兴市却没有这样的空当。学校一放假，学生们便拿着“社区教育登记表”到所在市区、街道、居委会报到，“学校放假啦，社区开学啦”，市民这样传着。

---

① 中华人民共和国教育部《素质教育观念学习提要》编写组．素质教育观念学习提要［M］．北京：生活·读书·新知三联书店，2001：180.

绍兴市形成了以市区、街道、居委会三级为主，由学校、机关、团队、部队、企事业单位和知名人士参加的完整的教育网络，让学生广泛参与社区活动。

“雏鹰假日小队活动”活跃在景点、街道、车站、码头、福利院等地，开展义务导游、交通执勤、社会调查、文明宣传等活动。街道社区乐园活动，以“爱科学、学科学、保护生态环境”为主题，组织学生“读一本科技书刊，听一次科技讲座，进行一次科普小制作，写一篇环保日记，设计一则环保公益广告，出一个环保金点子，写一篇科普小论文”。有的街道居委会让小朋友指定摊位，当一次小小售货员……

一批又一批的青少年从社区教育这个社会大课堂中，学到了许多在学校学不到的知识，提高了素质，增长了才干。

请问：“学校放假　社区开学”解决的是什么问题？请用适当的管理理论解释这一做法的意义。

理解探究

1. 什么是教育管理学？如何理解这一定义？
2. 教育管理学的学科性质是什么？为什么？
3. 请结合实际谈谈研究和学习教育管理学的意义。
4. 阅读一本教育管理学著作，结合相关理论分析这本著作中的一个教育管理案例。

阅读导航

1. 肖宗六．学校管理学的教材建设问题 [J]. 课程·教材·教法，1983 (5)：20－23.

2. 张济正．我国教育管理学科的过去、现在和未来 [J]. 华东师范大学学报（教育科学版），1989 (3)：69－79.

3. 黄崴．教育管理学科体系：概念、分类与整合 [J]. 华南师范大学学报（社会科学版），2004 (5)：119－124，148－160.

4. 杨颖秀．教育管理学的发展轨迹、价值取向及其对研究者素质的挑战 [J]. 教学与管理，2005 (28)：5－8.

5. 杨颖秀．走出徘徊：确立教育管理学一级学科地位的思考 [J]. 中小学管理，2008 (12)：14－17.

6. 孙绵涛．中国教育管理学 30 年：成就、特点与问题 [J]. 教育研究，2009 (2)：21－28.

7. 秦惠民，申素平．教育类一级学科设置探讨 [J]. 教育研究，2009 (9)：40－45.

8. 褚宏启．既尊重理论更敬畏实践：教育管理理论与实践的互动互惠 [J]. 中小学管理，2017 (1)：24－27.

9. 杨天平，沈雁婷．改革开放40年来我国教育管理学研究概况 [J]. 现代教育管理，

2019 (2): 1-6.

10. 杨颖秀. 结构洞理论视阈下建设教育管理一流学科的深度思考 [J]. 现代教育管理, 2023 (7): 12-19.

11. 蒲蕊. 中国式教育现代化视域下教育管理学自主知识体系建构 [J]. 现代教育管理, 2023 (10): 46-53.

12. 国务院学位委员会关于印发《交叉学科设置与管理办法(试行)》的通知 [EB/OL]. (2021-12-03)[2023-12-08]. http://www.moe.gov.cn/srcsite/A22/s7065/202112/t20211203_584501.html.

第二章　教育管理的含义、理论基础及变革

学习目标

1. 明确教育管理的含义及内容。
2. 掌握教育管理的理论基础。
3. 识别教育管理与学校管理之间的关系。
4. 在不同理论视角下审视教育管理变革。

第一节　教育管理的含义及内容

中国共产党第二十次全国代表大会报告指出："教育、科技、人才是全面建设社会主义现代化国家的基础性、战略性支撑。必须坚持科技是第一生产力、人才是第一资源、创新是第一动力，深入实施科教兴国战略、人才强国战略、创新驱动发展战略，开辟发展新领域新赛道，不断塑造发展新动能新优势。"① 要发展教育，培养人才，实施科教兴国战略，就要对教育实施科学管理。管理是人类社会源远流长的基本活动之一，管理水平的高低是社会文明程度的重要标志，有效的管理是一个组织走向成功的必然要求。可以说，任何组织的发展都需要通过管理达到一种有序、高效、协调的状态。现实社会生活中，无论是国家、政府机构、军队，还是企业、学校、医院、家庭，凡是有一定活动目的的组织，都需要管理。教育管理是管理中的一个重要领域，对于人类社会的教育活动走向成功具有重要的作用，教育管理现象就体现在教育管理活动之中，要研究和学习教育管理学，就要了解教育管理的含义及内容。

一、管理的含义

管理有管辖处理之意，管理的定义是管理学中最为基本的范畴。作为一种普遍的社会

① 习近平．高举中国特色社会主义伟大旗帜 为全面建设社会主义现代化国家而团结奋斗：在中国共产党第二十次全国代表大会上的报告［EB/OL］．(2022－10－25)［2023－06－01］．http：//www.qstheory.cn/yaowen/2022－10/25/c_1129079926.htm.

活动，管理起源于社会成员劳动的集体性，以及社会成员在劳动和社会生活过程中相互交往的必要性。由于管理活动的广泛性和复杂性以及管理学家们研究的侧重点不同，对于管理的定义也千差万别。管理学家斯托格迪尔（Stogdill）曾在其经典著作《领导力手册》中写道："对领导力的不同定义几乎与试图定义这一概念的人一样多。"因此，与之相似，在众多管理学书籍中，对管理的定义与试图给管理下定义的学者也一样为数众多。

科学管理理论的创始人泰勒（Taylor，又称泰罗）从管理效率的角度认为，管理就是"确切知道要别人干什么，并注意他们用最好最经济的方法去干"[①]。法约尔（Fayol）从管理职能的角度认为，管理就是实行"计划、组织、指挥、协调和控制"[②]。西蒙（Simon）从决策视角认为，"管理即制定决策"[③]。孔茨（Koontz）等从过程角度认为，管理就是"设计并保持一种环境，使人们以群体的方式一起工作，以期有效地完成所选定目标的过程"[④]。德鲁克（Drucker）从管理实践角度认为，管理的"本质不在于知，而在于行；其验证不在于逻辑，而在于成果"[⑤]。还有学者从组织行为的视角认为，管理是按照一定依据实现组织目标的理性行为[⑥]；是对人、财、物等因素进行合理组合，使它们处于最佳位置，从而达到生产或制造产品的目的[⑦]。因此，管理工作要通过提高系统内部各要素的质量、合理组织要素、发挥关键要素的作用，从而实现整体优化、达到组织与环境的平衡状态[⑧]。

基于以上关于管理的不同阐释，综合管理的主体、职能、目标等要素，我们认为，管理是管理者在特定环境下，运用一定的原理与方法，通过行使计划、组织、领导、协调、控制、激励等职能，充分利用有限资源，使组织成员同自己共同完成组织既定目标的活动。对此，可以从以下几个方面理解：

第一，管理是为实现组织目标服务的，是一种有意识、有组织的群体活动。

第二，管理是由各种职能组织起来的有序活动，在这个过程中管理的主体通过行使管理职能实现既定目标，其中，计划、组织、领导、协调、控制、激励等是重要职能。通过履行相关职能，有效配置人、财、物、时间、空间、信息等资源，以达到获取经济效益和社会效益的目的。

第三，每一种管理活动都是管理主体和管理客体相互影响、相互作用的过程。管理主体指的是管理者，管理主体能力的高低、影响力的大小及参与管理活动的程度决定着管理的效果。被管理者的素质及修养对管理者产生积极或消极的影响。这种相互影响和相互作用运行于管理活动的全过程。所以，"管理是一个活动过程"，也是管理活动的基本特征。

第四，管理是创设一种良好的环境，使组织与个人、组织与环境达到协调一致的活动。任何组织都不是孤立封闭的，而是存在于一定的内外部环境之中的。管理者需要了解组织环境构成的复杂性和不确定性，从而实施有效的管理活动。

---

① 泰罗．科学管理原理［M］．韩放，译．北京：团结出版社，1999：104.

② 法约尔．工业管理与一般管理［M］．迟力耕，张璇，译．北京：机械工业出版社，2007：6.

③ 西蒙．管理决策新科学［M］．李柱流，汤俊澄，等译．北京：中国社会科学出版社，1982：37.

④ 孔茨，韦里克．管理学：国际化与领导力的视角：精要版：第9版［M］．马春光，译．北京：中国人民大学出版社，2014：25.

⑤ 德鲁克．管理的实践［M］．齐若兰，译．北京：机械工业出版社，2006：推荐序二.

⑥ 傅树京．教育管理的理论与研究［M］．北京：人民出版社，2015：3.

⑦ 傅树京．管理概论［M］．北京：中央广播电视大学出版社，2011：7.

⑧ 同⑥5-6.

马克思指出：一切规模较大的直接社会劳动或共同劳动，都或多或少地需要指挥，以协调个人的活动，并执行生产总体的运动——不同于这一总体的独立器官的运动——所产生的各种一般职能①。作为一种独特的社会活动，管理起源于社会成员劳动的集体性，以及社会成员在劳动和社会生活过程中相互交往的必要性，具有多种独特的属性，集中体现为自然属性与社会属性、政治性与非政治性、科学性与艺术性的统一。

二、教育管理的含义

教育管理是教育管理者为实现教育目标而运用一定的理论与方法对教育资源进行合理配置，引导组织教育成员完成教育任务，以提高教育质量与效益的活动。除了具备管理的一般特征外，与行政管理、企业管理、工程管理等其他专业门类管理不同的是，教育管理是以促进受教育者成长和发展为目的的管理，这既是教育管理的出发点，也是教育管理的根本目的。因此，研究和从事教育管理活动，既要注意教育管理作为管理活动的一般规律，也要注意其特殊规律。

（一）教育管理的依据

教育管理的依据首先是党和国家的政策和法律。一个国家和地区的教育服从于政治和经济的需要，政治和经济条件则为教育方针、教育政策的顺利实施和发展提供动力，实现教育管理的既定目标需要教育管理者遵循党和国家关于教育的方针、政策和法律等。比如，新中国成立以来，随着革命、建设、改革事业的发展，除了由党中央、最高国家权力机关、最高国家行政机关等及时颁发教育有关方针、政策、法律、法规外，地方国家权力机关、地方国家行政机关也及时发布地方性法规以及推动教育改革发展的政策性文件，为各级各类单位开展教育工作、从事教育活动提供遵循，推动我国教育事业不断向前发展。其次，教育管理要依据社会生产力发展水平、科学技术发展水平、社会文化环境、教育自身发展规律、教育管理活动规律以及人的身心发展规律。最后，教育管理要依据科学的理论。习近平新时代中国特色社会主义思想、揭示管理活动规律的管理理论等，都是教育管理的重要依据。

（二）教育管理的主客体

教育管理的主体是指教育管理任务的承担者和实践者，教育管理的客体是指作为教育管理对象的人、财、物、时间、空间、信息等教育资源及相关事务②。

教育管理的主体既包括组织形态的教育管理机构，也包括个体形态的教育管理者。就组织形态的教育管理机构及其之间的关系而言，可以分为中央和地方有权管理教育的机构以及各级各类学校教育机构。就个体形态的教育管理者而言，可以相对地划分为基层、中层和高层教育管理者。在学校内部，基层教育管理者是指从事一线教育教学工作的教职工和基层管理者；中层教育管理者是处于学校基层与高层之间担任管理工作的人员；高层教

---

① 马克思，恩格斯．马克思恩格斯全集：第 23 卷［M］．北京：人民出版社，1972：367.

② 罗宾斯，库尔特．管理学：第 13 版［M］．刘刚，程熙鎔，梁晗，等译．北京：中国人民大学出版社，2017：6.

育管理者处于学校的最顶端，负责学校的决策工作，为学校创建发展机会，制定影响学校发展的目标。在教育行政机关内部，基层、中层、高层教育管理者与学校内部的层级划分相类似，包括具体从事行政工作的职能人员、执行行政决策的中层管理者、领导教育行政工作的管理者。而现代社会是一个网络系统，无论是教育系统内部还是外部，凡有权参与教育管理的机构，都可以通过单独或与教育部门联合制定法律政策、监督指导、协调控制等方式，对教育实施管理。

就人的管理系统而言，现代管理理论认为，人是有主观能动性的个体，都可能成为教育管理活动中的决策者。因此，领导者和被领导者、管理者和被管理者都是相对的概念。教育的管理者和被管理者也是相对的概念。任何一个组织成员充分发挥其积极性和主动性的时候，就可能成为一定意义上的管理者。但在组织制度的规约中，在组织的运行中，在管理者行使权力、履行职责的过程中，管理者和被管理者仍存在职能和职责上的不同分工，存在纵向上的管理与被管理的行政关系。因此，管理的主体与客体在一定的条件下具有相对性，在一定的条件下也可能相互转化。

就人对物的管理系统而言，教育管理者是管理的主体，其他物的资源配置及其事务都是教育管理的客体。

（三）教育管理的方式

教育管理的方式是指教育管理主体在特定的目标导向下，基于方向性、科学性、规范性、有效性等原则，通过预测与规划、组织与指导、监督与协调、激励与控制等，对教育活动施加影响的形式或方法。依据教育管理活动的不同，需要选择不同的教育管理方式，甚至一种教育活动的开展也需要采用多种管理方式。例如，为了促进教育扶贫工作的开展，有关部门需要制定教育扶贫的目标及规划，协调组织各部门的关系，加强组织内部及组织间的沟通联系，同时还要提升地方政府执行政策的积极性，甚至还应在一个阶段的教育扶贫工作结束后对各主体的工作开展评价工作。在教育管理工作的开展过程中，需要运用计划、组织、协调、激励、督导、评价等教育管理方式。

三、教育管理的内容

教育管理的内容是指在教育活动进程中需要管理的事务或事项。因为我们将教育管理者运用一定的管理方式对教育资源进行配置视为教育管理活动，所以教育管理的内容非常繁杂。可以说，与教育管理活动有关的事务或事项都可以纳入教育管理的范畴[①]。一般而言，可以从广义上的教育行政和狭义上的学校管理两方面来认识教育管理的内容。教育行政是指国家作为教育管理主体采用一定的手段和措施实施的管理活动，主要包括从中央到地方的各级教育行政机关的管理；学校管理是指学校管理者为贯彻教育方针、实现培养目标、提高教育质量，对学校资源进行的计划、组织、指导、协调、控制、监督等一系列管理活动[②]。教育管理的内容即围绕这两个方面展开。

---

① 孙绵涛．教育管理原理［M]．沈阳：辽宁大学出版社，2007：5-6.

② 杨颖秀．学校管理［M]．北京：北京师范大学出版社，2012：3.

在我国古代，有关教育管理的内容尚未形成体系，常散见于关于教育或关于管理的著作中。《礼记·学记》是我国最早的专门论述教育、教学问题的论著，凝结着丰富的教育管理思想。《礼记·学记》曰，“古之教者，家有塾，党有庠，术有序，国有学”，表明从国家到地方，已经形成了分层分类的教育组织体系，礼、乐、射、御、书、数是当时的日常教育教学内容。这表明当时已经形成了我国教育管理体系的雏形，教育管理的内容不仅包括各级各类教育行政机构的运行内容，还包括各级各类学校的日常教育教学内容。《管子·弟子职》是我国古代的学则，反映出当时官学稷下学宫以著名学者讲学著书的教育管理的盛况。隋唐五代至宋元明清时期，尤其是唐代以后，中央、地方两级教育行政机构和“官私互补”的学校制度逐步建立，不同层级教育行政机构的职责职能不断得到明确，形成了较为完备的教育制度体系，教育管理的内容也不断丰富。清末至民国时期，中央、省、县三级教育行政体制建立，新式学堂取代私塾成为新的学校形态，我国教育及教育管理体制也由近代向现代转变①。新中国成立后，我国教育行政体制最终形成了中央、省、市、县四级管理，中央统一领导，省、市、县分级管理和分工负责的基本格局。学校制度几经变迁，教育领导体制和教育教学日常管理制度都逐渐固定下来。

在西方，古希腊和古罗马是教育管理的发轫时期。古希腊的柏拉图（Plato）在《理想国》中提出国家通过制定教育方针和政策统一举办教育的思想，并为此设置了一套完整的教育制度体系。亚里士多德（Aristotle）在其《政治学》《伦理学》等中继承发展了柏拉图的思想，把教育置于国家管理的范畴，并提出按年龄阶段确定教育的内容和组织管理措施。古罗马时期的昆体良（Quintilianus）在专门论述教育问题的名著《雄辩术原理》中，提出了分班教学及管理的设想，被认为是西方文艺复兴时期教育管理思想的源头。17世纪的捷克教育家夸美纽斯（Comenius）在《大教学论》中详细论述了国家管理教育的责任，提出建立全国统一的学校体系和班级授课制，对学校的教学、人事、纪律等工作进行有计划的管理。进入19世纪，德国著名社会哲学家施泰因（Stein）在其《管理学》中认为国家应在教育领域建立公共教育制度以解决社会不平等问题，提出现代教育行政学的基本结构和教育管理的法治化原则，阐明国家干预国民教育的原理、内容、根据和界限。杜威（Dewey）基于教育管理实践提出了学校管理的三个主题：教材、方法和行政管理。这三者是一体的。尤其是对课程设置和教学的组织管理，被杜威视作现代教育中民主管理的重要内容。

20世纪以后，世界教育管理逐步发展为一门独立的学科，教育管理的内容也逐步走向清晰化、系统化。从教育行政和学校管理两个层面来看，教育管理的具体内容如下：

（一）教育行政

如前所述，教育行政是指国家作为教育管理主体采用一定的手段和措施实施的管理活动，主要包括从中央到地方的各级教育行政机关的管理，是国家行政的重要组成部分。教育行政是分层次的，总体上可分为中央教育行政和地方教育行政，还可以分为中等及中等以下教育行政和高等教育行政。国务院是最高国家行政机关，全面领导和管理教育工作，教育部为国务院组成部门，主管全国教育工作，统筹规划、协调管理全国的教育事业；地

① 褚宏启，张新平．教育管理学教程［M］．北京：北京师范大学出版社，2013：38－57.

方各级人民政府负责领导和管理本地的教育工作，省（自治区、直辖市）、市（州）、县（区）教育行政部门，通常依次被称为教育厅、教育局、教育局，主管本行政区域内的教育工作。教育行政的层次越高，越偏重宏观管理；层次越低，则需要进行宏观与微观相结合的管理。对此，《中华人民共和国教育法》第十四条规定："国务院和地方各级人民政府根据分级管理、分工负责的原则，领导和管理教育工作。""中等及中等以下教育在国务院领导下，由地方人民政府管理。""高等教育由国务院和省、自治区、直辖市人民政府管理。"第十五条规定："国务院教育行政部门主管全国教育工作，统筹规划、协调管理全国的教育事业。""县级以上地方各级人民政府教育行政部门主管本行政区域内的教育工作。""县级以上各级人民政府其他有关部门在各自的职责范围内，负责有关的教育工作。"同时，国务院和县级以上地方各级人民政府应当向本级人民代表大会或者其常务委员会报告教育工作和教育经费预算、决算情况，接受监督。教育行政的内容包罗万象。大到制定教育政策、法规和教育体制，统筹规划、协调管理全国的教育事业；小到制定及实施具体的规章制度等。教育行政的具体工作内容包括：贯彻国家的教育方针、执行教育法令，拟定教育规章，制定教育战略，审批教育经费，任用教育人员，视察、指导、考核相关教育行政单位和学校的工作，督导、评价各级教育事业的发展等。

《中华人民共和国教育法》

（二）学校管理

亦如前所述，学校管理是指学校管理者为贯彻教育方针、实现培养目标、提高教育质量，对学校资源进行的计划、组织、指导、协调、控制、监督等一系列管理活动①。就学校的办学层次而言，学校管理可分为学前教育机构管理、中小学校管理、高等学校管理；就学校的招收对象而言，可分为普通学校管理和特殊学校管理；就学校的办学性质而言，可分为公立学校管理和私立学校管理；就学校的办学地域而言，可分为城市学校管理和农村学校管理。

学校工作有学校教育教学活动和学校管理活动两条主线，二者紧密联系、不可分割。学校教育教学活动主要通过教师与学生的相互交往与共同发展的教学互动来完成。学校管理活动是促进学校教育活动开展、实现学校工作目标的手段，主要通过对学校教育活动进行计划、组织、指导、协调、控制、监督等来完成，具体包括学校的教学管理、教研或科研管理、学生管理、教师管理、校长管理、安全管理、文化管理、财务管理以及学校与社区合作沟通管理等方面的内容。在这些活动中，学校的教学管理是学校管理活动的中心环节。学校教育教学活动并不是随意安排的，它需要学校管理者合理安排与设计，以保持学校教育发展的正确方向，保证学校教育教学工作的质量和效益。学校的教学管理主要包括设置课程和组织课程实施，其目的是保证学校教育教学工作顺利开展。在合理设置课程目标、课程体系、课程结构、课程内容的基础上，通过教学组织建设、教学研究、教学行政等方面的教学事务管理组织课程实施②。

教育行政和学校管理之间联系紧密，甚至在管理的方式、对象和内容上存在重叠。比

① 杨颖秀．学校管理［M］．北京：北京师范大学出版社，2012：3．

② 同①185．

如，一些学者在界定教育行政时，主张包括政府教育行政部门在内的一切教育机构对教育事业的管理活动，都可以称为教育行政。按此解释，学校是最基层的教育机构，其内部的管理工作无疑也是教育行政的一部分，而且可以说是最重要的教育行政①。因此，教育行政和学校管理的划分是相对的。二者都是通过合理配置教育资源实现教育目标的过程，都属于教育管理的范畴。事实上，完善的教育管理离不开教育行政，发展教育首先应当对全国的教育发展进行规划，为此要制定教育政策与法律、管理教育财政；完善的教育管理也离不开学校管理，中央及地方各级教育行政部门的教育发展规划、教育政策最终需要各级各类学校具体落实与执行，以实现教育目标。但是，教育行政和学校管理也存在区别。前者的管理层次较高、范围较大，是宏观上的教育管理，而后者的管理层次较低、范围较小，属于微观上的教育管理。

第二节 教育管理的理论基础

教育管理作为实践性活动既可以创造理论，也需要得到理论的指导。正如中国共产党第二十次全国代表大会报告指出的："实践没有止境，理论创新也没有止境。"② 古今中外，层出不穷的理论为教育管理提供了相应的指导。

一、组织理论与教育管理

组织是指在一定的社会环境中，人们通过相互交往而形成的具有共同心理意识，并为了实现某一特定目标而按照一定的方式联合起来的有机整体。我国古代纪传体史书《辽史·食货志》中曾对"组织"一词有如下表述："饬国人树桑麻，习组织。"大意是"安排国民种植桑麻，学习纺织技术"，其中"组织"一词则指的是"纺织、编织"。在西方，"组织"在生物学意义上指多细胞生物体中，各细胞和细胞间质依照一定秩序联合为一体，并产生一定功能的基本结构，如肌肉组织、神经组织等。从管理学意义上来理解，组织一般有动词、名词两种词性。作为动词，组织是管理的职能之一，即有目的、有秩序地集合起来；作为名词，组织是指按照一定的宗旨和目标建立起来的、有确定结构和行为规范的人的集合体。我们常见的工厂、学校、医院、各级政府部门、各个党派和政治团体等，都属于组织实体。

组织理论是研究组织内部结构、职能、运转以及组织中各主体的态度和行为，并揭示其规律性的科学。组织理论的产生、发展及兴盛与社会历史条件和管理实践的需要之间存在密切联系。19 世纪末 20 世纪初，资本主义经济的发展与科学技术的进步，一方面推动了生产力的发展，另一方面加剧了贫富分化、劳资矛盾和经济危机。为进一步提高劳动生产率，提高社会化生产效率，以古典经济学代表人物亚当·斯密（Adam Smith）、科学管

① 吴志宏．教育行政学［M］．北京：人民教育出版社，2000：5.

② 习近平．高举中国特色社会主义伟大旗帜 为全面建设社会主义现代化国家而团结奋斗：在中国共产党第二十次全国代表大会上的报告［EB/OL］．(2022-10-25)[2023-06-06]．http：//www.qstheory.cn/yaowen/2022-10/25/c_1129079926.htm.

理的先驱者查尔斯·巴贝奇（Charles Babbage）、现代人事管理之父和人本管理的先驱罗伯特·欧文（Robert Owen）等人的思想为基础，组织理论逐步诞生，大致经历了古典组织理论、行为科学组织理论和系统管理理论三个时期。

（一）古典组织理论

古典组织理论又称传统组织理论。20世纪初期，以泰勒、法约尔、韦伯（Weber）等管理学家为代表的古典组织理论盛行。这一时期，组织理论的重点关注对象是组织的结构和组织管理的一般原则，着重探讨组织的目标、分工、效率等问题。

1. 泰勒的科学管理理论

泰勒是科学管理学派的代表人物，他通过“时间动作分析实验”“铁锹实验”“金属切削实验”等，基于“效率至上”“为谋求最高的工作效率可以采取任何方法”“劳资双方应该共同协作”等，提出了“劳动定额”“工时定额”“工作流程图”“计件工资制”等科学制度，对工人操作的每一个动作进行科学研究，注重科学地选拔和培训工人，加强与工人亲密协作，并将使雇主财富最大化作为管理的目的，奠定了科学管理理论的基础，被称为“科学管理之父”。

泰勒的科学管理理论对组织管理的贡献是巨大的。一是将计划职能和执行职能分开，使分工管理的思想得到进一步拓展。计划职能归管理当局，其设立专门的计划部门来承担，制定计划并对工人发布命令。工人或工头承担现场的执行职能，按照计划部门制定的操作方法，使用规定的标准工具进行实际操作，人尽其责而不能各行其是、自作主张。二是根据工人的具体操作过程进一步对分工进行细化，对组织内管理人员的职责进行划分，按照不同工作职能设置工长，改变过去管理者把几乎所有的工作和大部分职责都推给了工人的情况，以提高组织效率，为以后组织职能部门的建立和管理职能的专业化提供了思路。三是提出组织的例外原则。例外原则就是管理者将程序化的、常规的日常事务授权给下属，自己则将精力投入处理组织中非程序化的事情，例外原则本质上是在强调组织内分工、授权、委托管理的重要价值，至今仍是组织管理较为重要的原则之一[①]。

2. 法约尔的一般管理理论

被誉为“现代经营管理之父”的法约尔是欧洲古典组织理论的奠基人和开创者。法约尔认为经营和管理是两个不同的概念。“经营”是指导或引导一个组织趋向一个目标，它包括技术活动、商业活动、财务活动、安全活动、会计活动、管理活动，“管理”是这六种活动中的一种，包括计划、组织、指挥、协调和控制五大要素。计划就是探索未来，制定行动计划，具有统一性、连续性、灵活性和精确性等特点；组织就是建立企业的物质和社会的双重结构，企业获得经营所必要的原料、设备、资本和人员后，就要进行社会经营活动；指挥就是基于对人员品质和对管理一般原则的了解统一领导和集中力量；协调就是使企业的一切工作和谐配合，有利于企业经营的顺利进行；控制就是通过对物、人、计划进行控制以确保企业社会组织的完整和计划的有效执行。

在法约尔的组织理论中，组织机构的金字塔是职能增加的结果，职能的发展是水平方

---

① 郭咸纲．西方管理思想史［M］．北京：北京联合出版公司，2014：82－86.

向的，而等级系列的发展是垂直方向的，并提出了直线——职能制的组织模式（也称“法约尔跳板”）。这一模式保证了直线型结构统一指挥的优点，能够提高工作效率比，使组织具有较高的稳定性，被广泛应用于大中型组织中，成为现代工业中最常见的组织结构形式。法约尔还根据自己的经验，提出了十四项管理原则：劳动分工、权力和责任、纪律、统一指挥、统一领导、个人利益服从集体利益、人员的报酬、集中、等级制度、秩序、公平、人员的稳定、首创精神以及人员的团结，成为规范组织的准则①。

3. 韦伯的行政管理组织理论

韦伯被誉为“组织管理之父”，是德国著名的社会学家、政治学家、经济学家。韦伯创造性地提出行政管理组织理论，主要包含三方面内容：第一，理想的行政组织是符合理性原则的，效率是最高的，在精确性、稳定性、纪律性和可靠性等方面都优于其他组织形式。理性的行政组织通过职务和职位来管理，而不是通过传统世袭地位来管理。组织中管理人员的挑选、委任、升迁等都有明文规定的规章制度，并按照职务和职位等级进行划分，每一级人员都必须接受其上级的控制和监督，下级服从上级。组织具有明确的组织目标，组织目标的实现必须依靠劳动分工，成员的一切活动都围绕实现组织目标而进行，不受个人情感关系的影响，完全以理性原则为指导。第二，任何一种组织都是以某种形式的权力为基础的，只有这种权力才能保证经营管理的连续性和合理性。权力可以消除混乱，使组织有序运行。韦伯将权力划分为合理的法定权力、传统的权力以及神授的权力三种类型。法定权力是依法任命并赋予行政命令的权力，传统的权力以古老的、传统的、不可侵犯的权力执行人的正统地位为依据，神授的权力建立在对个人崇拜和迷信的基础上。第三，管理意味着以知识为依据来进行控制，领导者应在能力上胜任工作，依据事实进行领导，除了最高领导者外的每一个成员则要按照明确规定的等级和职务进行挑选和任命，并以固定的薪金作为报酬。理想行政组织中所有环节的工作都由专家来承担，因此每一个成员的职权范围和协作形式要明确规定，以正确行使、减少冲突，提高组织工作效率。

4. 古典组织理论对教育管理的影响

科学管理是使管理成为科学的一次质的飞跃，是管理思想发展史上的一个高峰。古典组织理论作为科学管理理论中的重要组成部分，虽然存在一些缺陷，但是对生产力发展和社会进步的推动作用是不容忽视的，包括对教育管理的促进作用。受古典组织理论的影响，教育管理也提出了科学管理的理念，重视管理的效率问题。教育领导者们开始重视教育管理的价值及科学化问题，有意识地研究制度并重视标准化的问题，重视运用评估、评价等手段来衡量教育管理的效率问题。但受古典组织理论的影响，教育管理也易出现过度重视效率和标准化的问题，甚至出现夸大教育的经济价值而过度追求教育的产业化或者将学校视为工厂等片面追求效率的做法，必然有失偏颇。

（二）行为科学组织理论

古典组织理论把人视为“经济人”，过于强调效率，忽视人的心理需要和社会属性，

---

① 郭咸纲．西方管理思想史［M］．北京：北京联合出版公司，2014：115－123．

而在实践中大量的问题是和人有关的，人的行为随着时间、环境等因素的变化而变化，人的工作效率也是因时、因地而发生变化的。20 世纪二三十年代，许多心理学家加入管理研究的行列，以研究组织管理过程中人的行为和人与人之间的关系规律为主的行为科学诞生。这些学者认为事在人为，组织属于静态因素，人属于动态因素，人的行为与心理直接影响着组织管理的效果，关键在于有效调动人的积极性，推动人们努力实现组织目标。这一时期的理论实证特征非常明显，探索很多来自管理工作实验、心理学实验和社会心理分析，学者们重点研究群体中的个体行为、组织内部的人际关系，更加关注人的社会需求。由此产生了行为科学组织理论，又称“新古典组织理论”。其中的代表人物有主持霍桑研究并提出人际关系理论的梅奥（Mayo）、提出需要层次理论的马斯洛（Maslow）、提出双因素理论的赫茨伯格（Herzberg）、提出 X-Y 理论的麦格雷戈（McGregor）、提出管理方格理论的布莱克（Blake）和莫顿（Mouton）等。

1. 人际关系理论

人际关系理论以霍桑研究为基础，由梅奥等人提出。霍桑研究是 1924—1932 年，美国哈佛大学教授梅奥等一批学者在芝加哥西方电气公司所属的霍桑工厂进行的一系列实验的总称。通过车间照明实验（“照明实验”），梅奥认为，人际关系是比照明条件更重要的影响劳动产量的因素，并提出了“社会人”的概念。电话继电器装配实验（“福利实验”），证明了梅奥的想法，即人际关系是比福利措施更能调动人的积极性、提高产量的重要因素。通过大规模访谈计划实验（“访谈实验”），梅奥发现，由于工人关心自己的个人问题会影响到工作效率，所以基层管理人员应能够倾听并理解工人，与工人相处时更为热情、更为关心，这样就能促进人际关系的改善和职工士气的提高。通过继电器绕线组工作室实验（“群体实验”），梅奥提出，在正式组织中存在着“非正式组织”，非正式组织有着自己特殊的规范，并存在着自然形成的领袖人物，能对组织中人们的行为起到调节和控制的作用。

在实验的基础上，梅奥等人提出了人际关系理论，总结了有关社会因素与生产效率之间的关系。主要观点为：（1）职工是“社会人”，是复杂社会系统中的一员。影响人的劳动积极性的因素，除了物质利益之外，还有社会、心理方面的需求，即要追求人与人之间的友谊，追求安全感、归属感和受人尊重等。因此，应把职工当作不同的社会个体，从社会、心理方面来鼓励职工提高生产效率，而不能单纯从经济和技术条件入手。（2）在企业的“正式组织”之外，还存在“非正式组织”。正式组织是为了有效实现企业目标，依据企业成员的职位、责任、权力及相互关系进行明确划分而形成的组织体系。梅奥等人提出，企业工人在共同劳动过程中，由于拥有共同的社会情感而形成相对稳定的非正式组织。非正式组织与正式组织相互依存，对企业生产效率的提高和目标的达成有很大的影响。（3）科学管理认为生产效率主要取决于工作方法、工作条件和工资制度，梅奥则认为，新型的领导能力在于通过对职工满足度的提高而激励“士气”。士气取决于家庭和社会生活，以及正式组织中人与人之间的关系。在决定工人工作效率的因素中，获取友谊、得到尊重或保证安全比金钱等物质奖励更重要。新型的领导能力要区分事实和感情，在分析解决工人生产技术和物质生活问题的同时，还要掌握他们的心理状态和思想情绪，在满足正式组织的经济需求和非正式组织的社会需求之间取得平衡①。

---

① 郭咸纲．西方管理思想史［M］．北京：北京联合出版公司，2014：162-164.

2. 需要层次理论

人是组成组织的最小单元，也是组织活动的具体执行者和基础。因此，研究人的基本行为规律是构建组织模式的基础。而在人的行为中，最主要的是解释支配人的行为的动机是什么，并从中寻找出激励人的积极性的基本原理。美国社会心理学家和人本主义心理学的主要发起者马斯洛在 20 世纪 40 年代提出了人类的基本需要等级论，即需要层次理论。马斯洛把人的各种需要划分成相互作用的五个层次，并按照其需要满足的先后顺序进行排列。

第一层次：生理需要。包括维持生活和繁衍后代所必需的物质需要，如对食物、水、住房等物质条件的需要。马斯洛认为，人们有关生理的需要是最优先的、最强大的需要，如果这一层需要不能得到满足，下面提到的更高层次的需要就不会发挥作用。

第二层次：安全需要。是人们为了规避危险和威胁等的需要，如防止工伤事故和有伤害的威胁恐吓、资方的无理解雇、生病或养老、储蓄和各种形式的保险等方面的需要。当生理需要得到满足时，人们就会追求安全需要。

第三层次：感情和归属需要。包括与家属、朋友、同事、上司等保持良好的关系，给予别人帮助并得到友爱和帮助，产生作为某个组织公认成员的归属感。当一个人的生理需要和安全需要获得了相对的满足后会产生社交的需要，否则，如果一个人不被他人或集体接受，将会导致精神不健康。

第四层次：地位和受人尊重的需要。包括自尊心、自信心、成就、名誉等自己对自我的尊重和外界对自我的尊重的需要。尊重的需要是人类较高层次的需要，这种需要很少得到完全的满足，没有止境。

第五层次：自我实现的需要。是最高层次的需要，指一个人要实现自己的理想，并能不断地自我创造和发展的需要，包括做最适宜他的工作，发挥他的最大潜能，表现他的自主、超然、自治、兴趣、能力和现实主义等方面的需要。

马斯洛认为五种层次的需要不能都得到满足，愈到上层，满足的百分比就愈少，需要得到满足了就不再是一股激励力量。五种层次需要的顺序并不固定，有时候人的需要模糊不清，对某种需要的表现程度也不一样，因为人在不同的阶段、面对不同的情况，将会有不同的需要。但每一时期内总有一种需要是占支配地位的，因此，管理者应关心下属、了解其最迫切的需求①。

3. 双因素理论

双因素理论也称“激励因素-保健因素理论”，是美国行为科学家赫茨伯格于 20 世纪中期提出的。他通过对美国匹兹堡地区 200 名工程师、会计师的调查访问发现：成就、赏识、工作本身、责任感、上进心等因素，往往能够使人产生满足感，不断提高工作能力，从而激励个人或集体以一种成熟的方式成长，他将这类因素称为激励因素。而如果工资、监督、个人生活、地位、安全、政策及人际关系等因素缺乏，往往容易使人产生不满和消极情绪，他将这类因素称为保健因素。赫茨伯格认为：保健因素类似于卫生保健对身体所起的作用，只能预防疾病，不能直接提高健康水平。同样，工作中的保健因素只能防止或

---

① 郭咸纲．西方管理思想史［M］．北京：北京联合出版公司，2014：166－169.

消除不满情绪，但并不能激励个人有更好的表现或提高劳动热情。只有激励因素才能使职工产生满意的积极的效果。传统观点认为的满意的对立面是不满意其实是不正确的，满意的对立面应该是没有满意，不满意的对立面应该是没有不满意①。

4. X-Y 理论

美国著名的心理学家麦格雷戈对管理人员有关人性和行为的假设与管理方式的关系进行了研究，他的基本假设是：一个人对某个事物所持的态度，会显著地影响他对该事物的行为方式。围绕这个基本假设，他提出了 X 理论和 Y 理论。

X 理论对人性的基本假设是：(1) 一般人的本性是不喜欢并趋向于逃避工作的；(2) 由于人们不喜欢工作，因此对大多数人必须进行强迫、控制、指挥，甚至以惩罚相威胁，使他们为实现组织的目标而积极工作；(3) 一般人宁愿接受指挥，希望逃避责任，野心较小，对安全的需要最强烈；(4) 只有少数人具有解决组织问题所需要的想象力和创造力。

Y 理论对人性的基本假设为：(1) 人并非天生不喜欢工作，人们从事体力和脑力工作就像对待游戏和休息一样，一般人在适当条件下能承担甚至追求责任，逃避责任是经验的结果而不是人的天性；(2) 外在的控制和惩罚不是促使人们为实现组织目标而努力的唯一方法，人们对其追求的组织目标有自我指挥和控制能力，只要管理适当，人们就会把个人目标与组织目标统一起来；(3) 对目标的追求跟获得的成就报酬相关，这些成就报酬中最重要的是自我意识和自我实现的需要得到满足；(4) 多数人有解决组织问题的想象力与创造力。

麦格雷戈认为，X 理论代表了传统的指挥和控制的观点，只有 Y 理论才能在管理上获得成功。按照 Y 理论的假设，管理者的主要任务是发挥组织成员的潜力，促使组织成员在实现组织目标的同时，满足实现个人目标的需要。此外，Y 理论还主张给予组织成员更多的工作自由，强调组织成员的首创精神，用启发式代替命令式，用信任代替监督，尽量减少对组织成员的外部管制，将工作本身具有的挑战性所引起的满足感作为激励员工的手段②。

5. 管理方格理论

人际关系理论虽然注意到了人的社会属性，提出了“非正式组织”的概念，但在如何协调正式组织与非正式组织的关系，最终实现组织的目标方面较为欠缺。对此，美国行为科学家布莱克和莫顿提出了调和组织中的人和生产任务之间的关系的管理方格理论。他们认为，领导方式存在着“对人的关心”和“对生产任务的关心”两种因素的不同结合，领导者应避免只关心一个方面的极端倾向。

图 2-1 中，横轴表示对生产任务的关心程度，从左至右，关心程度由低到高；纵轴表示对人的关心程度，自下而上，关心程度由低到高。横纵坐标都划分成 9 个方格，共形成 81 个方格，代表“对人的关心”和“对生产任务的关心”两个基本要素以不同的比例相结合形成的不同领导方式。较为典型的有：

1.1——贫乏型的领导。对生产任务和人的关心程度都很低，对必须做的工作付出最

---

① 孙耀君．西方管理思想史［M］．太原：山西人民出版社，1987：312-314.

② 于显洋．组织社会学［M］．4 版．北京：中国人民大学出版社，2020：55.

少的努力以维持恰当的组织成员关系。

1.9——俱乐部式的领导。重点在对人的关心，企业充满轻松、友好的气氛，不太关心生产任务。

9.1——任务型的领导。重视抓生产任务，不太注意对人的关心，对工作的安排达到高效率的运作状态。

9.9——团队型的领导。对生产任务和人都很关心，能使组织目标和个人需求最理想、最有效地结合起来，使工作完成来自个人的主动奉献。这种管理对人的关心和对生产任务的关心程度都达到了最高点，是理想的管理。

5.5——中间型的领导。通过保持必须完成的工作和令人满意的士气之间的平衡，使组织效率有提高的可能。这种领导方式对生产任务和人的关心都不偏重，完成任务不突出，领导安于现状，不求进取。

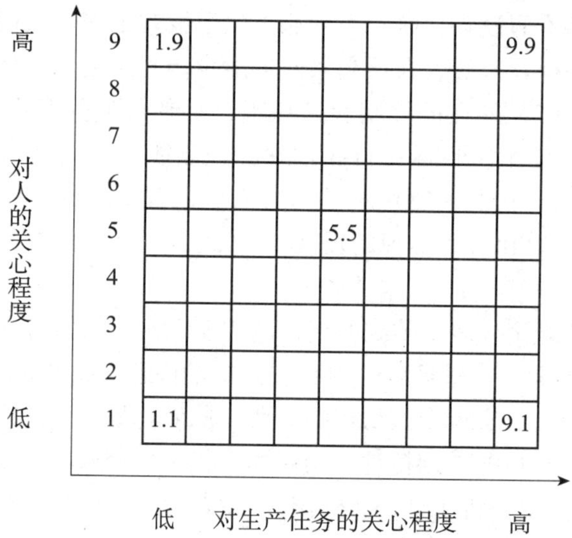

图 2－1 管理方格图

6. 行为科学组织理论对教育管理的影响

行为科学利用实验的方法来研究人类行为的产生、发展和变化的规律，以预测、控制和引导人的行为，达到充分发挥、调动人的积极性的目的。人的行为发生在一定的组织和群体中，它不仅与个体的行为基础有关，还与群体环境和管理人员的领导能力有关。由此可以得知，教育管理组织效率的提高，既不能单纯基于追求组织目标的视角去思考，也不能单纯基于“经济人”的假设利用科学的工作分析方法去思考，而要从“社会人”的假设出发，考虑教育者与受教育者的心理规律和社会心理需求，考虑组织的安排与管理，重视非正式组织的作用和组织中人际关系的调整，实施民主的、参与式的管理，通过营建良好的文化氛围，增加晋职、奖励等机会，增强教育管理者的工作热情、事业心、责任感、成就感、主动性和创造性，增强教育组织的和谐意识和凝聚力。

（三）系统管理理论

“系统”一词的英文为“system”，源于希腊文“systema”，意为由部分组成的整体或集合。系统思想源远流长，但作为一门科学的系统理论，人们公认是由美籍奥地利人、理论生物学家贝塔朗菲（Bertalanffy）创立的。1968 年，贝塔朗菲在《一般系统论：基础、发展和应用》一书中，把“系统”作为科学研究的对象，全面地阐述了动态的开放系统的理论，奠定了一般系统理论的基础。一般系统理论形成了多个理论分支，包括一般系统论、信息论和控制论，又称为“老三论”。进入 20 世纪 90 年代后，在“老三论”的基础上又发展出了“新三论”，即耗散结构论、协同论和突变论，以及超循环理论和混沌理论。

一般系统理论认为，系统是处于一定相互关系中，并与环境发生关系的各组成部分（要素）的总体，具备整体性、开放性、相关性、动态性、层次性、有序性和目的性等一般性特征。具体如下：

（1）整体性。系统是若干事物的集合，反映了客观事物的整体性，但又不简单地等同于整体，整体性概念是一般系统论的核心。

（2）开放性。组织是由多个子系统组成的开放系统，组织的发展受到其组成要素的制约，并且无时无刻不与周围的环境产生相互作用。

（3）相关性。系统与它的要素是统一的，系统的性质以要素的性质为基础，系统的规律也需要通过要素之间的关系（系统的结构）体现出来，即系统是要素的有机集合。

（4）动态性。实际存在的系统都是一个开放的系统，动态是开放系统的必然表现。

（5）层次性。系统各要素在系统结构中表现出多层次的特征。任何系统总是处于系统阶梯系列中的一环，层次不同，系统的属性、结构、功能也不同。

（6）有序性。系统的结构、层次及其动态的方向性都表明系统具有有序性的特征。

（7）目的性。系统的有序性是有一定方向的，即一个系统的发展方向不仅取决于偶然的实际状态，还取决于它自身所具有的、必然的方向性①。

系统管理理论的产生与经济和社会的发展密切联系。20 世纪 60 年代以后，随着战后经济危机的加深，资本和生产更加集中，企业的规模日益扩大，企业内部的组织结构也愈加复杂。这对管理理论的发展提出了两个方面的重要课题：一方面，如何从企业整体需求出发，处理好企业组织内部各个单位或部门之间的关系，保证组织的有效运转；另一方面，由于企业经营活动范围的扩大，加之各国政府对社会经济活动的干预以及工会力量对企业活动影响的增强，企业面临更加复杂的外部环境。如何使企业组织适应外部环境的变化，同外部环境之间建立可靠联系，实现运营目标，成为新的课题。而已有的组织管理理论，往往将企业视为一个“封闭系统”，要么侧重于生产技术的管理，要么侧重于人群心理的分析或一般组织问题，对企业的内外部关系的变革关注不够，使企业难以适应经济发展与社会变化②。

在此背景下，系统管理理论学派以一般系统理论为基础，将一般系统理论应用到组织管理之中，以系统的观点和视角分析考察企业的组织结构模式以及各项管理职能，尝试建立一种通用的模式和原则实现管理的最优化。其中较有代表性的是组织协作理论、决策理论、权变理论和学习型组织理论。

---

① 贝塔朗菲．一般系统论：基础、发展和应用［M］．林康义，魏宏森，等译．北京：清华大学出版社，1987：125.

② 郭咸纲．西方管理思想史［M］．北京：北京联合出版公司，2014：238－239.

1. 组织协作理论

巴纳德（Barnard）是西方现代管理理论社会系统学派的代表人物，被誉为“现代管理理论之父”。巴纳德的代表作是《经理人员的职能》，在这部著作中他独创性地指出组织的概念，他认为：“组织是两个或两个以上的人有意识协调活动和效力的系统。”① 巴纳德的组织协作理论以系统观念为依据，认为组织是一个协作系统，组织必须维持内外部平衡才得以存续和发展。

巴纳德区分了正式组织和非正式组织之间的关系，即作为正式组织的协作系统不论其规模的大小或级别的高低，都包含三个要素：（1）协作意愿；（2）共同目标；（3）信息沟通。协作意愿是个人为实现组织目标愿意付出努力的程度，经理人员要利用各种激励方式提高其协作的意愿。共同目标指的是组织内各成员共同认同的目标，是成员产生协作意愿的前提，经理人员的职能在于帮助组织成员理解组织目标，努力使他们的个人目标与组织目标达成一致。信息沟通指的是成员间或部门间命令、情报、建议、指示等信息的传达。非正式组织是在组织内部成员间以情感、兴趣、爱好等为基础，自发形成的一种组织，非正式组织虽然没有正式的组织结构以及共同目标，但却能影响到正式组织。经理人员要积极引导非正式组织的发展，发挥非正式组织加强成员间凝聚力的作用。巴纳德同时认为，组织的建立往往取决于以上三个要素的组合（它们一定要能够适应当时的外部条件），组织的存在则取决于合作系统中均衡的维持。起初，这种均衡是组织内部的，是各种要素之间的比例，但最终，这种均衡成为合作系统与整个外部环境之间的均衡。上述三个要素会随着外部因素的变化而发生变化。当一种要素发生变化之后，其他要素也必须发生补偿性的变化，只有这样，才能维持合作系统的均衡，并使之得以存在和持续下去②。

巴纳德还对组织的效果（effectiveness）和效率（efficiency）进行了区分。在巴纳德看来，“组织要想持续存在，效果（有效性）和效率都是必不可少的，而且组织存在的时间越长，这两者的必要性就越发突出”。一般来说，外部均衡需要组织的效果（涉及组织目标与外部环境之间的关系）和组织的效率（包括组织与成员个人之间的交换）两个基本条件。组织的效果是组织成员对于组织目标所认同的程度以及为之实现所贡献的程度。当组织成员认同组织目标并愿意为此付出努力时，组织效果较大。如果组织成员在实现目标的过程中发现目标无法实现，对组织目标的认同度就会逐渐削弱并降到零，做出贡献的意愿也就随之消失，组织的效果就不复存在。对于组织效率的界定，巴纳德认为：“意愿的持续性还取决于成员个人在实现目标的过程中所获得的满足。如果这种满足不能超过个人所做出的牺牲，这种意愿也会消失，组织就没有效率；反之，如果个人的满足超过其牺牲，做出贡献的意愿就会持续下去，组织就富有效率。”组织的效率取决于组织成员个人获得和付出的比较。当获得大于付出的时候，组织的效率高；当获得小于付出的时候，组织的效率低。巴纳德对于效果和效率的区分虽然比较生涩，但是让我们关注到了两个重要的问题：第一，组织成员对目标的认同度；第二，组织成员对获得和付出的比较。可见，在巴纳德看来，一个组织要有效果，个人一定要有效率，即正式组织目标同组织成员个人的需要之间要协调统一、不可偏废。这给管理的启示是，组织中的管理人

① 巴纳德．经理人员的职能［M］．王永贵，译．北京：机械工业出版社，2007：56.

② 同①13.

员要关注组织成员的个人特征，要通过改变个人动机来影响他们的行为，从而促进组织目标的实现。

2. 决策理论

美国著名的管理学家西蒙从巴纳德的组织思想出发，完成《管理行为》、《人的模型》、《组织》（与马奇合著）等经典著作，试图建立一个更加系统、更加全面和更加成熟的现代组织理论体系。

西蒙认为，无论什么类型和规模的组织，其所有活动都是围绕决策展开的，组织的基本功能就是决策，组织的目标就是追求决策的合理性。由此形成了以决策为核心概念的组织理论。该理论主要从以下几个方面来理解组织：

（1）组织是一个决策系统，有效的组织应该以正确的决策为基础。要通过对组织决策过程的深入分析去认识组织、把握组织。

（2）组织目标是追求决策的合理性，这种合理性取决于为实现某种目标而选择的手段。由于人的理性是有限的，所以任何组织或个人都不可能寻求到最理想、最优的决策，只能遵循满意原则。

（3）组织是一个协作系统。组织是由人组成的，个人与组织之间是相互依存的互动关系：一方面，组织会根据个人对组织的贡献提供物质和精神上的激励；另一方面，激励源自个人对组织的贡献。

（4）组织决策通常是个人做出的，但个人的决策受到组织的影响。组织通过以下五个途径来影响个人的决策：一是权威，即个人的决策权是组织赋予的，不经组织认可的决策是不具有权威性或合法性的。二是组织认同，即个人对组织的忠诚，个人只有在对组织目标认同的条件下才可能做出合理、有效的决策。三是信息沟通，作为一个相互协作的决策体系，组织决策中心和具体决策者之间存在双向的信息沟通。四是培训，即组织可以根据需要对其成员进行各方面的培训，使他们提高决策能力。五是效率，即组织要求决策者以最简捷的途径、最短暂的时间和最省钱的方法进行决策，以便更好地达到预期的目标。

（5）组织设计应该按照有利于决策的原则进行，因此，在组织结构的设计过程中要主要处理好以下环节：一是将组织的目标体系作为组织结构设计的重要依据；二是把影响组织决策的重要因素——分工合理化，把整个决策系统分解为一些相对独立的子系统，最大限度地分散决策；三是明确工作重心，按照要事优先的原则，尽量把时间和注意力放在一些比较重要的决策也就是工作重心之上；四是把握好集中决策权和分散决策权的度，合理配置权力①。

在西蒙看来，管理就是决策，决策绝不只限于从几种备选方案中选择一种行动，而是包括几个阶段和涉及许多方面的整个过程。他把这一过程分为四个阶段：一是侦查阶段，即收集信息阶段，目的是明确问题目标和任务，寻求决策的依据；二是拟定计划阶段，即通过对各种信息的分析，提出各种可能的行动方案；三是选优阶段，即从各种备选方案中集中找出最佳方案；四是对已定的方案进行评价。

西蒙的决策理论提出了有限理性组织的概念，开启了有限理性组织研究的先河。同

---

① 于显洋．组织社会学［M］．4版．北京：中国人民大学出版社，2020：70－71.

时，他以决策过程为核心，对组织现象进行了动态的研究，并把个人的决策行动及其作用放在前所未有的高度上，指出个人既是决策者，又是决策的执行者，这不仅强调了个人对于组织的特殊意义，而且提供了一个观察和解释组织现象的新视角。

3. 权变理论

20 世纪，美国管理心理学家莫尔斯（Morse）和洛希（Lorsch）分别采取 X 理论和 Y 理论对两个工厂进行实验研究，结果发现：Y 理论并不是在所有情况下都比 X 理论效率高，管理思想和方式依据成员的素质、工作的特点和环境情况而定，不能一概而论。由此，他们基于“复杂人”的假设，提出超 Y 理论。以此为基础，形成了管理学的权变理论学派。美国著名心理学和管理学家费德勒（Fiedler）是该学派的代表。他从管理心理学和实证环境分析两方面研究了组织领导问题，提出了有效领导的权变模型（contingency model），认为没有一成不变、普遍适用的“最好的”管理理论和方法，管理的方式和技术要随内外环境的变化而改变。

费德勒相信，影响领导成功与否的一个关键因素是个体的基本领导风格。他为发现领导风格而设计了最难共事者调查问卷（least preferred coworker questionnaire，LPC 问卷），用以测量个体的领导风格是任务导向型还是关系导向型。LPC 问卷由 16 组对照形容词构成（如快乐-不快乐、高效-低效、开放-防备、助人-敌意），费德勒让被试者回想自己共事过的所有同事，并找出一个最难共事者，在 16 组形容词中用一个从 1 到 8 分的量表来对其进行评估。如果被试者以相对正面的词来描述最难共事者（LPC 问卷得分高），费德勒称为关系导向型，与此相反，如果对这名最难共事的同事看法比较消极（LPC 问卷得分低），说明被试者关心的是生产率，则被称为任务导向型。

费德勒认为任何领导风格均可能有效，其是否有效完全取决于所处的环境是否适合。用 LPC 问卷对个体的基本领导风格进行评估之后，还需要将领导风格与情境进行匹配。于是，他确定了影响领导风格有效性的三种权变因素：

（1）领导者与成员关系。领导者得到成员尊敬、认可和支持的程度。

（2）任务结构。任务的明确程度，上下级之间的关联程度及工作目标、程序、进度所做规定的详细程度。

（3）职位权力。领导者所处的职位能够实施奖惩的权力以及通过组织制裁的权威性，对雇佣、解雇、处罚、晋升和加薪影响程度的大小。

权变模型利用上面三种权变因素的不同情形来评估情境。领导者与成员关系的好或差、任务结构的明确或模糊、职位权力的强或弱，直接影响到领导者对情境控制力的大或小。费德勒进一步按三种权变因素的好差、明确模糊和强弱将领导情境纳入三维坐标系，形成了组织领导情境的八种情境，每个领导者都可以从中找到自己的位置。当个体的 LPC 问卷分数与三种权变因素的评估分数相匹配时（工作绩效好），则会达到最佳的领导效果。费德勒得出的结论是：任务导向型的领导者在非常有利的情境和非常不利的情境下工作得更好，关系导向型的领导者则在有利和不利中间的情境中工作得更好（见图 2－2）。

费德勒认为领导风格是与生俱来的，而环境或情境并不是一成不变的，当情境发生变化时，组织领导者的领导风格或个性就应当随之改变。因此，提高领导风格的有效性实际上只有两条途径：一是替换领导者以适应环境，二是改变情境以适应领导者。费德勒权变模型表明，并不存在一种绝对的、最好的领导风格，领导者必须具有适应力，自行适应变

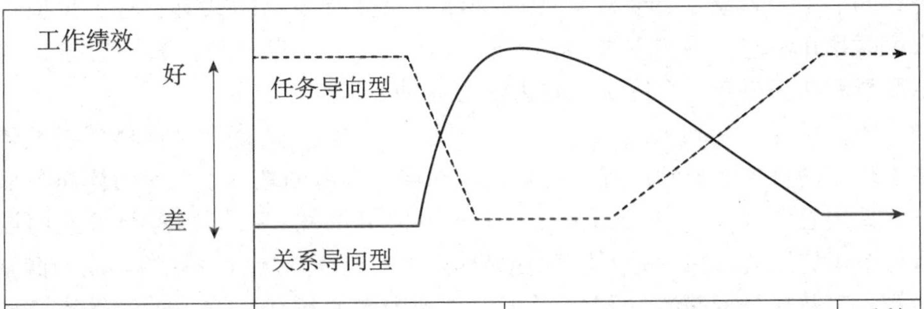

情境特征	有利			中间				不利
情境类型	1	2	3	4	5	6	7	8
领导者与成员关系	好				差			
任务结构	明确		模糊		明确		模糊	
职位权力	强	弱	强	弱	强	弱	强	弱

图 2-2 领导风格与情境的关系

化的情境。同时也提示管理层必须根据实际情况选用合适的领导者①。

4. 学习型组织理论

1965 年，美国哈佛大学教授福里斯特（Forrester）在《企业的新设计》中提出了“学习型组织”的概念，并运用系统动力学（system dynamics）原理构想了学习型组织的基本特征在于：组织结构扁平化、组织信息化、组织更具开放性、组织不断学习、组织不断调整内部的结构关系等。20 世纪 90 年代，福里斯特的学生圣吉（Senge）经过对大量案例的分析、总结与提炼，在《第五项修炼——学习型组织的艺术与实务》一书中阐述了建立学习型组织的设想，即“建立不断创新、进步的‘学习型组织’；在其中，大家得以不断突破自己的能力上限，创造真心向往的结果，培养全新、前瞻而开阔的思考方式，全力实现共同的抱负，以及不断一起学习如何共同学习”②。真正的学习涉及人之所以为人这一意义的核心。通过学习，人们可以重新创造自我，能够做到以前从未能做到的事情，能够重新认识这个世界及人们跟它的关系，以及扩展创造未来的能量。人们渴望真正的学习，它是学习型组织的真谛，它能让大家在组织内活出生命的意义③。

圣吉倡导的学习型组织包括“五项修炼”技能。

第一，自我超越（personal mastery）——实现心灵深处的渴望。这是学习型组织的精神基础，是突破极限的自我实现。

第二，改善心智模式（improving mental models）——用新眼睛看世界。“心智模式”存在于人们的心中，源于对过去事物的认识过程，参与对现实事物的认识，影响人们看世界、对待事物的态度，有时直接决定人们的成功与否。要改善心智模式，一是要把镜子转向自己，二是要有效地表达自己的想法，三是要以开放的心灵容纳别人的想法。

第三，建立共同愿景（building shared vision）——打造生命共同体。这是指组织中

① 罗宾斯，贾奇．组织行为学：第 14 版［M］．孙健敏，李原，黄小勇，译．北京：中国人民大学出版社，2012：324-325.

② 圣吉．第五项修炼：学习型组织的艺术与实务［M］．郭进隆，译．2 版．上海：上海三联书店，1998：3.

③ 同②14.

人们具有共同愿望的景象。它要求组织的全体成员拥有衷心的共有目标、价值观与使命感，把大家凝聚在一起，为实现渴望的目标认真学习，追求卓越。共同愿景分为个人愿景、团队愿景和组织愿景三个层次，它为学习提供了焦点与能量。

第四，团体学习（team learning）——激发群众智慧。这是发展团体成员整体搭配能力和提高实现共同目标能力的过程。在现代组织中，学习的基本单位是团体而不是个人。

第五，系统思考（systems thinking）——见树又见林。系统思考要求人们运用系统的观点看待组织的发展。它引导人们从看局部到纵观整体，从看事物的表面到洞察其变化背后的结构，以及从分析静态的现象到认识各种因素的相互影响，进而寻找一种动态的平衡①。

圣吉认为：学习型组织“五项修炼”技能的关系是“系统思考”需要“自我超越”“改善心智模式”“建立共同愿景”“团体学习”这“四项修炼”来发挥它的潜力。“自我超越”是不断反照个人对周围影响的一面镜子，缺少“自我超越”的修炼，人们将陷入“压力-反应”式的被动困境。“改善心智模式”专注于开放的方式，反思人们在认知方面的缺点失误。“建立共同愿景”培养成员对团体的长期承诺。“团体学习”是发挥团体力量，使团体力量超乎个人力量的总和的技术②。

5. 系统管理理论对教育管理的影响

系统管理理论表明，教育系统中的各种因素是极其复杂地相互作用着的，教育系统与周围环境之间是相互制约的关系。因此，系统管理理论要求教育管理者必须用系统理论的观点和要义来指导教育管理实践。从系统理论的观点来看，教育系统是由教育目的、教育内容、教育方法、教育设施、教育人员等要素构成的一个开放系统，教育系统的形成与发展受一个国家的政治制度、经济水平、法律法规、道德文化水平制约，同时还与其他社会活动密切关联、相互依存。教育管理不仅受到系统内部因素，如教育政策和法律、教育规律、学校发展目标等的影响，同时也受到政府、家长、社会等外部力量的影响。系统内外部因素对教育质量、教育效益都会产生影响，只有综合考虑影响教育发展的多方面因素，才可能正确理解和掌握教育管理现象背后深藏的教育管理规律。在实践中，教育管理者需要分析复杂的教育环境，从整体优化角度解决教育问题。例如，在制定教育规划的过程中，首先应从整体上研判影响教育发展的各个因素之间的关系，比较不同的组合方式产生的不同效果，选择最优的资源配置方案，同时还要注意备选方案是否与国家、地区或学校自身的发展现状相匹配等问题，最终选择一个结构合理、运行稳定、环境适应性较强的教育规划方案。

二、新公共管理理论与教育管理

20 世纪六七十年代以来，西方各国的政府规模不断扩大、政府角色不断膨胀，传统的官僚体制面对经济全球化、国际冲突、信息革命、环境保护等领域的问题力不从心，加之 70 年代石油危机之后经济衰退、政府财政状况恶化，传统公共行政模式的弊端显露无

① 圣吉．第五项修炼：学习型组织的艺术与实务［M］．郭进隆，译．2 版．上海：上海三联书店，1998：7－14．
② 同①13．

遗，变革则成为国际社会普遍而迫切的要求，一场政府和公共部门内部的行政改革运动肇始于英国，随后扩展到世界其他国家。作为指导新公共管理运动的新公共管理理论即诞生于此，不同于传统的公共行政管理理论，它是以经济学理论为其理论基础，提倡依靠自由化、市场化与竞争机制去变革公共管理的一种新的理论范式①。

（一）新公共管理理论的思想来源

传统的公共行政管理理论以“政治与行政二分法”理论、官僚制理论与科学管理理论等为核心理论基础。而新公共管理理论则以“理性经济人”的人性假设为逻辑起点，以经济学理论和企业管理理论为基础，以工具理性思维方式为方法论主导，以职业化管理、项目预算、绩效评估、战略管理、顾客至上、绩效工资制为具体管理方法，更加注重管理的科学化与实用性。其主要思想来源如下：

1. 管理主义的传统

20世纪初，由泰勒发起的科学管理运动在西方公共行政领域产生深远影响，极大地推动了公共行政的科学化、技术化和效率化。泰勒科学管理的基本精神是，科学地确定每一个工作人员如何以最佳的方式完成各项任务，从而实现组织的高绩效。由此确立的管理主义的传统认为，管理是一种纯手段性的活动，管理方式具有共通性，它所包含的一系列原则既适用于公共部门，也适用于私营企业。因此，政府部门特别是提供公共服务的部门也可以借鉴私营企业的管理方式和经验。这一理念从新公共管理实践的许多做法中不难看出。比如，将政策职能与管理职能分开、将公共服务通过竞标承包出去、重结果和产出而不重过程、推动管理控制权的下放、把公众作为顾客予以重视并签订绩效合同等，都可看出管理主义传统的延续。

2. 公共选择理论

公共选择理论以新古典经济学的“理性经济人”假设、原理和方法作为分析工具，分析现实生活中与民众相关的政治个体的行为特征，以及由此引出的政府及各种政治团体的行为特征。从竞争机制、成本控制、监督信息完备程度等视角分析政府的行为特征；从部门人员膨胀、财政扩张和角色优化等方面揭示政府整体膨胀的规律；从引入竞争机制、约束政府税收和支出行为以及建立利润激励机制等方面限制和根除政府寻租行为，提高行政效率，改善政府与民众的关系。

公共选择理论将“理性经济人”假设扩大到个人面临“非商品”选择时所采取的行为和态度上；假设人（包括官员）是自利的，是有目的性的功利最大化者，在做决定时追求利益的最大化和代价的最小化；强调个人价值，突出个人主义。因此，应强调转变政府职能，通过分权、授权方式来增强对社会民众的回应性，以及采用建立灵活弹性的服务模式等改革措施。

公共选择理论认为，人类社会由经济市场和政治市场两个市场组成。政治市场与经济市场的过程一样，都以交易动机、交易行为为基础，是利益的交换过程。追求个人利益的行为与政府支出之间存在某种联系，官僚不断扩大部门权限的趋势，导致政府规模的扩

---

① 何颖，李思然．新公共管理理论方法论评析［J］．中国行政管理，2014（11）：66－72．

大。应在公共部门恢复自由竞争，提高官僚体制运转的效率，进而通过引入市场机制打破政府独家生产公共物品的垄断。同时，通过改革赋税制度，约束政府权力，限定政府的行为框架和机构规模。

在公共选择理论的指导与影响下，新公共管理强调运用市场这只“看不见的手”来克服公共部门的弊端，对政府机构进行市场导向的改革，以市场竞争的力量来实现有效的公共管理①。

3. 委托-代理理论

委托-代理理论是在一些经济学家深入研究企业内部信息不对称和激励问题上发展起来的。委托-代理理论认为，不管是经济领域还是社会领域，都普遍存在着委托代理关系。在委托代理关系当中，委托人与代理人的效用函数不一样，委托人追求的是自己的财富更大化，而代理人追求自己的工资津贴收入、奢侈消费和闲暇时间最大化，这必然导致两者的利益冲突。在没有有效的制度安排下，代理人的行为很可能最终损害委托人的利益。为此，委托-代理理论主张在利益相冲突和信息不对称的环境下，设计出一个刺激结构（契约），降低代理人成本，来激励代理人为委托人做出利益行动。

委托-代理理论对新公共管理的影响，主要在于它通过对公共行政领域的委托代理问题的分析，为减少公共部门的委托代理问题指出了方向：缩减政府规模，将公共服务签约外包；强化公共部门之间的竞争；制定激励契约。

4. 交易成本理论

交易成本理论也称交易费用理论，与委托-代理理论密切相关，但关注的重点并不相同。后者关注的重点主要是代理人的选择和激励，交易成本理论则主要关心的是开展各种交易的最佳管理结构，特别是物品和服务生产与交换的最佳组织方式，即对在不同政府的管理结构下，规划、调整和监控任务完成情况的成本进行比较考察。

交易成本理论认为，企业和市场是两种可以相互替代的资源配置机制，由于存在有限理性、机会主义、不确定性与小数目条件，市场交易成本高昂，为节约交易成本，企业作为代替市场的新型交易形式应运而生。所谓交易成本是指企业在寻找交易对象、订立合同、执行交易、洽谈交易、监督交易等方面的费用与支出，主要由搜索成本、谈判成本、签约成本与监督成本构成。企业运用收购、兼并、重组等资本运营方式，可以将市场内部化，消除市场的不确定性所带来的风险，从而降低交易费用。

交易成本理论假设委托人和代理人即交易的双方都会设法实现自身的利益，而双方能否牟取私利则取决于一系列条件结构和环境因素，包括组织绩效难以测量、对交易方的可靠性缺乏信心、信息失衡等的程度。这些条件和因素直接影响到官方机构对市场机制创建与公共服务外包的选择。

（二）新公共管理理论的主要观点

新公共管理理论认为传统公共行政体制低质低效，以追求“3E”即 economy（经济）、efficiency（效率）、effectiveness（效能）为目标，目的是通过调整政府、社会、市场资金

① 王定云，王世雄．西方国家新公共管理理论综述与实务分析［M］．上海：上海三联书店，2008：32－34．

的关系，倡导管理的自由化和市场化，改革政府内部管理体制，从而提高行政管理效率。

英国学者胡德（Hood）将“新公共管理”看作是一种强调明确的责任制、产出导向和绩效评估，以准独立的行政单位为主，采用私人部门管理、技术、工具，引入市场机制，以改善竞争为特征的公共部门管理新途径①。这表明新公共管理理论的突出特点之一就是追求“效率至上”，注重学习私营部门的管理经验。

拉森（Ranson）认为，新公共管理理论的主要观点包括：视民众为顾客，强调顾客的价值；创造市场或准市场的竞争机制；扩大个人以及私人部门自理的范围；购买者的角色必须从供给者的角色中分离出来；契约或半契约配置的增加；由市场来测定绩效目标；弹性工资；等等②。

奥斯本（Osborne）和盖布勒（Gaebler）在美国地方政府进行新公共管理改革的基础上，在《改革政府：企业家精神如何改革着公共部门》一书中提出新公共管理模式的十项原则。（1）起催化作用的政府：掌舵而不是划桨；（2）社区拥有的政府：授权而不是服务；（3）竞争性政府：把竞争机制注入提供服务中去；（4）有使命感的政府：改变照章办事的组织；（5）讲究效果的政府：按效果而不是按投入拨款；（6）受顾客驱使的政府：满足顾客的需要，不是官僚政治的需要；（7）有事业心的政府：有收益而不浪费；（8）有预见的政府：预防而不是治疗；（9）分权的政府：从等级制到参与和协作；（10）以市场为导向的政府：通过市场力量进行变革。他们将这十项原则作为书中的十个章节进行详细的论证，其中凝结着新公共管理理论强调公民为本、市场化、结果导向、分权协作、民主参与、多中心自主治理等理念和指导原则③。

我国学者陈振明将新公共管理的内容归纳为八个方面：让管理者进行管理（强调职业化管理），衡量业绩（明确绩效标准和绩效评估），产出控制（项目预算和战略管理），顾客至上（提供回应性服务），分散化（公共服务机构的分散化和小型化），引入竞争机制，采用私人部门的管理方式，改变管理者与政治家、公众的关系④。

综合众多学者对新公共管理理论的探讨成果，可以将新公共管理理论的基本观点归纳如下：

（1）强调优化政府职能，简政放权。传统的公共行政中，政府既是政策的制定者，又是政策的执行者。而新公共管理理论认为政府职能由“划桨”转为“掌舵”，应该将政府的政策职能和管理职能分开，将执行政策的职责下放给其他部门，特别是一些带有商业性质的公共服务，可以采取外包给第三方的形式，从而减少政府开支、提高工作效率。

（2）强调权力分散。传统的行政体制下权力较为集中，组织内部层级较多，导致组织机构庞大、运转效率低下，政府机构不能及时反应，新公共管理理论则倡导分权或授权给基层人员，以此迅速应对外界的变化。

（3）改革政府的管理手段，学习私营部门的管理方式。与传统公共行政排斥私营部门的管理方式不同，新公共管理理论认可私营部门在创新、效率、质量以及服务水平方面的

---

① 楚明锟．公共管理导论［M］．武汉：华中科技大学出版社，2011：409.

② 王定云，王世雄．西方国家新公共管理理论综述与实务分析［M］．上海：上海三联书店，2008：39.

③ 奥斯本，盖布勒．改革政府：企业家精神如何改革着公共部门［M］．周敦仁，等译．上海：上海译文出版社，2006：目录.

④ 陈振明．评西方的“新公共管理”范式［J］．中国社会科学，2000（6）：73-82，207.

经验和手段，主张引入竞争机制，破除公共服务供给的垄断性，允许私营部门参与公共服务的供给。

（4）重视结果和产出，实施明确的绩效目标控制。传统的公共行政部门必须按照一系列程序、规则工作，这容易导致机构僵化、工作效率低下。

（5）坚持“顾客”满意原则。新公共管理理论将社会大众视作政府的“顾客”，政府公共行政不再是“管治行政”而是“服务行政”，应该提供多样的社会服务、提高政府服务质量以使“顾客”满意；同时顾客的要求可以驱动政府自主提高服务质量，从而改善政府工作。

（6）特别重视人力资源管理，保证人员录用、任期、工资及其他人事管理环节的灵活性，扭转了传统的僵硬的人事管理体制。

新公共管理理论旨在促使政府职能从“划桨”转为“掌舵”，并走出规制导向的困境。在其影响下，政府机构改革和行政管理存在两个发展趋势：一是公共部门向市场化发展。体现为原本仅能由政府提供的公共服务，比如基本交通设施、供水、供电、基本通信设施、教育的评价工作、医疗保健等，正通过各种民营化甚至合同外包的形式发生。二是不断摆脱官僚体制的束缚。传统公共行政管理僵硬的、等级制的官僚制组织形式向更为弹性的、以市场为基础的形式转变。

（三）新公共管理理论的局限性

新公共管理理论以“理性经济人”为前提假设，主张建立市场化改革取向的政府，倡导将经济与经营中市场化的操作方法和手段引入公共部门，把公共服务的供给交给私人部门或其他非营利组织去完成，以取代“低效”的官僚行政手段。然而，市场本身存在不可避免的缺陷。仅仅以经济、效率和效能为新公共管理理论的追求目标，所有活动都围绕追求高效率、高利润来展开，而无视公共部门与私人企业之间的差异，使经济价值成为判定社会发展的唯一标准，必将使公共行政管理违背追求公民权利、人性尊严、公共利益、社会责任等公共行政的根本价值和根本目标，从而动摇公共行政合法性的基础地位。

同时，新公共管理理论强化结果导向的量化管理方法，把经济价值视为行政管理的首要价值，将经济指标视为判定政府行政管理的重要标准，在一定程度上忽略了公共行政对人本身及管理环境的重视，容易夸大绩效管理的工具价值，导致政府组织和官员政绩观的偏差，进而忽视政府维护社会公平、正义的伦理责任①。

（四）新公共管理理论的发展趋势

伴随新公共管理运动的开展，其理论过于强调效率、市场机制所引发的问题日益引起重视和受到批判。美国著名公共管理学家珍妮特·登哈特（Janet Denhardt）和罗伯特·登哈特（Robert Denhardt）等学者基于对新公共管理理论的反思和批判而提出新的公共管理理念——新公共服务。

新公共服务对新公共管理进行扬弃，它承认新公共管理运动及其理论对于政府行政改革的重要价值，同时摒弃了新公共管理模式特别是“企业家政府”模式所固有的某些缺

① 何颖，李思然．新公共管理理论方法论评析［J］．中国行政管理，2014（11）：66－72．

陷，并在此基础上提出和建立一种更加注重民主价值和公共利益、更适于现代公民社会发展和公共管理实践需要的新模式。这种新模式与新公共管理理论恪守单维价值取向不同，新公共服务理念在理性认同新公共管理理论“效率”价值观的同时，对其进行了反思与超越，在改革进程中更加强调政府的公共利益与公共责任，尤其注重公共服务供给过程的公民参与性，认为公民权和公共服务比企业家精神更重要。新公共管理运动希望通过权力下放途径以实现组织机构的扁平化与分散化，却依旧没能跳出官僚制组织的工具性属性与功能性结构。新公共管理理论将政府权力下放到下级组织，试图打破“部门中心主义”，这却使组织机构之间日益缺乏整合与协作，政府组织结构变得更为碎片化。而新公共服务理念尝试建立一种跨越组织界限、将整个社会治理组织联合起来的新型网络组织，通过将中央与地方政府、公共部门、私人组织以及各种社会团体等机构联合起来实施整体治理战略，最终构建一个以“公民”为中心的无缝隙政府。

新公共服务理念具体包括以下几个方面：(1) 服务于公民，而不是服务于顾客；(2) 追求公共利益；(3) 重视公民权胜过重视企业家精神；(4) 思考要具有战略性，行动要具有民主性；(5) 承认责任并不简单；(6) 服务，而不是掌舵；(7) 重视人，而不只是重视生产率①。

(五) 新公共管理理论对教育管理的影响

新公共管理理论受到了诸多批判，特别是其以“理性经济人”为前提假设，主张建立市场化改革取向的政府，强化结果导向的量化管理方法，把经济价值视为行政管理的首要价值等观点都是失之偏颇的，对以培养人为目的的教育管理来说也是不合适的。但不可否认的是，新公共管理理论为推动政府公共管理职责职能转变、激发市场主体活力起到了不可忽视的促进作用，也为教育管理的改革实践提供了新的理念和范式，为教育管理者解决在现实发展中面临的一些根本性问题提供了思路。比如：政府在办好人民满意的教育中应该起到什么作用？教育举办者、管理者和评价者之间的权责关系如何分配？政府-学校-消费者在教育管理中各自应该扮演何种角色？如何进一步推进教育资源的优化配置，调动社会积极因素为教育事业发展赋能增效？对于这些问题，新公共管理理论都提出了一些具有启发性意义的观点。对于我国教育管理而言，在促进教育高质量发展的过程中，如何借鉴新公共管理理论的优势观点，进一步转变政府在教育管理中的职能，改进教育管理方式，建立与经济社会发展要求相适应的教育体制，降低行政成本，提高行政效率，减轻国家投资教育的负担，如何扩大各级各类学校办学自主权，满足教育消费者不同层面需求，扩大消费者选择权，如何有效转变高校教育管理体系及结构，激发教育管理人员的积极性，不断提升教育管理效益，为教育高质量发展提供保障，都是值得进一步思考的。

三、治理理论与教育管理

“治理”一词在我国古代就已被频繁使用，主要表达两层意思：一是整修、整顿，解决存在的问题之意；二是治国理政。这两个层面的意思本质上都是在强调有秩序、稳定的

---

① 登哈特 J，登哈特 R. 新公共服务：服务，而不是掌舵：第 3 版 [M]. 丁煌，译. 北京：中国人民大学出版社，2016：31.

状态以及治国之道等意义。在西方，governance（治理）一词源于拉丁文和古希腊语，原意是控制、引导和操纵。长期以来它与 government（统治）一词交叉使用，并且主要用于与国家的公共事务相关的管理活动和政治活动中。可以看到，无论中西，传统的治理均表达了政府运用国家权力自上而下管理国家之意，并与国家公共事务的管理活动及政治活动相关。现代治理理论的兴起则有着广阔的社会历史背景和理论渊源。

（一）治理理论产生的历史背景

首先，从国际层面看，经济全球化推动公共治理模式的产生。全球政治经济一体化产生了大量超出民族国家治理能力范围的公共问题，其最大特点就是共同性和不可分割性，没有一个国家可以置身事外，因此要求各个国家以“全球治理”（global governance）的方式来解决这些难题。全球治理并不是要创建新的世界秩序，而是要借助于各种国际力量，确认全球治理责任，建立一种反霸权模式。它意味着国家与各种国际组织、非政府组织、公民组织等其他非国家行为主体之间，通过多边合作等各种形式的治理机制，实现从地区到全球层次共同问题的解决。

其次，从国家层面看，西方福利国家所出现的管理危机以及市场调节机制出现的危机，都促使政府公共行政管理的变革。20 世纪二三十年代爆发的世界性经济危机，宣告政府“自由放任”的公共行政管理方式破产。市场的失灵使人们认识到了市场机制的缺陷，为政府全面干预经济和社会公共事务提供了空间。对经济效益的追求难以避免政府规模的不断扩大和职能的无限扩张，导致社会服务质量低劣、效率低下的公共管理危机。20 世纪 70 年代以来，各国政府针对政府失灵现象，掀起了一场削减政府职能、构建企业型政府的政府管理改革运动，使政府由“全能政府”和“无限政府”转变为“有限政府”和“小政府”。这次改革运动虽然在很大程度上拓宽了行政管理的视野，诞生了新公共管理的理论和方法，但毕竟是以市场主义为基础的，过分强调市场机制和私人企业的作用，忽视了公共事务管理与私人部门管理的差别，在实践中日益暴露出弊端，又产生诸多失灵现象。因此，从 20 世纪 90 年代开始，面对市场和政府的双重失灵，加之社会组织、利益集团等迅速成长和经济全球化的影响，人们逐渐认识到政府并非管理国家的唯一主体，在批判新公共管理理论“效率至上”主义和“市场迷信”的基础上，越来越多的人试图以治理机制超越政府的基本特质和国家与社会的互动关系。

再次，从社会层面看，众多社会组织和利益集团的快速成长为治理的实现提供了基础。一般而言，政府（看得见的手）和市场（看不见的手）是调控社会发展的两大力量。在凯恩斯主义或计划经济时代，政府与社会基本是合二为一的，政府与社会之间没有任何空间来发展其他非政府社会组织。政府失灵和市场失灵的出现，使得传统上的“政府-市场”二分模式已不能满足公共事务管理的需要，迫切需要培养和扶持第三种力量来参与社会公共事务的管理，这就为政府和市场之外的各种非政府组织（non-governmental organization）或非营利组织（non-profit organization）的大量涌现提供了发展空间，这些组织通常被称为“第三部门”。随着第三部门力量的壮大，它们在社会公共事务管理中的作用也日益重要，它们或是独自承担社会的某些管理职能，或是与政府机构合作，共同行使某些管理职能。因此，由第三部门独自行使或与政府合作行使社会管理职能的过程，便不再是统治，而是治理。

最后，从技术层面看，现代信息技术的发展为治理模式的运行提供了新的契机。在过去政府官僚等级体制盛行的时代，政府垄断了各种信息（包括各种教育信息）进行决策，常常使得能够参与制定政策的政府官员形成“特权”。而随着网络信息技术的迅猛发展，信息资源得以公开，各种信息的收集、整理和传播更为便利，个人和组织也可以获得大量的行政信息，过去政府官僚等级体制信息渠道的单一性和垄断性被打破。同时，现代社会公共事务的管理已变得极度复杂化，政府不可能拥有解决一切问题的信息，政府在处理各种问题时不得不依靠那些拥有一定信息量的组织和个人，这对政府的治理理念和治理模式产生影响。政府行政管理参与主体的多元化，促使政府、社会组织、个人之间逐渐形成一个自主网络体系，并逐步建立起了合作伙伴关系。这种自主网络体系的形成和合作伙伴关系的建立也构成了治理理论的核心内容。

（二）治理理论的概念及特征

人们对治理分析的视角不同，对其内涵也有着不同的理解，因此在定义上未达成一致。1995年，全球治理委员会在《我们的全球伙伴关系》的研究报告中给出一个较为权威的定义：治理是各种公共的、私人的个人和机构管理其共同事务的诸多方式的总和，是使相互冲突的或不同利益得以调和，并采取联合行动的过程。治理理论的主要创始人之一罗西瑙（Rosenau）则把治理定义为一系列活动领域的管理机制，它们虽未得到正式授权，却能有效发挥作用。与政府统治相比，治理是由主体间的共同目标所支持的，是只有被多数人接受了才会生效的规则体系，因此不一定需要依靠强制力量克服挑战或使别人服从，它既包括政府机制，同时也包含非正式、非政府的机制[①]。英国著名治理研究学者斯托克（Stoker）在《作为理论的治理：五个论点》一文中对流行的各种治理概念做了归纳梳理，认为治理所追求的目的是创造条件以保证社会秩序和集体行动。因此，治理的产出和统治并无任何不同之处，如果有什么差异，那也只在于过程。其基于此提出了五个论点：（1）治理指出自政府，但又不限于政府的一套机构和行为体；（2）治理明确指出在为社会和经济问题寻求解答的过程中存在的界限和责任方面的模糊之点；（3）治理明确认定在参与集体行动的机构之间的关系当中包含着对权力的依赖；（4）治理是指行为体网络的自主自治；（5）治理认定，办好事情的能力并不在于政府下命令或运用其权威的权力，政府可以动用新的工具和技术来掌舵和指引[②]。

20世纪，国内学者俞可平较早对治理开展研究，他进一步将权责划分的制度化安排纳入“治理”的含义中，使其具有了静态稳定结构的内涵。他认为，“治理一词的基本含义是指在一个既定的范围内运用权威维持秩序，满足公众的需要。治理的目的是在各种不同的制度关系中运用权力去引导、控制和规范公民的各种活动，以最大限度地增进公共利益。从政治学的角度看，治理是指政治管理的过程，它包括政治权威的规范基础、处理政治事务的方式和对公共资源的管理。它特别地关注在一个限定的领域内维持社会秩序所需要的政治权威的作用和对行政权力的运用”[③]。

---

① 罗西瑙．没有政府的治理［M］．张胜军，刘小林，等译．南昌：江西人民出版社，2001：5.
② 斯托克．作为理论的治理：五个论点［J］．华夏风，译．国际社会科学杂志（中文版），2019，36（3）：23－32.
③ 俞可平．治理与善治［M］．北京：社会科学文献出版社，2000：5.

尽管国内外学者对治理的概念做出了不同的界定，但这些界定具有共同的理论内涵。一是提倡治理主体多元化，强调去中心化，实施多边治理；二是强调治理机制的协调性，这是“治理”与“管理”相区别的关键所在；三是提倡治理方式的系统性，强调综合施策的重要性；四是认为治理的过程是动态的，不是一成不变的。具体表现为以下四个方面的理论内涵特征：

（1）多元化。治理与统治一样需要公共权威发生作用，但不同的是，治理跳出了依靠正式规则和官僚等级制结构来理解政府体制的传统思维。处理公共事务的权力不限于传统作为唯一权力中心的政府机关，还可以是强调效率的市场或以自愿性为特征的第三部门之间的多类型合作。

（2）协调性。治理权威来源于公众的认同与共识，不同于政府自上而下的行政命令，治理主要通过持续互动地合作和协商、建立伙伴关系、制定共同目标等方式来管理公共事务，促进各行为主体之间高效率地合作，进而促进组织目标的实现。

（3）系统性。系统是指由若干相互联系、相互作用的要素组成的，在一定环境下可以释放特定功能的有机整体，具有整体性、开放性和动态性等特质。治理理论强调主客体及环境的有机统一，在主体权力下沉与扩散的去中心化过程中，权力的运行不再是单向的，多主体、多要素在信息往来的作用下网格化地发挥作用。

（4）动态性。动态性揭示了事物存在的本质特征，“动”是万事万物的基本状态。治理不是一整套规则条例，而是一种思维；治理不是一种模式，而是一个过程；治理不意味着一种正式的制度，而是持续互动的方式。

（三）治理理论的局限性

当代西方治理的理论与实践，有着复杂的政治、经济和历史文化背景，将治理理论放在不同国家的实际情况和现实需求中来考察，其局限性也更加明显。

首先，治理理论强调多元主体共治，但在不同的文化背景、不同的价值观、不同的道德理念以及不同的利益要求下，有时难以达成共识。治理理论主张通过谈判和协商来确定社会目标或集体行动目标，但各个行为主体往往都从自身立场和利益要求出发，提出有利于实现自身利益最大化的政策方案和路径选择；当彼此发生分歧时，如果各方都固执己见、互不妥协，就会使公共政策过程陷于无休止的协商、谈判甚至纷争的死循环，无法达成一致的意见，从而造成多元主体的集体行动失效。

其次，治理理论强调自组织的优越性，却回避了私益至上、不确定性和目光短浅等内在缺陷。作为理性经济人的行为主体存在机会主义倾向，会力图在权力秩序框架中追求主体发展和自身利益的最大化。与此同时，系统人数的增加也会导致搭便车和投机行为的增加，进而导致集体行动的困境和不确定性。即使人们认识到协商合作可能带来好处以及彼此之间存在共同利益，也无法确保合作的自发性和达成度。

最后，治理理论不可能完全解决社会资源配置中的“政府失灵”和“市场失灵”的问题，其本身也存在失效的可能性。治理理论内部存在着合作与竞争、开放与封闭、规则与灵活、责任与效率等困境，使有效治理只能是对市场调节手段和政府行政手段的有益补充，而不能代替市场自发地进行有效的资源配置，更不可能替代政府行使政治权威和强制力量。

（四）治理理论的发展趋势

治理理论是在新公共管理理论与新公共行政理论的争论中产生的，随着新公共理论的衰落，治理理论却更加盛行。民主治理、公民治理、多中心治理、协作性治理、整合性治理等各种治理理论逐渐产生。从这些理论中，可以发现一些基本的发展趋势。

一是民主治理日益成为当代治理理论与实践发展的趋势。从传统政府管理强调阶级利益、暴力工具，到现代政府管理强调官僚制、效率观，再到新公共管理强调政府掌舵、公民参与、民主行政，民主治理的理念从无到有，不断发展起来。在市场化、民主化、全球化等诸多力量的裹挟下，以政府民主行政为基本内涵的民主治理成为当代治理理论的核心价值。人们逐渐认识到，作为治理体系的组成部分，民主表现为责任、参与以及权力的制衡，越来越被证明在制止暴力冲突、提高社会经济福利等方面都是最为有效的。政府管理逐渐从强调政府与其他治理主体之间的合作治理，转到强调公民治理。

二是由单中心治理向多中心治理转变的趋势。与一般的官僚科层制行政不同，多中心治理以自主治理为基础，允许多个治理中心并存、竞争和协作，从而为公民提供更多的选择和更好的服务。通过承认公共产品的多个提供者、处理者，多中心治理理论巧妙地处理了国家治理中的国家与社会、政府与企业等多重关系，不仅更好地提高了公共决策的科学性，而且为民主治理预留了更大的空间。

三是治理机制越来越多样化。在由单中心治理向多中心治理转化的过程中，多种主体被包含到治理体系当中来，国家治理更多地遵循民主、法治原则，政府治理则更为灵活。与传统治理主体比起来，公民社会的非政府组织、非营利组织在参与政府治理时更多表现出自治原则，体现出社会的自我管理。特别是一些企业参与到更为开放的治理体系之中，它们按照市场关系向政府提供相关的公共产品和服务，使得治理机制更加多样化。

四是治理模式越来越整合化。原有的科层治理存在着比较明显的整合缺陷。新公共管理主张的竞争性治理强调了各要素之间的竞争关系但缺乏一定的协调性，网络治理虽然比以往更加强调整合，但亦存在着治理碎片化的问题。当代的治理模式试图通过全面的协调，突出整体性，弥补原有治理体系的破碎化格局。信息通信技术的发展使得“数字治理”成为可能，从而极大地强化治理主体之间的合作与协调，形成网络模式，可以打破原来的单一中心，在没有增加层级的情况下实现治理结构的扁平化、沟通的便捷化、管理的网络化，不仅能优化要素配备，节约公共资源和治理成本，还能提高治理效益①。

（五）治理理论对教育管理的影响

长期以来，受传统管理观念的制约，政府成为提供教育管理服务的单一主体，市场和社会力量难以介入其中，教育管理的主客体之间是一种控制与被控制的关系，学校更多时候扮演一种准行政机构的角色。这种关系往往带来教育机构的公共性缺失、官僚化倾向严重以及缺乏活力。政府在教育管理中常常越位、缺位、错位，从而导致学校的办学自主权较弱、政府和学校的矛盾增多等问题。在此背景下，人们迫切希望改革教育体制，重新定位政府在学校内部事务中的权力角色，减弱行政权力对学术事务的干预。治理理论因其具

---

① 佟德志．当代西方治理理论的源流与趋势［J］．人民论坛，2014（14）：8－10，23．

有主体多元、民主协商、平等合作的特征，顺应了教育管理变革的需求，在建立新型的政校关系、提升学校办学自主权、促进政府与社会机构的互动与合作等方面能够产生积极影响。教育治理的核心内容旨在形成政府宏观治理、学校自主办学、社会广泛参与的格局。首先，政府需要重新定位自身的角色，促进政府职能转变，适度将办学自主权下放给学校，政府则承担“服务者、监督者”的角色。其次，引入市场机制，将教育领域的部分服务交给市场提供，利用市场的竞争机制，提高教育服务的质量。最后，借助民间力量办学，减轻政府财政负担，发挥社会评估组织等第三方教育评价机构的作用，建立利益相关者协同治理教育的新格局。

第三节　教育管理变革

不同的管理理论对教育管理产生了不同的影响，促进了教育管理行为的不断变革。党的十八届三中全会正式提出了“推进国家治理体系和治理能力现代化”，也使教育管理变革在治理理论影响下更具时代特征。

一、组织理论视角下的教育管理变革

组织理论内容、体系复杂多样，自 19 世纪末 20 世纪初组织理论诞生以来，组织理论中古典组织理论、行为科学组织理论和系统管理理论等，对教育管理的实践与研究产生了重要的指导与推动作用，特别是在各级各类学校组织机构的教育教学管理变革中得到了广泛的应用。

（一）古典组织理论引领推动下的教育变革

古典组织理论主要包括以泰勒为代表的科学管理理论、以法约尔为代表的一般管理理论以及以韦伯为代表的行政管理组织理论。泰勒的科学管理理论中蕴含着强烈的效率意识，管理的目的就是提高生产的效率。在泰勒的科学管理理论的影响下，相较于传统的教育管理活动，教育行政和学校管理都发生了系列重要变革。

教育行政更加注重建立一套严格的、标准化的、合理的学校教育质量标准、教师教学质量标准、学生发展质量标准，完善的教育管理机制以及教育财政预算与决算的控制方法，用这些标准、机制和方法管理各项教育活动，提高教育的效率[①]。而法约尔一般管理理论的重心则是通过令组织成员理解并遵循的管理原则以达到提高效率的目的。他提出的十四项管理原则为制定教育系统内适用的科学合理的教育管理原则提供了借鉴价值，通过让教育组织成员理解、认同、使用这些原则，以进一步提升教育的效率。韦伯的行政管理组织理论确定了法定权力在国家行政组织体系中的基础及决定地位，依据法定权力，教育行政管理体系明确权责分工，管理人员任用按照等级职务的要求与通过正式考试或培训获

① 黄崴．西方古典组织理论及其模式在教育管理中的运用与发展［J］．华南师范大学学报（社会科学版），2000（6）：73－81，89．

得的技术资格来进行。教育管理人员受规则和制度的约束，遵守组织中规定的规则和纪律，按程序办事，形成教育行政系统自上而下的等级控制。在现代教育行政管理牵涉的利益相关者不断增多、规模不断扩大、情况日趋复杂的背景下，保证了教育行政效率的提高。

受古典组织理论的影响，学校管理也更加重视办学效率的提升问题。学校领导者重视完善学校内部规章制度体系，用制度管理的方式来处理学校事务，开展学校管理、教师教学和学生学习的评估与评价的标准化建设，在教师发展、学生成长、学校教学和教育研究、教学安全、对外合作交流等领域，践行全面质量管理理念，明确管理职责权限的划分，塑造学校管理文化氛围，形成科学的管理标准，按照“计划、实行、检查、总结”等基本环节的管理流程，不断推动学校办学管理的科学化、民主化和法治化。

（二）行为科学组织理论引领推动下的教育变革

行为科学对人类行为产生的原因和制约因素进行了研究，目的在于探索人类组织行为的规律，激发人们的积极性，以提高管理者对人类行为的预测和控制能力。因此，应综合运用人际关系理论、需要层次理论、双因素理论、X－Y 理论、管理方格理论等行为科学组织理论研究教育管理规律，正确处理教育系统内外部的人际关系，调动教育工作者的主动性，激发教育工作者的积极性和创造性，促进教育管理的科学化、民主化和法治化。

1. 完善内部制度，激发教育工作者的内部动机

教育行政部门和学校的领导者应秉持“以人为本”的原则，重视教职工的主体地位，主动了解教育工作者的需求，帮助其解决困难、排除障碍，引导教育工作者把满足自身正当合理的需要与教育事业改革发展的目标结合起来，正确处理个人、组织与国家之间的关系，从而增强责任感，提高积极性。一方面，教育管理者要有意识地根据教育工作者的需求制定激励性的制度，采用鼓励而不是强制推动的方法激励教育工作者不断地努力和发挥聪明才智，让每一名教育者肩负起与其才华相适应的责任使命，为每一名受教育者提供成长成才的机会。另一方面，教育管理者要协调好教育行政部门和学校中人与人之间的关系，在分析其合理性的基础上，有针对性地设置目标，提出任务，也需要从爱护人才、尊重贡献出发，尊重教育工作者的劳动成果，不断把人们客观物质上的满足变成主观意识上的满足，从本质上调动其积极性。

2. 重塑组织环境，激发教育工作者的外部动机

赫茨伯格“双因素理论”提出了“保健因素”的概念，“保健因素”就是教育管理环境，即规章制度与考核奖惩办法是否合理、工作环境与设备条件的好坏、工资福利待遇的高低、住房条件的优劣、人际关系的融洽与否等。根据“双因素理论”，良好教育管理环境的营造有利于激发教育工作者的外部动机。因此，教育管理应重视建设能够合作互助的团队和具有共享精神的组织环境，摒弃机械化、程式化的组织制度，营造宽松、民主、开放和支持创新的教育管理氛围，促使组织文化从孤立的个人主义状态转向协同合作的团队文化，因势利导地把教育者和受教育者的意愿统一到组织目标上来，使个人目标与组织目标协调一致，增强组织的凝聚力。同时，关注非正式群体，协调非正式群体与组织之间的活动，通过各种措施有意识地改造不良的潜规则或习俗，引导非正式制度充分发挥正面积极作用，积极地引导非正式群体为组织目标服务。

3. 变革组织结构，建设学习型组织

传统教育组织结构建立在科层制的基础之上，科层制虽然对保证组织及其成员行为的准确性、稳定性及可靠性，保障组织机构的运行效率以达成目标具有明显的积极意义，但也容易抑制人的积极性、主动性和创造性。尤其是随着现代学校组织的规模日益扩大、管理日趋复杂，应不断推动组织结构变革。一是从注重行政权力控制向尊重人的创造性转变。凸显组织中人的因素，将教育组织塑造成学习共同体，促进组织中人际关系的重点从维持和控制组织转变成创造和保持探究关系。二是促进教育组织结构向“扁平化”转变。缩减教育决策与执行流程之间的机构或职位，减少控制的层次和规模，从而优化机构设置，实现管理重心的下移。三是探索构建新型专业组织形态。专业组织领导依靠的是专业权威，而不是行政权威。专业组织成员的沟通不是自上而下的单向命令，而是成员之间的互动、对话和交流。学校应积极探索在正式组织基础上成立新的专业组织，依靠共同目标愿景和技术人员的专业权威将成员凝聚起来，为共同的组织目标实现而努力。

4. 变革教育领导方式，建设灵活高效的指挥系统

一是教育领导者要不断提高教育领导工作的适应性、有效性和科学性。教育行政部门和学校的领导者要善于根据机关、学校、部门的内部与外部条件制定其目标与进行决策，并合理地组织与使用人、财、物，建立科学的教育管理体系。二是教育领导者要讲求领导艺术、方法和风格，领导者要善于学习和协调关系，不断提升决策能力，善于把实现组织目标与满足组织成员的需要统一起来，增强组织成员对组织目标的认同，从而提高被领导者接受和执行目标的自觉程度。三是教育领导者应善于选择最佳领导方式。教育行政部门和学校的领导者在选择领导方式时，应根据具体的教育情境，从领导者与被领导者的个性与期望、组织的特征与目标以及工作性质与内容等方面出发，科学地选择合理有效的领导方式。

（三）系统管理理论引领推动下的教育变革

系统管理理论被引入教育管理活动中后，对教育管理产生深远影响。根据系统论的观点，教育系统是社会大系统中的一个子系统，由许多相互作用、相互联结的要素构成，众多要素之间在结构、形式、目的、状态等方面相互影响。教育系统的存续与发展，需要管理人员对这些元素进行组织安排，寻找最优管理方式。与此同时，教育组织是一个复杂的社会组织，也是一个开放系统，与外界环境时时刻刻都进行着物质、能量与信息的传输与交换，管理者要根据外部条件的变化选择恰当的管理方式。既要把握教育自身发展的规律，在平衡优化组织内部各要素的同时，树立全局观念，系统、整体地分析学校管理，又要全面考察社会政治、经济、科技发展对人才的需求，采用“入-产-出”的模式，不断加强与政府、企业的联系，增进与外部环境的合作交流，与社会发展需求接轨。下面结合组织协作理论、决策理论和权变理论等系统管理理论进行具体分析：

1. 同时重视组织的效果和个人的意愿，认为组织是一种复杂的有机体

以系统的观点和方法来分析管理的问题，均衡组织与组织中的人两个方面相互关系的态度，为教育管理实践提供了重要的指导。在组织协作理论视角下，教育管理不仅要关注组织本身，还要兼顾组织成员，协调组织和个人两个方面的关系；不仅要平衡教育组织内部各要素的关系，还要平衡教育组织与社会大系统各要素之间的关系。

2. 将组织成员都视为决策者，追求组织决策的合理性

决策理论将组织成员（管理者或职工）都视为为实现一定目的而合理地选择手段的决策者，并以此为出发点去追求组织决策的合理性。这改变了对决策中心对象在决策过程中地位的认识，扭转了以往管理理论对决策者与决策中心对象之间的主被动关系的片面设定，肯定了管理者和被管理者在决策过程中共同承担决策任务的重要性。在肯定了个人在决策及决策执行中的地位后，西蒙基于有限理性原则，提出以"寻求满意"代替"寻求最优"的追求目标。这对于理性思考和改进教育管理中的教育决策，推动教育决策的科学化、民主化、法治化具有重要的指导意义。在教育组织管理中，不仅要重视组织个体和群体的理性决策，处理好决策中责权的关系；还应当不断提高教育管理者的决策能力，从实际情况出发，灵活地、尽可能地去提高决策对象的满意程度，使教育组织决策方案能够相对完善。

3. 以权变的观点认识教育组织状态，分析教育组织行为

权变理论对教育的影响表现在多方面，比较突出的是用"有组织的无序状态"和"松散结合"来分析教育组织行为的选择。"有组织的无序状态"有三个方面的特点：一是教育机构的目的往往是委婉含蓄，甚或是不清楚的，对组织决策和行动缺少清晰指导。比如，对"世界一流""高质量""优秀"等概念术语一直缺少清晰的界定，因此如何实现这些目标也是不清晰的。二是教育教学的技术手段是模糊的，很少达到理性化的程度。对诸如到底什么是教学、学习过程何时发生、怎么对此进行有效评价等一系列问题，很难找出准确的原因和恰当的解决办法，反而使这些问题的解决变得更加复杂化。三是参与教育组织的管理者和被管理者是流动而不固定的，往往涉及不同地区的不同个人。组织决策过程中参与者的范围依据各种不同的因素而变化，不同的问题也会吸引不同的集体和个人，由此产生了各种不同的、变化的关系和联盟。在认定教育"有组织的无序状态"的基础上，韦克（Weick）等人提出了教育组织是"松散结合"的系统的观点。这表明教育组织的内外部基本构成要素，包括学生与学生、教师与教师及教师与学生之间，家庭、学校和社会之间，保持一种独立自主、低度联结的组合方式，不同于科层制严密的自上而下的管理与被管理关系，存在非永久性、可解散性、默许性等"松散结合"的特征。因此，权变理论引导教育领导者走出僵化的管理模式，按照管理对象的实际情况及其与内外部关系的变动情况，在环境的动态变迁中寻找相应的方式与技术，对不同的教育管理对象采用不同的个性化管理。

二、新公共管理理论视角下的教育管理变革

新公共管理理论对西方发达国家的教育领域产生了重大影响，成为西方高等教育改革的有力工具。在新公共管理理论的影响下，英国、美国、澳大利亚、新西兰等国家通过教育改革重建教育，通过颁布出台政策、法案，促使政府的角色逐渐转变为"服务型政府"，扩大学校办学自主权，实施校本管理，通过引入市场机制配置办学资源，并且更加关注

“顾客”——民众对教育的满意度。

（一）转变政府教育管理职能

一是政府教育行政部门由原来的对学校实行全面控制转为实行宏观调控，通过法律、政策、信息、拨款、督导等引导和支持学校的发展。政府允许有资质的社会团体、机构甚至个人提供公共教育服务，政府不再是提供公共产品与服务的唯一主体，而是更多地担任服务者、管理者的角色。政府的角色不在于主动提供服务，而在于监督规范教育服务的过程，在一定程度上代替“顾客”来督促学校提供高质量教育，以提供满足市场需要的“产品”——人才。

二是扩大学校的自主权，允许学校有权根据实际情况制定发展目标、管理财务、评聘教师、设计课程等。将权力转移给各学校管理主体，以学校的发展为本、加快学校民主化进程、着眼于学校成员共同参与的管理，扩大民主决策范围，决策不再是少数人的事，保证了教师、学生等主体参与决策的权利。

三是畅通信息渠道。实施校本管理培训，改进管理技术，促进信息沟通，使领导者了解学校人员的心理状态、困难障碍、理想期待等信息，以便改进学校管理工作。通过现代管理技术促进教师、家长、社区共同参与学校管理，通过参与，促进校长、教师、家长及社区之间的交流，增进相互之间的了解，不断改进学校的各项工作。

（二）公共教育市场化

公共教育市场化是教育领域为针对政府规模过大、职能过多、绩效低下的弊端而进行的改革，其核心是引入市场竞争机制“使消费者享受竞争的益处”，提高学校效能。以英、美等国为例，主要采取的措施有公立学校拨款制度改革、教育私有化及设立特许学校等。

20 世纪八九十年代，英国在高等教育从精英型向大众化转变的过程中，将“市场”“花钱值得”“节约、效率、效益”“减少政府预算”作为施政纲领，政府对高校的拨款大幅减少，并把高校推向市场化。大学内部设置基金委员会，主要职能是在大学之间进行经费分配。总经费由政府控制，政府不过问大学经费的分配。这一方面避免了由于政府直接控制拨款而对大学自治、学术自由的干预，另一方面保证了拨款过程的公开、公平。

学校教育的私有化是英国教育走向自由市场改革的另一个重要方面。这种私有化并不是办学主体的转移，而主要体现在对私立学校的资助上。政府实施“辅助学额计划”，由地方教育当局从地方税收中向部分私立学校拨款，从而使这些学校在招生时为一些有才能但又进不起私立学校的学生提供部分或全部免费的学额。私有化也包括家长或社区集资以购买学校所需的物资和设备，以及企业筹措大笔资金以提供教育所需的巨额经费。私有化还意味着把市场机制引入学校日常运作的某些方面，例如，学校拥有职业的资金筹措人，将学校的某些服务进行转包或者承包以及密切和加强校企关系等。

特许学校是 20 世纪 90 年代在美国兴起的学校领导体制改革模式之一。这一改革采取学校、家长、教育行政部门共同参与决定学校课程设置、教师选聘、教学时间安排的做法，由政府部门承担教育经费。申请者可以是教师团体、教师个人，也可以是社区组织，但必须与政府签订契约，提出明确的办学目标，一旦不能达到目标，政府有权终止契约。特许学校的创办扩大了受教育者的自主选择权，但与此同时其也必须承担与权力相对应的责任。

（三）更加注重教育“消费者”的需求

受新公共管理理论倡导公共服务以顾客为导向、奉行顾客至上的价值理念的影响，英、美等国政府通过推行“家长择校”政策，赋予家长选择子女就读学校的权力，并为家长提供信息帮助其选择。此举令学校不得不对家长的要求做出反应，进而打破教育垄断，扩大了社会和家长在教育事务方面的选择权、监督权、参与权。另外，政府还增加学校的种类，将择校范围扩大至私立教育、特殊教育领域，增加教育机会，满足家长不同的教育需求，家长将有权选择其子女的就读学校。政府主张在教育中引入市场机制，促进学校间的竞争以提供多样化的教育服务，满足家长的教育需求。还有，学校董事会中必须有选举产生的家长代表，而校长须向学校董事会负责。根据 1988 年《教育改革法》的相关规定，家长代表在学校董事会中的比例要占到 2/5，因此，家长代表成了学校董事会中势力较大的一个“利益集团”。为了增强家长的选择权，其还规定公立学校实行“开放入学”，即要求所有学校在招生名额未满之前，不得拒绝任何学生的求学申请。“开放入学”的目的是便于家长做出自由选择，使教育更加重视“消费者”的需求，减少“生产者”对教育的控制。

在一段时间内，我国政府教育主管部门与学校之间的关系也面临一些问题：一是政府教育行政管控过于严格，学校办学自主性较弱；二是学校内部行政权力凌驾于专业技术权力之上，导致学校内部管理的过度行政化。新公共管理理论为推动教育管办评分离、改善政校关系提供了启示。一是政府在教育管理领域加快简政放权，向服务型政府转变，在合理范围内充分保证学校办学自主权。二是发挥市场在资源配置中的决定性作用，鼓励社会力量兴办教育，举办各类民办学校，丰富教育资源的供给，提供多元多样的选择，也在一定程度上激发了教育活力。三是针对学校内部管理效率不高、决策有效性不够的问题，精简组织机构，将权力分散到基层，提升层级之间的沟通效率。四是在人事制度改革上，实行岗位聘任制，组织内设置竞争机制，定期对组织人员进行考核，提升其竞争意识、服务意识和办事效率。

三、治理理论视角下中国教育管理的变革

2013 年 11 月，党的十八届三中全会通过的《中共中央关于全面深化改革若干重大问题的决定》明确提出“全面深化改革的总目标是完善和发展中国特色社会主义制度，推进国家治理体系和治理能力现代化”。2019 年 10 月，党的十九届四中全会审议通过《中共中央关于坚持和完善中国特色社会主义制度 推进国家治理体系和治理能力现代化若干重大问题的决定》，提出了“到我们党成立一百年时，在各方面制度更加成熟更加定型上取得明显成效；到二〇三五年，各方面制度更加完善，基本实现国家治理体系和治理能力现代化；到新中国成立一百年时，全面实现国家治理体系和治理能力现代化，使中国特色社会主义制度更加巩固、优越性充分展现”的总体目标。教育治理的核心在于如何重新定位政府在学校内部事务中的权力角色，协调各利益主体，实现多元参与和民主管理。传统的教育管理是

《中共中央关于全面深化改革若干重大问题的决定》

《中共中央关于坚持和完善中国特色社会主义制度 推进国家治理体系和治理能力现代化若干重大问题的决定》

由政府作为管理主体的，学校更多的是扮演一种准行政机构的角色。这种附属关系往往会带来教育机构的公共性缺失、官僚化倾向严重以及缺乏活力。长期以来，我国教育改革发展面临诸多问题，比如，资源获取途径单一，过于依赖政府资本而运作，社会利益相关者参与不够，学校内部行政权力凌驾于学术权力之上。这就导致各级各类学校办学自主性较弱，无法灵活配置资源以应对市场的变化，从而出现办学效率不高等情况。

《国家中长期教育改革和发展规划纲要（2010—2020年)》

《中国教育现代化2035》

治理理论正是要寻求打破这种附属关系，建立一种权利与义务共享、多元参与治理的机制。对于治理理论在教育管理特别是在高等教育管理改革中的应用，一些发达国家早在20世纪80年代就已经开始了，并积累了丰富的经验。2010年，中共中央、国务院印发《国家中长期教育改革和发展规划纲要（2010—2020年)》，明确建立“政事分开、权责明确、统筹协调、规范有序的教育管理体制”，“形成以政府办学为主体、全社会积极参与、公办教育和民办教育共同发展的格局”。2019年，中共中央、国务院印发《中国教育现代化2035》，提出了教育治理现代化的指导思想、基本理念、总体目标与实施路径，为推进“教育治理体系和治理能力现代化”进一步指明了方向。

2020年，教育部等八部门联合印发的《关于进一步激发中小学办学活力的若干意见》，是推进教育治理现代化的重大举措，为推进中小学教育治理现代化提供了行动指南。推进中小学教育治理现代化，激活学校教育细胞、释放中小学办学活力，是全面提高基础教育质量、办好人民满意教育的迫切要求。一是落实中小学办学主体地位。教育治理现代化，从本质上说，是教育权力的科学配置及有效行使。推进中小学教育治理现代化，必须明晰政府、学校权责边界，处理好政府办学主体责任和学校办学主体地位之间的关系。围绕保障学校办学自主权，落实学校课程实施主体责任；围绕扩大人事工作自主权，在中层人员选拔聘用及教师招聘等方面赋予学校权力；围绕落实经费使用自主权，确保学校有效使用、正常运转相关经费。二是促进学校发展内生动力。建立现代学校制度，推进中小学教育治理现代化的根本目的，是要激发学校的办学活力，增强学校办学的内生动力。贯彻党的教育方针，坚持立德树人，强化评价导向作用；充分发挥学校对教师的激励作用，促进广大教师安心从教，努力提高教学质量；强化学校文化引领，以科学的办学理念凝聚广大师生的价值追求和共同愿景；深入推进学校办学机制改革，积极推进集团化办学、学区化治理，加快推进基础教育信息化建设，促进优质教育资源共享。三是不断健全中小学办学管理机制。推进中小学教育治理现代化，必须加快建立现代学校制度，做到“依法办学、自主管理、社会参与、民主监督”。明确行政管理与学校管理的权责边界，推行清单化管理，将更加有助于实现让学校大胆办学、规范办学、科学办学；加强党对中小学的全面领导，健全决策机制，充分发挥教职工代表大会的作用，完善治理结构；有效发挥家校社育人合力、形成全方位的育人场域，充分发挥外部监督作用，强化社会监督。

高等院校的治理是教育治理现代化的重要内容。我国高等院校自新中国成立以来就一直以行政事业单位的身份进行管理，通过行政手段来配置教育资源。根据政府在高等教育管理系统中角色定位的不同，大致可以将我国高等教育改革划分为三个阶段：第一个阶段是新中国成立到改革开放前，这一阶段全国高等院校数量较少，由政府统一领导，高校人员按照行政级别和行政编制进行统一安排。第二个阶段是改革开放到 2010 年，这一阶段受我国经济体制市场化改革的影响，政府为了适应社会发展的需要，实行高校扩招，高等教育管理也由之前的政府一元领导变成了政府与高校二元公共管理。但高校在很大程度上依赖政府财政、受政府的领导。第三个阶段是 2010 年至今。2010 年印发的《国家中长期教育改革和发展规划纲要（2010—2020 年）》明确提出我国大学治理改革需遵循三大议题：推行管办分离，落实和扩大学校办学自主权以及完善中国特色现代大学制度。我国中央政府以公共治理的角度来规划和探索高等教育管理治理的新理念，为高校形成“党委领导、校长负责、教授治学、民主管理、社会监督”的治理格局打下了基础①。

党的十八大以来，在推进国家治理体系和治理能力现代化的背景下，教育治理现代化以及大学治理现代化等理念和行动方式勃兴，大学治理现代化被赋予规范化、科学化、效益化、民主化等内涵，集中体现在多元主体参与、组织机构扁平化、社会力量参与办大学等方面。一是多元主体参与。《中国教育现代化 2035》指出，要推动社会参与教育治理常态化，建立健全社会参与学校管理和教育评价监管机制。高等教育的管办评分离是实现国家高等教育治理体系和治理能力现代化的重要措施，这要求政府、学校与社会，在遵守法律的前提下，恪守各自的责任边界，充分履行各自应有的职能。落实大学的办学自主权，充分发挥社会第三方机构的监督和评价效用，从而形成政府管教育、学校办教育、社会评教育的现代化教育格局。将大学作为一个利益相关组织，由大学董事会人员、管理者、教师、学生、企业家以及校友等大学利益相关者共同参与大学治理，大学治理由政府单一主导走向多中心治理。二是组织机构扁平化。我国传统的高校组织中采取的是“行政权力主导化”的管理模式，学术力量较为薄弱。学校内部往往用行政管理方式管理学术事务，这容易导致行政力量与学术力量的失衡。组织结构存在过于僵化、缺乏灵活性和创造性等缺点，严重阻碍办学活力及组织效率的提升。治理理论更多强调各主体之间是平等、合作、协商的关系，这就需要建立高校内部组织跨学科、跨专业的交流体制，弱化组织间的边界，打破学科、专业、院系之间的壁垒，寻求利益主体之间沟通更为便捷的渠道。三是社会力量参与办大学。社会力量兴办教育是增加教育服务供给、推动我国教育现代化的重要举措。2016 年，国务院发布《关于鼓励社会力量兴办教育促进民办教育健康发展的若干意见》，明确提出，发展民办教育，多渠道吸引社会资金，鼓励社会力量对非营利性民办学校给予捐赠；同时在改进政府管理方式方面，提出各级人民政府和行政管理部门要积极转变职能，提高政府管理服务水平，以“共治”“善治”办好人民满意的教育。

案例分析

制度该保护谁②

1986 年，流感袭击校园，全校学生似乎都要轮流感冒一遍，今天你倒下，明天他发烧，把学校搞得七零八落，我任课的高一（1）班也有好多学生回家了。

---

① 张志勇 .《关于进一步激发中小学办学活力的若干意见》是推进教育治理现代化的重大举措［N］. 中国教育报，2020－09－25（3）.

② 李希贵 . 为了自由呼吸的教育［M］. 北京：高等教育出版社，2005：31.

不曾想，病愈返校的学生吃饭成了大问题。因为学校有“明文”规定，打饭必须提前一天预订，当天订饭概不接受，更不得临时增减。孙树军是语文课代表，她病愈返校后当然也面临着吃饭问题。她给我送作文本的时候，我主动提出去食堂为她说明一下情况，补打一份饭，不就是四两馒头嘛。

路上我就想：实事求是嘛，学生当天返校，怎么能够提前订饭？与孙树军一同走到食堂前，迎面正碰见炊事班长。我还没来得及说清楚，班长似乎早就明白了，二话没说，就把我俩领到炊事班的办公室。我原以为是要打饭给我们，没想到，这位班长指着墙上挂着的规章制度，以略带挑衅的口吻说：“李主任，你是教导处的领导，如果我们一千多名学生全都这样不订饭，我们炊事班还用不用干啦?”我说了一句：“怎么会都不订饭呢，这不是特殊情况吗?”

他倒是对答如流：“特殊特殊，你特殊，他特殊，谁不特殊？制度就是对付这些特殊人物的!”我一听他话里有话，气也上来了，嗓门也高了上去，招来了一大批学生围观。炊事班长自知这阵势于他不利，一摔门溜了，走出几步又甩回一句话来：“你有理由千条，我有制度一个，制度面前人人平等，我按制度办事也错了吗?”

是呀，人家按制度办事，你又能拿人家怎么样？

事后，我反复思考：学生饿肚子和遵守制度，到底孰轻孰重？制定制度的目的究竟是什么？制度到底是用来干什么的？

请结合案例，运用相关的管理理论谈谈您对学校制度该保护谁的看法。

理解探究

1. 教育管理的含义是什么？
2. 教育管理的内容是什么？
3. 组织理论的基本思想是什么？对教育管理有何启示？
4. 新公共管理理论的基本思想是什么？对教育管理有何启示？
5. 治理理论的基本思想是什么？对教育管理有何启示？
6. 不同管理理论视角下教育如何变革？

阅读导航

1. 中共中央关于坚持和完善中国特色社会主义制度 推进国家治理体系和治理能力现代化若干重大问题的决定［EB/OL］.（2019-11-05）［2023-06-28］. https：//www.gov.cn/zhengce/2019-11/05/content_5449023.htm? ivk_sa=1024320u.

2. 郭咸纲．西方管理思想史［M］. 北京：北京联合出版公司，2014.

3. 戈丹．何谓治理［M］. 北京：社会科学文献出版社，2010.

第三章　教育体制

学习目标

1. 掌握教育体制的含义、特征及类型。
2. 掌握教育管理体制的含义、制约因素及功能。
3. 了解我国教育管理体制的历史演变。
4. 了解学校领导体制的变革以及学校组织机构的设置。
5. 掌握办学体制的含义、了解我国办学体制的历史演变和变革。

第一节　教育体制的含义、特征及类型

“体制”一词来源于生物学，原义是指生物器官的配置形式。《辞海》将其界定为：“国家机关、企业事业单位在机构设置、领导隶属关系和管理权限划分等方面的体系、制度、方法、形式等的总称。如政治体制、经济体制等。”以此可以看出，人类社会中的体制是国家机关、企业、事业单位的组织制度，其核心是社会组织系统中通过职能分工设计所形成的权力架构。不同的体制有不同的内容，它受到一定社会政治、经济、文化传统等各方面因素的制约，反过来也能对社会的变革和生产力的发展产生较大的影响。

一、教育体制的含义

将体制概念引申到教育领域，则是指一个国家在一定政治、经济等体制基础上建立起来的，以设置教育机构，划分管理权限，规范教育活动范围、方式和行为的教育基本结构与制度，主要是教育内部的领导制度、组织结构、职责范围和相互关系，既涉及中央与地方、国家与学校、上级与下级间的纵向隶属关系，也包括各级各类学校的比例构成和组合的横向联系。其功能在于为一个国家的教育活动的运行提供规范性保证，是一个国家教育改革发展的内在动力机制。主要包括教育管理体制、学校领导体制、办学体制等形式。其内涵包括：（1）教育系统的机构设置；（2）各级教育机构职责、职能的规定，包括责任、权力、利益等；（3）各级教育机构的相互关系及其活动的规范；（4）各级教育管理的基本方式和方法，包括教育立法、政策制定、领导管理、办学形式、经费来源、发展规划、教

育督导、教育评估等。

二、教育体制的特征

教育体制是一定社会政治经济制度的产物，受社会政治、经济所制约，与教育理论、科学技术、民族特点和历史传统影响相关联。在不同的政治体制、经济体制之下，教育体制呈现出不同的特征。

（一）政治性

教育体制的产生有赖于一定的社会政治经济条件，一定社会的政治制度也决定着教育体制的性质和形式，教育体制反映着这个社会的政治。我国是社会主义国家，实现社会主义现代化，是现阶段最大的政治任务，教育为政治服务就是为实现社会主义现代化服务。为此，一方面，要通过建立与中国特色社会主义制度相符合的教育体制，掌握教育的领导权，决定教育权与受教育权，通过课程设置和思想政治工作传播政治观点、维护主流意识形态，通过维护主流意识形态以促进个体对国家的认同，从而形成维系社会稳定的政治基础；另一方面，要实现社会主义现代化，教育不仅要适应社会生产力的发展，还要促进社会生产力的发展，这就需要形成与社会生产力发展相适应的教育事业规模、发展速度和结构体系，坚持立德树人，办好人民满意的教育，为社会主义培养更多德智体美劳全面发展的建设者和接班人。

（二）历史性

教育制度不是从来就有的，而是根据一定的时代需求形成、随着时代的变化而变化的。由于教育事业发展的需要，一些教育实体消失了，一些教育实体产生了，相应的教育体制也将消失和产生。虽然教育体制的形成反映着人们的一些主观愿望和特殊的价值需求，但在不同的社会历史时期和不同的文化背景下，往往会有不同的教育需要，因此要对教育体制进行变革。教育体制随着时代和文化背景的变化而不断得到变革和创新。教育体制改革是教育改革的一项重要内容，也是教育事业不断发展和教育实践不断深化的重要条件。

（三）适应性

社会生产力发展水平决定教育事业的发展水平，因此，一个社会的教育需要适应一个社会经济体制的发展。在此基础上，教育体制体现为与经济体制相互依存、相互制约。一方面，经济体制的改革能够解放和发展生产力，促进社会产业结构更加合理化，技术结构多样化，同时也要求多样化、高规格的创新性技能型人才的培养。因此，经济体制的发展变革对教育体制的深化改革提出迫切要求，经济体制改革推动或制约着教育体制改革。另一方面，为适应生产力发展的需要，调动社会各方兴办教育的积极性，需要调整教育组织的设置、促进教育层次类型的分化、推动各级各类教育机构的制度化，这在一定程度上都会促进经济的发展。

（四）相对独立性

教育的发展依赖于社会政治、经济的同时，也必须遵循自身发展规律。因此，教育体制在服务社会政治、经济和文化发展的同时，也要遵循自身发展规律，保证教育发展目标的实现。一般来说，教育体制是随着经济体制、政治体制的变革逐步形成的，某种教育体制一旦形成，必然有一个相对的稳定时期，不会轻易改变。但教育体制的形成也有一个发展过程，需要相对社会政治、经济条件有一个调整和适应时期，这往往会造成教育体制滞后于社会政治、经济体制，体现出相对独立性的特征。

三、教育体制的类型

教育体制的产生和发展深受其存在和运行环境的影响。由于不同国家政治经济体制的差异，教育体制呈现出不同的类型。按照教育活动中国家政治、经济体制的不同影响，可以将教育体制分为三种类型：集中型、分散型和复合型教育体制。

（一）集中型教育体制

集中型教育体制以集权的社会政治体制为前提，决策权高度集中在中央，地方上基本没有决策的自主权。纵向维度上，国家设置的最高教育机构按层级划分为较为简单的隶属关系，中央政府的教育管理部门拥有教育的管理与决策权，自上而下颁发垂直的统一命令，进行统一领导和统一管理。中央政府通过制定计划、颁布法律法规、提供拨款、实施监督等手段对教育活动进行直接调节，并按计划配置与分配教育资源。横向维度上，由国家设置的教育机构领导、监督公立或私立教育机构，确定教育目标、教学计划和大纲、考试时间和内容、教育经费、公立学校的人事任免等方面的事项，横向各教育单位之间很少进行直接沟通。这种教育体制的优点是有利于统一国家的教育方针政策及教育规划、实施统一的教育标准、调节各地教育的不均衡，推进教育改革。缺点是不利于因地制宜发展教育、改革教育，也不利于调动地方办学的积极性。集中型教育体制的代表国家是法国。

（二）分散型教育体制

分散型教育体制以地方分权的社会政治体制为前提，国家主要掌握宏观的教育决策权和管理权，负责向地方提供咨询，而经常性的教育活动决策权则掌握在地方政府及其他集团手中，各种教育体制的分散力量按照自己的意愿和方式影响教育的资源配置，支配着教育的运行。在分散型教育体制下，地方政府往往是教育资源的主要提供者，直接对公立学校施加影响，私立学校则在地方政府的指导和监督下由各种集团实施管理。由于缺乏国家对教育统一的计划调节，整个教育以市场机制为基础，甚至教育本身也成为市场经济体系的组成部分。分散型教育体制的优点是权力分散，可以因地制宜发展教育，充分发挥地方的积极性，提高自主管理教育的效率。同时，不同地方政府、学区或教育集团之间可以开展竞争，激发教育事业变革的活力。缺点是权力分散，政令不统一，不利于统筹谋划、统一标准，从而使各地教育发展出现不平衡的问题，也不利于各地教育事业的协作。美国是这种体制的代表[①]。

（三）复合型教育体制

复合型教育体制介于集中型与分散型两种模式之间。其总体特征是，教育的决策权与管理权部分在中央政府，部分在地方政府及其他组织或集团手中。由于国家干预力量与市场调节力量在教育体制中形成并存态势，因此，在中央政府与地方政府之间存在管理教育的中间层级，以协调国家层面与地方层面教育工作领导、政策咨询指导、教育资源配置、教育成效评价等关系。政府只提供教育经费，而经费的划拨和使用则由中间层级的教育拨款委员会等机构负责。但事实上，这种中间层级在性质与功能上不同于分散型教育体制的中间层级。后者的中间层级是地方分权的纽带，教育的权力由此趋于分散；而前者则具有双重性质和功能，一方面体现了国家领导和管理教育的职能，另一方面又是教育自主权力的维护者，协调着国家与教育机构之间的关系。在复合型教育体制中，中间层级教育机构衔接中央政府与地方政府，共同制订综合性教育计划和监督该计划实施中的财政情况，中间层级的力量在与其他社会力量互相消长中发挥作用。英国、德国和日本是这种体制的代表。

由于教育适应政治经济建设的需要，在新中国成立后相当长的一段时间内，我国基本上实行的是集权型教育体制。而后逐步建立起了“统一领导，分级管理”的体制，即：在坚持中央集中统一领导的前提下，使地方具有一定的独立性，享有充分的自主权。具体表现为：（1）教育方针政策、宏观规划等由中央和国务院制定；（2）教育部负责掌握教育工作的方针政策，统筹安排整个教育事业的发展规划，指导组织和协调各地区的工作，统一部署教育体制改革，加强教育的立法工作及教育国际合作与交流；（3）高等教育实行中央、省（自治区、直辖市）两级管理的体制，扩大各校办学的自主权；（4）中等职业技术教育主要由地方负责；（5）基础教育由地方负责，分级管理。随着市场经济体制的推行，我国积极鼓励地方自主办学以适应各地人才培养的需要[②]。

第二节　教育管理体制

管理体制是管理系统的结构和组成方式，即为实现一定的管理任务和目的，将不同层次、不同类别、不同组织形式的管理手段和方法结合为合理的有机系统。具体而言，管理体制是规定中央、地方、部门、企业在各方面的管理范围权限、职责、利益及其相互关系的准则。它的核心是管理机构的设置、各管理机构的职权配置以及相互关系之间的协调。管理体制的强弱直接影响管理的效率和效能。

一、教育管理体制的含义

教育管理体制是指国家对各级各类教育实行领导和管理的基本体系与制度，其实质在

---

① 教育管理辞典编委会．教育管理辞典［M］．3 版．海口：海南出版社，2005：240.

② 王仕元．市场经济大辞典［M］．北京：中国国际广播出版社，1994：158.

于明确管理者的权责范围及其相互关系。教育管理体制所要解决的核心问题是中央政府与地方政府、教育行政管理部门与各级各类学校在教育事权方面的权限划分。由于教育管理活动不仅包括由政府组织实施的教育行政活动，还包括由学校组织实施的学校管理活动，因此，教育管理体制是由教育行政体制和学校管理体制两大方面组成的。教育行政体制和学校管理体制也可被视为是教育管理体制的主体和基础，教育管理体制是保障教育行政与学校管理活动顺利开展的最基本制度。教育行政体制主要回应与解决的是政府或教育行政机关与学校组织之间以及政府或教育行政机关内部各构成要素之间的关系问题，学校管理体制则主要回应与解决的是学校组织内部各构成要素之间的关系问题。

教育管理体制是国家管理体制的重要组成部分。构建什么样的教育管理体制，不仅受到教育事业自身发展需求的影响，而且受到社会政治、经济以及文化等因素的影响[①]。

二、教育管理体制的制约因素

教育管理体制是教育体制的重要组成部分，不仅受国家政治体制、经济社会状况的影响，也受本国教育和文化传统以及国际教育改革浪潮等因素的影响。此外，教育管理主体的素养也会影响教育管理体制的价值选择、制度设计等。

（一）国家政治体制的制约

教育受制于一个国家的政治制度，因此，教育管理体制与一个国家的政治体制往往保持高度一致。只有在特殊情况下，一些集权制的国家采用分权式教育管理体制。事实上，实行中央集权政治体制的国家，教育管理体制不大可能实现完全的地方分权。比如，我国的政体是人民代表大会制度，在这种政治体制之下，教育管理体制呈现统一和集中领导的形式。尽管改革开放以来，通过实施权责下放的举措，推动教育管理体制的重心不断下移，但教育事业发展与改革进程及步骤由中央统一领导的性质并没有也不会从根本上发生变化，只是在中央统一领导之下，地方被赋予了相比以往而言更多的权责，有更多参与具体政策制定的权力和机会，仍强调在中央统一领导之下扩大地方的参与权。当然，这并不排斥在具体的管理方式上因地制宜，做出相应的调整和变化。

（二）经济社会状况的制约

社会的经济发展水平是社会财富和社会剩余劳动产品的集中体现，它是决定社会其他事业发展水平的基础性因素。随着经济发展水平的不断提高，教育发展的规模、速度和水平不断扩大、加快与提升，国家管理教育的组织形式也得到不断的演进。新中国成立以来，尤其是改革开放以来，中国特色社会主义市场经济体制的确立，使我国经济社会发展水平有了极大的提高，国民收入分配格局发生了巨大的变化，国家的财税体制经历了较大调整，这一切在整体上促进我国教育管理体制的改革，我国教育行政组织结构、规模、权责分配都在不断地进行局部的调整和优化。

---

① 朱永新．中国教育改革大系：教育体制与教育财政卷［M］．武汉：湖北教育出版社，2015：94.

（三）本国教育和文化传统的制约

任何国家都有自己的教育和文化传统，一些国家的传统被强有力地保存下来，对教育管理体制产生决定性的影响。以美国为例，作为一个移民国家，其教育的发展是自下而上的。移民初到美洲大陆时，主要以村落方式散居，交通不便，各村落或城镇只得自行办学。到了19世纪上半叶，学校逐步发展为学区，以后又在学区的基础上设立州一级的地方行政管理机构——教育厅，联邦政府成立后，经过较长的时期最终建立了联邦教育部。正因为有自行办学这一传统，所以在美国，教育管理历来被认为是地方负责的事情，联邦政府基本上不予干涉，由此形成了分权式的教育管理体制。

（四）国际教育改革浪潮的制约

当代世界，随着教育交流合作日益频繁和深入，国际教育改革浪潮对世界各国的教育影响日益增大。一些国家会借鉴别国教育管理体制改革的经验与举措，以调整或变革自身的教育管理体制。为此，一些国家由集权式教育管理向分权式教育管理改变，或是相反，由分权式教育管理向集权式教育管理变革。究其原因，除了来自政治、经济、社会发展的需要外，往往与受到他国成功教育经验的影响有关。然而，从实际情况来看，这种在外来的改革动力之下所进行的教育管理体制变革，一定要深植于本国本土实际，否则就会失去本国教育变革发展的主体地位，在简单效仿中反而失去自身特色，造成“食洋不化”。

（五）教育管理主体的制约

管理主体往往能决定管理的形态，教育管理主体对教育管理体制的影响是客观存在的。教育管理体制的变革不仅受到各种外部环境的影响，也受到教育管理主体自身内在价值观念的支配。管理主体可以在体制形态的选择、具体制度的设计以及效能的发挥等方面产生关键性的影响。即使是在同样的社会政治经济体制下，面临大致相同的教育管理环境和对象，设计管理体制的标准和偏好以及执行方式也会有所不同。这说明，教育管理体制的确立和改变，同管理主体的政治、学识、业务、性格、能力以及道德水平等自身素养有着一定的内在关系①。

三、教育管理体制的功能

教育管理体制与教育乃至社会之间的关系并不是单向度的。一方面，教育管理体制的形成和演变受到一定社会政治、经济和文化等方面环境条件的制约；另一方面，不同时期的教育管理体制自身所发挥的功能，对教育乃至社会的变革也会产生一定的影响。一般来说，教育管理体制主要有四个方面的功能。

（一）领导与管理的功能

教育管理体制在整个教育体制中居于主导地位，决定着教育行政体制、学校管理体

---

① 吴志宏，冯大鸣，魏志春．新编教育管理学：第2版［M］．上海：华东师范大学出版社，2008：52－53.

制、学校领导体制、办学体制等的形成变革。如果一个国家的教育行政体制需要突出地方分权，那么地方教育行政部门的招生制度、办学制度和学校自主权就需要改变，招生制度和分配制度的改革就有可能进行。

（二）权力分配的功能

教育管理体制所要解决的核心问题之一，就是处理中央与地方的关系、教育行政部门与学校的关系，而这些关系的确定，实质上就是从纵向上划分国家不同层级教育机构实施教育管理的权力。因此，需要在国家教育管理体制框定的统一“游戏规则”下，明确各级教育行政组织机构及学校的权力与责任，从而确保教育活动的正常运转①。

（三）分工协作的功能

教育管理体制不仅是宏观层面教育系统中各个主体发挥作用的外在表现形式，同时也是微观层面各个主体之间分工协作的一种表现形式。教育管理体制整体效能的实现，有赖于各个教育主体权力的行使、职责的履行、义务的承担、利益的享有，以实现教育系统各组分之间有效的分工与协作。

（四）提高教育组织效能的功能

管理学家德鲁克引用贝弗里奇（Beveridge）的话指出：“组织的目的是‘让平凡的人做不平凡的事’。”②又指出：“组织精神良好，表示组织所释放出来的能量大于个人投入努力的总和。”③“因此，有效组织工作的第一要件是，应该设法运用群体的力量和社会凝聚力，提升工作绩效，或至少应该避免两者彼此冲突。”④ 这表明，提高组织的效能是管理的基石。教育管理体制作为一个特定的组织运行系统，其效能是各方面有效性和能力的综合反映。各子系统以及组成要素之间的结构与关系，决定着组织效能的高低。明确各级教育管理机构的权利与义务、职责与权限，其根本目的就是要在确保教育活动正常运转的基础上，尽最大可能地提高教育管理的效能。

四、我国教育管理体制的历史演变

教育管理体制的历时性特征表明其具有历史发展的延续性，我国教育管理体制的历史发展受到特定时期政治、经济、社会发展等因素的影响，呈现出不同的发展阶段。新中国成立以来，教育管理体制的变革大致经历了以下几个阶段：

（一）集中统一的教育管理体制

新中国成立初期至 20 世纪 50 年代末，我国实行集中统一的教育管理体制。1952 年，教育部在改造旧教育、施行新学制的基础上，颁发《小学暂行规程（草案）》和《中学暂

---

① 吴志宏，冯大鸣，魏志春．新编教育管理学：第 2 版［M］．上海：华东师范大学出版社，2008：53－54.

② 德鲁克．管理的实践［M］．齐若兰，译．北京：机械工业出版社，2009：106.

③ 同②107.

④ 同②219.

行规程（草案）》。其中规定：公办或私立的小学，都由市、县人民政府教育行政部门统一领导[①]；中学由省、市文教厅、局遵照中央和大行政区的规定实行统一领导；省文教厅于必要时委托专员公署、省属市或县人民政府领导所辖地区内的中学[②]。1954 年，政务院在《关于改进和发展中学教育的指示》中规定，省（市）教育厅（局）应以主要力量加强对中学的领导，按统一领导、分级管理的原则，省辖市内的中学由省辖市管理，县（市）内的中学亦应逐步做到由县（市）管理[③]。这是对中小学实施分级管理的雏形。全国高等学校则以统一领导为原则，中央教育行政部门委托各大区行政委员会或省、市、自治区人民政府直接管理。

（二）以地方分权为主的教育管理体制

20 世纪 50 年代末 60 年代初，我国实行以地方分权为主的教育管理体制。1958 年，中共中央、国务院印发的《关于教育事业管理权力下放问题的规定》指出：小学、普通中学、职业中学、一般的中等专业学校和各级业余学校的设置与发展，无论公办或民办，地方自行决定。这开启了我国教育管理由“以条为主”向“以块为主”管理体制的转变，地方教育管理权限进一步扩大。1959 年，进一步实行公办全日制中等学校和县的重点小学由县直接管理；公办的一般全日制小学、公社办的和联队合办的农业中学、民办中学由公社直接管理；民办小学、大队办的农业中学、农村各种业余学校、扫盲和推广普通话工作，由生产大队直接管理。

高等教育管理部门则依据 1958 年中共中央印发的《关于高等学校和中等技术学校下放问题的意见》，除少数综合大学、某些专业学院和某些中等技术学校仍旧由中央教育部或者中央有关部门直接领导之外，其他的高等学校和中等技术学校都可以下放，归各省、市、自治区领导；农学院、医学院、师范学院等地方性较大的学校可比综合大学、工业学院等统一性较大的学校下放幅度更大[④]。截至 1958 年，全国 791 所高等学校中，由中央业务部门领导的有 86 所（包括教育部所属院校 6 所），由地方领导的有 705 所，后者约占总数 89%[⑤]。

（三）权力相对集中于中央的教育管理体制

20 世纪 60 年代初至“文革”结束，我国实行权力相对集中于中央的教育管理体制。1963 年，中共中央印发《全日制小学暂行工作条例（草案）》和《全日制中学暂行工作条例（草案）》，对中小学的领导和管理体制做出了新的规定：“国家举办的全日制小学，由县（市属区）教育行政部门统一管理。”[⑥]“其设置和停办，由县（市）人民委员会批准。”全日制初级中学一般由县、市教育行政部门管理。“全日制高级中学和完全中学一般由省、

① 中国大百科全书出版社《中国教育年鉴》编辑部．中国教育年鉴：1949—1981[M]．北京：中国大百科全书出版社，1984：727.

② 同①729.

③ 同①734.

④ 何东昌．中华人民共和国重要教育文献：1949—1975［M］．海口：海南出版社，1998：812.

⑤ 杨德广．高等教育管理学［M］．上海：上海教育出版社，2006：29.

⑥ 同①701.

市、自治区教育厅、局管理，也可以委托所在专区（市）或县（市）教育行政部门管理。”① 由此可以看到，在当时的历史阶段，教育管理体制的主要方向是加强自上而下垂直领导的“条”的作用，而对地方办教育的权责配置重视不够，缺乏对地方办学积极性的调动。1966 年以后的 10 年中，由于“文革”的影响，我国原先已逐步完善起来的中小学领导和管理体制遭到极大破坏，全国教育管理体制处于混乱状态，教育事业发展基本停滞。“文革”结束后，教育部修订并颁发了《全日制小学暂行工作条例（试行草案）》和《全日制中学暂行工作条例（试行草案）》等文件，基本恢复了统一领导、分级管理的体制。

（四）由中央集权制向地方分权制发展的教育管理体制

1985—2010 年，我国的教育管理体制由高度统一的中央集权制向地方分权制发展。1985 年 5 月 15 日至 20 日，中共中央、国务院在北京召开改革开放以来的第一次全国教育工作会议，会后，《中共中央关于教育体制改革的决定》印发，提出教育管理体制改革的总体目标和思路，开启了我国新一轮教育管理体制改革。此次改革是在国家经济体制、政治体制、教育体制和科技体制改革的宏观大背景下进行的，所以与以前历次教育管理体制改革有显著不同。《中共中央关于教育体制改革的决定》提出：基础教育由地方负责、分级管理的原则，基础教育管理权属于地方。除大政方针和宏观规划由中央决定外，具体政策、制度、计划的制定和实施，以及对学校的领导、管理和检查，责任和权力都交给地方；省、市（地）、县、乡分级管理的职责如何划分，由省、自治区、直辖市决定②。这标志着我国的教育管理体制由原来高度统一的中央集权制向适度的地方分权制发展，此后所颁布的法律法规在此基础上不断完善。《中共中央关于教育体制改革的决定》还提出改革高等教育体制，改变政府对高等学校统得过多的管理体制，改革大学招生的计划制度和毕业生分配制度，在国家统一的教育方针和计划的指导下，扩大高等学校的办学自主权。

《中共中央关于教育体制改革的决定》

1986 年 7 月 1 日起施行的《中华人民共和国义务教育法》规定，义务教育事业，在国务院领导下，实行地方负责，分级管理。以法律的形式将义务教育管理体制固化下来。

《中华人民共和国义务教育法》

1993 年，中共中央、国务院印发的《中国教育改革和发展纲要》针对基础教育管理体制改革指出，深化中等以下教育体制改革，继续完善分级办学、分级管理的体制。在高等教育体制改革方面，主要提出三点要求。一是在政府与学校的关系上，要按照政事分开的原则，通过立法，明确高等学校的权利和义务，使高等学校真正成为面向社会自主办学的法人实体，进一步扩大高等学校的办学自主权。二是在中央与地方的关系上，进一步确立中央与省（自治区、直辖市）分级管理、分级负责的教育管理体制。中央直接管理一部分关系国家

《中国教育改革和发展纲要》

---

① 中国大百科全书出版社《中国教育年鉴》编辑部．中国教育年鉴：1949—1981[M]．北京：中国大百科全书出版社，1984：705.

② 中华人民共和国国家教育委员会．中华人民共和国现行教育法规汇编：1949—1989 [M]．北京：人民教育出版社，1991：4.

经济、社会发展全局并在高等教育中起示范作用的骨干学校和少数行业性强、地方不便管理的学校。在中央大政方针和宏观规划指导下，对地方举办的高等教育的领导和管理，责任和权力都交给省（自治区、直辖市）。三是在国家教委与中央业务部门的关系上，国家教委负责统筹规划、政策指导、组织协调、监督检查、提供服务。中央业务部门负责管理其所属学校。

1995 年颁布的《中华人民共和国教育法》规定：国务院和地方各级人民政府根据分级管理、分工负责的原则，领导和管理教育工作。中等及中等以下教育在国务院领导下，由地方人民政府管理。高等教育由国务院和省、自治区、直辖市人民政府管理。国务院教育行政部门主管全国教育工作，统筹规划、协调管理全国的教育事业。县级以上地方各级人民政府教育行政部门主管本行政区域内的教育工作。该法为教育管理的制度变革提供了法律保障。

1998 年，以政府机构改革为契机，国务院做出《关于调整撤并部门所属学校管理体制的决定》，按照有利于建立适应社会主义市场经济体制的新的教育管理体制，有利于优化高等学校布局结构，有利于这部分学校的长远发展和更好地为国家和当地经济、社会发展服务的原则，对原机械工业部、煤炭工业部、冶金工业部等 9 个部门所属的共 211 所学校管理体制进行调整。通过共建、合并、合作等方式调整后，大多数高校实行了中央与地方共建、以地方管理为主的教育管理体制。这一前所未有的大规模改革前后经历了近十年的时间，基本上完成了新中国历史上最大的一次高等教育宏观管理体制改革和布局。

2001 年和 2002 年，国务院和国务院办公厅印发《关于基础教育改革与发展的决定》《关于完善农村义务教育管理体制的通知》等，进一步强调农村义务教育实行在国务院领导下，由地方政府负责、分级管理、以县为主的体制。2006 年，重新修订的《中华人民共和国义务教育法》正式施行，进一步强调了政府是实施义务教育的首要责任者，各级政府相关部门在义务教育管理中都负有相关责任。该法规定："义务教育实行国务院领导，省、自治区、直辖市人民政府统筹规划实施，县级人民政府为主管理的体制。"再次推动了我国义务教育管理体制变革的法制进程。

（五）中央集中统一领导与地方统筹相结合的教育管理体制

2010—2020 年，我国实行中央集中统一领导与地方统筹相结合的教育管理体制。为进一步适应国家行政管理体制改革要求，明确政府管理权限和职责，明确各级各类学校办学权利和责任，推进管办分离，中共中央、国务院于 2010 年印发的《国家中长期教育改革和发展规划纲要（2010—2020 年）》提出："健全统筹有力、权责明确的教育管理体制。以转变政府职能和简政放权为重点，深化教育管理体制改革，提高公共教育服务水平。明确各级政府责任，规范学校办学行为，促进管办评分离，形成政事分开、权责明确、统筹协调、规范有序的教育管理体制。中央政府统一领导和管理国家教育事业，制定发展规划、方针政策和基本标准，优化学科专业、类型、层次结构和区域布局。整体部署教育改革试验，统筹区域协调发展。地方政府负责落实国家方针政策，开展教育改革试验，根据职责分工负责区域内教育改革、发展和稳定。"

党的十八大以来，在国家治理体系和治理能力现代化建设背景下，以"管办评分离"为关键的教育管理体制改革进一步深化。2013 年，党的十八届三中全会通过《中共中央关于全面深化改革若干重大问题的决定》，进一步指出要“深入推进管办评分离，扩大省级政府教育统筹权和学校办学自主权，完善学校内部治理结构。强化国家教育督导，委托社会组织开展教育评估监测”。针对“政府管理教育还存在越位、缺位、错位的现象，学校自主发展、自我约束机制尚不健全，社会参与教育治理和评价还不充分”等问题，为进一步提高政府效能、激发学校办学活力、调动各方面发展教育事业的积极性，2015 年教育部发布了《关于深入推进教育管办评分离 促进政府职能转变的若干意见》，明确了管办评分离的教育行动路线图。在教育行政方面，推进依法行政，形成政事分开、权责明确、统筹协调、规范有序的教育管理体制；在学校管理方面，建设依法办学、自主管理、民主监督、社会参与的现代学校制度；与此同时，推进依法评价，建立科学、规范、公正的教育评价制度。

2017 年，教育部印发的《义务教育学校管理标准》指出：“落实学校办学自主权，提升校长依法科学治理能力”，“建立健全学校民主管理制度”，推动义务教育阶段学校规范办学、科学管理，进一步扩大了义务教育学校自主管理权。同年，教育部等五部门联合发布《关于深化高等教育领域简政放权放管结合优化服务改革的若干意见》，贯彻“简政放权放管结合”的理念，深入推进教育管理体制改革。一方面要求各地各部门“破除束缚高等教育改革发展的体制机制障碍，进一步向地方和高校放权，给高校松绑减负、简除烦苛，让学校拥有更大办学自主权”。另一方面要求各地各部门进一步转变职能和管理方式，支持高校适应创新发展需要，推进治理结构改革；深入推进管办评分离，切实履行监管职责；创新监管方式和手段，通过完善信用机制、“双随机”抽查、行政执法、督导、巡视、第三方评估等加强事中事后监管。

《关于深化高等教育领域简政放权放管结合优化服务改革的若干意见》

（六）教育管理体制的发展态势

2020 年至今，推进教育治理体系和治理能力现代化成为教育管理体制的发展态势。为进一步深化教育“放管服”改革，落实中小学办学主体地位，增强学校发展动力，提升办学支撑保障能力，2020 年 9 月，教育部等八部门联合印发《关于进一步激发中小学办学活力的若干意见》，从宏观的教育行政和微观的学校管理两个方面，围绕对学校管得太多、干扰太多、激励不够、保障不够等影响和制约中小学办学活力的困难和问题，明晰政府、学校权责边界，处理好政府办学主体责任和学校办学主体地位之间的关系，既注重打破部门壁垒、做到应放尽放，又注重规范学校办学行为、强化事中事后监管。宏观管理方面，依法依规明确党委政府和教育主管部门对学校的管理事项，充分发挥教育督导机构作用，强化监督管理，保障学校正确办学方向。微观管理方面，完善学校内部治理，加快推进学校章程建设，完善各项规章制度，增强自主管理、自我约束能力。

党的十九大明确提出建设教育强国是中华民族伟大复兴的基础工程，必须把教育事业放在优先位置，深化教育改革，加快教育现代化，办好人民满意的教育。2018 年 9 月 10 日，全国教育大会召开，习近平总书记在大会上发表重要讲话，系统回答了关系教育现代化的重大理论和实践问题，对加快推进教育现代化、建设教育强国、办好人民满意的教育做出了全面部署。为全面贯彻党的十九大和十九届二中、三中全会精神，2019 年 2 月，中共中央、国务院印发了《中国教育现代化 2035》，中共中央办公厅、国务院办公厅印发了

《加快推进教育现代化实施方案（2018—2022年）》

《加快推进教育现代化实施方案（2018—2022年）》，为教育发展和教育管理体制改革指明了方向，提供了遵循的依据。其中，推进教育治理体系和治理能力现代化作为面向教育现代化的十大战略任务之一，主要内容包括：提高教育法治化水平，构建完备的教育法律法规体系，健全学校办学法律支持体系；健全教育法律实施和监管机制；提升政府管理服务水平，提升政府综合运用法律、标准、信息服务等现代治理手段的能力和水平；健全教育督导体制机制，提高教育督导的权威性和实效性；提高学校自主管理能力，完善学校治理结构，继续加强高等学校章程建设；鼓励民办学校按照非营利性和营利性两种组织属性开展现代学校制度改革创新；推动社会参与教育治理常态化，建立健全社会参与学校管理和教育评价监管机制。《加快推进教育现代化实施方案（2018—2022年）》则提出了2018—2022年推进教育现代化的十项较为具体的重点任务，包括"深化教育领域放管服改革，深化简政放权、放管结合、优化服务改革，推进政府职能转变，构建政府、学校、社会之间的新型关系。推进学校治理现代化"等。

新中国成立70多年来，中共中央、国务院先后出台了一系列完善教育管理体制改革的政策文件，教育管理体制历经了中央集权、地方分权、中央集权与地方分权相结合等的变迁，适应了不同历史时期国家政治、经济、社会以及教育自身的发展，中央与地方以及各级各类学校教育管理的职、权、责不断明晰，关系不断得到理顺，有力推动了教育改革发展。从我国教育管理体制的发展演变进程来看，教育行政主要在于理顺中央与地方政府之间的权责配置范围，促进适度分权、简政放权、放管结合；学校管理主要在于扩大各级各类学校的办学自主权，完善内部治理结构，提升办学效能，激活办学活力。

当前，中国特色社会主义进入新时代，教育的基础性、先导性、全局性地位和作用更加凸显。实现中华民族伟大复兴的中国梦，满足人民美好生活需要，必须加快推进教育现代化，把我国建设成为教育强国。从全球来看，新一轮科技革命和产业革命正在孕育兴起，重大科技创新正在引领社会产生新变革，互联网、人工智能等新技术的发展正在不断重塑教育形态、知识获取方式和传授方式，教和学关系正在发生深刻变革。人民群众对教育的需求更为多样，对更高质量、更加公平、更具个性的教育需求也更为迫切。因此，必须进一步改革完善教育管理体制，优化教育管理主体之间的权责范围和相互关系，为加快推进教育现代化、建设教育强国提供制度支撑和条件保障，推动我国教育不断朝着更高质量、更有效率、更加公平、更可持续的方向迈进。

第三节　学校领导体制

从根本特性上看，学校是一种有计划、有组织进行系统教育的机构。作为社会组织，学校具备一切人类社会组织所共有的特征。例如，有一个共同的目标；有一群为实现这一目标而走到一起从事相关活动的人；这群人在工作中相互配合、相互支持；学校必须适应社会环境的变化，随社会的发展而发展；对组织中每个成员的地位和工作性质都做了适当的安排，并赋予他们一定的工作权限；等等[①]。《中华人民共和国教育法》第二十七条规定："设立学校及其他教育机构，必须具备下列基本条件：（一）有组织机构和章程；（二）有合格的教师；（三）有符合规定标准的教学场所及设施、设备等；（四）有必备的办学资金和稳定的经费来源。"我国学校组织体系是由幼儿园、小学、初中、高中与大学组成的。学校所处的教育阶段及其性质等决定着学校采取什么样的领导体制。

一、学校领导体制的含义

学校领导体制是指学校的组织制度，也称内部管理体制。它规定学校由谁来领导和实现领导的组织原则。学校要通过学校章程及制度设计、组织机构设置及权限划分等管理机制，协调权利与权力的关系、权利与义务的关系，保证学校的发展[②]。学校领导体制是管理学校的根本制度，支配学校的全部管理工作。领导体制合理与否，直接关系到管理人员的积极性能否得到充分发挥，从而影响到管理效率的高低。学校领导体制的确立，需要从解决谁、负责谁、谁监督，如何对权力进行公平分配，如何保证自主权等方面进行系统思考，并要通过对学校组织机构的设置及权限划分等管理机制，协调权利与权力的关系、权利与义务的关系，保证有效运行。尤其要处理好个人负责和集体负责的关系、职责和权力的关系、党的领导和行政领导的关系、领导者和被领导者的关系。

二、我国学校领导体制的历史演变

新中国成立以来，我国各级各类学校领导体制随着时代的发展，经历了多次调整变革。这种调整变革受到不同历史阶段政治、经济形势的制约，是有规律可循的。

（一）高等学校领导体制的历史演变

高等学校领导体制先后经历了校长负责制、党委领导下的校务委员会负责制、党委领导下的以校长为首的校务委员会制、"革命委员会"制、党委领导下的校长分工负责制、部分学校实行的校长负责制、党委领导下的校长负责制等七种形态的变迁。

1. 校长负责制

新中国成立初期，教育界学习苏联经验，在高等学校实行校长负责制。1950 年 8 月，教育部颁发的《高等学校暂行规程》规定："大学及专门学院采校（院）长负责制"。校长的职责为：代表学校，领导全校（院）一切教学、研究及行政事宜，领导全校（院）教师、学生、职员、工警的政治学习，任免教师、职员、工警，批准校（院）务委员会的决议。当时高校的党组织实行党组制，党组织成员以行政负责人的身份贯彻执行党和国家的教育方针政策，学校党委对行政不起领导作用。这种领导体制虽然存在缺少监察机构、缺乏民主管理等问题，但总体上适应了当时的历史条件，对建立和发展新中国的高等教育事

---

① 吴志宏. 教育行政学［M］. 北京：人民教育出版社，2000：94.

② 杨颖秀. 学校管理［M］. 北京：北京师范大学出版社，2012：82.

业发挥了一定的积极作用①。

2. 党委领导下的校务委员会负责制

1956 年，随着社会主义建设的全面展开，在教育领域特别强调党对高等学校的领导。中国共产党第八次全国代表大会通过的党章规定："在企业、农村、学校和部队中的党的基层组织，应当领导和监督本单位的行政机构和群众组织积极地实现上级党组织和上级国家机关的决议，不断地改进本单位的工作。"根据这一规定，高等学校实行党委领导下的校务委员会负责制。1958 年 9 月，中共中央、国务院发布《关于教育工作的指示》，指出："一切教育行政机关和一切学校，应该受党委的领导"，"在一切高等学校中，应该实行学校党委领导下的校务委员会负责制；一长制容易脱离党委领导，所以是不妥当的"。《关于教育工作的指示》进一步确定了高等学校的领导体制，强调了加强党委领导和加强集体领导的作用。但由于这一体制没有规定校长应有的地位和职权，校务委员会往往形同虚设。学校管理者的主要精力用在阶级斗争和生产劳动上，行政工作无人负责，从而造成以校长为首的行政指挥系统权力被大大削弱，对高等教育事业的发展产生了消极影响②。

3. 党委领导下的以校长为首的校务委员会制

1961 年 9 月，《教育部直属高等学校暂行工作条例（草案）》（简称《高教六十条》）规定："高等学校的领导制度，是党委领导下的以校长为首的校务委员会负责制。""高等学校的校长，是国家任命的学校行政负责人，对外代表学校，对内主持校务委员会和学校的经常工作。""高等学校设立校务委员会，作为学校行政工作的集体领导组织。学校工作中的重大问题，应该由校长提交校务委员会讨论，作出决定，由校长负责组织执行。"还规定："高等学校的党委员会，是中国共产党在高等学校中的基层组织，是学校工作的领导核心，对学校工作实行统一领导。高等学校中，党的领导权力应该集中在学校党委员会一级，不应该分散。"《高教六十条》公布后，高等学校形势好转，学校在党委的统一领导下，党政分工比较明确，党的思想政治工作得到了改善和加强，校长的作用和行政系统的作用得到了一定的发挥，高校教学和科研工作有了发展。但由于受到 50 年代"教育大革命"中"左"的指导思想的影响，存在党委包揽行政事务的问题，校长和校务委员会的作用没有得到应有的发挥。

4. "革命委员会"制

"文革"时期的高等学校处于极度混乱的状态。1966 年，"文革"开始后，学校成立"革命委员会"，取缔原来的领导体制。"革命委员会"设主任、副主任，控制学校的全部领导工作，校长的称谓被取消。1971 年，《全国教育工作会议纪要》提出："学校实行党的一元化领导，在党委的统一领导下，充分发挥工宣队的政治作用。"特别是在"工人阶级领导一切"的口号下，学校由工农兵学员接管，实际上既否定了党委的领导，又取消了校长的存在和知识分子的作用，高等学校领导体制与高等教育事业遭到严重破坏。

5. 党委领导下的校长分工负责制

"文革"结束以后，高等教育战线和其他战线一样开始拨乱反正，撤走了工宣队，任

---

① 杨德广．高等教育管理学［M］．上海：上海教育出版社，2006：189．

② 同①190．

命校长主持行政工作。1978 年，教育部在修订《高教六十条》的基础上，颁发了《全国重点高等学校暂行工作条例（试行草案）》，在高等学校领导体制上做了较大调整，规定："高等学校的领导体制，是党委领导下的校长分工负责制。""高等学校的校长，是国家任命的学校行政负责人，对外代表学校，对内主持学校的经常工作。""学校的教学、科学研究、后勤工作中的重大问题，一定要经党委员会讨论，党委员会作出决定后，由校长负责组织执行。""学校党委会要支持以校长为首的全校行政指挥系统行使职权，并监督和检查他们的工作。"同时，还规定了高等学校的党委员会，作为高等学校中的基层组织和学校工作领导核心的主要任务。这一领导体制继承了《高教六十条》中规定的学校一切重大问题要由党委讨论决定的原则，同时明确了校长的地位和职权，对理顺"文革"中混乱的领导关系、恢复学校的正常秩序起到了积极作用。但"校长分工负责"的表述容易被误解为校长、副校长各自分工对党委负责，从而削弱了校长主持学校行政工作的权力，不利于学校行政工作的统筹管理。

6. 部分学校实行的校长负责制

1985 年 5 月，《中共中央关于教育体制改革的决定》指出："学校逐步实行校长负责制，有条件的学校要设立由校长主持的、人数不多的、有威信的校务委员会，作为审议机构。""学校中的党组织要从过去那种包揽一切的状态中解脱出来，把自己的精力集中到加强党的建设和加强思想政治工作上来；要团结广大师生，大力支持校长履行职权，保证和监督党的各项方针政策的落实和国家教育计划的实现"。此后，部分学校开始进行校长负责制的试点工作。由于《中共中央关于教育体制改革的决定》是在全国开展经济体制改革的背景下制定的，因此，校长负责制的确定在某种程度上也受到了企业实行厂长负责制的影响①。

7. 党委领导下的校长负责制

20 世纪末 21 世纪初，经过多年的实践探索，人们认识到，党委领导下的校长负责制更加适合我国高等学校的实际情况和工作需要。1996 年，中共中央组织部印发的《中国共产党普通高等学校基层组织工作条例》指出："高等学校实行党委领导下的校长负责制。校党委统一领导学校工作，支持校长按照《中华人民共和国教育法》的规定积极主动、独立负责地开展工作，保证教学、科研、行政管理等各项任务的完成。"1999 年 1 月 1 日起施行的《中华人民共和国高等教育法》第三十九条做了更明确的规定："国家举办的高等学校实行中国共产党高等学校基层委员会领导下的校长负责制。"同时，从法律的高度明确了以下三点：一是明确了学校党委的领导职责，以及党的领导和行政领导的关系。二是明确了校长的职权，体现了集体领导和个人领导的结合。三是规定在高等学校设立学术委员会，突出了学术权力在学术管理中的作用。2014 年 10 月，中共中央办公厅印发《关于坚持和完善普通高等学校党委领导下的校长负责制的实施意见》，进一步明确党委领导下的校长负责制是党对国家举办的高校领导的根本制度，并就党委如何统一领导学校工作、校长如何主持行政工作、党委与行政议事决策制度及党政

《中国共产党普通高等学校基层组织工作条例》

《关于坚持和完善普通高等学校党委领导下的校长负责制的实施意见》

---

① 杨德广．高等教育管理学［M］．上海：上海教育出版社，2006：191.

之间的协调运行机制等关键问题做出具体规定。其后，2016 年中共教育部党组印发的《关于直属高校进一步贯彻落实党委领导下的校长负责制等若干事项的通知》、2018 年中共中央组织部和中共教育部党组联合印发的《高校党建工作重点任务》等文件，就推动落实党委领导下的校长负责制做出更加具体的规定。2021 年 4 月，中共中央印发了新修订的《中国共产党普通高等学校基层组织工作条例》，对高校党委的地位和作用做出了更完整、更全面的概括，进一步具体明确了高校党委领导下的校长负责制的目标任务、实现途径、落实措施。至此，我国高等学校的领导体制经历了多达七次的变化。

（二）中小学领导体制的历史演变

与高等学校领导体制的变革相似，我国中小学领导体制自新中国成立后也经过了多次调整，大致有以下八种形态：校务委员会制、校长责任制、党支部领导下的校长负责制、当地党委和主管教育行政部门领导下的校长负责制、“革命委员会”制、党支部领导下的校长分工负责制、校长负责制以及党组织领导的校长负责制。

1. 校务委员会制

新中国成立初期，百废待兴，中小学领导体制也亟须做出变革，以适应新生的人民政府发展教育事业的需要。出于改造旧学校、稳定秩序、发扬民主等目的，各地学校建立起由政府委派校长、进步教职工和学生代表组成的校务委员会，在教育事业的恢复发展中发挥了积极作用。但是，由于这种体制主要实行集体领导的方式，所以容易导致极端民主和工作无人负责的现象，管理效率也难以提高，不适应教育事业加快变革发展的时代需要。

2. 校长责任制

1952 年，教育部颁发《小学暂行规程（草案）》和《中学暂行规程（草案）》，对中小学领导体制做了规定。中小学实行校长责任制，设校长一人，负责领导全校工作。学校行政的一切重大问题都由校长决定。这种体制极大地加强了学校的行政领导，改进了学校管理工作，改变了学校工作无人负责的现象，但由于当时学校对加强党的领导和发扬民主方面的重视不够，还没有建立起相应的监督机制，因而会出现校长个人独断专行的现象，忽视广大教职工参与管理的权利①。

3. 党支部领导下的校长负责制

1958 年，《关于教育工作的指示》指出：“一长制容易脱离党委领导，所以是不妥当的”，“一切中等学校和初等学校，也应该放在党委的领导之下”。此后，中小学普遍设立了党支部，实行党支部领导下的校长负责制。这种领导体制在加强学校的思想政治工作方面起到一定的作用，但由于党政职责不清，行政机构和行政负责人的作用没有得到充分发挥。

4. 当地党委和主管教育行政部门领导下的校长负责制

1963 年，中共中央印发《全日制小学暂行工作条例（草案）》和《全日制中学暂行工作条例（草案）》，后者明确指出：“校长是学校行政负责人，在当地党委和主管教育行政部门领导下，负责领导全校的工作。”《全日制中学暂行工作条例（草案）》又指出：“全日

---

① 杨颖秀．学校管理［M］．北京：北京师范大学出版社，2012：83.

制中学建立校长领导下的校务会议。教育行政部门的指示，学校的工作计划、工作总结和其他重大问题，都应该提到校务会议上讨论。”这种体制的实施，在保证党对学校领导的同时，也加强了校长管理学校的职能，使得学校党政有了分工，职责较为分明，较好地发挥了行政机构的作用。同时，《全日制小学暂行工作条例（草案）》和《全日制中学暂行工作条例（草案）》都规定：共产党的领导是办好学校的根本保证。各级党委必须加强对中（小）学教育的领导。学校党支部对学校行政工作负有保证和监督的责任。这对于加强党对中小学的领导，保障校长依法独立行使职权，进行科学决策、民主决策起到了促进与监督作用。

5. “革命委员会”制

“文革”期间，不仅高等学校领导体制几乎遭到瓦解，中小学领导体制也陷入混乱，群体组织夺权，工宣队、军宣队和农宣队管理学校的状况相继出现，后来又成立了“革命委员会”，取消了校长的称谓。“革命委员会”制是在特定的历史条件下产生的，其活动及任务都有很大的主观随意性和模糊性①。

6. 党支部领导下的校长分工负责制

1978年，教育部重新修订并颁布了《全日制小学暂行工作条例（试行草案）》和《全日制中学暂行工作条例（试行草案）》，分别规定全日制小学、中学实行党支部领导下的校长分工负责制，学校的一切重大问题，必须经过党支部讨论决定。同时，两个文件还进一步规定了校长的行政职责和党支部的任务，并要求学校党支部善于贯彻执行集体领导与分工负责相结合的原则，充分发挥行政领导干部的作用，不要包办代替。修改后的文件极力摆脱“左”的思想路线的干扰，对于改变“文革”时期的混乱局面、整顿恢复学校正常教学秩序，起到了重要的作用。但这一体制容易混淆党政工作的界限，把“领导”与“负责”分开，使校长有责无权，党支部有权无责，从而影响了学校行政管理的效果。

7. 校长负责制

1985年印发的《中共中央关于教育体制改革的决定》和1993年中共中央、国务院印发的《中国教育改革和发展纲要》，分别提出“学校逐步实行校长负责制”和“中等及中等以下各类学校实行校长负责制”的要求。同时，前者对中小学设立校务委员会、建立和健全以教师为主体的教职工代表大会制度、学校党组织的职责等进行了明确规定。2006年，修订后的《中华人民共和国义务教育法》第二十六条规定：“学校实行校长负责制。”这是从法律上对中小学实行校长负责制进行的确定。2010年，《国家中长期教育改革和发展规划纲要（2010—2020年）》印发。在其中的“建设现代学校制度”部分，强调要“完善中小学学校管理制度。完善普通中小学和中等职业学校校长负责制。完善校长任职条件和任用办法。实行校务会议等管理制度，建立健全教职工代表大会制度，不断完善科学民主决策机制”。这些规定，不仅对校长负责制做出诠释，也对校长负责制的实施起到重要的保障作用。然而，由于部分校长对校长负责制和校长负责存在模糊认识，因此党组织的作用还未能得到充分发挥，校长独断专行、监督不力等现象影响了学校的发展进程。

---

① 杨颖秀．学校管理［M］．北京：北京师范大学出版社，2012：83.

《关于建立中小学校党组织领导的校长负责制的意见（试行）》

8. 党组织领导的校长负责制

迈入新时代，为进一步加强党对教育工作的全面领导，促进中小学校健康发展，深入贯彻落实党的教育方针，办好人民满意的教育，中共中央办公厅于2022年1月印发《关于建立中小学校党组织领导的校长负责制的意见（试行）》，并发出通知，要求各地区各部门认真贯彻落实。通知指出：“加强党对教育工作的全面领导是办好教育的根本保证。建立中小学校党组织领导的校长负责制，是坚持为党育人、为国育才，保证党的教育方针和党中央决策部署在中小学校得到贯彻落实的必然要求。”《关于建立中小学校党组织领导的校长负责制的意见（试行）》指出：“中小学校党组织全面领导学校工作，履行把方向、管大局、作决策、抓班子、带队伍、保落实的领导职责。”“学校党组织实行集体领导和个人分工负责相结合的制度。凡属重大问题都要按照集体领导、民主集中、个别酝酿、会议决定的原则，由党组织会议集体讨论作出决定。”还指出：“校长在学校党组织领导下，依法依规行使职权，按照学校党组织有关决议，全面负责学校的教育教学和行政管理等工作。”这一体制确立了中小学校党组织的政治核心作用，明确了中小学校党组织领导及校长的职权，并健全了发挥中小学校党组织领导作用的体制机制。

（三）幼儿园领导体制的历史演变

幼儿园领导体制的重要性在于它是决定幼儿园全部工作由谁决策、由谁指挥的根本制度，规定着幼儿园领导者的产生、职责、权限、地位和隶属关系。新中国成立以来，我国幼儿园领导体制经历了以下四种形态的变迁：

1. 教育行政部门及设立者领导下的院长责任制

1952年，教育部颁发的《幼儿园暂行规程（草案）》规定：幼儿园由市、县人民政府教育行政部门统一领导。机关、团体、学校、公营企业所办的幼儿园的人事、经费等日常行政，由设立者领导。幼儿园采用园长责任制，设园长一人，领导全园工作。幼儿园园长兼任教养员，各班实行教养员责任制。每季举行一次以园长为主席召开的园务会议，讨论并决定全园工作计划、布置与总结全园工作、审查预算、决算，必要时得举行临时会议。每两星期召开一次以园长为主席的教养工作会议，研究改进教养内容和方法。《幼儿园暂行规程（草案）》是新中国成立后对幼儿园领导体制进行确立的文件，奠定了我国幼儿园领导体制的基础。但这一领导体制的设计缺乏党的领导，不利于党的教育方针在幼儿园的贯彻落实。

2. 上级党委和教育行政部门领导下的幼儿园园长负责制

1979年，教育部颁发的《城市幼儿园工作条例（试行草案）》规定：三个班以上的幼儿园设园长一人。其主要职责是：贯彻党的教育方针和政策，执行上级党委和教育行政部门的指示和决议；深入实际，组织和领导幼儿园的保教和教研工作，全面关心幼儿生活；组织领导教职工的政治、文化和业务学习，关心他们的生活和健康；管理好幼儿园的园舍、设备和经费等；定期总结全园工作。这一领导体制存在两点局限：一是上级党委和教育行政部门是幼儿园园长的直接领导者，园长的决策都要直接向上请示，无形中增加了决策成本，也容易导致决策脱离实际；二是上级党委与教育行政部门的直接领导容易导致幼儿园内部决策的外部化，增加决策程序的复杂性，决策难度加大[①]。

3. 园长负责制

1989 年 6 月，国家教委颁发的《幼儿园工作规程（试行）》明确规定：幼儿园实行园长负责制。园长在设置者和教育行政部门领导下，依据本规程负责领导全园工作。幼儿园可建立园务委员会，园长任园务委员会主任，对全园工作计划、工作总结、人员奖惩等重要问题进行审议。幼儿园应建立教职工大会制度或教职工代表会议制度，主要职责是加强民主管理和监督。幼儿园园长应依靠党的基层组织，并充分发挥工会、共青团及其他群众组织的作用。1996 年，国家教委正式颁布实施的《幼儿园工作规程》，再次明确规定：幼儿园实行园长负责制，园长在举办者和教育行政部门领导下，依据本规程负责领导全园工作。党在幼儿园的基层组织要发挥政治核心作用，"园长要充分发挥共青团、工会等其它组织在幼儿园工作中的作用"。

4. 幼儿园党组织领导下的园长负责制

中共中央办公厅印发的《关于建立中小学校党组织领导的校长负责制的意见（试行）》要求，公办幼儿园参照执行。该文件印发后，党的领导在幼儿园管理体制中得到强化。一些幼儿园开始着手进一步明确党组织在幼儿园的领导作用，设立党支部，由党支部全面领导幼儿园工作，支持幼儿园园长依法独立行使职权，保障幼儿园各项工作运行。

三、我国学校组织机构设置及制度变革

管理领域的组织通常是指对人与事的有效组合，管理的组织职能需要通过相应的组织机构发挥作用，组织机构是指组织各个部分的组合与排列。学校组织机构是指为实现学校教育目标，依据国家有关规定设置的、相互联系的组织运作系统。学校组织机构在组合与排列过程中可分为不同的类型。以其职能不同进行划分，可以分为中国共产党的基层组织机构、教职工代表大会、群团组织机构、行政组织机构、学术教学科研组织机构；以其性质不同进行划分，可以分为行政组织机构和非行政组织机构；以其层级不同进行划分，可以分为领导层（决策层）、管理层（执行层）、实践层（操作层）；以其形态不同进行划分，可以分为直线式、扁平式、功能式、直线功能式、矩阵式；等等。在学校领导体制确立之后，就需要设置科学合理的组织机构与规章制度来划分和协调各种权利与权力的关系、权利与义务的关系，以保证各种领导与管理功能的实现。

（一）高等学校组织机构的设置

高等学校组织机构包括中国共产党的基层组织机构、教职工代表大会、群团组织机构、行政组织机构、学术教学科研组织机构等。中国共产党的基层组织机构和行政组织机构的主要负责人共同组成学校领导班子（也分为党委领导班子和行政领导班子），通过党的委员会全体会议或党委常委会会议、校长办公会议等形式对学校重要事项进行决策。

---

① 朱永新．中国教育改革大系：教育体制与教育财政卷［M］．武汉：湖北教育出版社，2015：109.

1. 中国共产党的基层组织机构

（1）党的委员会、党委常委会。

高校党的委员会经党员代表大会选举产生，对党员代表大会负责并报告工作。党的委员会全体会议在党员代表大会闭会期间领导学校工作。党的委员会设立常务委员会的，党委常委会主持高校党委经常工作。

高校党的委员会对学校工作实行全面领导，履行管党治党、办学治校的主体责任，发挥“把方向、管大局、作决策、抓班子、带队伍、保落实”的领导作用，支持校长依法独立地行使职权，保证以人才培养为中心的各项任务完成。

高校党委通过召开全体会议的方式，讨论决定相关重要事项。党委常委会讨论决定的事项包括：党的建设重要事项，事关学校改革发展稳定及教学、科研、行政管理工作的重要事项，干部选拔任用和干部队伍建设的重要事项，大学文化建设和校风教风学风建设的重要事项，教职工薪酬体系、收入分配及福利待遇、奖励、惩处和其他事关师生员工切身利益的重要事项。

（2）党委办公室。

高校党委直接领导下的综合职能部门和办事机构，围绕学校中心工作，发挥综合协调、参谋助手、督促检查和服务师生等职能。主要负责保密、信息、信访、稳定、党委系统文件处理等工作。一些高校的保密办公室、信访办公室等机构挂靠在党委办公室。部分高校的党委办公室和校长办公室合并为学校办公室。

（3）党委组织部。

负责高校党的组织建设、干部队伍建设、人才队伍建设、党员教育管理等的职能部门和办事机构。主要职能包括：负责基层党组织建设、党员发展、党员教育管理、党费管理、党内生活制度的建立和完善等工作；负责高校中层领导班子和领导干部队伍建设，对学校中层班子换届、调整和干部任免等提出建议；负责学校人才工作。高校的党校办公室一般也设在党委组织部。

（4）党委宣传部（党委教师工作部）。

高校党委主管意识形态方面工作的职能部门，是社会主义精神文明建设的牵头协调部门。主要负责高校思想理论建设、对内对外新闻宣传、大学文化传承创新以及各类宣传阵地的管理等工作。一些高校的党委宣传部与党委教师工作部合署办公，还负责教师思想政治工作、师德师风建设等。

（5）党委统战部。

高校党委开展统一战线工作的职能部门，是高校党委在统战工作方面的参谋和助手。主要职责是了解情况、掌握政策、协调关系、安排人事、增进共识、加强与党外知识分子特别是党外代表人士的团结合作。

（6）纪委办公室（监察处）。

高校纪委日常办事机构，在高校党委和纪委领导下开展工作。主要履行监督、执纪、问责和巡察、调查、处置职能。一些高校在党的十九大之后设立党委巡察办公室，与纪委办公室（监察处）合署办公，主要负责校内常规巡察工作。

（7）党委学生工作部（学生处）。

负责高校学生思想政治教育、行为规范管理、帮困助学、心理健康教育等工作的协调和管理部门。一些高校的党委学生工作部与学生处合署办公。一些高校的学生就业指导服务中心、学生资助管理中心、学生心理健康服务中心等机构与学生处合署办公，负责学生的就业指导、学业生活资助、心理健康咨询等工作。

（8）党委武装部（保卫处）。

高校人民武装工作的职能部门。主要贯彻执行党和国家有关高校武装工作的法令、文件和全校师生员工的国防战备观念教育。一些高校的党委武装部与保卫处合署办公。

2. 教职工代表大会

教职工代表大会是教职工依法参与学校民主管理和监督的基本形式，2011 年 12 月，教育部颁布《学校教职工代表大会规定》，2012 年 1 月 1 日起施行。教职工代表大会在中国共产党学校基层组织的领导下开展工作。教职工代表大会的组织原则是民主集中制。教职工代表大会的职权包括：听取学校章程草案的制定和修订情况，学校发展规划、教职工队伍建设、教育教学改革、校园建设以及其他重大改革和重大问题解决方案，学校年度工作、财务工作、工会工作等领域报告，提出意见和建议；讨论通过学校提出的与教职工利益直接相关的福利、校内分配实施方案以及相应的教职工聘任、考核、奖惩办法；审议学校上一届（次）教职工代表大会提案的办理情况报告；按照有关工作规定和安排评议学校领导干部；监督学校章程、规章制度和决策的落实，提出整改意见和建议；讨论法律法规规章规定的以及学校与学校工会商定的其他事项。教职工代表大会的意见和建议，以会议决议的方式做出。

《学校教职工代表大会规定》

3. 群团组织机构

（1）工会。

《中华人民共和国工会法》第二条规定：“工会是中国共产党领导的职工自愿结合的工人阶级群众组织，是中国共产党联系职工群众的桥梁和纽带。”“中华全国总工会及其各工会组织代表职工的利益，依法维护职工的合法权益。”高校工会是在学校党委和上级工会领导下代表教职工利益，依法维护教职工合法权益，参与学校民主管理、民主监督的群众组织。高校工会依照法律规定通过教职工代表大会或者其他形式，组织职工参与学校的民主选举、民主协商、民主决策、民主管理和民主监督。

（2）妇委会。

高校党委领导下的群众组织，是党委联系妇女群众的桥梁和纽带。基本职能是代表和维护全校妇女权益，一般与工会合署办公。

（3）高校共青团。

中国共产主义青年团的基层组织和主要组成部分，是团结教育高校广大青年师生员工的核心力量。主要职责是在学校党委领导下加强对团员青年的政治引领，组织开展校园文化和社会实践活动，联系服务团员青年成长，了解团员青年的思想状况，维护团员青年的合法权益。

（4）高校学生会（研究生会）。

高校党委领导下、团委指导下的学生组织。发挥为学生服务的功能，是学校联系学生的桥梁和纽带，帮助学生思想进步和身心健康发展，组织学生开展文体活动，维护校规校纪等。

4. 行政组织机构

（1）校长办公会议。

高校行政议事决策机构。坚持全面贯彻党的教育方针，坚持社会主义办学方向，落实立德树人根本任务，紧密围绕学校改革发展稳定，科学决策、民主决策、依法决策，推进学校人才培养、科学研究、社会服务、文化传承创新、国际合作交流等工作。主要研究提出拟由党委常委会讨论决定的重要事项方案，具体部署落实党委常委会决议的有关措施，研究决定教学、科研、行政管理工作。

（2）校长办公室。

学校行政的综合办事机构，是高校对内对外的窗口，也是校领导联系各单位的桥梁，具有上传下达枢纽作用。主要职能是围绕学校中心工作和重点工作，积极发挥领导的参谋助手、综合协调和重大决策的督办落实等作用。一些高校的校友会工作办公室、对口支援工作办公室、档案馆等部门挂靠在校长办公室。

（3）发展规划处。

总体协调高校发展改革，为学校发展制定规划、提供决策参谋与办学咨询的职能部门。主要负责组织研究和制定学校总体战略发展规划，以及综合改革、数据统计与监测、校园建设规划等工作。一些高校的发展规划处与学科建设办公室、校地合作办公室合署办公，因此还承担学科规划与建设、高校与地方政府合作办学等职能。

（4）教务处。

主管本科教学工作和实施教学管理与服务的职能部门。主要负责高校的教学计划、教学运行、教学质量监测以及教学改革发展等方面的本科教学运行与管理工作。一些高校的本科生招生办公室与教务处合署办公。

（5）社会科学处、科学技术处。

高校主管学校科学研究和技术开发的职能部门。主要负责高校科研发展规划编制、科研项目、科研平台、科研成果、学术交流、对外技术开发与合作、知识产权保护以及科普宣传等工作的管理。

（6）人事处。

高校负责人事管理的职能部门。负责教职工的定编定岗、人事调配、人才引进、教职工的薪酬评定、教师奖惩、教职工的请销假和离退调转等日常人事管理工作。一些高校的人事处与高层次人才办公室、教师发展中心等机构合署办公。

（7）国际合作与交流处。

高校开展国际交流与合作事务的职能部门。主要负责高校对外合作办学项目，师生因公出国进修、学习、访问，港澳台事务以及来华外国师生事务的管理。一些高校的港澳台事务办公室、孔子学院项目办公室等机构挂靠在国际合作与交流处。

（8）财务处。

管理高校财务的职能部门。具体负责高校的财务预算、会计核算、办学资金筹措等。一些高校的审计处与财务处合署办公，负责校内经济责任的审计和内部控制建设工作。

（9）离退休工作处。

高校负责离退休教职工服务管理工作的职能部门。主要职责是组织做好离退休教职工日常管理服务工作，落实政治和生活待遇，发挥其在经济社会及和谐校园建设中的作用。

（10）基建处。

高校负责落实校园建设总体规划，组织、实施基本建设项目的职能部门。主要职责是校园建设总体规划，基本建设项目的设计、立项，工程施工管理、竣工验收。

（11）资产管理处。

高校国有资产管理的职能部门，代表高校对校内国有资产实行统一归口管理。主要负责学校固定资产管理、设备（物资）采购及其安装与维护、实验室建设与评估。一些高校的招标与采购管理中心挂靠在资产管理处，负责高校的政府招投标与采购管理工作。

（12）后勤管理处。

高校为教学科研和师生学习生活提供后勤服务保障工作的职能部门。主要职责是餐饮服务、能源规划与管理、工程修缮与维修服务、校园美化与保洁、学生生活服务、教职工住宅区管理服务等。

除上述行政组织机构外，一些高校根据内部管理的需要，还设有政策法规处、研究生院、基础教育管理处、图书馆、继续教育中心、校医院等组织机构，在二级院系则设有办公室、图书室等组织机构，形成校院两级行政组织机构体系。

5. 学术教学科研组织机构

（1）学术委员会。

高等学校设立的学术评议与审核机构。学术委员会一般分为学校和二级学院两级，通常由具有高级职称的学术人员组成。根据《中华人民共和国高等教育法》第四十二条的规定，高等学校设立学术委员会，并履行五个方面的职责：第一，审议学科建设、专业设置，教学、科学研究计划方案；第二，评定教学、科学研究成果；第三，调查、处理学术纠纷；第四，调查、认定学术不端行为；第五，按照章程审议、决定有关学术发展、学术评价、学术规范的其他事项。《高等学校学术委员会规程》（2014 年 1 月 29 日中华人民共和国教育部令第 35 号公布自 2014 年 3 月 1 日起施行）规定：“高等学校应当依法设立学术委员会，健全以学术委员会为核心的学术管理体系与组织架构；并以学术委员会作为校内最高学术机构，统筹行使学术事务的决策、审议、评定和咨询等职权。”

《中华人民共和国高等教育法》

（2）学位评定委员会。

根据 2024 年公布的《中华人民共和国学位法》（自 2025 年 1 月 1 日起施行）规定，学位授予单位设立学位评定委员会，履行下列职责：第一，审议本单位学位授予的实施办法和具体标准；第二，审议学位授予点的增设、撤销等事项；第三，作出授予、不授予、撤销相应学位的决议；第四，研究处理学位授予争议；第五，受理与学位相关的投诉或者举报；第六，审议其他与学位相关的事项。其还规定：学位评定委员会由学位授予单位具有高级专业技术职务的负责人、教学科研人员组成，其组成人员应当为不少于九人的单数。学位评定委员会主席由学位授予单位主要行政负责人担任。

《中华人民共和国学位法》

（3）教务委员会。

对本科生和研究生教育教学工作进行审议、监督、评估、指导和提供咨询的专家组织。要了解国家的教育政策和国内外高等教育的改革动态与发展趋势，全面了解学校的教学工作状况，对学校的教学规划、人才培养目标、专业设置与调整、课程设置、教学改革、教学研究、质量监控与评估等提出决策咨询、建议和意见等。

（4）学部、学院、系。

高等学校基于某一学科或学科群建立的基本教学科研单位，是高等学校实现人才培养、科学研究、社会服务、文化传承创新、国际合作交流等职能的具体操作者。在学部或学院除设党政领导班子外，有的高校还设教授委员会，作为教学、学科建设、队伍建设的决策咨询机构，发挥教授在教学、科研和人才培养中的重要作用。

（5）研究所、研究基地、研究中心、交叉学科研究院。

高等学校研究与开发机构，一般按学科或稳定的研究与开发领域设立。

（二）中小学组织机构的设置

《教育部关于贯彻〈国务院办公厅转发中央编办、教育部、财政部关于制定中小学教职工编制标准意见的通知〉的实施意见》

中小学组织机构包括中国共产党的基层组织机构、教职工代表大会、群团组织机构、行政组织机构、教学科研组织机构等。中国共产党的基层组织机构和行政组织机构的主要负责人共同组成学校领导班子。中小学通过学校领导班子会议、学校党组织会议、校长办公会议（校务会议）等形式对学校重要事项进行决策，按照《教育部关于贯彻〈国务院办公厅转发中央编办、教育部、财政部关于制定中小学教职工编制标准意见的通知〉的实施意见》要求，确定中小学内设机构和领导职数，根据学校类别、规模和任务设置管理机构。

1. 中国共产党的基层组织机构

根据《关于建立中小学校党组织领导的校长负责制的意见（试行）》规定，中国共产党在中小学设基层组织党支部（或党总支，或联合支部）。

学校通过党组织会议讨论决定学校重大问题。党组织会议由党组织书记召集并主持，不是党组织班子成员的行政班子成员根据工作需要可列席会议。会议议题由学校领导班子成员提出，党组织书记确定。会议应当有半数以上党组织班子成员到会方能召开；讨论决定干部任免等重要事项时，必须有三分之二以上党组织班子成员到会。

党组织设置为党委、党总支的中小学校，党组织书记、校长一般应当分设，党组织书记一般不兼任行政领导职务，校长是中共党员的应当同时担任党组织副书记；党组织设置为党支部的中小学校，党组织书记、校长一般由一人担任，同时应当设一名专职副书记；学校行政班子副职中的党员一般应当进入党组织班子。

学校党组织实行集体领导和个人分工负责相结合的制度，全面领导学校工作，履行“把方向、管大局、作决策、抓班子、带队伍、保落实”的领导职责；学校党组织书记主持党组织全面工作，负责组织党组织重要活动，督促检查党组织决议贯彻落实，督促党组织班子成员履行职责、发挥作用。

2. 教职工代表大会

无论是高等学校还是中小学，学校教职工代表大会都是教职工依法参与学校民主管理和监督的基本组织形式。教职工代表大会在中国共产党学校基层组织的领导下开展工作，其组织原则是民主集中制。中小学教职工代表大会享有《学校教职工代表大会规定》所赋予的职权。

3. 群团组织机构

学校的群团组织包括学校工会委员会、共青团和少先队等。它们都是中国共产党领导下代表一定范围的群众组织，是党政联系群众的纽带和桥梁。这些组织要依法维护教职工的合法权益，围绕学校中心工作开展活动。

工会是职工自愿结合的工人阶级的群众组织。中小学工会委员会是在学校党的基层组织和上级工会领导下代表教职工利益，依法维护教职工合法权益，参与学校民主管理、民主监督的群众组织。

共青团学校基层组织是党和行政组织的有力助手，发挥团结教育学校广大青少年的核心作用，接受上级团委和党组织的领导。共青团受党的委托直接领导少先队，在学校，少先队组织在共青团学校基层组织的领导下开展活动。学校少先队组织建立大队或中队，中队下设小队。

有的学校还设专门研究教育教学工作和管理工作的组织，或附属于当地各种学会的小组，如教学研究会等，由具有研究能力和研究兴趣的教师自愿参加。这些组织在组织教师形成良好的研究风气、提高研究水平等方面发挥重要的作用。除此之外，还有课外组织的学生读书小组、科技小组、艺术小组等各种活动团体。这些组织在扩大学生知识领域、培养学生学习兴趣和创造能力等方面发挥重要的作用。

4. 行政组织机构

（1）校长办公会议。

校长办公会议（校务会议）是学校行政议事决策机构，研究提出拟由学校党组织会议讨论决定的重要事项方案，具体部署落实党组织会议决议的有关措施，研究处理教育教学、行政管理等工作。会议由校长召集并主持。会议议题由学校领导班子成员提出，校长确定。会议应当有半数以上行政班子成员到会方能召开。校长应当在广泛听取与会人员意见基础上，对讨论研究的事项做出决定。

（2）校长办公室。

校长办公室是校长领导下协助学校领导处理日常校务工作的具体办事机构（有些学校不设办公室，设专职秘书或干事，规模小的学校也不设专职人员）。校长办公室的主要职能是：协助校长处理对外联系及对内协调工作，负责文件、印章、人事档案的管理，负责人事保卫工作，负责信访接待和一般纠纷处理，处理校长交办的通知、信件、上级文件等。

（3）教导处。

教导处是协助校长组织领导学校教学业务和学生思想教育工作的机构。有些较大的学校将教导处分设为教务处和政教处，分管教学和思想教育工作。还有些较大的学校分设教务处、政教处和教研处，分管教学、思想教育和教育研究工作。教导处的主要职能是：具体领导各科教学研究组和学年组、班主任工作；负责领导体育室、卫生室、图书室、实验室、电化教研室工作；管理学籍、教学档案、成绩统计工作；安排作息时间，编制课程表；组织学生课外活动；组织学校的教育教学研究工作等。

（4）总务处。

总务处是负责协助校长组织后勤事务工作的职能机构（规模较大的学校设主任、副主任，规模较小的学校只设总务主任或专职事务员)。总务处的主要职能是：负责经费的安排使用，进行学校校舍和设备的维修，绿化、美化学校环境，管理卫生保健工作，管理学校食堂及生活福利工作，处理日常总务行政工作等。

5. 教学科研组织机构

(1) 教研组。

教研组即各科教学研究组，是学校的基层教学研究组织。教研组由同学科的教师组成，学校规模较小或同学科教师不足时，可与邻近学科合成一个教研组。规模较大的教研组还分设若干备课组。教研组的主要职能是：制订课程计划，进行课程标准的学习；组织本学科教学及教研活动，检查本学科的教学进度；组织本学科教师的进修，帮助教师提高业务水平与教学能力；了解本学科备课、布置作业、命题考试的情况；负责本学科教学质量的提高等。根据 1952 年《小学暂行规程（草案)》和《中学暂行规程（草案)》的规定，教研组是中小学最早明确规定的教学研究组织。

(2) 年级组。

年级组是由同一年级的班主任和任课教师组成的集体组织。一般来说，学校的教研组和年级组并存，但学校规模较小时可将二者合并。较大的学校有的将年级组称作年部，年级组长称作年部主任。年级组的主要职能是：了解同年级学生的德智体美劳发展情况，沟通和协调班主任与班主任、班主任与任课教师之间的关系；统一组内教师的认识和步调，提高教育质量。同时，年级组长要统筹安排本年级教学工作、思想教育工作、体育卫生工作及课外活动等。

(3) 班级。

班级是学校进行教育教学活动的基本组织单位。国家对中小学班级规模做出了规定，小学在 45 人以内，中学在 50 人以内。班级规模过大会影响学生的身心健康和学习效果，班级规模过小会影响学生的良好交流并浪费教学资源。

(三) 幼儿园组织机构的设置

幼儿园组织机构可以分为行政组织机构和非行政组织机构。不同组织机构之间相互配合，相辅相成，保障幼儿园管理工作的顺利完成。

1. 行政组织机构

以园长为核心的行政机构，园长负责全园的行政工作。按照幼儿园的规模设副园长或园长助理分管幼儿园的保教工作与总务后勤工作。各部门下设年级组、教研组等。班级是幼儿园的基层行政单位，承担落实保教幼儿的责任。

2. 非行政组织机构

党在幼儿园的基层组织和群团组织，党组织对幼儿园办学实施全面领导，党支部书记是幼儿园党建工作的第一责任人，支持幼儿园全面工作。非行政组织机构对幼儿园起着保证、配合、监督和制约的作用，是幼儿园有效管理活动中不可缺少的一部分。

(四) 学校组织机构的制度变革

学校组织机构制度变革的根本目的是增强活力，提高效益，全面提高教育教学工作质量。近几年来，不少学校采取了多个方面的改进措施，使学校组织在提高工作效率、保证教育教学工作质量方面发挥了积极的作用。

1. 加强党对各级各类学校工作的全面领导

习近平总书记指出："加强党对教育工作的全面领导，是办好教育的根本保证。"加强党对各级各类学校工作的全面领导，就是要发挥各级各类学校党组织"把方向、管大局、作决策、抓班子、带队伍、保落实"的领导职责，加强学校思想政治工作，落实立德树人根本任务，支持校（园）长依法独立自主开展工作，把党的教育方针贯彻到学校工作的各个方面，培养德智体美劳全面发展的社会主义建设者和接班人。

2. 确立校长办学治校的中心地位

学校实行校长负责制，使学校有了一定的自主权，成为独立的办学实体，校长有职有权，对学校的教育教学和行政工作实行统一领导、全面负责。在校长领导下，建立起集中统一的指挥系统，行政领导人员合理分工、分级管理，提高了管理效率，激发了校长的工作热情和奋发进取精神，校长队伍的素质和办学治校的水平普遍有所提高。

3. 建立健全教职工代表大会制度

各级各类学校的教职工代表大会已经成为在党的领导下广大教职工集思广益、对学校工作进行民主管理和民主监督的基本组织形式。在学校的规章制度中严格规定教职工代表大会制度，使其不流于形式，能真正发挥民主管理与民主监督的作用。

4. 强化学校基层组织职能

随着学校人员素质的提高和学习型组织建设需要的提出，学校组织越来越趋于扁平化，更多的学校以年级组作为教育、教学、教研的实体。教师集体重新组合，同年级教师共同制订计划、组织实施，组内人员实行动态配置，加强了学生的思想教育工作，增进了教学研究工作的成效，促进了教学质量的提高。

5. 密切学校与社会的关系

许多学校开始与社区建立起教育协作关系，指导家庭教育，组织本地区学生参加地区精神文明建设活动，使学校教育、社会教育、家庭教育密切结合，保障各利益相关者群体参与学校的治理、优化育人环境，出现了学校教育社会化的新格局。

6. 完善机构设置

加强党对教育工作的全面领导，是依据我国独特国情的应然选择和坚持社会主义办学方向的必然要求，也是中国改革开放以来实践证实加强和改善党对高校领导的有效形式。在加强党对高校领导方面，需要进一步完善机构设置，以切实加强和保证党的领导，更好地践行为人民服务、为中国共产党治国理政服务、为巩固和发展中国特色社会主义制度服务、为改革开放和社会主义现代化建设服务的使命。

7. 健全制度和科学决策支持体系

加快推动新时代教育高质量发展，各级各类学校是主体。应通过完善教育立法、健全现代学校制度体系、落实第三方评价监督机制、设立教学研究机构和决策咨询机构等手段，为学校内部管理机构设置变迁提供制度保障和科学决策支持，促进学校内部管理决策的科学化、施策的实效化①。

第四节 办学体制

学校是现代教育制度的主体，不同的社会主体举办的学校及其他教育机构构成整个国家的教育体系。在特定的制度环境下，由谁办学、如何办学、办学主体在办学过程中享有怎样的权利以及需要履行哪些责任和义务等问题，是办学体制需要探讨的基本问题，也是教育体制改革需要研究的基本问题。

一、办学体制的含义

办学体制是指国家规范办学行为的体系和制度，主要涉及办学主体、投资主体、受益主体等方面的权益及其相互关系等问题②。办学体制包含两层含义：一是规范了举办学校应当符合哪些基本要求，哪些社会主体可以举办学校，哪些行政部门具有审查、批准举办学校的权限，谁可以投资办学并在办学中受益，相互之间的权力、责任和义务关系如何。二是不同社会主体举办的教育机构所组成的整个教育体系和制度如何。

《中华人民共和国宪法》

《中华人民共和国民办教育促进法》

对于学校的举办主体，2018 年修正的《中华人民共和国宪法》第十九条第二款和第四款分别规定："国家举办各种学校，普及初等义务教育，发展中等教育、职业教育和高等教育，并且发展学前教育。""国家鼓励集体经济组织、国家企业事业组织和其他社会力量依照法律规定举办各种教育事业。"2021 年修正的《中华人民共和国教育法》第二十六条第一款和第二款分别规定："国家制定教育发展规划，并举办学校及其他教育机构。""国家鼓励企业事业组织、社会团体、其他社会组织及公民个人依法举办学校及其他教育机构。"2018 年修正的《中华人民共和国民办教育促进法》第三条规定："民办教育事业属于公益性事业，是社会主义教育事业的组成部分。""国家对民办教育实行积极鼓励、大力支持、正确引导、依法管理的方针。""各级人民政府应当将民办教育事业纳入国民经济和社会发展规划。"由此可见，办学主体应当包括国家和社会力量两个方面。国家办学主要表现为各级人民政府及其有关部门使用国家教育经费举办学校，国家举办的学校及其他教育机构在整个教育体系中占据主导地位。企业事业组织、社会团体及其他社会组织和个人等社会力量办学，是我国社会主义教育事业的重要组成部分。

但需要强调的是，无论办学主体是谁，其办学原则都不以营利为目的。学校及其他教育机构属于公益性的社会组织，依据《中华人民共和国民法典》的规定，学校及其他教育机构是事业单位，其根本目的是培养德、智、体、美、劳全面发展的社会主义事业的建设

---

① 刘继安，康宁，高众，等．改革开放以来我国高校内部管理机构设置变迁及制度逻辑［J］．北京大学教育评论，2019（4）：124－137，187－188.

② 杨颖秀．教育管理学［M］．长春：东北师范大学出版社，2002：58.

者和接班人。因此，任何办学主体都无权将学校及其他教育机构作为营利的工具。然而，任何组织和个人不得以营利为目的举办学校及其他教育机构，并不排除在举办学校及其他教育机构中的营利结果，并不阻止学校或其他教育机构为筹措教育经费而依法从事举办校办产业、开展社会服务、收取学杂费等活动。但通过这些活动所获得的收入应当依法用于学校或其他教育机构的建设与发展，而不是单纯地将其收入归举办者个人所有[①]。

对于举办学校的基本标准，《中华人民共和国民办教育促进法》第十一条规定："设立民办学校应当符合当地教育发展的需求，具备教育法和其他有关法律、法规规定的条件。""民办学校的设置标准参照同级同类公办学校的设置标准执行。"《中华人民共和国教育法》第二十七条规定："设立学校及其他教育机构，必须具备下列基本条件：（一）有组织机构和章程；（二）有合格的教师；（三）有符合规定标准的教学场所及设施、设备等；（四）有必备的办学资金和稳定的经费来源。"

二、我国办学体制的历史演变

新中国成立以来，我国办学体制随着历史阶段的演进而不断发生变化，在不同时期呈现出不同的特点，大致经历了以下五个发展阶段：

（一）从政府一元主体办学转向社会力量参与办学

1949—1965年，我国办学体制从政府一元主体办学转向社会力量参与办学。新中国成立之初，我国存在老解放区的公立学校、新解放区的国民党地方政府公立学校、私立学校以及外国人投资兴办的教会学校等多种办学形式。1952年，为了进一步巩固与发展人民教育事业、集中力量培养服务国家建设的人才，教育部印发的《关于接办私立中小学的指示》指出："为了进一步巩固与发展人民教育事业，以适应今后国家建设需要，本部已决定自1952年下半年至1954年，将全国私立中、小学全部由政府接办，改为公立。"由此，政府成为办学的唯一主体，"政府一元"的办学体制逐步形成。但与日俱增的教育需求导致政府教育经费捉襟见肘，加上民办学校数量的锐减，导致一些地区，特别是农村地区的中、小学生无学可上，引起部分地区农民的强烈不满。政府又先后出台《关于整顿和发展民办小学的指示》《关于整顿和改进小学教育的指示》等文件，允许在加快公立学校发展的同时，提倡群众办学。允许群众在完全自愿的基础上出钱出力有条件地发展民办小学，充分发挥群众自己办学的积极性。后来，随着社会主义建设热潮的兴起，为了动员一切积极因素多快好省地发展教育事业、丰富办学形式以满足群众的教育需求，政府相继在多次教育会议、教育政策中提出鼓励除政府以外的主体办学。如提出丰富中小学办学形式以满足入学与升学的双重需求，鼓励企业、机关、团体、院校的员工集资兴学，且鼓励华侨和私人办学。1958年，中共中央、国务院印发的《关于教育工作的指示》提出，在教育目标统一的前提下，"办学的形式应该是多样性的，即国家办学与厂矿、企业、农业合作社办学并举，普通教育与职业（技术）教育并举，成人教育与儿童教育并举，全日制学校与半工半读、业余学校并举，学校教育与自学（包括函授学校、广播学校）并举，免费

---

① 杨颖秀．教育管理学［M］．长春：东北师范大学出版社，2002：67-68.

的教育与不免费的教育并举”。该文件推进我国办学体制逐渐由政府一元主体办学向社会力量参与办学转变。

（二）已有办学体制出现混乱

1966—1976 年的“文革”期间，我国办学体制出现混乱状况。这段时间，教育行政部门失去了对教育的管理权，已有办学体制不断遭到破坏。如 1966 年 1 月，中共中央转发中共化学工业部委员会《关于贯彻执行中央有半工半读问题指示的报告》指出：“目前特别需要把半工半读的试点工作抓紧，抓实，认真总结经验，树立典型，狠抓厂校合一、公司办学、工厂办学和厂校挂钩等不同办学形式的样板。”又如，1971 年，《全国教育工作会议纪要》指出：要巩固工人阶级在教育阵地的领导权，坚持“五七指示”的道路，把转变学生的思想放在首位。“教育要同三大革命实践相结合，以厂（社）校挂钩为主，多种形式，开门办学，建立教学、生产劳动、科学研究三结合的新体制”。再如，根据国外高等教育发展的规律，高等学校一般建在经济、文化、交通条件较好的中心城市，然而，“文革”时期将城市文明看作是“资产阶级罪恶的产物”，受这一错误思潮的影响，全社会掀起“改革旧大学”的运动，倡导把大学分散到农村去办，还大量丢弃毁掉各种资料、图书、设备等，高校的正常教育教学秩序及办学体制遭到严重破坏。1966—1976 年，我国大中小学的办学体制一直处于混乱甚至停滞状态。

（三）以政府办学为主，社会力量参与办学，办学形式多样化

1977—2001 年，我国办学体制呈现出以政府办学为主、社会力量参与办学、办学形式多样化的特点。党的十一届三中全会以后，为纠正“文革”时期的错误、推动社会主义现代化建设、应对改革开放以及适应经济体制改革的新形势，党中央做出一系列关于教育工作的论断和决策，促进了教育事业的恢复与振兴。

1980 年，中共中央、国务院印发的《关于普及小学教育若干问题的决定》提出，教育必须坚持“两条腿走路”的方针，即以国家办学为主体，充分调动社队集体、厂矿企业等方面办学的积极性，鼓励群众自筹经费办学。1982 年，《中华人民共和国宪法》第十九条第四款规定：“国家鼓励集体经济组织、国家企业事业组织和其他社会力量依照法律规定举办各种教育事业。”针对办学经费筹措难的问题，1984 年，国务院印发的《关于筹措农村学校办学经费的通知》指出：“在逐年增加国家对教育基本建设投资和教育事业费的同时，充分调动农村集体经济组织和其他各种社会力量办学的积极性”，“鼓励社会各方面和个人自愿投资在农村办学”。1985 年，《中共中央关于教育体制改革的决定》在基础教育领域提出，“基础教育管理权属于地方”，“地方要鼓励和指导国营企业、社会团体和个人办学，并在自愿的基础上，鼓励单位、集体和个人捐资助学，但不得强迫摊派”；在职业技术教育领域提出，“鼓励集体、个人和其他社会力量办学。要提倡各单位和部门自办、联办或与教育部门合办各种职业技术学校”；在高等教育领域提出，实行中央、省（自治区、直辖市）、中心城市三级办学的体制，同时，改变政府对高等学校统得过多的管理体制，扩大高等学校的办学自主权，使高等学校具有主动适应经济和社会发展需要的积极性和能力。1987 年，国家教委颁发的《关于社会力量办学的若干暂行规定》，明确社会力量办学是“我国教育事业的组成部分，是国家办学的补充”，“社会力量”指的是具有法人资

格的国家企业事业组织、民主党派、人民团体、集体经济组织、社会团体、学术团体，以及经国家批准的私人办学者。1993 年，中共中央、国务院印发的《中国教育改革和发展纲要》指出：“改革办学体制。改变政府包揽办学的格局，逐步建立以政府办学为主体、社会各界共同办学的体制。在现阶段，基础教育应以地方政府办学为主；高等教育要逐步形成以中央、省（自治区、直辖市）两级政府办学为主、社会各界参与办学的新格局；职业技术教育和成人教育主要依靠行业、企业、事业单位办学和社会各方面联合办学。”又指出：“国家对社会团体和公民个人依法办学，采取积极鼓励、大力支持、正确引导、加强管理的方针。”1994 年，李鹏同志在全国教育工作会议上指出：“过去由政府包揽的办学体制，在当时的历史条件下曾经起过积极作用，现在已经不能适应发展社会主义市场经济的要求，不能满足社会日益增长的需要，也不利于调动社会各方面力量办学的积极性。近年来，由政府包揽办学的格局已经开始打破。今后，要把这项改革进一步引向深入，逐步建立以政府办学为主体、社会各界多方筹集资金办学的体制。”至此，国家对各级各类教育办学体制的改革都做了政策上的规定，形成了办学体制改革的整体模式。1997 年，国务院颁布《社会力量办学条例》，以法规的形式对社会力量办学的地位、社会力量的范畴、国家对社会力量办学的管理方针进行了明确，维护法律关系主体的合法权益，鼓励和促进了社会力量办学事业的健康发展。

在办学体制改革模式确立之后，《面向 21 世纪教育振兴行动计划》和《关于深化教育改革全面推进素质教育的决定》，都将办学体制改革作为发展教育事业、实施素质教育的重要举措。《关于深化教育改革全面推进素质教育的决定》指出：“在保证适龄儿童、少年均能就近进入公办小学和初中的前提下，可允许设立少数民办小学和初中，在这个范围内提供择校机会，但不搞‘一校两制’。积极发展以社区为依托的、公办与民办相结合的幼儿教育。要因地制宜地制定优惠政策（如土地优惠使用、免征配套费等），支持社会力量办学。”在这一时期，国家对社会力量办学积极鼓励、大力支持、正确引导、加强管理，社会力量参与办学的积极性高涨，办学形式也更加多样化。

（四）倡导依法治教、依法办学，规范社会力量参与公办学校办学

2002—2015 年，我国办学体制呈现出倡导依法治教、依法办学，规范社会力量参与公办学校办学的特点。社会力量参与办学促进了教育的发展，推进了义务教育的普及，但如何保证和规范社会力量在国家法律允许的范围内办学仍然是基础教育办学体制改革的关键内容。2002 年 12 月，全国人大常委会“根据宪法和教育法”制定并颁布《中华人民共和国民办教育促进法》，其中第五条规定：“民办学校与公办学校具有同等的法律地位，国家保障民办学校的办学自主权。”“国家保障民办学校举办者、校长、教职工和受教育者的合法权益。”此外，我国还倡导依法对民办教育的发展进行帮扶和对民办教育的违规发展进行治理。2006 年 8 月，教育部印发《关于贯彻〈义务教育法〉进一步规范义务教育办学行为的若干意见》，对公办学校闲置资产的使用等问题进行详细规定，从法律角度规范办学行为。2010 年，《国家中长期教育改革和发展规划纲要（2010—2020 年）》在“办学体制改革”一章中提出：“深化公办学校办学体制改革，积极鼓励行业、企业等社会力量参与公办学校办学，扶持薄弱学校发展，扩大优质教育资源，

《关于贯彻〈义务教育法〉进一步规范义务教育办学行为的若干意见》

增强办学活力，提高办学效益。各地可从实际出发，开展公办学校联合办学、委托管理等试验，探索多种形式，提高办学水平。”这一时期，法律、政策的修改与完善，推进了依法治教的贯彻与落实，探索出多样的办学形式，并对社会力量参与公办学校办学进行了规范。

《营利性民办学校监督管理实施细则》

《民办学校分类登记实施细则》

（五）提高民办教育质量，倡导民办教育分类管理

2016 年以来，我国办学体制为提高民办教育质量，倡导民办教育分类管理。这段时间，国家两次修改《中华人民共和国民办教育促进法》，教育部等部门印发《营利性民办学校监督管理实施细则》和《民办学校分类登记实施细则》等文件，规定对民办学校实行非营利性和营利性分类管理。2016 年，国务院发布《关于鼓励社会力量兴办教育促进民办教育健康发展的若干意见》，在落实税费优惠、用地政策、收费政策方面实行非营利性和营利性分类管理，实施差别化扶持政策，积极引导社会力量举办非营利性民办学校。区分营利性和非营利性学校的关键在于：非营利性民办学校举办者不取得办学收益，办学结余全部用于办学；营利性民办学校举办者可以取得办学收益，办学结余依据国家有关规定进行分配。这实际上是进一步强调，无论是何种类型的学校，都必须坚持教育的公益属性，始终要将社会效益放在首位。2021 年修正的《中华人民共和国教育法》第二十六条第四款规定：“以财政性经费、捐赠资产举办或者参与举办的学校及其他教育机构不得设立为营利性组织。”2021 年修订的《中华人民共和国民办教育促进法实施条例》第三条第一款进一步规定：“各级人民政府应当依法支持和规范社会力量举办民办教育，保障民办学校依法办学、自主管理，鼓励、引导民办学校提高质量、办出特色，满足多样化教育需求。”

三、我国现行办学体制与发展态势

经过 70 多年的改革实践探索，我国现行办学体制形成了以政府办学为主体、社会各界共同参与、层次类型多样、充满生机活力的基本框架。基础教育特别是义务教育主要实行以政府办学为主、社会力量办学为辅的体制，鼓励企事业单位和其他社会力量按照国家法律和政策的规定采取多种形式办学，有条件的地方也可以采取“民办公助”“公办民助”等办学形式；职业教育和成人教育则在政府统筹管理之下，依靠行业、企事业单位和社会团体举办，或者由社会各方面和公民个人联合举办；高等教育实行以政府办学为主、社会积极参与、各方面联合办学的体制。我国现行办学体制总体上呈现出两个特征：一是办学体制开放且多元，表现为办学主体多元化、办学经费来源多元化、办学模式多样化；二是办学权力重心适当下移，地方各级政府在中央的统筹管理下，拥有更多的办学权。实践证明，推进办学体制的改革，在优化配置教育资源、提高教育资源的利用效率和教育的社会效益、解决教育资源相对短缺问题以及扩大教育资源的多样化供给等方面都发挥着重要作用①。

---

① 张东娇，徐志勇，赵树贤．教育管理学［M］．北京：高等教育出版社，2011：53－54．

我国现行办学体制框架主要基于计划经济时代大一统的办学体制，在办学主体和办学模式多样化以及权力重心下移方面取得了一些成就，但在加快建设教育强国、不断推进教育治理体系和治理能力现代化的新形势下，现行办学体制与经济社会发展和行政体制改革的现实需求之间还存在一定的差距，办学体制改革依然需要进一步深化。回顾新中国成立70多年来办学体制的发展史，办学体制改革不仅有外在原因的推动，也缘于内在改革与发展的动力。一方面，社会经济体制改革对教育体制改革不断提出新要求，办学主体和办学形式进一步多元化，赋予地方更大的自主权；另一方面，教育自身改革与发展需要教育改革的最终目标是提供数量充足、质量优异、人民满意的教育服务，这就需要充分发挥政府的公共服务功能。新公共管理理论及实践已经表明，政府承担的责任是无限的，但预算与公共资源的稀缺决定了政府的公共服务供给能力是有限的，而弥补政府公共服务供给不足的根本出路就是不断深化办学体制改革。在内外多种因素的共同作用下，我国办学体制呈现出以下变革态势[①]：

（一）进一步明确政府在办学中的主体作用

教育是一项基本的社会公共服务，具有公益属性。尤其在义务教育阶段，更是如此。在非义务教育阶段，教育的改革与发展也离不开政府财政的支持。进行办学体制改革，首先要明确政府举办教育的主要职责，坚持教育的公益属性。党的十八大以来，建设教育强国的步伐加快，教育事业获得全面发展：九年义务教育进一步得到巩固，学前教育普及水平大幅提高，高中教育基本普及，现代职业教育体系框架初步形成，职业教育发展迈出新步伐，高等教育大众化普及化水平显著提升。但我国教育发展仍然不平衡不充分，还不能完全适应国家经济社会发展和人民群众日益增长的需求。区域、城乡之间的教育尚存在明显差距，基本公共教育服务均等化水平有待提升，农村义务教育、学前教育和职业教育仍是短板。解决这些问题的关键在于通过办学体制改革，进一步发挥政府在办学中的主体作用，多渠道筹措办学经费，构建多样化的办学形式与充满生机活力的办学体制，进一步激发教育活力，满足人民群众多层次多样化的教育需求。2023年6月，中共中央办公厅、国务院办公厅印发《关于构建优质均衡的基本公共教育服务体系的意见》，要求：以习近平新时代中国特色社会主义思想为指导，全面贯彻党的教育方针，坚持以人民为中心，服务国家战略需要，聚焦人民群众所急所需所盼，以公益普惠和优质均衡为基本方向，全面提高基本公共教育服务水平，加快建设教育强国，办好人民满意的教育。在经济社会发展规划、财政资金投入、公共资源配置等方面优先保障基本公共教育服务。坚持政府主责，尽力而为、量力而行、循序渐进、动态调整，不断加大财政投入力度。到2027年，优质均衡的基本公共教育服务体系初步建立，到2035年，绝大多数县（市、区、旗）域适龄学生享有公平优质的基本公共教育服务，总体水平步入世界前列。这一文件进一步明确了政府在构建基本公共教育服务体系中的主体责任。

《关于构建优质均衡的基本公共教育服务体系的意见》

---

① 张东娇，徐志勇，赵树贤．教育管理学［M］．北京：高等教育出版社，2011：57.

（二）从“两条腿走路”转向形式多样的联合办学

长期以来，我国都实行“两条腿走路”的办学方针，即政府和社会力量办学互不相干、各自为营。20 世纪 90 年代初，由于优质教育资源稀缺，一些重点学校的教育资源供不应求，同时政府财力有限，无力扩大优质教育资源的供给。在此背景下，国家通过颁发系列政策，允许和鼓励中小学改革办学体制，支持各地在保证国有资产不流失的情况下，采用“公办民助”“民办公助”等联合办学的形式，吸纳社会资源，扩大优质教育资源的供给。随着社会主义经济体制的改革，政府与社会力量结束互不相干、各自为营的办学阶段，转向联合办学。参与办学的社会力量的范围不断扩大，与政府办学的关系越来越明确，且参与办学对象相对有所侧重。基础教育特别是义务教育主要由政府举办；职业教育和成人教育在政府的适当扶持下，不断拓展社会力量办学渠道；高等学校则实行以政府办学为主、社会积极参与、多方联合的办学体制。办学形式的灵活多样，为满足不同程度受教育者的需要提供了选择的空间，发挥了各方面办学的主动性，缓解了政府办学的压力。灵活多样的办学形式，从总体上说可以划分为公办学校与民办学校两大类，这两类性质不同的学校的共同发展已经成为我国办学体制发展完善的必然趋势。

（三）民办教育从统一管理转向分类管理

民办教育在扩大教育资源供给、普及义务教育等工作方面做出了巨大贡献，特别是改革开放以来，民办教育已成为社会主义教育事业的重要组成部分，在培养社会主义建设者和接班人方面发挥着不可替代的作用。但长期以来，国家对营利性民办学校与非营利性民办学校多采用“一刀切”的管理办法，导致民办学校法人属性不清晰、权责界限不明确、师资力量不足、管理不规范等问题。2010 年，《国家中长期教育改革和发展规划纲要（2010—2020 年）》明确提出，“积极探索营利性和非营利性民办学校分类管理”，由此拉开了民办教育分类管理的序幕。《中华人民共和国教育法》《中华人民共和国民办教育促进法》《中华人民共和国高等教育法》相继修正，《关于鼓励社会力量兴办教育促进民办教育健康发展的若干意见》《民办学校分类登记实施细则》《营利性民办学校监督管理实施细则》《关于规范公办学校举办或者参与举办民办义务教育学校的通知》出台，我国民办教育分类管理的制度体系初步构建起来。当前，我国民办教育存在发展不充分、不平衡、不规范问题，存在严重的公益性弱化倾向。民办教育分类管理应强化公益性导向，对于营利性民办学校与非营利性民办学校进行同等保护、同等监管，采取差异化扶持措施，优化民办教育分类登记制度，推动民办教育健康发展①。

《关于规范公办学校举办或者参与举办民办义务教育学校的通知》

（四）从扩大办学总量转向提升教育质量

新中国成立之初，我国的经济、教育基础还比较薄弱，政府的办学能力与人民群众对接受教育的急迫需求之间存在较大矛盾。由此，政府提出丰富办学形式、鼓励社会力量参

① 高志宏．民办教育分类管理改革的公益导向及法治保障［J］．济南大学学报（社会科学版），2022（4）：154－163.

与办学的办法，缓解青少年“入学难”和“升学难”的问题。这一时期，办学体制改革的重点在于通过鼓励社会力量办学，扩大办学总量。目前，中国已经成为世界上教育体系最为健全、教育规模最为庞大、教育人口最为众多的国家。从横向角度看，中国的普通教育、职业教育、特殊教育、继续教育等结构已较为健全，教育事业为国家培养了接受过高等教育和职业教育的各类人才。从纵向角度看，从 0～3 岁早教，一直到老年大学，教育机构涵盖了所有年龄阶段的人口，在人生的任何一个阶段都有机会进入终身教育体系中。改革开放以来特别是党的十八大以来，在中国特色社会主义进入新时代、社会主要矛盾发生新变化、我国已转向高质量发展阶段的新形势下，人民对教育发展的满意度不断提高，获得感不断增强，教育发展的主要矛盾已从“有学上”转向“上好学”。全面提高教育质量、建设高质量教育体系已成为中国教育的战略性任务。办学体制改革应以培养德智体美劳全面发展的社会主义建设者和接班人为目标，积极引导民办学校服务社会需求，更新办学理念，深化教育教学改革，创新办学模式，加强内涵建设，从扩大办学总量转向提升教育质量。

案例分析

部分重点中学的高额择校费①

“12 万元起步，每差一分 5 000 元”“前几天报价 25 万元，现在涨到 30 万元了”“钱交晚了就没名额了”……

“新华视点”记者调查了解到，虽然相关部门严令取消择校费，但某市一些重点高中仍然违规收取高额择校费，中考之后上演了一场“择校大战”。

“就像抢购一样，动作慢就没机会了。”市民张先生是“择校大军”中的一员。受疫情影响，2020 年的中考延期至 7 月举行。教育部门提供的数据显示，2020 年某市有 34.97 万考生参加中考，普通高中招生人数 21.3 万，普高率约为六成，中考联招统一录取送档线为 582 分。张先生告诉记者，儿子差 15 分才上联招线，为了孩子能“有学上”，他联系到一所公办市级重点中学，在分数线公布的当天下午就去交了 7 万元择校费报名。“当时一次性交那么多钱还觉得心疼，后来听说有家长揣着 10 万元准备交，结果没名额了，真庆幸自己下手早。”张先生说。还有一些家长和考生遭遇高额择校费，有的甚至一天一个价。市民刘女士希望孩子能就近读高中，辗转联系上一所重点中学，对方表示还剩少量择校“指标”，但必须缴纳 25 万元择校费。“我咬咬牙决定交钱，结果第二天报价已经涨到了 30 万元，而且再不交就没机会了。”

多位教育界人士向记者透露，除了少数学生因跨区域升学择校，当前择校的主要原因还是家长希望孩子升入重点学校。随着近年来择校之风愈演愈烈，择校费也“水涨船高”，已达到数万元到数十万元不等。

“择校大战”期间，某中学的一份“自主招生方案”在网上广泛传播。该方案

① 柯高阳．令行不止！重庆部分重点中学依然在收高额择校费，有的高达二三十万元[EB/OL]．(2020-09-28)[2023-06-18]．https://news.cctv.com/2020/09/28/ARTIjHSoXQgZ32L3TjdAeOWo200928.shtml.

明确规定：中考联招成绩在640分以上的，正常录取；640分以下的，按分数段分别收取择校费3万～4万元；对于620分左右的考生，每差一分按5 000元的价格收取择校费，学杂费、住宿费另外单独收取，且强调“已上报区教委备案执行”。

当地教育部门向记者解释，该方案是由学校两位不熟悉业务的工作人员参照往年招生方案“擅自发布”的。多位知情教师和家长则向记者表示，这份报价虽然已较往年上涨，但在当地只能算“中等价位”。

请结合案例谈谈如何“让每个孩子都能享有公平而有质量的教育”。

理解探究

1. 什么是教育体制？教育体制有哪些特征和类型？

2. 什么是教育管理体制？教育管理体制的制约因素有哪些？教育管理体制有哪些功能？

3. 现行高等学校的领导体制是什么？

4. 新中国成立后中小学经历了哪些领导体制？

5. 什么是办学体制？简述我国办学体制的发展态势。

阅读导航

1. 中共中央办公厅 国务院办公厅印发《关于构建优质均衡的基本公共教育服务体系的意见》[EB/OL]. (2023-06-13) [2023-06-28]. https://www.gov.cn/zhengce/202306/content_6886110.htm?dzb=true.

2. 高志宏. 民办教育分类管理改革的公益导向及法治保障 [J]. 济南大学学报（社会科学版），2022（4）：154-163.

第四章　教育政策与教育法治

学习目标

1. 掌握教育政策的含义、类型及功能。
2. 理解教育政策的制定和执行的含义及过程。
3. 理解教育法治的含义及价值。
4. 掌握教育法的含义、表现形式及效力。

第一节　教育政策的含义、类型及功能

教育政策是教育管理的手段。教育政策制定的科学性影响教育管理的效果。作为教育管理者或领导者，需要正确理解教育政策，有效实施教育政策，使教育政策发挥应有的作用。

一、教育政策的含义

要有效实施教育政策就要明确什么是教育政策、教育政策的价值如何体现、教育政策有哪些表现形式等问题。

政策起源于国家治理的现实需要。二战以后，世界进入了一个相对较长的和平时期，各国纷纷进入战后恢复期。在这一过程中，西方国家与社会互动不断加深却又面临诸多困境与挑战，政治学、经济学、社会学等学科的研究者们频频被政府召集起来参与政府决策与管理，人们日益意识到政策研究的重要性。在这一背景下，越来越多的学者踊跃投入政策研究中，形成了政策研究百花齐放的局面。美国学者哈罗德·拉斯韦尔（Harold D. Lasswell）创立了政策科学的基本研究范式，被视为政策科学的奠基人。1951 年，斯坦福大学出版社出版了丹尼尔·勒纳（Daniel Lerner）和哈罗德·拉斯韦尔的《政策科学：范围和方法的新近发展》（*The Policy Sciences: Recent Developments in Scope and Method*），这被视作政策科学诞生的标志。自从哈罗德·拉斯韦尔创立政策科学并构建起政策科学的基本研究范式后，西方的政策科学研究不断向前推进。到 20 世纪 60 年代，政策科学已经成为一个独立的研究领域并日趋成熟，在培养能够参与政府决策、管理和政策分析的人才等

方面发挥了积极作用。政策科学由一门全新的社会科学加速成长为一门应用性极强的社会科学学科，这既反映了政策科学自身发展的成熟程度，也反映了政策科学与社会发展的适应性。

拓展阅读

哈罗德·拉斯韦尔

哈罗德·拉斯韦尔（Harold D. Lasswell，1902—1978）是一位著名的政治学家，也是一位社会学家、心理学家和传播学者。传记作家形容他为“犹如行为科学的达尔文”。哈罗德·拉斯韦尔还是第一位把政策分析与科学联系起来思考，提出政策科学概念的政治学家。他在与丹尼尔·勒纳合写的《政策科学：范围和方法的新近发展》一书中，对政策科学的内容进行了系统介绍和说明。

在政策科学的发展过程中，研究者对于政策的含义进行了界定。基于不同的时代背景、研究视角及研究需求，人们对于政策的理解并不一致。例如，戴维·伊斯顿（David Easton）认为，政策是对全社会的价值做权威性的分配[①]。哈罗德·拉斯韦尔和亚伯拉罕·卡普兰（Abraham Kaplan）认为，政策是一种含有目标、价值与策略的大型计划[②]。托马斯·戴伊（Thomas R. Dye）认为，公共政策就是政府选择做哪些事情而不做哪些事情[③]。詹姆斯·安德森（James E. Anderson）认为，政策是一个或一组行动者为解决一个问题或相关事务所采取的相对稳定的、有目的的一系列活动[④]。卡尔·弗里德里希（Carl J. Friedrich）认为，政策是在某一特定的环境下，个人、团体或政府有计划的活动过程，提出政策的用意就是利用时机、克服障碍，以实现某个既定的目标，或达到某一既定的目的[⑤]。可以看出，不同学者基于不同的视角对政策的含义进行了分析。应当说，这些界定都有一定的局限性，只反映了政策的某一方面内涵。综合分析这些学者的观点，可以发现这些观点基本上涵盖了政策的主要特征：第一，政策是由政府或其他权威人士制定的计划或者规划；第二，政策的制定是由一系列活动组成的过程；第三，政策具有明确的目的、目标或方向；第四，政策是对社会所做的权威性的价值分配。这些观点具有一定的代表性，对于我们更好地理解什么是政策具有一定的启示意义。

西方学者对于政策概念的解读隐含着认为政策是静态计划（文本）和认为政策是连续运行过程的分歧，这种分歧直到今天依然存在，但其只是在人们对政策持有不同研究视角下的一种区分，并不影响对政策本质的理解。同时，不同学者对于政策含义的不同解读，又衍生出了对政策制定的重视和对政策执行的重视这两种不同的研究取向。

20 世纪 80 年代，政策科学相关研究在我国逐渐兴起，并日益受到学术界的重视。我国学者对于政策的含义也提出了自己的看法。谢明认为：政策是社会公共权威在特定情境

---

① EASTON D. The political system [M]. New York：Knopf，1953：129.
② LASSWELL H D，KAPLAN A. Power and society [M]. New Haven：Yale University Press，1950：71.
③ 戴伊．理解公共政策：第 11 版 [M]. 孙彩红，译．北京：北京大学出版社，2008：1.
④ 安德森．公共政策制定：第 5 版 [M]. 谢明，等译．北京：中国人民大学出版社，2009：4.
⑤ FRIEDRICH C J. Man and his government [M]. New York：McGraw-Hill，1963：79.

中，为达到一定目标而制定的行动方案或行动准则。其作用是规范和指导有关机构、团体或个人行动，其表达形式有法律、法规、行政规定或命令、国家领导人口头或书面指示、政府的大型规划、具体行动计划及相关策略等①。陈振明认为，政策是国家机关、政党及其他政治团体在特定时期为实现或服务于一定社会政治、经济、文化目标所采取的政治行为或规定的行为准则，它是一系列谋略、法令、措施、办法、条例等的总称②。张金马认为，政策是执政党和政府采取的用以规范、引导有关机构团体和个人的行为准则和行动指南③。张国庆认为，公共政策是公权力主体制定和执行的用以确定和调整广泛社会关系的行为规范④。可以看出，我国学者对于政策的理解更注重强调政策的公共性及其制定主体的权威性，注重强调政策的静态性。这与我国一直以来对于“政”与“策”的理解有关。在我国古代，“政”与朝政、施政相联系，“策”则有谋略、谋术之意，“政策”合用则可以将其理解为与国家公共事务有关的计划或行动策略。

中外学者对于政策概念的解读既有相同之处，也有一定的差异。这一方面表明政策本身具有复杂性，另一方面也凸显了政策在不同历史时期、不同时代背景下、不同话语体系中所展现出的多样性。同时，也凸显出政策具有强烈的实践性。了解这些有助于我们更好地理解政策的含义。

教育政策是公共政策的重要组成部分，是公共政策在教育领域的具体体现，着力解决教育领域的政策问题。学者们对于教育政策的概念有诸多解释。萧宗六认为，教育政策是国家或政党为了实现教育目标而制定的行动准则，它是由教育所面临的形势和任务决定的⑤。袁振国认为，教育政策是一个政党或国家为实现一定时期的教育任务而制定的行为准则⑥。刘复兴认为，教育政策是公共政策的一部分，它是由政府及其机构和官员制定的、处理教育领域社会问题和社会关系的公共政策⑦。孙绵涛认为，教育政策是一种有目的、有组织的动态发展过程，是政党、政府等政治实体在一定历史时期，为实现一定的教育目标和任务而协调教育的内外关系所规定的行动依据和准则⑧。教育政策与公共政策在内涵上有相同之处，但教育政策也有其独特性。柯伯思（Coombs）曾经试图说明教育政策研究是一个独立的领域，并提出了许多促成这一领域独立的实际因素⑨。

综合上述观点，我们认为，教育政策是指执政党、政府及相关权力主体为实现教育目标、解决教育政策问题而制定的行动方案和行动指南。对于这一概念可以从静态和动态两方面来进行理解。从静态角度讲，教育政策是指具体的政策文本，包括计划、方案、方针等，对教育政策行为提出了具体要求。从动态角度讲，教育政策是指为解决教育政策问题、实现教育政策目标，制定教育政策的行动过程。

---

① 谢明．政策分析概论［M］．北京：中国人民大学出版社，2004：25.

② 陈振明．公共政策分析［M］．北京：中国人民大学出版社，2003：47.

③ 张金马．政策科学导论［M］．北京：中国人民大学出版社，1992：20.

④ 张国庆．公共政策分析［M］．上海：复旦大学出版社，2004：4.

⑤ 萧宗六．教育方针、教育政策和教育法规［J］．人民教育，1997（11）：35-36.

⑥ 袁振国．教育政策学［M］．南京：江苏教育出版社，1996：115.

⑦ 刘复兴．教育政策的价值分析［M］．北京：教育科学出版社，2003：30.

⑧ 孙绵涛．教育政策学［M］．北京：中国人民大学出版社，2010：22.

⑨ 那格尔．政策研究百科全书［M］．林明，龚裕，鲍克，等译．北京：科学技术文献出版社，1990：442-443.

从教育政策的含义可知，教育政策的制定主体是执政党、政府及相关的权力机关。这些主体代表国家制定相应的行动计划或方案，实现对教育资源或价值的分配，体现的是国家意志。因此，教育政策必须体现公共性，要以实现多数人利益为根本追求。同时，教育政策目标的达成需要通过一定的措施予以保障。

二、教育政策的类型

教育政策包含的范围较广，根据认知方式的不同，人们对于教育政策的类型的认识会有所差异。依据教育政策的制定主体及其层次和效力大小的不同，教育政策包括以下类型：

（一）执政党、国家行政机关、国家权力机关的教育政策

根据教育政策制定主体的不同，教育政策可以分为执政党制定的教育政策、国家行政机关制定的教育政策和国家权力机关制定的教育政策。

我国是中国共产党领导的国家，中国共产党对教育改革和发展进行总体擘画和设计。例如，1985 年印发的《中共中央关于教育体制改革的决定》，是改革开放以后我国在新的历史时期指导教育改革和发展的纲领性文件，奠定了我国教育改革发展的总方向。

国家行政机关制定的教育政策可以以国务院文件、国务院教育行政部门及其他相关部门文件以及地方各级行政机关文件的形式体现。如《国务院关于统筹推进县域内城乡义务教育一体化改革发展的若干意见》针对我国教育发展的实际，按照落实全面建成小康社会的要求，为促进义务教育事业持续健康发展，就统筹推进县域内城乡义务教育一体化改革发展提出了具体意见，是指导县域内城乡义务教育一体化改革发展的重要政策文件。教育部是国务院的组成部门，其教育政策常以部令、部文、部函等形式呈现。例如，《未成年人学校保护规定》《中小学教育惩戒规则（试行）》等。

国家权力机关分为最高国家权力机关和地方国家权力机关，它们在各自的权限范围内可以制定具有不同约束力的教育法律法规。例如，《中华人民共和国教育法》《中华人民共和国义务教育法》《中华人民共和国教师法》等，都是最高国家权力机关制定的教育法律。通常来讲，从广义上理解的教育政策包括教育法律法规，而从狭义上理解的教育政策是指除教育法律法规以外的教育政策。

《中共中央关于教育体制改革的决定》

《未成年人学校保护规定》

《中小学教育惩戒规则（试行）》

《中华人民共和国教育法》

《中华人民共和国义务教育法》

《中华人民共和国教师法》

需要指出的是，在我国，中共中央和国务院经常就教育工作联合发布相关政策，这也成为我国教育政策的重要来源。例如，中共中央、国务院印发的《关于全面深化新时代教师队伍建设改革的意见》《关于全面加强新时代大中小学劳动教育的意见》《深化新时代教

育评价改革总体方案》《关于进一步减轻义务教育阶段学生作业负担和校外培训负担的意见》等。此外，由于教育工作涉及社会方方面面，单凭教育部门很难完全处理教育政策问题，还需要其他部门的协同配合，因此，一些教育政策还涉及其他部门。例如，《新时代基础教育强师计划》由教育部、国家发展改革委、住房和城乡建设部等八部门联合制定，针对我国基础教育教师队伍建设的实际情况，从四大方面提出推动基础教育教师队伍建设的15项具体举措，着重从这几个方面进行改革部署，是新时代我国建设高质量基础教育教师队伍的路线图。

（二）总教育政策、基本教育政策和具体教育政策

根据教育政策层次的不同，教育政策可以分为总教育政策、基本教育政策和具体教育政策。

总教育政策是指导教育事业发展的总要求，是国家教育事业发展的根本遵循。例如，党的教育方针，是党在一定历史阶段提出的有关教育事业的总方向和总指针，确定教育事业发展方向，是教育改革发展的指导思想、价值取向和根本要求，是教育基本政策的总概括，是指导整个教育事业发展的战略原则和行动纲领。党的教育方针的制定和落实，事关国家教育事业发展的战略方向和兴衰成败。新中国成立以来，党的教育方针适应时代要求，经历了一个不断发展、不断调整和完善的历史过程，体现了社会主义教育的性质、方向、目标，反映了不同历史时期我国经济社会发展对教育提出的基本要求。2019年3月18日，习近平总书记在主持召开学校思想政治理论课教师座谈会时强调，新时代贯彻党的教育方针，要坚持马克思主义指导地位，贯彻新时代中国特色社会主义思想，坚持社会主义办学方向，落实立德树人的根本任务，坚持教育为人民服务、为中国共产党治国理政服务、为巩固和发展中国特色社会主义制度服务、为改革开放和社会主义现代化建设服务，扎根中国大地办教育，同生产劳动和社会实践相结合，加快推进教育现代化、建设教育强国、办好人民满意的教育，努力培养担当民族复兴大任的时代新人，培养德智体美劳全面发展的社会主义建设者和接班人。总书记的重要讲话明确提出了新时代我国社会主义教育事业的总方向和根本方针，为办好新时代中国特色社会主义教育指明了方向、提供了根本遵循①。

基本教育政策是总教育政策的具体化，又是具体教育政策的依据。执政党和国家的教育政策一般都属于基本教育政策。基本教育政策在一定时期内对教育的发展方向和基本行为做规范与指引。例如，2010年我国制定了《国家中长期教育改革和发展规划纲要（2010—2020年）》，对2010—2020年的教育改革和发展做了具体规划，成为这一阶段指引我国教育事业发展的重要政策文件。

具体教育政策是为了贯彻落实总教育政策和基本教育政策而出台的更为具体的行为规范。各级政府及教育行政部门制定的教育政策，多属于具体教育政策。例如，2021年，教育部、国家发展改革委、财政部等九部门联合印发的《“十四五”县域普通高中发展提升行动计划》，就是针对县域普通高中发展的具体教育政策。具体教育政策对于保证相关

① 新时代教育工作的根本方针［EB/OL］.（2019-09-16）［2023-07-01］. http://www.moe.gov.cn/jyb_xwfb/moe_2082/zl_2019n/2019_zl69/201909/t20190916_399243.html.

政策目标的达成具有重要的意义和价值。

（三）全局性教育政策和区域性教育政策

根据教育政策效力的不同，教育政策可以分为全局性教育政策和区域性教育政策。

全局性教育政策往往关涉全国范围，是对全国范围内各级各类教育进行规范与指导的政策。例如，考试招生制度改革、课程改革、义务教育均衡发展政策等。2014 年，国务院印发的《关于深化考试招生制度改革的实施意见》针对考试招生领域存在的社会反映强烈的问题，就深化考试招生制度改革提出了具体要求，提出到 2020 年基本建立中国特色现代教育考试招生制度，形成分类考试、综合评价、多元录取的考试招生模式，健全促进公平、科学选才、监督有力的体制机制，构建衔接沟通各级各类教育、认可多种学习成果的终身学习“立交桥”这一重要目标，指引了我国考试招生制度改革的方向。

《关于深化考试招生制度改革的实施意见》

区域性教育政策并不针对全国范围，只针对某些特定范围。例如，2021 年，教育部等九部门印发的《中西部欠发达地区优秀教师定向培养计划》依托部属师范大学与高水平地方师范院校，将采取定向方式，从 2021 年起，每年为 832 个脱贫县（原集中连片特困地区县、国家扶贫开发工作重点县）和中西部陆地边境县中小学校培养 1 万名左右师范生，培养造就一批有理想信念、有道德情操、有扎实学识、有仁爱之心的“四有”好老师，为巩固教育脱贫攻坚成果、推动教育优质均衡发展、实现乡村教育振兴提供教育支撑。这一政策主要针对中西部欠发达地区，具有明显的区域性特点。事实上，区域性教育政策既包括区域范围，也包括特定群体，如只针对高等教育、只针对义务教育等，在认识教育政策时需要正确认知这一点。

三、教育政策的功能

教育政策的功能是指教育政策对相关主体行为产生的影响及产生影响的方式。教育政策具有多功能性，由于人们对教育政策的认识不同，对于教育政策的功能的认识也有差异。一般认为，教育政策的基本功能包括分配功能、导向功能、控制功能和协调功能。

（一）教育政策的分配功能

教育政策的分配功能是指教育政策对受教育权利、资源及教育行政权力进行分配与调整的作用。教育政策的分配功能是由教育政策的本质属性决定的，是教育政策最重要的功能之一。

教育政策问题的核心在于资源配置，教育政策制定主体的特殊性决定了其在教育资源配置上具有分配功能。教育政策的分配功能的目的主要体现在两方面。一是确保资源配置的合理化。教育政策需要通过合理的设计、科学的预测确保相关教育资源的配置能够有效服务于社会经济发展，调节各种利益主体之间的冲突。在这一过程中，教育政策既需要考虑不同利益主体之间资源配置的合理性问题，还需要考虑不同主体的利益诉求与教育资源的有限供给之间的矛盾。设计什么样的分配原则是教育政策的重要任务。二是促进资源使用效能的最大化。教育政策设计什么样的分配任务既决定了资源是否能够得到合理的配置，也决定了资源使用效能能否得到更好的发挥。资源配置的方式越合理，资源的效能就越容易得到更好的发挥。

在教育资源分配过程中，教育政策制定者需要考虑资源配置的公平和效率问题。公平与效率从不同角度对资源如何进行分配提出了要求。资源分配过程中的公平问题涉及教育政策的价值如何体现。在不同时代背景及社会环境下，人们对于公平的理解存在差异。约翰·罗尔斯和罗伯特·诺齐克分别提出了对于公平的看法，成为当前人们公认的主流观点。

拓展阅读

罗尔斯与诺齐克的公平之争①

社会公平是私有化及社会中各种利益分化的产物，合理地划分利益是社会公平的深层本质。罗尔斯（John Rawls，1921—2002，美国政治哲学家、伦理学家，哈佛大学教授）与诺齐克（Robert Nozick，1938—2002，美国哲学家，哈佛大学教授）的理论之争对公平研究具有重大意义。罗尔斯的"正义即公平"理论强调的是合理分配社会权利，而诺齐克的"分配正义思想"却强调保障个人权利。在市场经济条件下，效率与公平存在着矛盾，但也具有相对的统一性；效率的实现和提高要有一定的公平环境和公正规则。一种社会公平观的形成，从其直接手段上看，在于调整不同利益主体间的矛盾，而从其根本目的上看，则是为了平衡各种利益关系、促进社会整体的发展和人的自由全面发展。

教育政策本身具有非私立性，政策本身的公共性取向决定了其在制定过程中必然综合考虑相关利益群体的身份、需要与能力的情况，以确保公平的实现。但在实践中，由于不同群体持有的公平观不同，所以他们的公平感并不相同，想使所有群体都感到满意是较为困难的。资源分配过程中的效率问题是教育政策价值的另一种体现。效率问题主要关注的是资源在单位时间内的有效性问题。由于政策资源的有限性，政策制定者必然要充分发挥资源的有效性，提升资源配置的效率，即考虑将资源分配给哪些主体使用。在实践中，政策资源配置过程中的公平与效率问题看起来是一个相互矛盾的问题，但事实上二者并不冲突，二者从不同维度反馈了教育政策的内在价值。公平与效率问题综合体现了教育政策的公共性。例如，我国的招生考试政策就在不同侧面反映了教育政策的分配功能，这里面既包括如何配置优质教育资源的问题，也包括如何分配入学机会的问题。我国招生考试政策结合时代背景和人民群众对于教育需求的变化而不断调整，其在不同阶段的政策表达确保了教育资源与教育机会的有效配置。

（二）教育政策的导向功能

教育政策的导向功能是指教育政策引导人们的行为或事物的发展朝着政策制定者期望的方向发展的作用。教育政策的导向功能包括两方面内容。一是教育政策规定目标，明确方向。教育政策问题的出现主要是由于相关主体在活动中基于不同利益诉求，形成了对于

① 胡万钟．当代社会公平的政治哲学审视［J］．中国特色社会主义研究，2008（3）：56－61，83．

同一事物的不同认知，这些不同认知的相互冲突在一定程度上会造成人们在思想认识上的混乱。教育政策可以通过明确的政策目标将这些不同认知纳入统一的、明晰的、目标明确的轨道，进而使相关主体在认识上达成统一，化解教育政策问题。这也是一个内部已有知识与外部输入知识之间融合与重构的过程，是一个新知识产生的过程。二是教育政策进行教育指导，使相关主体的行为能够保持协调一致，按照政策设计的方向前进。任何一项教育政策不但要明确告知相关利益主体哪些事是能做的，哪些事是不能做的，而且要使相关主体明确做这些事会有哪些后果及如何能做得更好。教育政策的导向性是教育政策的重要特征之一。

教育政策的导向功能的发挥主要通过两种方式。一是通过人们的理性自觉，二是通过教育政策本身所具有的强制性。依靠人们的理性自觉发挥教育政策的导向功能是一种理想状态，教育政策内容越清晰明确，教育政策目标越合理有效，教育政策要求就越容易理解。教育政策预期行为带来的正向后果越符合人们的预期，人们的理性自觉程度就会越高，反之则越低。例如，师范生免（公）费教育政策通过免除师范生的学费住宿费、提供生活费、确保毕业后有岗有编等条件，希望吸引优秀青年终身从教，进而解决教师资源配置失衡问题。这一政策通过明确的目标设定吸引了大批优秀学子报考免（公）费师范生，取得了预期的政策效果。而教育政策的强制性更多的是一种负面宣示，即如果不按照政策要求做会诱发什么样的不利后果，这种情况并非理想的政策导向功能发挥的情况，但在政策制定过程中也常有使用。

（三）教育政策的控制功能

教育政策的控制功能是指教育政策对教育活动中相关主体行为或教育事业发展产生的制约或促进作用。从本质上讲，任何教育政策的出台都是为了解决一定的教育政策问题，政策制定者必然希望通过政策设计对问题的发展或利益相关者的行为进行控制，以达到解决政策问题的目的。

教育政策的控制功能有直接控制和间接控制两种形式。直接控制是政策对相关群体的行为进行明确规定，明确其可“为”或不可“为”的行为，特别要对其不可“为”的行为做出明确的禁止性规定。例如，2021 年 7 月，教育部等八部门联合下发《关于规范公办学校举办或者参与举办民办义务教育学校的通知》，对“公参民”学校进行专项规范，提出了具体要求。其中规定，公办学校不得以民办义务教育学校的名义开展选拔招生或考试招生，民办义务教育学校不得以公办学校或者公办学校校区、分校的名义招生，也不得以借读、挂靠等名义变相违规招生。间接控制是政策通过设定一些条件使某些群体的行为受到限制进而调和相关矛盾，达到解决问题的目的。例如，为提高教师素质、加强教师队伍建设，依据《中华人民共和国教师法》（1993 年），我国制定了《教师资格条例》。《教师资格条例》规定，中国公民在各级各类学校和其他教育机构中专门从事教育教学工作，应当依法取得教师资格，这为从事教师职业设置了准入条件。比较而言，间接控制比直接控制更容易得到相关利益群体的理解和接受，但需要的时间会相对较长，而直接控制由于比较强硬，可能会受到一定的抵制，但其呈现效果的时间会相对较短。

事实上，控制的发生需要具备一定的基本条件。一是被控制的对象必须要存在多种发展的可能性，只有具有多种发展的可能性才需要控制；二是人们可以在多种发展的可能性中通过一定手段来进行选择。教育政策在对相关主体行为进行控制时特别要注意把握控制的“度”，适当的控制有助于促进问题的有效解决。把握控制的“度”要注意发挥信息反馈系统的作用，及时根据情况调整控制的力度和方向，以确保政策的控制积极有效。例如，2021 年 4 月 7 日，修订后的《中华人民共和国民办教育促进法实施条例》正式公布，2021 年 9 月 1 日起施行。这一政策文件对民办教育进行了一定的控制。该条例第七条规定：“实施义务教育的公办学校不得举办或者参与举办民办学校，也不得转为民办学校。其他公办学校不得举办或者参与举办营利性民办学校。”这一规定禁止了公办学校参与举办民办学校的行为。此外，该条例还规定：“公办学校举办或者参与举办民办学校，不得利用国家财政性经费，不得影响公办学校教学活动，不得仅以品牌输出方式参与办学，并应当经其主管部门批准。公办学校举办或者参与举办非营利性民办学校，不得以管理费等方式取得或者变相取得办学收益。”这一规定也同样对公办学校参与举办民办学校的行为进行了限定。

《中华人民共和国民办教育促进法实施条例》

（四）教育政策的协调功能

教育政策的协调功能是指教育政策对教育系统内的各系统、各主体之间及其与其他系统之间的碰撞与冲突进行协调与控制的作用。通过教育政策的协调功能可以促成各系统、各主体之间达成一种平衡状态。对于教育政策来说，其协调功能的发挥主要是要平衡各社会组织（如公办学校与民办学校）之间的关系、各种政治权力关系（各国家机关之间的关系、中央政府与地方政府的关系）等。

教育政策问题是教育政策系统内部冲突的外在表现，教育政策解决教育政策问题的目的就是要调节这些内部冲突。一般认为，冲突有建设性冲突和破坏性冲突，教育政策的协调功能主要解决破坏性冲突。在发挥协调功能的过程中，教育政策需要注意合法性、合理性和有效性三个方面的标准，有效性的达成与实现需要以合法性和合理性为依据。同时，教育政策的协调功能还必须考虑到人的成长与发展的需求以及教育事业发展的基本规律的要求。例如，2020 年，教育部颁布了《中小学教育惩戒规则（试行）》（简称《规则》），回应了社会各界关注的教师在学生管理过程中是否有惩戒学生的权利的问题，对于各权利主体各自的权利义务关系进行了界定。《规则》对教育惩戒的概念进行了定义，明确教师可以根据程度轻重，对学生实施一般教育惩戒、较重教育惩戒或严重教育惩戒，明确教育惩戒不是惩罚，而是教育的一种方式。《规则》的出台，及时回应了教师在学生管理过程中面临的现实问题，为相关权利主体实施相关行为提供了支撑。

《中小学教育惩戒规则（试行）》

应当注意的是，教育政策的功能是综合呈现的，任何教育政策都不能只体现某一种功能。对于具体的教育政策来说，其可能更突出体现某一种功能，但一般也同时兼具其他功能。

第二节 教育政策的制定与执行

教育政策制定和教育政策执行构成了教育政策过程的主要环节，了解教育政策的制定与执行有助于更好地理解教育政策。

一、教育政策制定

教育政策制定又被称为教育政策形成或教育政策规划，是一个复杂的活动过程，包括从教育政策议程到教育政策方案规划再到教育政策的合法化的全过程。

（一）教育政策议程

教育政策议程是教育政策制定的开端。教育问题变成教育政策问题的过程就是一个教育政策议程形成的过程。美国学者詹姆斯·安德森（James E. Anderson）认为，每个问题都必须通过竞争才能引起政府官员的注意，因为立法者和政府官员的时间和资源都是有限的，考虑了这些问题就意味着其他问题不会被考虑。一个公共问题要被提上议程，它必须首先转化为有争议的问题，或者是需要政府关注的事件①。安德森提出的议程设立程序见图 4-1。

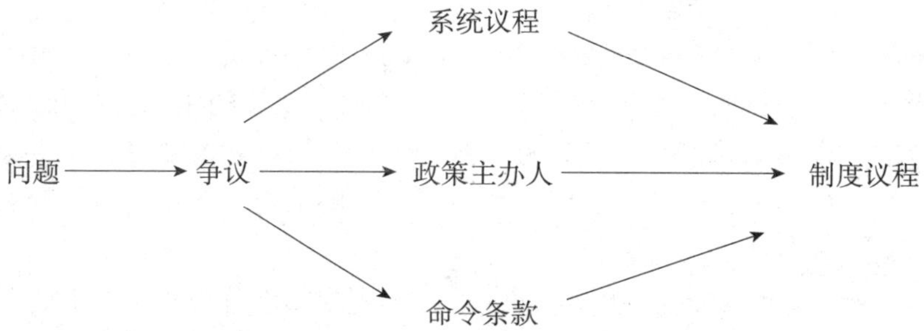

图 4-1 詹姆斯·安德森提出的议程设立程序

在教育活动过程中，由于多元主体的利益冲突，会出现各种各样的教育问题，这些教育问题从不同侧面反映了人民群众对于教育的需求与教育不能很好满足人民群众教育需求之间的矛盾，这些问题需要政府予以回应。但并非所有教育问题都能得到政府的回应，由于资源的有限性和政府能力的限度，只有少数教育问题能得到教育政策制定者的关注和回应，这些教育问题就成了教育政策问题。所以可以说，教育政策问题是由政府列入教育政策议程并采取行动加以解决的教育问题。教育政策议程就是将教育政策问题纳入教育政策决策机构行动计划的过程，它提供了一个教育政策问题得以解决的渠道。

将教育问题纳入政府机构的议程之上使之成为教育政策问题是解决教育问题的关键一步。教育问题进入教育政策议程的途径或方式较多，较为常见的途径或方式包括：政治人物关注、大众传媒报道、社会危机或引人注目的事件、技术变革等。这一过程既是教育问题主动发酵的过程，也是教育政策决策机构主动回应的过程。政府机构为及时、准确了解和掌握教育问题发展动态，多设有相关机构或信息反馈系统对教育问题和教育舆情进行分析、研判。此外，教育研究者的相关研究对于教育问题进入政府机构的议程也有一定的促进作用。詹姆斯·安德森描绘了政策议程设立的程序②。对我国来说，党组织和政府是人

---

① 安德森．公共政策制定：第 5 版［M］．谢明，等译．北京：中国人民大学出版社，2009：86.

② 同①87.

民根本利益的代表，在教育政策制定过程中处于核心地位，拥有对全社会教育资源进行配置的权力，对教育问题能否进入政策议程起着决定性作用。我国各级党组织和政府一直坚持“以人民为中心”的理念，从人民需求出发，积极主动地寻求和发现教育问题，并将其列入议事议程，这一过程与西方的政策议程有显著区别，具有鲜明的中国特色社会主义教育政策议程的特征。可以说，党组织和政府是我国各种教育问题的主要提出者，在教育政策问题认定过程中发挥重要作用。

（二）教育政策方案规划

教育政策方案规划是教育政策制定过程中最为重要的一个环节。教育问题进入政府机构议程后，政府机构需要针对问题进行分析研究并提出具体的解决办法，这就是教育政策方案规划的过程。教育政策方案规划包括问题建构、目标确立、方案设计、方案选择等环节。

1. 教育政策问题建构

教育政策问题建构是对教育政策问题性质的确定及其潜在解决办法的分析。正确建构教育政策问题是教育政策方案规划的第一步，如果不能正确建构教育政策问题，就无法得出正确的解决方案。这就要求教育政策制定机构认真分析教育政策问题的本质，界定教育政策问题的边界，明确教育政策问题的范围。教育政策问题的建构可以包括四个相互衔接的步骤：问题感知、问题搜索、问题界定、问题详述[①]。

问题感知就是感知到问题情势的存在。教育问题情势是存在于教育系统中的可以被人感知到的，使人产生不满或不适，并判断有什么问题发生的一种或多种情况。教育政策制定主体通过自身经验、体会或借助外部相关机构感知到确实存在问题。如果感知到相关问题本身已经非常严重了，就会将其作为一个教育政策问题来对待。但是，有些教育问题呈现出阶段性爆发的特点，这时候也可能需要观察一段时间，以更为准确地判定其情势，这就需要相关主体具备较高的判定能力。

问题搜索就是发现问题背后的问题。任何一个教育政策问题的出现，都不是由单一因素造成的，而是由多个相互关联的因素共同造成的。问题搜索的过程就是对问题背后的问题进行明确的过程。问题搜索要求相关主体在信息获取、系统思考等方面具备一定的能力，在全面获取相关信息的基础上，综合判断信息之间的关联性，并能够从更宏观的视角对问题出现的原因进行科学判断。

问题界定就是对问题范围进行确定。问题搜索为问题范围的确定奠定了基础，也为发现实质问题提供了具体思路和合理框架。问题界定的目的在于从相关问题中找出最核心、最实质的问题，使问题更为聚焦，以利于提出解决方案，这需要相关人员既具备清醒的头脑，又具有敏锐的判断力。

问题详述就是使问题更具体、更规范化。政策问题一般都较为复杂，有结构良好的政策问题，也有结构不良的政策问题。结构良好的政策问题可以通过规范的模型表现出来，而结构不良的政策问题则很难用模型表现出来，一般可以用定性的方法来界定。对教育政策问题进行界定的方法较多，包括边界分析法、分类分析法、层次分析法、综摄法、头脑

---

① 邓恩．公共政策分析导论：第 2 版［M］．谢明，等译．北京：中国人民大学出版社，2002：166.

风暴法、多面透视分析法等。可以结合具体政策问题选择具体的分析方法，也可以综合使用多种方法。

2. 教育政策目标确立

教育政策目标是教育政策所希望达成的目的或取得的结果，是在教育政策问题建构的基础上形成的对于问题解决的理性期待。教育政策目标是教育政策方案设计和选择的基础，在整个政策活动中具有极为重要的地位和作用。一方面，教育政策目标为教育政策方案的形成和选择提供了根本遵循。教育政策问题本身较为复杂，很难为教育政策方案的形成与选择提供直接指导，而教育政策目标是在对教育政策问题进行建构后所形成的在何种程度以及何种层面解决教育政策问题的具体规定，更具有指向性和规定性。另一方面，教育政策目标是教育政策方案设计的核心内容。教育政策目标作为教育政策问题解决的具体要求，为教育政策方案的设计提供了根本遵循。任何教育政策方案在进行设计时，都需要对教育政策目标进行科学的分析和预测，在对教育政策方案进行选择时也要以教育政策目标为依据，任何偏离目标的方案都不应被选择。此外，教育政策目标也为教育政策执行过程中确保执行的有效进行提供了依据。在教育政策执行的过程中，需要时刻以教育政策目标为标尺来衡量教育政策执行的行为及结果，并及时根据反馈信息调整偏离教育政策目标的政策执行行为。

教育政策目标在整个教育政策的制定过程中起着指导性、基础性作用，教育政策目标自身需要具备科学性、准确性和客观性，这对教育政策目标的确立提出了较高要求。因此，在制定教育政策目标时应注意以下几方面要求：第一，教育政策目标要具有针对性。教育政策目标是在教育政策问题建构基础上确立的，是为解决教育政策问题服务的。教育政策目标的确立必须要紧紧围绕教育政策问题展开，简洁明了地指出通过教育政策活动所要达到的结果。第二，教育政策目标要表述清晰。教育政策目标为教育政策方案的形成与选择提供指引，因此教育政策目标的语言表述必须要明确、清晰，要有具体要求的表述和可供评价的标准，以利于后续活动的有序开展。第三，教育政策目标应层次分明。教育政策问题自身的复杂性和动态性决定了教育政策问题的解决不可能一蹴而就，因此需要建构一个层次分明的教育政策目标体系，以提高教育政策目标对具体政策环境的适应性，为教育政策在执行阶段的评估和调整提供可能。第四，教育政策目标应尊重客观现实。教育政策目标应综合考虑教育政策执行的客观条件，如人力、物力、财力、信息、时间、空间等资源及各种限制性因素，使目标更具有可行性。但同时，教育政策目标也应具有一定的前瞻性，要能综合评估教育政策执行过程中教育政策问题及教育政策环境可能发生的变化及其对教育政策执行的影响，对可能出现的风险及不利结果进行有效规避。

教育政策目标确立可以采用多种方法，包括化多为少法、重排次序法、分层列序法、直接求非劣解法、层次分析法等。

3. 教育政策方案设计

教育政策方案设计是教育政策制定的关键环节，是对达成教育政策目标的策略、路径及可供使用的措施、方法等进行规划的过程，这一过程实际上就是政策制定的具体环节。如果说教育政策目标为教育政策问题的解决指明了方向，那么教育政策方案设计则为教育政策问题如何解决提供了具体行动方案。

教育政策方案设计是一个技术过程[1]，一般包括教育政策方案的轮廓构想和教育政策方案的细节设计。教育政策方案的轮廓构想是指根据教育政策目标的要求，勾勒出多种实现政策目标的可能路径，粗线条地描绘政策方案的轮廓。教育政策方案的轮廓构想需要完成两方面的主要任务，一是确定可能的备选方案的数目，二是对每个备选方案的指导方针、行动策略和大概措施等进行基本的设计。这一过程实际上是一个判断针对问题可以采取哪些行动的过程，即针对某一具体问题，在一般意义上应该做些什么。教育政策方案的细节设计是指在教育政策方案轮廓构想的基础上对方案的细节进行设计，确定达成教育政策目标的策略、路径以及可供选择的具体方式方法。这一阶段更强调对方案的理性分析，需要进行反复的推敲、准确的预测和严密的论证。这一过程实际上是在确定可以采取哪些行动的基础上，进一步确定应该怎么做的过程。教育政策方案的细节设计最强调方案的可行性，因此在这一阶段需要对教育政策方案的目标体系、实施措施、组织保障等进行细致的考察，并对可能遇到的问题及各种不确定因素进行排查，以求方案的科学性和有效性。

4. 教育政策方案选择

在设计好教育政策方案后，需要根据某些标准与规则对备选方案进行选择以确定最终方案。教育政策方案选择既是教育政策方案优劣比较的过程，也是教育政策决策的过程。

在对教育政策方案进行选择时，需要确定一定的标准。这一标准确立的过程实质上是教育政策决策者价值偏好的一种体现。一个较好的教育政策方案选择标准可以从教育政策内在价值追求、教育政策方案内容、教育政策制定程序、教育政策后果预测四个方面进行设计。

教育政策内在价值追求，一般包含效能、效率和公平三重价值。从现实来看，教育政策内在价值随教育政策环境及决策者偏好的不同而有所不同。我国教育政策在不同阶段因为受客观环境的影响所以呈现出的对教育政策价值的追求是有所不同的。在一些特定条件下，效率成为教育政策追求的主要价值。在新的历史时期，我国教育政策更注重以人为本，注重办人民满意的教育，在对教育政策价值的追求过程中，更注重最大限度整合、平衡不同群体的利益诉求，确保绝大多数社会成员的需求和利益在教育改革中得到体现，追求“公平而有质量的教育”成为当代教育政策价值的根本遵循。在选择教育政策方案时，应注意教育政策方案是否遵循了一定的教育政策价值。

拓展阅读

教育部部署开展县域义务教育优质均衡创建工作[2]

党的十八大以来，推进义务教育均衡发展取得良好成效。截至2020年底，全国96.8%的县实现县域义务教育基本均衡发展。2019年，国家首次开展了县域义务教育优质均衡发展督导评估认定工作。面对“十四五”期间和到2035年建设高质量教育体系的目标要求，义务教育发展到了加快推进优质均衡的重要阶段。为贯

---

① 安德森．公共政策制定：第5版［M］．谢明，等译．北京：中国人民大学出版社，2009：127.

② 教育部部署开展县域义务教育优质均衡创建工作［EB/OL］．（2021-12-01）［2023-07-01］．http：//www.moe.gov.cn/jyb_xwfb/gzdt_gzdt/s5987/202112/t20211201_583825.html.

彻落实党中央、国务院关于推进义务教育优质均衡发展的决策部署，教育部办公厅印发了《关于开展县域义务教育优质均衡创建工作的通知》（以下简称《通知》）。

《通知》指出，要坚持优先保障、政府主责、内涵发展、改革创新，以促进基本公共教育服务均等化为基本方向，以加强内涵建设、全面提高教育质量为中心任务，聚焦人民群众所急所需所盼，大力深化综合改革，加快缩小县域内义务教育校际差距，推动义务教育从基本均衡向优质均衡迈进。

《通知》明确，创建工作的主要目标是：经过3～5年的努力，在各省（区、市）创建一批率先实现义务教育优质均衡发展的县（市、区），探索义务教育优质均衡发展的实现路径和有效举措，形成一批可复制、可推广的典型经验。充分发挥创建示范引领作用，带动各地加快推进县域义务教育优质均衡发展，为到2035年全面实现义务教育优质均衡发展奠定坚实基础。

《通知》提出了优质均衡创建工作的4项基本任务和20条攻坚清单。基本任务包括树立更加科学的教育理念、实现更加全面的标准化建设、建设更高素质的教师队伍和提供更高质量的教育服务，是优质均衡发展的基本方向和各地开展创建工作应达到的目标要求。攻坚清单针对优质均衡创建中的重点难点问题，从科学规划建设学校、健全均衡发展工作机制、推进师资均衡配置、强化教育教学管理、加强学生教育关爱等五方面提出了攻坚任务要求，鼓励先行创建县（市、区）进行探索突破，有效支撑基本任务实现。

《通知》要求，各省（区、市）遴选推荐一批义务教育优质均衡先行创建县（市、区），加大政策支持力度，认真做好常态化工作指导，及时帮助解决困难问题；先行创建县（市、区）要认真制订创建工作实施方案，积极探索、勇于创新、大胆实践，切实落实各项创建工作任务，及时总结创建经验，确保创建工作顺利推进，有效发挥示范引领作用。

教育政策方案内容应注重语言表述的清晰明确、框架的完整合理。要对教育政策问题准确认定，教育政策目标要表述恰当，教育政策方案应符合客观现实、具有可操作性。这些都应成为判断教育政策方案优劣的重要标准。

教育政策制定程序应注重教育政策方案形成过程的有序性。通过对教育政策制定程序的分析，要重点关注教育政策方案形成过程是否遵循了应有的步骤和原则，教育政策方案是否具有科学性和民主性。此外，还要注意教育政策方案内容与现行立法的有效衔接。

教育政策后果预测是对教育政策方案可能产生的后果的一种预判，是衡量教育政策方案优劣的重要标准。对教育政策方案进行预测一般可以采用外推预测、理论预测和判断预测等方法①。外推预测是以预测系统的历史和现实状态为原因，以系统的未来状态为结果，找出二者之间必然联系的程序。外推预测在方法上一般以时间序列分析和回归分析等方法作为基础，在此基础上进行一定的预测分析。理论预测是以理论假设及当前和历史的数据为基础对教育未来发展状况做出预测的。理论预测利用某些一般的陈述（公理、规律等）

① 邓恩．公共政策分析导论：第2版［M］．谢明，等译．北京：中国人民大学出版社，2002：213．

来推断其他具体陈述的真假，一般可以使用理论图形化、因果模型等技术。判断预测通常以来自洞察的论证为基础，通过直觉进行预测，其逻辑在本质上是逆向推断。一般可以使用德尔菲法、交叉影响分析和可行性评价等技术。

通过以上程序，教育政策决策者进一步选出更有利于教育政策问题解决的方案并使其成为教育政策。在对教育政策方案进行选择时一般可以依据全体一致原则、多数裁定原则等。需要注意的是，在教育政策方案选择的过程中，要特别注意程序的规范性，尽可能避免非理性因素对教育政策方案选择的影响。

（三）教育政策的合法化

教育政策的合法化是教育政策制定的最后一步，是使教育政策方案依据法定程序获得教育政策效力的过程。教育政策的合法化是指法定主体为使教育政策方案获得合法地位而依据法定权限和程序所实施的一系列审查、通过、批准、签署和颁布政策的行为过程。任何教育政策都需要经过合法化的过程。教育政策的合法化是教育法治的重要内容，是依法治教的现实需要。

由于合法化主体的不同，教育政策合法化的程序也有所差别，主要包括立法机关的教育政策合法化程序和行政机关的教育政策合法化程序。立法机关的教育政策合法化程序包括提出议案、审议议案、表决和通过议案、公布政策等。行政机关的教育政策合法化程序包括法制工作机构审查、领导决策会议决定、行政首长签署发布政策等。经过这一程序，教育政策就具有了“公共权威的影响力”[①]，具有了广泛的约束力。

二、教育政策执行

作为政策科学的重要一环，政策执行在政策由理想转化为现实的过程中起着极其重要的作用。20 世纪 50 年代以来，人们逐渐认识到政策执行在政策运行过程中的重要性，政策执行被确认为政策运行过程的一个核心组成部分并日益受到重视[②]。

传统的政策执行规范理论强调政策执行机构及其人员对政策目标和政策规定的顺应行为，强调依法行政，而基本上不考虑政策执行机关及其人员的审视检定、自省以及前瞻分析的能力和需求，这一时期人们更关注的是如何设计出一个完美的政策。但从现实来看，完美的政策并不代表有效的执行。政策规划者、政策执行机构及其人员的预期分析能力，即在危机事件或事态发生之前预感并相应采取适当步骤和程序加以有效对付的能力，实际上是对政策执行成功与否起更为关键作用的因素。政策执行是将一项政策付诸实施的各项活动，在这些活动中，以解释、组织和实施最为重要。一般认为，政策执行就是政策方案被采纳以后，政策执行者通过一定的组织形式，运用各种政策资源，经解释、实施、服务和宣传等行动方式将政策观念形态的内容转化为现实效果，从而使既定的政策目标得以实现的过程[③]。

---

① 安德森．公共政策制定：第 5 版［M］．谢明，等译．北京：中国人民大学出版社，2009：143.

② DELEON P，DELEON L. What ever happened to policy implementation?：an alternative approach［J］. Journal of public administration research and theory，2002（4）：467－492.

③ 谢明．政策分析概论［M］．北京：中国人民大学出版社，2004：271.

教育政策执行研究与公共政策执行研究密切相关，是公共政策执行研究的核心领域①，但教育政策执行也有其特殊性，如教育政策价值的实现必须依赖作为教育对象的个人的能动的、积极的参与等②。教育政策执行就是将教育政策付诸实践的过程，是教育政策执行主体依照教育政策的要求，采取各种手段和方法以实现教育政策目标、解决教育政策问题的过程。

（一）教育政策执行的地位与作用

教育政策执行在教育政策运行过程中处于重要的地位，发挥着重要的作用。

第一，教育政策执行是教育政策目标实现的关键环节。任何政策即使制定得再完美，如果没有教育政策执行，教育政策目标也无法实现。美国政策学者艾利森（Allison）认为：在达到政策目标的过程中，（政策）方案确定的功能只占10%，而其余的90%则取决于有效的执行。这说明了教育政策执行在教育政策目标实现、教育政策问题解决过程中的重要作用。教育政策执行连接着教育政策的理想和现实，是由蓝图绘制到伟业建成的中间过程，一旦缺少了这个中间环节，教育政策运行过程就会戛然而止，失去意义，教育政策也就只能成为空中楼阁而无法发挥其实际价值。

第二，教育政策执行是检验教育政策正确与否的重要手段。虽然教育政策是教育政策制定主体对政策问题进行判定和对政策环境进行分析之后确定的，但政策本身是否具有可行性，是否能够有效解决教育政策问题，如果不经过教育政策执行的检验，是无法得出科学的结论的。在教育政策执行主体认真履行职责，认真、充分地完成教育政策执行工作之后，如果教育政策问题得到了圆满解决，教育政策目标得以完全实现，教育政策目标群体的需求得以满足，就可以认定这项教育政策是正确的；否则，这项教育政策就有可能是错误的。当然，由于教育政策执行过程中存在着多种变量，具有较大的不确定性，因此，不能简单地认为没有完成教育政策目标、没有解决教育政策问题的政策就不是好的政策，还需要辩证看待这一问题。但从根本上说，如果没有教育政策执行的检验，人们就无法对教育政策本身的正误做出合理的判断。

第三，教育政策执行是教育政策制定主体接受反馈的重要依据。教育政策制定是一个非常复杂的过程，受教育政策制定主体自身素质和认知能力、教育政策环境等各类因素的影响，教育政策很难是尽善尽美的，本身肯定会存在这样或那样的问题。每一项教育政策都需要根据实际情况不断进行调整、修订和补充。教育活动作为一种培养人的社会实践活动，自身具有一定的复杂性，由此引发的教育政策问题的复杂性加大了教育政策制定的难度。教育政策本身存在何种问题，只有在教育政策付诸实践之后才能显现出来。教育政策制定主体需要根据教育政策实施后的实际情况，根据教育政策监测部门的反馈再对教育政策进行适当的修订、调整或完善，以保证政策的有效实施。同时，教育政策制定主体也会根据教育政策执行主体反馈回来的情况，不断反思政策制定过程中存在的问题和不足，进而完善教育政策的制定和决定机制，使新教育政策更具实效性。

---

① SAETREN H. Facts and myths about research on public policy implementation：out-of-fashion，allegedly dead，but still very much alive and relevant [J]. Policy studies journal，2005，33 (4)：559－582.

② 刘复兴．教育政策的四重视角 [J]. 清华大学教育研究，2002 (4)：13－19.

（二）教育政策执行的组成要素

教育政策执行的组成要素包括教育政策、教育政策执行主体、教育政策执行方案、教育政策目标群体、教育政策执行环境等。

1. 教育政策

教育政策是教育政策执行的基础，是教育政策执行的行动指南和指导方针。假如将教育政策运行过程看作一艘船的运行过程的话，那么教育政策与教育政策执行的关系可以用舵和桨来形容。如同我们所知，舵用来掌控船行驶的方向，桨用来为船前行提供动力。没有桨，船无法前行；没有舵，即使桨用得再有力，船也会失去方向，甚至走向错误的方向。要想使船顺利到达预定的目的地，必须使舵和桨紧密配合。教育政策在教育政策执行过程中发挥基础性引领作用，指引政策方向、明确政策目标、规划政策行动，在教育政策的指引下，教育政策执行才能够有效进行。教育政策执行是使教育政策运行过程顺利进行、有效解决教育政策问题的重要环节，是发挥教育政策效能的重要步骤。因此，教育政策直接影响到教育政策的执行，也正是因为有了教育政策才触发了教育政策执行活动的出现。不同类型的教育政策，需要教育政策执行主体采用不同的执行策略与方法。

作为组成要素之一，教育政策需要教育政策执行主体在教育政策执行过程中对其进行充分的认知和理解，教育政策执行主体对于教育政策理解和认知的程度决定了教育政策能否得到有效执行。教育政策执行主体对于教育政策的理解较为深入，能够与教育政策制定主体形成共同的认识，教育政策的执行就会较为顺利；相反，教育政策执行主体对于教育政策的理解不足，与教育政策制定主体的意见相左，教育政策就无法得到有效执行，教育政策目标也就无法有效实现。

教育政策自身质量的高低也决定了教育政策执行的效果。质量较高的教育政策能够清楚地阐述教育政策目标和教育政策要求，易于教育政策执行主体更有效地理解教育政策，也就有利于教育政策高效地执行。而质量较低的教育政策则往往使得教育政策执行主体无从下手，影响教育政策的有效执行。

2. 教育政策执行主体

教育政策执行需要有操作者，这个操作者就是教育政策执行主体。教育政策执行主体是实施教育政策的具体负责者。一般来说，教育政策执行主体受教育政策制定主体的指派或委托，根据教育政策内容制定相应的教育政策执行方案和计划，来落实和推进教育政策的具体实施。教育政策执行主体既可以是教育政策执行机构也可以是具体的教育政策执行者。在我国，教育政策主要由各级人民政府及教育主管部门、各级各类学校负责执行。此外，在很多情况下，教育政策制定主体、各利益相关群体等在政策执行中也发挥着重要作用。

教育政策执行主体是教育政策执行的主要力量，其自身组织结构的优劣和执行素质的高低直接影响到教育政策执行的成效。组织结构良好的教育政策执行机构和执行素质较高的教育政策执行者能够更好地理解和解析教育政策，可以制定出更为合理、可行、具体的教育政策执行方案，这些都将促进教育政策的有效执行。反之，则会阻碍政策效能的发挥。教育政策执行主体是教育政策之外，影响教育政策执行的其他重要因素。

3. 教育政策执行方案

教育政策执行是教育政策从理想走向现实的必要手段，教育政策执行方案是教育政策执行得以推进的重要前提。一般来说，教育政策执行主体在教育政策合法化之后会根据教育政策的相关要求，结合自身的实际情况，对政策内容进行解读，在此基础上确定政策行动计划，组织相应的人力、物力，以按照计划展开行动，保证政策的落实，这些都属于教育政策执行方案的内容，而这些内容又是确保教育政策得以常态执行的关键。没有由一系列执行计划构成的执行方案，教育政策执行就会失去行动的基础，就无法保证教育政策及时、有效、有序地被执行。制定教育政策执行方案是教育政策执行主体对教育政策进行重构的过程，是教育政策被教育政策执行主体重新“呈现”的过程。

4. 教育政策目标群体

教育政策目标群体是教育政策执行过程中的重要组成要素之一。每项政策都有固定的目标群体，这些目标群体是在政策执行过程中受政策影响最直接的群体。教育政策目标群体是教育政策执行过程中的相关利益群体，是最大的利益相关者。由于教育政策是对教育政策资源进行分配和调整的规则，它的目标群体往往就是这些教育政策资源的利益相关者，教育政策的执行往往会触动、影响这些群体的利益。因此，在教育政策执行过程中，教育政策目标群体的认同度就成为教育政策执行的一个重要影响因素。如果教育政策目标群体认可政策内容，政策就能够顺利地被执行，达到教育政策目标，而如果教育政策目标群体不认可政策内容，政策在执行过程中就会遇到较大阻力，进而影响教育政策执行效果。在教育政策执行过程中，教育政策执行主体必须深入了解和掌握教育政策目标群体的实际需求，明晰他们对于教育政策的认识、态度和看法，这样才能制定出更切合实际的教育政策执行方案。

5. 教育政策执行环境

教育政策执行是一个活动过程，必然在一定环境内进行。教育政策执行环境由各种影响教育政策执行的因素综合构成，既包括政治因素、经济因素，也包括社会因素、文化因素，还包括物质基础、教育水平、科学研究状况等。教育政策执行环境的构成因素往往在不同时期、不同方向上对教育政策执行发挥作用，政治因素和经济因素可能在同一时期对教育政策执行起着截然相反的作用，社会因素和文化因素也有可能形成同一方向的合力作用于教育政策执行。因此，教育政策执行环境是教育政策在执行过程中各种影响因素合力的体现。

教育政策执行环境在很大程度上影响了教育政策执行方案的实施，而这种环境又较为多变，教育政策制定主体往往不能很好地掌控或预测这种变化，这就需要教育政策执行主体在教育政策执行过程中根据实际情况，适当地调整教育政策执行的模式，积极利用对教育政策执行有利的因素，克服不利因素，努力促使教育政策顺利执行。教育政策执行环境是一把双刃剑，如何更好地利用政策执行环境中的积极因素，化解政策执行环境中的消极因素是尤为重要的。如何避免出现政策执行环境给政策常态执行带来的阻滞，是近年来政策执行研究者关注的一个重要内容。对教育政策执行主体来说，必须努力创造条件，营造有利环境，变被动为主动，在政策执行前就创设一个有利于自身行动的环境，而不是在政策执行过程中才开始扭转被动局面。

以上五个要素综合作用于教育政策执行，教育政策执行处于这五个要素的相互影响和作用之中。

（三）教育政策执行的基本环节

教育政策执行是一个动态的过程，可以分为准备阶段、实施阶段和总结阶段。

1. 准备阶段

教育政策执行的准备阶段是教育政策执行的开始阶段，主要包括理解教育政策、制订执行计划、物质准备和组织准备等环节。

第一，理解教育政策。教育政策执行需要建立在执行机构和相关人员正确理解教育政策的基础之上。理解教育政策是政策执行主体对政策认知、理解的过程，是其已有知识体系与外部输入的新知识融合并输出新知识的过程。理解教育政策要求政策执行主体了解教育政策的精神实质，包括教育政策的目标、相关要求，特别是教育政策需要调整的教育政策问题，从而在思想认识上达成一致。

第二，制订执行计划。教育政策执行由一系列活动组成，需要针对这些活动进行设计或安排，包括任务安排、时间安排、方式安排、人员安排等。教育政策的执行计划应当具体、可行，并对每个行为主体的职责提出明确要求，保证教育政策在确定的框架内得以执行。

第三，物质准备。教育政策执行需要一定的物质保障，包括财力资源和物力资源等，物质准备是否充分对教育政策执行的效果同样有重要影响。

第四，组织准备。教育政策执行需要相应的组织机构承担相应的任务，需要明确相应组织机构的权力和责任。组织的有效运转既需要良好的信息沟通和协调机制，也需要具备相应能力的工作人员，根据教育政策执行的实际做好准备工作。

2. 实施阶段

教育政策执行的实施阶段主要包括政策宣传、政策试验、政策推广等环节。

第一，政策宣传。教育政策的有效执行需要取得政策利益相关者的支持，相关主体应对政策要求在思想认识上达成一致。通过政策宣传，可以使利益相关者正确理解政策意图，统一思想，协调行动，确保教育政策能够有效执行。

第二，政策试验。由于教育政策影响范围较广，涉及群体较多，为保证教育政策的有效实施，在一些教育政策正式实施前，往往会在一定范围内和特定条件下选择特定对象进行试验，以了解教育政策存在的不足或全面实施需要的支持，为教育政策的进一步完善和全面推广提供支撑。

第三，政策推广。政策推广是依据教育政策目标，面向全体教育政策对象进行的政策实施过程。教育政策推广需要根据不同地区和不同政策目标群体的特点，给予相关政策执行主体一定的自由裁量权，以保证教育政策目标的圆满实现。

3. 总结阶段

教育政策执行的总结阶段包括教育政策执行监测和教育政策执行再决策两个环节。

第一，教育政策执行监测。教育政策执行监测是对教育政策执行过程及其进展情况进行实时或定期监控的过程。相关部门和机构应建立起有效的教育政策执行监测体系和信息反馈系统，以及时了解和掌握相关信息。

第二，教育政策执行再决策。教育政策执行再决策是在教育政策执行过程中，教育政策相关主体根据教育政策执行过程中的信息反馈，对教育政策执行方案和执行方式进行调整的过程。教育政策执行再决策是在教育政策执行监测基础上对教育政策内容进行的调整和修订，目的是更好地达成教育政策目标。

第三节 教育法治

党的十八大以来，以习近平同志为核心的党中央从坚持和发展中国特色社会主义的全局和战略高度定位法治建设、布局法治建设、推进法治建设，围绕为什么要全面依法治国、怎样全面依法治国这个重大时代课题，从理论和实践上进行全面探索、开拓、创新、总结，我国法治建设取得历史性成就。中国特色社会主义法治体系不断健全，法治中国建设迈出了坚实步伐，法治固根本、稳预期、利长远的保障作用得到进一步发挥。党的十八届四中全会通过了《中共中央关于全面推进依法治国若干重大问题的决定》，为中国特色社会主义事业提供了行动路线和制度框架，为中华民族伟大复兴提供了坚实的法治保障。

一、教育法治的含义

法治是人类在长期实践过程中所形成的，在思想上与行动上达成的对于法律对组织和人的行为的约束性的一种共识，是指要依法治理国家和社会。教育法治是我国法治建设的有机组成部分，是指依法治理教育的行动体系。实现加快教育现代化、建设教育强国、办好人民满意的教育等目标，教育法治需要先行。2016 年，教育部印发《依法治教实施纲要（2016—2020 年）》，指出：到 2020 年，形成系统完备、层次合理、科学规范、运行有效的教育法律制度体系，形成政府依法行政、学校依法办学、教师依法执教、社会依法评价、支持和监督教育发展的教育法治实施机制和监督体系。2019 年，教育部印发《关于加强教育行政执法工作的意见》，指出：加强教育行政执法工作是当前教育系统落实全面依法治国基本方略、推进依法治教的重要方面，是适应教育改革发展新形势新要求、促进政府职能转变的关键举措。教育行政部门要以习近平新时代中国特色社会主义思想为指导，贯彻落实习近平总书记全面依法治国新理念新思想新战略、习近平总书记关于教育的重要论述，加快建立健全权责清晰、权威高效的教育管理体制和政府统筹、部门合作、上下联动的执法工作机制，实现以法治思维和法治方式抓教育治理，推进教育治理体系和治理能力现代化。

二、教育法治的功能

依法治教是依法治国的重要组成部分，是依法治国基本方略在教育领域的具体体现。随着我国社会主义法治建设的不断推进，教育法治也在不断推进，教育法治的功能逐渐凸显。

（一）保障公民的受教育权

教育法治提倡依法治教、依法治校、依法执教，这为构建公平的教育环境创造了条件，有助于保障公民的受教育权得以实现。公民的受教育权是我国宪法规定的公民的基本权利之一，它是指依照法律规定，公民在受教育方面可以作为或不作为，或要求他人为保障其受教育权而作为或不作为的能力或资格。

公民的受教育权不是抽象的，而是具体的，反映在不同层次的教育法律体系之中。在我国教育法治推进过程中，由于不同原因，侵犯公民受教育权的情况时有发生，受教育权未能全面地、真实地作为一种人权与人自己形成一体。教育法治通过不断推进教育法律体系建设，对教育各相关主体的权利义务进行明确，使公民受教育权的实现得以保障。

（二）维护教育事业的有序发展

随着我国教育事业的不断推进，教育领域内各种关系越来越复杂，各种利益冲突越来越激烈，教育机构行政权力滥用、侵犯相关教育主体合法权益的情况时有发生。教育法治坚持法律面前人人平等，寻求法治精神，强调依法行政、依法治校，有助于维护教育事业的有序发展。教育事业的发展离不开法治环境，依法治教是教育高质量发展的重要基础。党的十八届四中全会提出建设中国特色社会主义法治体系，建设社会主义法治国家是全面推进依法治国的总目标。这对于推动我国教育法治工作具有重要意义，更有助于促进教育治理体系和治理能力现代化的达成。

教育法治是一项长期而艰巨的任务，涉及教育行政管理和学校内部治理的全过程和各环节，也是深化教育综合改革的一个重要抓手，既需要教育法制建设的加快推进，又需要各相关主体牢固树立教育法制的观念，自觉办事依法、遇事找法、解决问题靠法，自觉守法、抵制违法，使教育法治成为人们的内在价值追求。

拓展阅读

中共中央关于全面推进依法治国若干重大问题的决定①

中国共产党第十八届中央委员会第四次全体会议于2014年10月20日至23日在北京举行。会议审议通过了《中共中央关于全面推进依法治国若干重大问题的决定》。主要内容有：

（1）全面推进依法治国，总目标是建设中国特色社会主义法治体系，建设社会主义法治国家。坚持依法治国、依法执政、依法行政共同推进，坚持法治国家、法治政府、法治社会一体建设，实现科学立法、严格执法、公正司法、全民守法（依法治国的四要求），促进国家治理体系和治理能力现代化。

（2）实现这个总目标，必须坚持中国共产党的领导，坚持人民主体地位，坚持法律面前人人平等，坚持依法治国和以德治国相结合，坚持从中国实际出发（依法治国的五个坚持）。

（3）党的领导是中国特色社会主义最本质的特征，是社会主义法治最根本的保证。坚持党的领导，是社会主义法治的根本要求，是党和国家的根本所在、命脉所在，是全国各族人民的利益所系、幸福所系，是全面推进依法治国的题中应有之义。

---

① 中共中央关于全面推进依法治国若干重大问题的决定［EB/OL］.（2014-10-28）［2023-07-01］. https://www.gov.cn/zhengce/2014-10/28/content_2771946.htm.

（4）建设中国特色社会主义法治体系，必须坚持立法先行，恪守以民为本、立法为民理念，把公正、公平、公开原则贯穿立法全过程。

（5）坚持依法治国首先要坚持依宪治国，坚持依法执政首先要坚持依宪执政。

三、教育法的表现形式

教育法治的核心是教育法律及制度体系的建设及实施。教育法是由国家制定或认可，并由国家强制力保证实施的，调整教育活动中各种社会关系的法律规范的总和。从一定意义上说，教育法是教育政策的重要组成部分，是特殊的、法律化了的教育政策。因此，要实现教育法治，就要了解教育法的表现形式及效力。教育法根据制定主体的不同所呈现出来的法律效力和地位是有所差异的，因而教育法的具体表现也是不同的。教育法的表现形式大体包括以下内容：

（一）宪法

宪法是国家的根本大法，由全国人民代表大会按照最严格的立法程序制定，具有最高的法律地位和法律效力，是制定其他一切法的法源。宪法作为教育法的渊源，一是为教育法提供了基本指导思想和立法依据，二是为教育教学提供了基本法律规范。宪法中有关教育的条款是教育法的最高层次，其他任何形式、任何类型的教育法都不得与之相抵触。

拓展阅读

《宪法》中关于教育的条款①

我国《宪法》“序言”规定了教育法的基本指导思想和立法依据。

《宪法》第十九条规定了国家发展教育事业的目的、基本原则和任务：“国家发展社会主义的教育事业，提高全国人民的科学文化水平。国家举办各种学校，普及初等义务教育，发展中等教育、职业教育和高等教育，并且发展学前教育。国家发展各种教育设施，扫除文盲，对工人、农民、国家工作人员和其他劳动者进行政治、文化、科学、技术、业务的教育，鼓励自学成才。国家鼓励集体经济组织、国家企业事业组织和其他社会力量依照法律规定举办各种教育事业。国家推广全国通用的普通话”。

《宪法》第四十六条规定了公民的受教育权利：“中华人民共和国公民有受教育的权利和义务。国家培养青年、少年、儿童在品德、智力、体质等方面全面发展。”

《宪法》第四十七条规定了公民有从事教育、科研等权利：“中华人民共和国公民有进行科学研究、文学艺术创作和其他文化活动的自由。国家对于从事教育、科学、技

① 宪法中关于教育的条款［EB/OL］.（2022－05－11）［2023－07－01］. https：//china.findlaw.cn/info/xingzheng/jiaoyujiaoshifa/114053.html.

术、文学、艺术和其他文化事业的公民的有益于人民的创造性工作，给以鼓励和帮助。”

《宪法》第四十九条规定了父母的教育义务，即“父母有抚养教育未成年子女的义务”。

《宪法》第八十九条、第一百零七条、第一百一十九条，规定了国务院、县级以上地方各级人民政府和民族自治地方的自治机关领导和管理教育工作的权限。

宪法中规定的国家的根本制度（社会制度、国家制度）、国家生活的基本原则、国家机构、公民的基本权利和义务等，都直接或间接地制约着教育活动，是一切教育立法的重要依据。

（二）法律

法律有广义的法律和狭义的法律之分。广义的法律指各种法律规范的总和，与法同义；狭义的法律指由最高国家权力机关及其常设机关按照立法程序制定的规范性文件。按照宪法规定，全国人民代表大会和全国人民代表大会常务委员会均有权制定法律。法律的地位和效力仅次于宪法。根据法律的制定机构和调整对象的不同，法律又可以分为基本法律和基本法律以外的其他法律。

《中华人民共和国高等教育法》

《中华人民共和国职业教育法》

基本法律是由全国人民代表大会制定和发布的法律，它规定和调整某一方面社会关系的根本性、普遍性的问题。教育基本法律是依据宪法制定的、调整教育内外部相互关系的基本法律准则，是教育法规的“母法”。例如，《中华人民共和国教育法》（1995年）、《中华人民共和国义务教育法》（1986年）等都是由全国人民代表大会制定的关于教育的基本法律。基本法律以外的其他法律由全国人民代表大会常务委员会制定，它调整的是某一方面社会关系的内容比较具体的问题。用于调整教育领域内相关工作的教育法律包括《中华人民共和国教师法》《中华人民共和国高等教育法》《中华人民共和国民办教育促进法》《中华人民共和国职业教育法》等，这些法律都是由全国人民代表大会常务委员会制定的关于教育的基本法律以外的其他法律。

（三）行政法规

行政法规是国家最高行政机关依据宪法和法律，在其职权范围内制定和发布的有关国家行政管理活动的各种规范性文件。我国的最高行政机关是国务院，由国务院发布的决定、命令都属于此范畴。例如，《中华人民共和国民办教育促进法实施条例》《中华人民共和国中外合作办学条例》《教育督导条例》《教师资格条例》《残疾人教育条例》等，都是由国务院发布的教育行政法规。

（四）地方性法规

地方性法规是指由地方国家权力机关依照宪法和法律，在其职权范围内制定和发布的在本行政区域范围内实施的规范性文件，这些文件不得与宪法、法律和行政法规相抵触。

地方性法规只在本地区有效。

（五）自治条例和单行条例

自治条例和单行条例是指民族自治地方的人民代表大会及其常务委员会依据法定权限制定的适用于本民族自治区域内的规范性文件。这些文件只在民族自治区域内有效。

（六）规章

规章一般包括两方面内容。一是部门规章，即国务院所属各部、各委员会及具有行政管理职能的直属机构，依据法定权限制定的规范性文件。部门规章的效力低于国务院的行政法规、决定和命令等，但其涉及的范围更为广泛，在解决实际问题、规约具体行为过程中发挥着更为具体的作用。例如，《普通高等学校学生管理规定》《学校食品安全与营养健康管理规定》《教育统计管理规定》《普通高等学校辅导员队伍建设规定》等。二是政府规章，即各省、自治区、直辖市和较大的市的人民政府，依据法定权限制定的规范性文件，主要是在本行政区域内发挥作用。比较而言，规章与法律和行政法规相比，其行政调控更为灵活，多通过行政措施予以贯彻。

四、教育法的效力

教育法的效力一般指教育法的适用范围，即教育法在什么时间、什么空间、对什么人或组织发生法律效力，所以在考察教育法的效力时一般从教育法的时间效力、教育法的空间效力和教育法对人或组织的效力三个方面来进行。

（一）教育法的时间效力

教育法的时间效力指教育法何时生效、何时失效以及有无溯及力。

教育法的生效时间一般都应该明确规定，主要包括两种情况：一种是公布即生效，即从法律公布之日起立即生效；另一种是定时生效，即法律中明确规定生效时间。例如，1995 年 3 月 18 日，第八届全国人民代表大会第三次会议通过了《中华人民共和国教育法》，《中华人民共和国教育法》第八十四条规定，本法自 1995 年 9 月 1 日起施行；2024 年 4 月 26 日，第十四届全国人民代表大会常务委员会第九次会议通过了《中华人民共和国学位法》，自 2025 年 1 月 1 日起施行。

教育法的失效时间即终止时间，主要有四种情况：一是新的法律生效后，与之相同或相应的旧的法律即失去其效力；二是新的法律废止某个旧的法律命令；三是法律明确规定终止生效的时间，届时自行终止生效；四是因法律完成特定历史任务而自行失效。

法的溯及力是指新的法律颁布后，对其生效以前的行为是否同样有效的问题。如果有效就是有溯及力；否则，就是没有溯及力。在一般情况下，法律不具有溯及力，但是在特殊情况下，少数法律也可以明文规定有溯及力。2023 年修正的《中华人民共和国立法法》第一百零四条规定："法律、行政法规、地方性法规、自治条例和单行条例、规章不溯及既往，但为了更好地保护公民、法人和其他组织的权利和利益而作的特别规定除外。"2021 年修正的《中华人民共和国教育法》第八十二条第三款规定："以作弊、剽窃、抄袭等欺诈行为或者其他不正当手段获得学位证书、学历证书或者其他学业证书的，由颁发机构撤销相关证书。购买、使用假冒学位证书、学历证书或者其他学业证书，构成违反治安管理行为的，由公安机关依法给予治安管理处罚。”这意味着，只要发生了以不正当手段获得学业证书的行为，颁发学业证书的机构就可以在任何时候撤销其非法获得的学业证书。这是教育法对以不正当手段获得学业证书的违法行为具有溯及力的特殊规定，其目的是保护以正当手段获得学业证书者的权利，惩治侵权者。所以，具有溯及力的法律规定遵循的是有利溯及原则。如果新法溯及既往会赋予公民、法人或者其他组织权力和利益，或者减少、免除他们已承担的义务和责任，则为“有利溯及”。正因为如此，《中华人民共和国教育法》第七十七条不仅对侵犯他人入学资格的行为做出了追究法律责任的规定，还规定：“入学资格被顶替权利受到侵害的，可以请求恢复其入学资格。”

（二）教育法的空间效力

教育法的空间效力是指教育法在什么地域范围内发生效力。由于制定机关不同，所以法律生效的领域也不相同。由全国人民代表大会及其常务委员会制定的宪法和教育法律，由国务院制定的教育行政法规，由国务院所属各部、各委员会制定的教育规章，一般适用于全国范围，包括领土、领海、领空以及延伸意义上的领域，明确规定了生效范围的，则只能在规定的范围内生效。地方性教育法规，只能在其管辖的范围内生效。

（三）教育法对人或组织的效力

教育法对人或组织的效力是指教育法对什么人或组织发生效力。教育法对人或组织的效力主要包括：依据法律规定的不同，对中华人民共和国境内的公民和组织全部或部分有效；依据国际惯例和我国法律的规定，我国境外的中国公民和组织可以适用我国法律，也可以适用他国法律；对我国境内的外国公民和组织，除法律特殊规定外，原则上都应适用我国法律。

案例分析

教育部等八部门印发《新时代基础教育强师计划》①

高质量教师是高质量教育发展的中坚力量。党的十八大以来，习近平总书记就加强教师队伍建设作出系列重要指示，强调教师是教育工作的中坚力量，广大教师要做“四有”好老师、“四个引路人”，实现“四个相统一”，各级党委和政府要坚持把教师队伍建设作为基础工作。习近平总书记指出，要着力构建优质均衡的基本公共教育服务体系，加强中西部欠发达地区教师定向培养和精准培训。李克强总理强调，要依法加强义务教育教师收入保障，加大在职培训、学历教育力度，提高义务教育教师素质。为深入贯彻习近平总书记的重要指示精神，教育部近年来先后出台职业教育和高等教育领域教师队伍建设文件。为构建全口径教师队伍建设政策体

---

① 开启新时代高素质专业化创新型教师队伍建设新征程：教育部教师工作司负责人就《新时代基础教育强师计划》答记者问［EB/OL］.（2022-04-14）［2023-07-01］. http://www.moe.gov.cn/fbh/live/2022/54369/djzw/202204/t20220414_617221.html.

系，全面落实《中共中央 国务院关于全面深化新时代教师队伍建设改革的意见》精神，教育部会同相关部门出台《新时代基础教育强师计划》。

《新时代基础教育强师计划》以高素质教师人才培养为引领，以高水平教师教育体系建设为支撑，以提升教师思想政治素质、师德师风水平和教育教学能力为重点，提出新时代基础教育教师队伍筑基提质、补短扶弱、做优建强的思路举措，促进教师数量、素质、结构协调发展，推动教师队伍建设创新：

一是以高水平师范院校为引领，加强教师教育体系建设。支持建设一批国家师范教育基地，打造师范教育高质量发展的排头兵、领头雁。会同国家发展改革委实施“十四五”教育强国推进工程，支持一批师范院校加强教学科研设施建设，每校支持1亿元，实现新世纪以来国家层面在高等教育重大专项中，专门面向师范院校和师范专业建设进行的最大规模投入。鼓励支持建立教师教育协同创新平台，推进师范院校在教育科学研究、教师教育师资队伍建设、师范人才培养和基础教育服务等领域开展合作。支持有条件的地方师专升本。

二是以创新人才培养为目标，提升教师培养层次。实施高素质教师人才培育计划，深化本硕整体设计、分段考核的人才培养模式改革，推进高素质复合型硕士层次高中教师培养试点和部属师范大学公费师范生攻读教育硕士工作，继续实施农村学校教育硕士师资培养计划，扩大教育硕士培养规模。同时，深入实施名师名校长领航计划，培养造就基础教育领域的教育家、大先生。

三是以中西部欠发达地区教师为重点，推动师资优质均衡。继续实施《中西部欠发达地区优秀教师定向培养计划》，依托部属师范大学和地方高水平师范院校为832个脱贫县和中西部陆地边境县定向培养本科层次师范生，中央财政给予支持。深入推进“县管校聘”管理改革，完善交流轮岗、支教讲学激励机制，引导优秀人才向乡村学校流动。通过落实补助政策、倾斜职称评聘、加强周转宿舍建设和住房保障等，着力增强乡村教师职业吸引力。

四是以深化评价改革为牵引，提升教师队伍治理水平。落实教育评价改革要求，严格落实师德师风第一标准。深化职称改革，实行分类评价，出台完善中小学岗位设置管理的指导意见。绩效工资分配向班主任、教育教学效果突出的一线教师、从事特殊教育随班就读工作的教师倾斜。改进师范院校评价，探索师范类“双一流”建设评价机制。支持地方政府统筹，有关部门密切配合，开展国家教师队伍建设改革试点。

五是以信息技术应用为抓手，推动教师队伍建设提质增效。支持师范生和教师管理信息系统、教师资格管理信息系统、国家教师管理服务信息化平台等的建设和完善，加强信息系统安全防护，为教师队伍建设提供信息化决策和便捷化服务支撑。深入实施人工智能助推教师队伍建设试点行动，探索教师管理优化、教师教育改革、教育教学方法创新、教育精准帮扶的新路径和新模式，进一步发挥教师在人工智能与教育融合中的作用。

请问：《新时代基础教育强师计划》给您带来了哪些思考？

理解探究

1. 什么是教育政策？教育政策包括哪些内容？
2. 请结合实际阐述当前我国教育法治存在的实际问题有哪些。
3. 如何理解教育法的效力？
4. 请针对一个教育政策分析其执行中存在的问题，并为其提出改进的建议。

阅读导航

1. 劳凯声．论教育法在我国法律体系中的地位 [J]. 北京师范大学学报，1993（4）：90-95，112.

2. 陈振明．政策科学的起源与政策研究的意义 [J]. 厦门大学学报（哲学社会科学版），1992（4）：83-88，100.

3. 杨颖秀．新生代进城务工农民子女的教育政策需求及政策制定方式的转变 [J]. 教育研究，2013，34（1）：53-57.

4. 杨颖秀．农民工子女就学政策的十年演进及重大转变 [J]. 东北师大学报（哲学社会科学版），2007（6）：147-151.

5. 杨颖秀．教育法学 [M]. 4版．北京：中国人民大学出版社，2019.

第五章　教育战略与规划

学习目标

1. 掌握教育战略的含义及内容。
2. 掌握教育规划的含义及内容。
3. 了解教育战略与规划的关系。
4. 理解制定教育战略与规划的意义。
5. 了解改革开放以来我国重要教育发展战略与规划的主要内容。

第一节　教育战略与规划的含义及内容

当今世界正处在急剧的变化之中，世界各国都在发生着广泛而深刻的变化，教育的重要性日益凸显。为有效应对发展中的不确定性，世界各国纷纷将目光投向教育战略与规划，推动各国教育在未来发展中占据领先地位，为国家发展奠定基础，21世纪由此被称为“战略谋划的世纪”。教育战略规划是一种重要的管理工具，是对教育发展进行的全局性、长远性和战略性的系统谋划，指引教育的发展方向和具体活动。教育战略规划既可以细分为教育战略和教育规划，又可以将二者统一起来。

一、教育战略的含义及内容

战略本义指对战争的谋划。在当代，战略更多地被理解为组织高层在组织发展过程中确定目标定位、未来发展方向，以及统筹具体措施和实现途径的行为。斯蒂芬·罗宾斯（Stephen P. Robbins）等人认为：战略管理是管理者的一项重要工作，它涵盖了所有的基本管理职能，包括计划、组织、领导和控制。战略是关于组织将如何经营、如何在竞争中获得成功以及如何吸引和满足顾客以实现组织目标的各种方案①。著名战略管理学家亨

① 罗宾斯，库尔特．管理学：第11版［M］．李原，孙健敏，黄小勇，译．北京：中国人民大学出版社，2012：220.

利·明茨伯格（Henry Mintzberg）等人则认为，战略是一种模式，即长期行动的一致性[①]。不同时期、不同学者对于战略的不同理解，可以大体分为计划说、工具说、艺术说和决策说等。

计划说认为，战略是向前看，是一种行动计划[②]。有些学者在这一认识的基础上，进一步提出战略是组织活动的目标、意图或目的，以及为达到这些目的而制定的相关方针或计划的一种模式。持有这一观点的学者在一定程度上抓住了战略的本质，但也在一定程度上窄化了战略的内容。战略是一种计划，但计划并不能代表战略的全部内涵。

工具说认为，战略是实现长期目标的方法。从管理学的相关文献来看，将战略视为一种方法的观点是较为普遍的。这类观点一般认为，战略在组织发展过程中的主要功能在于识别组织发展所面临的挑战，并指导组织做出正确的反应[③]。工具说在一定程度上受到管理学界的认可，但其仅看到了战略的工具属性，对于战略过程及其影响还缺乏更深入的理解和认识。

艺术说认为，正如管理被视为艺术一样，战略也可以被视为一门艺术。有学者就提出，战略的含义是设定基本力量的一门艺术和科学，能实现伟大的目标，也是动员和调动一切力量以实现这些目标的方法[④]。很多人在对战略进行理解的过程中，抽象化了战略的定义，抓住了战略制定与实施过程中存在的不确定性这一特点，突出了战略制定者的作用。这一理解虽然更强调了战略制定者在其中发挥的重要作用，但是弱化了战略的工具性。

决策说是当前被普遍接受的一种观点。有学者指出："什么是战略？使用经济学家简单而有权威的定义就是，战略必须解决两个基本问题：'你的目标是什么？''你想如何实现你的目标？'"[⑤] 战略更关注组织发展过程中具有全局性意义的重大问题，是强调谋划性的决策研究。这一观点关注到了战略的全过程，以动态视角来看待战略的实质，并不拘泥于战略的结果或外在表现形式，因此更能表现战略的本质含义。

基于上述介绍，可以认为，战略就是在外部环境快速变化的过程中，领导者对组织未来发展目标的决策及对如何实现这些目标的具体措施的选择。战略是组织获得成功的基石。

教育战略是教育研究的重要内容，也是教育管理的重要环节。具体来说，教育战略是指某一国家或地区的执政党及政府部门对教育发展过程中带有全局性、根本性和长远性的问题的谋划和决策。教育战略决定了资源配置的原则、行动的优先次序和具体步骤。例如，我国在2019年印发的《中国教育现代化2035》，对标新时代中国特色社会主义建设总体战略安排，从"两个一百年"奋斗目标和国家现代化全局出发，在总结改革开放以来特别是党的十八大以来教育改革发展成就和经验的基础上，聚焦教育发展的突出问题和薄弱环节，面向未来描绘教育发展图景，系统勾画了我国教育现代化的战略愿景，明确了教育

---

① 明茨伯格，阿尔斯特兰德，兰佩尔．战略历程：纵览战略管理学派［M］．刘瑞红，徐佳宾，郭武文，译．北京：机械工业出版社，2002：7.

② 法伊．战略企业管理系统：21世纪的工具［M］．余谦，译．北京：中国人民大学出版社，2004：42.

③ 碧莱尔．领导与战略规划［M］．赵伟，译．北京：机械工业出版社，2000：197.

④ 巴哈丁．教育与未来［M］．王道余，等译．北京：人民教育出版社，1999：54.

⑤ 库苏马诺，马凯斯．下一波经济的战略思考［M］．杨荣，译．北京：华夏出版社，2003：56-57.

现代化的战略目标、战略任务和实施路径，重点部署了我国面向教育现代化的十大战略任务。美国在1985年启动了“2061计划”，1985年至2061年，是哈雷彗星两次临近地球的间隔时间。该计划是为了使美国21世纪的儿童能适应2061年哈雷彗星再次临近地球时科学技术和社会生活的急剧变化而得名的。它提出了未来儿童和青少年从小学到高中应掌握的科学、数学和技术领域的基础知识的框架，包括主要学科的基本内容、基本概念、基本技能，学科间的有机联系，以及掌握这些内容、概念和联系的基本态度、方法和手段。

拓展阅读

中共中央、国务院印发《中国教育现代化2035》①

2017年1月18日，习近平主席在联合国日内瓦总部的演讲中指出，世界怎么了、我们怎么办？这是整个世界都在思考的问题。中国方案是：构建人类命运共同体，实现共赢共享。到2035年，在一个发展中大国实现教育现代化是人类教育历史上的重要里程碑。中国特色社会主义教育现代化是世界教育现代化的重要组成部分。中国学习借鉴发达国家现代化的经验，并基于中国社会特点和优势进行模式创新，走出了一条有中国特色的社会主义现代化道路。中国教育现代化的成功将对世界教育做出重要贡献，向世界贡献中国智慧、中国经验、中国方案，也是中国教育现代化的世界意义。2019年，中共中央、国务院印发《中国教育现代化2035》，提出了到2035年，总体实现教育现代化的宏伟目标，这将是中国人民实现教育强国百年梦想的里程碑，是中国实现教育整体赶超的里程碑，是中国实现人力资源高质量开发的里程碑，同时也是发展中国家实现教育现代化的里程碑。

制定教育战略的过程较为复杂，考验教育战略制定者的眼界、见识和能力。任何一个战略的形成过程都可能是一个痛苦的过程，因为在战略形成的过程中，需要汇集广泛的数据，并要对这些数据进行科学有效的分析，以做出正确的判断。因此，人们在制定教育战略的过程中，探索了不同的理论和路线，即完全可预测的观点和完全不可预测的观点，经验主义路线和技术主义路线。21世纪以来，人们将经验手段与技术手段相结合，走现实理性主义之路，探索出了教育战略制定的第三条道路②。特别是计算机技术的飞速发展，极大地推动了教育战略在技术层面的发展，教育战略的可预测性大大提升。但由于教育发展受外部各种因素的影响较大，特别是在很大程度上受到执政党和政府等方面的影响，其未来发展趋势仍然具有较大的不确定性。因此，教育战略不是简单的数据推演，而是更为复杂的综合判断过程。

教育战略一般包括战略目标、战略重点、战略步骤及具体措施等。其中，战略重点、战略步骤及具体措施都是围绕战略目标展开的，为实现战略目标服务。

① 《中国教育现代化2035》的“四个里程碑”［EB/OL］.（2019-04-04）［2023-07-01］. http://www.jyb.cn/rmtzgjyb/201904/t20190404_222372.html.

② 高书国. 教育战略规划：复杂-简单理论［M］. 北京：教育科学出版社，2009：82.

二、教育规划的含义及内容

规划是战略的具体化，是实现未来目标的行动方案。如果说战略关注宏观问题，决定了组织发展的长期目标，那么规划就是把组织发展的长期目标具体化的过程。它具体规定了如何实施战略中的某一部分或某一阶段性目标，是有目的、有意识地进行行动的详细计划。规划是一个持续的过程，不只关注组织走向何方，更关注如何到达目的地以及哪条路径最佳。所以，当某一规划开始实施的时候，就必须根据规划实施的情况，考虑制定下一步的规划。规划涉及到哪里去、为什么到那里去，并为什么时候能够到达那里提供基本的准则。

计划是规划具体化的结果，是分阶段实施的规划。规划的实施需要阶段性的计划来保证。计划要解决的是"做什么""谁来做""怎么做""什么时候做""在什么地方做"等具体问题。因此，计划贯穿于组织、实施、控制的全过程。

教育规划是教育战略的具体化，是对教育发展的策划与谋划。联合国教科文组织指出："教育规划是一个过程，旨在确认最佳的行动过程，说明问题、确定重点目标并提供最经济合理的资源分配的方案。"① 菲利普·库姆斯（Philip H. Coombs）认为，从最广泛的通用意义上讲，教育规划是指把理性的系统分析运用于教育发展进程，使教育能更有效、更经济地满足学生及社会的需要与目标②。我国学者则认为，作为一门交叉学科，教育规划的理论和方法的学科跨度很大，涉及发展经济学、教育经济学、预测学、教育系统工程以及教育学本身等多门学科理论，同时，教育规划又是一门实践性很强的应用技术学科③。还有学者进一步指出，教育规划是在国家教育方针政策的指导下，为实现预定的教育目标及任务而采取的规划、步骤、方法的综合④。具体来说，教育规划是指某一国家或地区的教育部门针对本国或本地区教育事业的阶段性发展目标、规模、速度及实现的措施、步骤等拟定的行动方案。

教育计划是教育规划的具体化，在时间上有长期计划、中期计划和短期计划之分，在内容上有整体计划和分类计划之分，等等。例如，我国 1996 年印发的《全国教育事业"九五"计划和 2010 年发展规划》是整体的长期计划，2010 年印发的《国家中长期教育改革和发展规划纲要（2010—2020 年）》也是整体的长期计划，而《教育信息化十年发展规划（2011—2020 年）》、2021 年教育部等九部门印发的《"十四五"学前教育发展提升行动计划》《"十四五"县域普通高中发展提升行动计划》以及 2022 年教育部等八部门印发的《新时代基础教育强师计划》，则是分别针对教育信息化、学前教育、县域普通高中、基础教育强师的分类计划。进入 21 世纪，其他国家也纷纷制定本国的教育规划，以指导本国

《"十四五"县域普通高中发展提升行动计划》

① 联合国教科文组织．教育规划：1962［M］//赵中建．全球教育发展的历史轨迹：国际教育大会 60 年建议书．北京：教育科学出版社，1999：261.

② 库姆斯．什么是教育规划［M］．丁笑炯，占盛丽，陈洪丽，等译//联合国教科文组织国际教育规划研究所．教育规划基础．上海：上海教育出版社，2009：8.

③ 张春曙．教育规划理论与方法［M］．北京；高等教育出版社，2000：1.

④ 王凯．教育管理学基础［M］．杭州：浙江大学出版社，2021：124.

教育的有序发展。例如，2011 年，芬兰政府批准了《2011—2016 年教育和研究发展规划》；2015 年，美国发布了《2016 国家教育技术计划》（NETP2016）；2018 年，日本政府出台了《第三期教育振兴基本计划》；等等。

制定教育规划需要遵循一定的规律，掌握一定的方法和步骤。制定教育规划的方法很多，一般包括教育投资收益分析法、社会需求法、人力需求预测法、教育类型法等。教育规划制定者需要根据实际选择更适合的方法，以确保教育规划的科学性。制定教育规划的步骤主要包括三个阶段：（1）准备阶段。在这一阶段要对教育的现实状况进行调查，发现教育发展面临的现实问题，并对这些现实问题进行综合分析和判断。在此基础上，要通过对相关资料的分析，准确找到教育发展的优势和劣势，从而选择适当的发展机会。（2）明确目标阶段。教育规划要根据教育发展的实际来确立目标。教育发展目标可以依据不同层次、不同重要程度进行划分，既要确定教育规划的总目标，也要确定各阶段的分目标。（3）方案抉择阶段。在确定教育规划方案前，要对教育规划目标进行预测，通过一定的方法筛选实现目标的各种可能方案。然后，通过论证在各种可能方案中选择最切实可行的方案。

21 世纪以来，世界各国教育系统及其所处的环境都受到科学与技术、经济与人口、政治与文化等方面的多重影响。教育不得不面对一整套比以往任何时候都困难得多、复杂得多的新形势、新任务、新压力和新问题。这就要求各国教育部门必须充分了解、认识这些新情况，更加科学地制定教育发展规划。

三、教育战略与教育规划的关系

管理活动由计划、组织、指挥、协调、控制等若干环节构成，计划是所有环节中最重要的一环，决定了管理的方向和结果。从宏观上看，教育战略与教育规划都是教育计划的重要形式，二者又通过教育计划得以具体落实，教育计划是在教育战略与教育规划的指导下，根据一定的政策、任务做出的较短时间的具体安排和落实措施。教育战略与教育规划既具有同质性，又具有异质性。

从教育计划的时间跨度看，教育战略是对未来教育发展的整体布局，是对教育发展整体情况的考量，涉及教育工作的方方面面，而教育规划是中长期的教育计划，更着眼于 5～10 年的教育发展设计。

从教育计划的内容看，二者既相互区别又相互联系，教育战略的核心在于规定某一阶段教育的基本发展目标和达成这一目标的具体途径，为教育发展指明方向并提供基本原则，是对一些关键任务和关键问题的设计。教育战略更注重从战略思想和战略决策层面对教育事业发展做出方向性、趋势性判断，着眼于教育发展全局。由于其面向未来，且着眼长远，因此更具指导性、方向性和趋势性意义。教育规划一般依据教育战略制定，更着眼于教育战略的落实，目的在于将教育战略目标转化为具体措施和更为细致的规定，更具有可操作性。可以说，教育战略为教育规划的制定提供了依据，是教育规划的指导思想，而教育规划是教育战略的具体化。

事实上，教育战略与教育规划之间并没有非常严格的界定与划分，在一定程度上，教育战略与教育规划互为一体，密不可分。1991 年，美国总统乔治·布什（George Herbert Walker Bush）签署的《美国 2000：教育战略》（American 2000：An Education Strategy）

将教育战略与教育规划融为一体，正式提出了面向21世纪的美国的四项教育战略和六条国家教育目标，成为教育战略与教育规划融合的重要标志性文件。此后，教育战略规划作为一个整体更频繁地出现在人们的视野中。特别是进入21世纪以来，长远规划越来越受到各国战略家的青睐，有学者更是明确指出，“长远规划是战略成功的关键”①。2001年，美国教育部发表《2001—2005年战略规划》，提出了美国教育发展的使命和四大战略目标。教育战略与教育规划作为教育计划的重要表现形式，在指引国家教育发展方面发挥着越来越重要的作用。

第二节　制定教育战略与规划的意义

制定教育战略与规划已经成为当今世界各国教育发展的共识，各国教育在教育战略与规划的指引下，取得了长足发展。现在，世界各国将制定教育战略与规划视为促进教育发展的第一要务，不断探索更为科学合理的教育战略与规划的制定方法，这与人们越来越意识到教育战略与规划的重要意义有密切关系。通过制定教育战略与规划，可以明确行动方向，确立行动目标，准备行动资源。教育战略与规划的意义主要体现在谋划教育事业发展未来、明确教育事业发展目标、描绘教育事业发展蓝图三个方面。

一、谋划教育事业发展未来

从发展的角度讲，制定战略与规划要着眼未来，即便人们不能完全准确地预测未来，也不应放弃对未来的追求，在这一过程中，人们应努力尝试去理解未来，努力尝试去适应未来，更要努力尝试勇敢地去塑造未来。教育战略与规划是对教育发展的整体设计与谋划，是解决教育发展过程中复杂性战略问题的重要工具，是国家、地区、组织站在全局高度和未来视角对教育发展进行的战略性决策和谋划行为。当今世界，教育发展所处的外部环境复杂多变，影响教育发展的因素不断增多，教育未来发展的不确定性大大增加。教育未来向何处去？如何到达目的地？如何走得更快与更好？这些都需要通过系统谋划和合理战略布局来实现。

教育战略与规划面向未来，具有较强的前瞻性、战略性和指导性。制定教育战略与规划将在很大程度上影响一个国家或地区教育事业发展的速度、质量和水平。各国通过制定教育战略与规划可以对教育未来发展的状态进行科学的预设，是一种对可达的、规范的未来的描摹，通过对教育发展现实状态的分析与未来发展可能的判断，预测教育事业发展的多种可能性，对教育事业发展的目标、任务、路径等都做了具体的规定。教育战略与规划合理分析未来发展过程中可能遇到的各种机遇和挑战，进一步缩小潜在的和合理的未来的范围，可以最大限度地确保一个国家或地区的教育事业在一条相对稳定的道路上有序发展，避免各种失误，降低发展过程中的各种不确定性，从而有助于有效形成持续竞争的优势。

---

① 克鲁维尔，皮尔斯二世．战略：顶峰之上［M］．吴淑婷，译．北京：中国人民大学出版社，2003：5.

拓展阅读

联合国教科文组织发布报告，探讨和展望面向未来乃至 2050 年的教育[①]

2021 年 11 月 10 日，联合国教科文组织于该组织第 41 届大会上，面向全球发布《共同重新构想我们的未来：一种新的教育社会契约》(Reimagining Our Futures Together: A New Social Contract for Education) 报告（以下简称“报告”），探讨和展望面向未来乃至 2050 年的教育。

报告认为，世界正处于一个新的转折点。加剧的社会和经济不平等、气候变化、生物多样性丧失、资源透支，以及以数字技术为代表的颠覆性技术，都给教育带来重大影响。教育作为解决世界不平等现象的重要支点，承载着人类的美好期许，但它又需要回应关于重新构想“为何学、怎样学、学什么、哪儿学和何时学”的迫切需求。报告强调，教育将我们与世界联系起来，为我们带来新的可能性，增强了我们对话和行动的能力，但要塑造真正和平、公正和可持续的未来，教育本身亟须转型。

基于此，报告抛出了 3 个关于教育的基本问题：当我们展望 2050 年，我们应该继续做什么？我们应该抛弃什么？我们需要创新什么？

报告提出：教育可以视为一种社会契约——一种社会成员间为了共享的利益而合作达成的默示协议。这一契约源于一种共享愿景，即教育具有公共目的。

它应包括基本原则和组织原则，以帮助架构教育体系，落实建立、维护和改善教育体系的分布性工作等。联合国教科文组织认为，新的教育社会契约须将人类联合起来，通过知识与创新塑造面向所有人的可持续和和平的未来，维护社会、经济和环境正义。

报告明确，缔结这种新的教育社会契约必须遵循两条基本原则，即确保人们终身接受优质教育的权利，强化教育作为一项公共行动和一种共同利益的形式。

报告提出，当前教育教学模式亟须革新，新的教育社会契约需要我们以不同的方式思考学习，思考学生、教师、知识和世界之间的关系。包括继承优秀教育传统，革新教育教学模式，强调生态、跨文化和跨学科学习，支持学生获取和生产知识，同时培养他们批判和应用知识的能力；重新构想学校，以推动世界更好地向更加公正、公平和可持续的未来转型；保证人类享有和扩大终身教育及其在不同文化和社会空间中接受教育的机会。

同时，报告鼓励从教师到学生、从学术和研究中心到政府与民间组织的研究与创新，鼓励全球团结和国际间更加公正和公平的合作，以推动实现这一对未来教育的重新构想。

20 世纪 70 年代以来，联合国教科文组织已在教育领域陆续推出了《学会生存——教育世界的今天和明天》(又称《富尔报告》)、《教育——财富蕴藏其中》(又称《德洛尔报告》)、《反思教育：向“全球共同利益”的理念转变？》等报告，

① 李萍．联合国教科文组织发布：共同重新构想我们的未来 [N]．中国教育报，2021-11-11 (1)．

提出“学习型社会”“终身教育”“教育的‘四大支柱’”“人文主义教育观”等重要教育理念。此次报告为全世界未来30年教育发展勾勒出蓝图，对全球教育改革具有一定启发意义。

二、明确教育事业发展目标

制定教育战略与规划的过程是一个分析教育事业发展取得的成绩、面临的问题及可能的机遇的过程。通过对教育事业发展内外部环境的分析，可以更为准确地了解教育在发展过程中面临的机遇和挑战，明确自身的优势与劣势，对教育未来发展做出更准确的定位，并在此基础上确定未来一个时期内教育事业发展的方向和所要达到的水平，即教育事业发展目标。因此，制定教育战略与规划的过程就是确定教育事业发展目标的过程。

目标是所期望的结果或对象[①]。对于任何组织的发展来说，确立合理的目标都是必须的。目标是组织的灵魂，它指导管理决策，为组织活动提供动力，并作为衡量标准用以测量工作结果。每一个管理者，都需要有明确的目标，否则必定陷入混乱[②]。目标的科学性与明确性，决定了组织发展的方向，并为下一步的具体措施与步骤奠定了基础。教育战略与规划的制定意味着组织在经过科学分析后，确定了教育发展的理想目标及实现这个目标的方式。制定科学的教育战略与规划，关键在于确定明确的教育事业发展的目标，通过明确目标指导组织和个人的具体活动。特别是对于复杂且多变的教育事业来说，需要各系统、各部门齐心协力，努力实现既定目标，教育战略与规划通过对教育事业发展目标的明确可以发挥统一思想、凝聚人心的作用。

拓展阅读

《国家中长期教育改革和发展规划纲要（2010—2020年）》的战略目标[③]

到2020年，基本实现教育现代化，基本形成学习型社会，进入人力资源强国行列。

实现更高水平的普及教育。基本普及学前教育；巩固提高九年义务教育水平；普及高中阶段教育，毛入学率达到90%；高等教育大众化水平进一步提高，毛入学率达到40%；扫除青壮年文盲。新增劳动力平均受教育年限从12.4年提高到13.5年；主要劳动年龄人口平均受教育年限从9.5年提高到11.2年，其中受过高等教育的比例达到20%，具有高等教育文化程度的人数比2009年翻一番。

形成惠及全民的公平教育。坚持教育的公益性和普惠性，保障公民依法享有接

---

① MOLZ R. How leaders use goals [J]. Long range planning，1987（20）：91.

② 德鲁克．管理：下册：原书修订版［M］．辛弘，译．北京：机械工业出版社，2010：32.

③ 国家中长期教育改革和发展规划纲要（2010—2020年）［EB/OL］．（2011-03-25）［2023-07-11］．http：//www.scio.gov.cn/ztk/xwfb/25/10/Document/880542/880542_1.htm.

受良好教育的机会。建成覆盖城乡的基本公共教育服务体系，逐步实现基本公共教育服务均等化，缩小区域差距。努力办好每一所学校，教好每一个学生，不让一个学生因家庭经济困难而失学。切实解决进城务工人员子女平等接受义务教育问题。保障残疾人受教育权利。

提供更加丰富的优质教育。教育质量整体提升，教育现代化水平明显提高。优质教育资源总量不断扩大，更好满足人民群众接受高质量教育的需求。学生思想道德素质、科学文化素质和健康素质明显提高。各类人才服务国家、服务人民和参与国际竞争能力显著增强。

构建体系完备的终身教育。学历教育和非学历教育协调发展，职业教育和普通教育相互沟通，职前教育和职后教育有效衔接。继续教育参与率大幅提升，从业人员继续教育年参与率达到50%。现代国民教育体系更加完善，终身教育体系基本形成，促进全体人民学有所教、学有所成、学有所用。

健全充满活力的教育体制。进一步解放思想，更新观念，深化改革，提高教育开放水平，全面形成与社会主义市场经济体制和全面建设小康社会目标相适应的充满活力、富有效率、更加开放、有利于科学发展的教育体制机制，办出具有中国特色、世界水平的现代教育。

在教育活动中，人们对教育战略与规划所确定的教育事业发展目标进行理解的过程，实际上也是人们将组织整体目标和个人发展目标协调一致，并认真思考具体实施措施的过程，是一个对教育事业发展目标不断认识、内化并将其落实为行动的过程，也是一个明确方向、避免混乱的过程。

三、描绘教育事业发展蓝图

除了谋划未来和确定目标，战略与规划的另一个重要功能是为达成目标设定具体步骤。教育战略与规划在确定目标后，还要确定不同阶段目标的具体任务要求及达成目标的具体步骤和方法，并根据可能出现的情况提出不同的对策，形成不同的方案。教育战略与规划所确定的目标、任务、步骤和方法共同构成了一幅教育事业发展蓝图。

教育事业在发展过程中，需要应对各种挑战及不确定性，因此保持发展的稳定性就显得尤为重要，教育战略与规划为保持这种稳定性提供了支撑。教育战略与规划是在复杂环境中对教育事业发展未来的一种科学判断和有序组织，其所确定的教育发展的具体步骤和行动方略，是教育事业发展的路线图。教育战略与规划的制定，为教育事业的有序发展明确了阶段性任务与具体标准，这一过程使长期计划的行动过程变得更加有序。

同时，这些阶段性任务和具体标准也为随时校准、纠正那些偏离正确轨道的行为提供了依据，有助于减少计划实施过程中可能出现的混乱，有助于教育事业获得更好、更稳定、更可持续的发展。

第三节　改革开放以来我国重要教育发展战略与规划的主要内容

教育战略与规划作为教育科学的一个新领域，自 20 世纪 80 年代中期开始在我国兴起，并取得了长足进展。早在 80 年代初，我国就开始进行专门的人才需求预测，并在此基础上形成了全国中长期教育规划的测算和编制。从 1991 年开始，教育规划作为一个重要的专项规划开始被“独立”编制[①]。1993 年，中共中央、国务院印发了《中国教育改革和发展纲要》。此后，我国先后发布了多个教育战略与规划，主要有《国家中长期教育改革和发展规划纲要（2010—2020 年）》《中国教育现代化 2035》等。

一、《中国教育改革和发展纲要》的主要内容

《中国教育改革和发展纲要》

1993 年 2 月 13 日，中共中央、国务院印发《中国教育改革和发展纲要》（简称《纲要》），《纲要》是对《中共中央关于教育体制改革的决定》的政策延续和发展，也是指导我国教育事业全局发展、建设有中国特色社会主义教育体系的纲领性文件。

党的十一届三中全会后，教育事业取得了重大成就，为社会主义事业建设提供了大批人才。1985 年，《中共中央关于教育体制改革的决定》明确指出：“今后事情成败的一个重要关键在于人才，而要解决人才问题，就必须使教育事业在经济发展的基础上有一个大的发展。”该决定的出台，有力推动了改革开放后我国教育事业的改革与发展。然而，教育发展水平总体上还比较落后，在教育投入、教育体制等方面仍存在诸多问题，尚不能适应加快改革开放和现代化建设的需要。同时，国与国之间的竞争愈发激烈，经济全球化、知识经济时代的到来也要求我国教育事业发展主动适应世界局势的变化。面对这一紧迫形势，必须深化我国教育改革，加快教育事业发展。

《纲要》明确了教育事业在我国社会主义事业建设中的战略地位，确定了 20 世纪 90 年代乃至 21 世纪初教育事业改革和发展的原则、方针、目标和任务，为教育改革和发展确定了总体框架和实施蓝图，对于教育事业发展具有重大的历史性作用。在《纲要》发布的基础上，国务院于 1994 年 7 月 3 日发布《关于〈中国教育改革和发展纲要〉的实施意见》，该实施意见进一步明确了《纲要》的实施原则与具体实施内容，并指出认真贯彻实施《纲要》，是各级党委和政府的重要职责，是各级教育行政部门和各级各类学校的中心任务。

《纲要》分为教育面临的形势和任务，教育事业发展的目标、战略和指导方针，教育体制改革，全面贯彻教育方针，全面提高教育质量，教师队伍建设，教育经费六个部分。

（一）教育面临的形势和任务

党的十四大以来，我国改革开放和现代化建设事业进入了一个新阶段。面对新阶段教育改革发展的新形势、新挑战和新要求，为了实现党的十四大所确定的战略任务，使教育

① 高书国．教育战略规划：复杂-简单理论［M］．北京：教育科学出版社，2009：29.

更好地服务于社会主义现代化建设，《纲要》明确提出了我国教育工作的任务，即："遵循党的十四大精神，以建设有中国特色的社会主义理论为指导，坚持党的基本路线，全面贯彻教育方针，面向现代化，面向世界，面向未来，加快教育的改革和发展，进一步提高劳动者素质，培养大批人才，建立适应社会主义市场经济体制和政治、科技体制改革需要的教育体制，更好地为社会主义现代化建设服务。"

同时，在吸取 40 多年我国教育事业发展经验与教训的基础上，《纲要》又初步明确了建设有中国特色社会主义教育体系的主要原则。第一，教育是社会主义现代化建设的基础，必须坚持把教育摆在优先发展的战略地位。第二，必须坚持党对教育工作的领导，坚持教育的社会主义方向，培养德智体全面发展的建设者和接班人。第三，必须坚持教育为社会主义现代化建设服务，与生产劳动相结合，自觉地服从和服务于经济建设这个中心，促进社会的全面进步。第四，必须坚持教育的改革开放，努力改革教育体制、教育结构、教学内容和方法，大胆吸收和借鉴人类社会的一切文明成果，勇于创新，敢于试验，不断发展和完善社会主义教育制度。第五，必须全面贯彻党和国家的教育方针，遵循教育规律，全面提高教育质量和办学效益。第六，必须依靠广大教师，不断提高教师政治和业务素质，努力改善他们的工作、学习和生活条件。第七，必须充分发挥各级政府、社会各方面和人民群众的办学积极性，坚持以财政拨款为主、多渠道筹措教育经费。第八，必须从我国国情出发，根据统一性和多样性相结合的原则，实行多种形式办学，培养多种规格人才，走出符合我国和各地区实际的发展教育的路子。

（二）教育事业发展的目标、战略和指导方针

《纲要》明确提出了我国教育事业发展的总目标，即：到 20 世纪末，全民受教育水平有明显提高；城乡劳动者的职前、职后教育有较大发展；各类专门人才的拥有量基本满足现代化建设的需要；形成具有中国特色的、面向二十一世纪的社会主义教育体系的基本框架。再经过几十年的努力，建立起比较成熟和完善的社会主义教育体系，实现教育的现代化。《纲要》同时设置了义务教育等各级各类教育发展的具体目标。为了实现教育事业发展的目标，《纲要》还确定了深化教育改革，坚持协调发展，增加教育投入，提高教师素质，提高教育质量，注重办学效益，实行分区规划，加强社会参与的战略。

（三）教育体制改革

《纲要》对 20 世纪 90 年代我国教育体制做了系统阐述，认为教育体制改革要采取综合配套、分步推进的方针，加快步伐，改革包得过多、统得过死的体制，初步建立起与社会主义市场经济体制和政治体制、科技体制改革相适应的教育新体制。

1. 办学体制改革

《纲要》进一步明确了办学体制改革的方向，提出要改变政府包揽办学的格局，逐步建立以政府办学为主体、社会各界共同办学的体制。其中，基础教育应以地方政府办学为主；高等教育要逐步形成以中央、省（自治区、直辖市）两级政府办学为主、社会各界参与办学的新格局；职业技术教育和成人教育主要依靠行业、企业、事业单位办学和社会各方面联合办学。国家对社会团体和公民个人依法办学，采取积极鼓励、大力支持、正确引导、加强管理的方针。

2. 中等以下教育体制改革

《纲要》指出：继续完善分级办学、分级管理的体制。对于中等及中等以下教育，由地方政府在中央大政方针的指导下，实行统筹和管理。同时，积极推进农村教育、城市教育和企业教育综合改革；中等及中等以下各类学校实行校长负责制；支持和鼓励建立社区教育组织，吸引社会各界支持学校建设，参与学校管理。

3. 高等教育体制改革

关于高等教育体制改革，《纲要》明确指出："主要是解决政府与高等学校、中央与地方、国家教委与中央各业务部门之间的关系，逐步建立政府宏观管理、学校面向社会自主办学的体制。"其中，高校是面向社会自主办学的法人实体，为高校行使办学自主权提供了法律依据。进一步确立中央与省（自治区、直辖市）分级管理、分级负责的教育管理体制，使高等教育能够更好地服务于地方发展需要。《纲要》还明确了国家教委与中央业务部门的关系与各自职责。

4. 高等学校的招生和毕业生就业制度改革

《纲要》提出：要改革高等学校的招生和毕业生就业制度，推动高等学校主动适应经济建设和社会发展需要。在招生上要改变全部按国家统一计划招生的体制，实行国家任务计划和调节性计划相结合。在就业上要改革高等学校毕业生"统包统分"和"包当干部"的就业制度，实行少数毕业生由国家安排就业，多数由学生"自主择业"的就业制度。

5. 学校内部管理体制改革

《纲要》提出：以人事制度和分配制度改革为重点，推进学校内部管理体制改革。在合理定编的基础上，对教职工实行岗位责任制和聘任制，调动广大教职工积极性，提高办学水平和效益。

6. 人事劳动制度改革

《纲要》提出：高等学校毕业生的考核录用要推行学历文凭、技术等级证书、岗位资格证书并重的制度。高等学校评定职称既要重视学术水平，又要重视有实用价值的研究成果和教学工作、技术推广应用的实绩。高等学校教师实行聘任制，中小学则逐步实行教师资格制度和职务等级制度。同时，运用劳动工资等政策杠杆设置大、中专学校毕业生的起点工资，制定津贴和奖励政策，鼓励各级各类学校毕业生到农村、边远地区、艰苦行业工作。这一改革措施，推动了教育领域人事劳动制度改革的深入推进。

7. 教育法制建设

《纲要》明确提出了我国教育法制建设的目标与任务。争取到20世纪末，初步建立起教育法律、法规体系的框架。地方要从各自的实际出发，加快制定地方性的教育法规。

（四）全面贯彻教育方针，全面提高教育质量

《纲要》明确指出：教育改革和发展的根本目的是提高民族素质，多出人才，出好人才。各级各类学校要认真贯彻"教育必须为社会主义现代化建设服务，必须与生产劳动相结合，培养德、智、体全面发展的建设者和接班人"的方针，努力使教育质量在20世纪90年代上一个新台阶。主要包括：加强党的基本路线教育，重视和加强德育队伍的建设，

等等。《纲要》还强调要进一步转变教育思想，改革教学内容和教学方法，使学校教育发展符合经济建设和社会发展需要；改革和完善升学和考试制度，稳步推进小学毕业生就近入学等的改革；建立各级各类教育的质量标准和评估指标体系，加强督导队伍；加强体育、美育和劳动教育，将学校教育同社会教育、家庭教育密切结合。《纲要》同时强调，坚持党对学校的领导，加强学校党的建设，是全面贯彻教育方针，加快教育改革和发展，全面提高教育质量的根本保证。《纲要》指出："实行党委领导下的校长负责制的高等学校，党委要对重大问题进行讨论并作出决定，同时保证行政领导人充分行使自己的职权。实行校长负责制的中小学和其他学校，党的组织发挥政治核心作用。"

（五）教师队伍建设

在教师培训方面，《纲要》强调了师资培养培训对教师队伍建设的重要作用，提出到20世纪末，通过师资补充和在职培训，绝大多数中小学教师要达到国家规定的合格学历标准，小学和初中教师中具有专科和本科学历者的比重逐年提高。同时，《纲要》指出，高等学校师资培养培训工作要坚持立足国内、在职为主、加强实践、多种形式并举的原则。

在教师工资待遇方面，《纲要》强调要提高教师工资待遇，提出了"逐步使教师的工资水平与全民所有制企业同类人员大体持平"的目标。同时，《纲要》提出要建立符合教育特点的工资制度和正常的工资增长机制，在住房和其他社会福利方面要实行优待教师的政策。

（六）教育经费

在教育经费的筹措上，《纲要》指出，要逐步建立以国家财政拨款为主，辅之以征收用于教育的税费、收取非义务教育阶段学生学杂费、校办产业收入、社会捐资集资和设立教育基金等多种渠道筹措教育经费的体制。并提出了逐步提高国家财政性教育经费支出占国民生产总值的比例，20世纪末达到百分之四的目标。同时，拓展和完善教育经费来源的渠道，形成"财、税、费、产、社、基"多源并存的格局。在经费使用上，《纲要》指出，应提高教育经费的使用效益，调整教育结构和布局，建立健全财务规章制度，加强财务监督和审计。

二、《国家中长期教育改革和发展规划纲要（2010—2020年）》的主要内容

2010年6月，中共中央政治局召开会议，审议并通过《国家中长期教育改革和发展规划纲要（2010—2020年）》（简称《纲要2010—2020年》）。2010年7月，备受关注的《纲要2010—2020年》正式全文发布。这是中国进入21世纪之后的第一个教育规划，也是一个时期内指导全国教育改革和发展的纲领性文件。

《国家中长期教育改革和发展规划纲要（2010—2020年）》

新中国成立后，随着一系列教育改革的深入推进，我国教育事业取得了伟大成就，开辟了中国特色社会主义教育发展道路，建成了世界最大规模的教育体系，全面实现了城乡免费义务教育，为我国社会经济发展做出了重大贡献。进入21世纪，我国经济社会发展进入新的历史时期，国际形势日益复杂，国际竞争更加激烈，国家和社会经济发展需要大量创新型人

才。但是，面对新形势、新挑战和新要求，我国的教育在教育结构、教育体制等方面仍存在诸多不完善之处，还不能满足国家经济社会发展和人民群众接受良好教育的要求。因此，继1985年《中共中央关于教育体制改革的决定》、1993年《中国教育改革和发展纲要》等重要文件出台后，根据党的十七大关于“优先发展教育，建设人力资源强国”的战略部署，为促进教育事业科学发展，全面提高国民素质，加快社会主义现代化进程，我国制定了《纲要2010—2020年》。

《纲要2010—2020年》作为我国进入21世纪以来第一个中长期的国家级指导教育改革发展的纲领性文件，对2010—2020年我国教育改革发展进行了总体规划。2010—2020年这十年的时间也是我国实施现代化建设“三步走”战略的关键阶段，是我国进入全面建设小康社会、加快社会主义现代化建设新阶段的关键时刻。为了更好地建设社会主义事业，我国需要具备大量的适应新的发展需求的各类人才。因此，《纲要2010—2020年》的制定既符合中国国情，又体现社会发展的要求，是党中央、国务院把握世界趋势、顺应时代潮流、立足中国国情、体现人民意愿做出的一项重大战略决策。

《纲要2010—2020年》除序言和实施外分为总体战略、发展任务、体制改革和保障措施四个部分。

（一）总体战略

《纲要2010—2020年》明确了2010—2020年教育改革发展的指导思想、工作方针、战略目标以及战略主题。《纲要2010—2020年》指出，教育改革发展的工作方针是“优先发展、育人为本、改革创新、促进公平、提高质量”。要把教育摆在优先发展的战略地位，把育人为本作为教育工作的根本要求，把改革创新作为教育发展的强大动力，把促进公平作为国家基本教育政策，把提高质量作为教育改革发展的核心任务。

同时，《纲要2010—2020年》对我国教育工作进行了全面部署，明确了“两个基本，一个进入”的战略目标，即到2020年，基本实现教育现代化，基本形成学习型社会，进入人力资源强国行列。战略目标又细分为五个具体方面，即：实现更高水平的普及教育，形成惠及全民的公平教育，提供更加丰富的优质教育，构建体系完备的终身教育，健全充满活力的教育体制。《纲要2010—2020年》同时指出：坚持以人为本、全面实施素质教育是教育改革发展的战略主题，是贯彻党的教育方针的时代要求，其核心是解决好培养什么人、怎样培养人的重大问题。要坚持德育为先，立德树人，把社会主义核心价值体系融入国民教育全过程；坚持能力为重，优化知识结构，丰富社会实践，强化能力培养；坚持全面发展，全面加强和改进德育、智育、体育、美育。

（二）发展任务

学前教育。《纲要2010—2020年》指出，到2020年，普及学前一年教育，基本普及学前两年教育，有条件的地区普及学前三年教育。同时，明确政府职责，把发展学前教育纳入城镇、社会主义新农村建设规划，建立政府主导、社会参与、公办民办并举的办园体制；重点发展农村学前教育，努力提高农村学前教育普及程度，着力保证留守儿童入园。

义务教育。《纲要2010—2020年》提出：到2020年，全面提高普及水平，全面提高教育质量，基本实现区域内均衡发展，确保适龄儿童少年接受良好义务教育，巩固提高九年义务教育水平。巩固义务教育普及成果，提高义务教育质量，不断提高学生体质健康水平。推进义务教育均衡发展，缩小校际差距、城乡差距和区域差距。减轻中小学生课业负担，把减负落实到中小学教育全过程。

高中阶段教育。《纲要 2010—2020 年》提出，要加快普及高中阶段教育，到 2020 年，普及高中阶段教育，满足初中毕业生接受高中阶段教育需求，同时，全面提高普通高中学生综合素质，推动普通高中多样化发展。

职业教育。《纲要 2010—2020 年》提出：要大力发展职业教育，到 2020 年，形成适应经济发展方式转变和产业结构调整要求、体现终身教育理念、中等和高等职业教育协调发展的现代职业教育体系，满足人民群众接受职业教育的需求，满足经济社会对高素质劳动者和技能型人才的需要。把提高质量作为重点，政府切实履行发展职业教育的职责。加快发展面向农村的职业教育，把加强职业教育作为服务社会主义新农村建设的重要内容。增强职业教育吸引力，完善职业教育支持政策。

高等教育。《纲要 2010—2020 年》将高等教育发展的核心任务定位在提高质量上，包括提高人才培养质量、提升科学研究水平、增强社会服务能力和优化结构办出特色等四个方面。《纲要 2010—2020 年》提出：提高质量是高等教育发展的核心任务，要牢固确立人才培养在高校工作中的中心地位，大力推进研究生培养机制改革。同时，要不断优化高等教育结构，适应国家和区域经济社会发展需要。高校要牢固树立主动为社会服务的意识，充分发挥在国家创新体系中的重要作用。

继续教育。《纲要 2010—2020 年》提出：要加快发展继续教育，建立健全继续教育体制机制。政府成立跨部门继续教育协调机构，统筹指导继续教育发展。构建灵活开放的终身教育体系，发展和规范教育培训服务，统筹扩大继续教育资源。促进各级各类教育纵向衔接、横向沟通，提供多次选择机会，满足个人多样化的学习和发展需要。

民族教育。《纲要 2010—2020 年》指出：要重视和支持民族教育事业。中央和地方政府要进一步加大对民族教育支持力度，公共教育资源要向民族地区倾斜。同时，要在各级各类学校广泛开展民族团结教育，全面提高少数民族和民族地区教育发展水平，促进民族地区各级各类教育协调发展，巩固民族地区义务教育普及成果。

特殊教育。《纲要 2010—2020 年》提出：到 2020 年，基本实现市（地）和 30 万人口以上、残疾儿童少年较多的县（市）都有一所特殊教育学校。同时，制定特殊教育学校基本办学标准以及学生人均公用经费标准，完善特殊教育体系，健全特殊教育保障机制，提高残疾学生的综合素质。

（三）体制改革

体制改革是教育改革和发展的重要内容和保障。

1. 人才培养体制改革

《纲要 2010—2020 年》指出：深化教育体制改革，关键是更新教育观念，核心是改革人才培养体制，目的是提高人才培养水平。同时要创新人才培养模式，适应国家和社会发展需要，遵循教育规律和人才成长规律。除此之外，《纲要 2010—2020 年》还提出要改革教育质量评价和人才评价制度，建立科学、多样的评价标准，改进人才评价及选用制度，为人才培养创造良好环境。

2. 考试招生制度改革

《纲要 2010—2020 年》强调：要推进考试招生制度改革，以考试招生制度改革为突破口，克服一考定终身的弊端，推进素质教育实施和创新人才培养。要为高中阶段学校招生录取提供更加科学的依据，完善高等学校考试招生制度，逐步实施高等学校分类入学考试，完善高等学校招生名额分配方式和招生录取办法，建立健全有利于促进入学机会公平、有利于优秀人才选拔的多元录取机制。

3. 现代学校制度建设

《纲要 2010—2020 年》提出：推进管办分离，建设依法办学、自主管理、民主监督、社会参与的现代学校制度。同时，落实和扩大学校办学自主权，依法保障学校充分行使办学自主权和承担相应责任。《纲要 2010—2020 年》还提出要完善中国特色现代大学制度，包括完善治理结构，加强章程建设，扩大社会合作以及推进专业评价。在中小学学校管理制度方面，《纲要 2010—2020 年》提出要完善普通中小学和中等职业学校校长负责制，发挥教职工、社区、有关专业人士和企业等的作用。

4. 办学体制改革

在深化办学体制改革方面，《纲要 2010—2020 年》指出：要健全政府主导、社会参与、办学主体多元、办学形式多样、充满生机活力的办学体制，形成以政府办学为主体、全社会积极参与、公办教育和民办教育共同发展的格局。要深化公办学校办学体制改革，大力支持民办教育。教育行政部门要切实加强民办教育的统筹、规划和管理工作，保障民办学校办学自主权，健全公共财政对民办教育的扶持政策。

5. 管理体制改革

在深化教育管理体制改革方面，《纲要 2010—2020 年》指出：要健全统筹有力、权责明确的教育管理体制。以转变政府职能和简政放权为重点，提高公共教育服务水平。同时，进一步加大省级政府对区域内各级各类教育的统筹，转变政府教育管理职能，提高政府决策的科学性和管理的有效性，培育专业教育服务机构。

6. 扩大教育开放

《纲要 2010—2020 年》提出：要加强国际交流与合作，引进优质教育资源。提高交流合作水平，扩大政府间学历学位互认，同时，创新和完善公派出国留学机制，进一步扩大外国留学生规模。

（四）保障措施

没有有效的措施则难以保障《纲要 2010—2020 年》的实施。

1. 加强教师队伍建设

教育大计，教师为本。《纲要 2010—2020 年》指出：要建设高素质教师队伍。加强师德建设。提高教师业务水平，以农村教师为重点，提高中小学教师队伍整体素质。以“双师型”教师为重点，加强职业院校教师队伍建设。以中青年教师和创新团队为重点，建设高素质的高校教师队伍。《纲要 2010—2020 年》同时指出：要提高教师地位待遇，不断改善教师的工作、学习和生活条件，依法保证教师平均工资水平不低于或者高于国家公务员的平均工资水平，并逐步提高。健全教师管理制度，完善并严格实施教师准入制度。

2. 保障经费投入

《纲要 2010—2020 年》指出，要加大教育投入，健全以政府投入为主、多渠道筹集教育经费的体制，大幅度增加教育投入。各级政府要把教育作为财政支出重点领域予以优先保障，完善投入机制。《纲要 2010—2020 年》强调：要进一步明确各级政府提供公共教育服务职责，完善各级教育经费投入机制，保障学校办学经费的稳定来源和增长。同时，扩大社会资源进入教育途径，多渠道增加教育投入。在教育经费管理与使用方面，加强经费使用、经费监管等方面的制度建设，完善学校收费管理办法，规范学校收费行为和收费资金使用管理。

3. 加快教育信息化进程

《纲要 2010—2020 年》提出：要加快教育信息基础设施建设。到 2020 年，基本建成覆盖城乡各级各类学校的教育信息化体系，促进教育内容、教学手段和方法现代化。同时，加强优质教育资源开发与应用，强化信息技术应用，并构建国家教育管理信息系统。

4. 推进依法治教

《纲要 2010—2020 年》提出要完善教育法律法规；全面推进依法行政；大力推进依法治校；完善督导制度和监督问责机制，制定教育督导条例，进一步健全教育督导制度，严格落实问责制，强化社会监督。

《中国教育现代化 2035》

三、《中国教育现代化 2035》的主要内容

2019 年 2 月，中共中央、国务院印发《中国教育现代化 2035》（简称《2035》），这是我国第一个以教育现代化为主题的中长期战略规划，对标新时代中国特色社会主义建设总体战略安排，是我国加快推进教育现代化的行动纲领，是贯彻落实党的十九大精神和全国教育大会精神、加快教育现代化的重要举措，为我国实现教育现代化架构了顶层设计，明确了实施路径。同时，中共中央办公厅、国务院办公厅印发了《加快推进教育现代化实施方案（2018—2022 年）》，将教育现代化远景目标和战略任务细化为具体的目标任务，确保新时代教育现代化建设开好局、起好步。

党的十八大以来，以习近平同志为核心的党中央坚定不移实施科教兴国战略和人才强国战略，坚持优先发展教育，大力推进教育领域综合改革，持续加大教育投入，教育现代化加速推进，教育总体发展水平进入世界中上行列，取得了全方位、开创性的历史性成就。党的十九大明确提出建设教育强国是中华民族伟大复兴的基础工程，必须把教育事业放在优先位置，深化教育改革，加快教育现代化，办好人民满意的教育。习近平总书记多次对教育工作作出指示批示，强调要发展具有中国特色、世界水平的现代教育，为建设教育强国指明了方向。2018 年 9 月 10 日，党中央召开全国教育大会，习近平总书记在大会上发表重要讲话，系统回答了关系教育现代化的重大理论和实践问题，对加快推进教育现代化、建设教育强国、办好人民满意的教育作出了全面部署，向全党全国全社会发出了加

快推进教育现代化的动员令，为新时代教育提供了根本遵循。

中国特色社会主义进入新时代，教育的基础性、先导性、全局性地位和作用更加凸显。加快向创新型国家迈进，建设现代化经济体系，建设富强民主文明和谐美丽的社会主义现代化强国，实现中华民族伟大复兴的中国梦，满足人民美好生活需要，必须加快教育现代化，把我国建设成为教育强国。从全球来看，当前新一轮科技革命和产业革命正在孕育兴起，重大科技创新正在引领社会生产新变革，互联网、人工智能等新技术的发展正在不断重塑教育形态，知识获取方式和传授方式、教和学的关系正在发生深刻变革。在此背景下，人民群众对教育的需求更为多样，对更高质量、更加公平、更具个性的教育需求也更为迫切。因此，必须抓住机遇，超前布局，以更高远的历史站位、更宽广的国际视野、更深邃的战略眼光对加快推进教育现代化、建设教育强国作出战略部署和总体设计，推动我国教育不断朝着更高质量、更有效率、更加公平、更可持续的方向前进。

改革开放以来，中共中央、国务院先后颁布《中国教育改革和发展纲要》《国家中长期教育改革和发展规划纲要（2010—2020年）》等纲领性文件，在不同历史时期有力指导推动了教育改革发展。2035年是我国基本实现社会主义现代化的重要时间节点，面向2035目标描绘好教育发展的远景蓝图，为新时代开启教育现代化建设新征程指明方向，培养造就新一代社会主义建设者和接班人，具有重要的现实意义和深远的历史意义。编制《2035》，也是我国积极参与全球教育治理、履行我国对联合国2030年可持续发展议程承诺，为世界教育发展贡献中国智慧、中国经验、中国方案的实际行动。

《2035》除战略背景外，分为总体思路、战略任务、实施路径和保障措施四个部分。

（一）总体思路

《2035》明确了推进教育现代化的指导思想、基本理念和总体目标。

1. 指导思想

《2035》明确了推进教育现代化的指导思想，包括“以习近平新时代中国特色社会主义思想为指导，全面贯彻党的十九大和十九届二中、三中全会精神，坚定实施科教兴国战略、人才强国战略，紧紧围绕统筹推进‘五位一体’总体布局和协调推进‘四个全面’战略布局，坚定‘四个自信’，在党的坚强领导下，全面贯彻党的教育方针，坚持马克思主义指导地位，坚持中国特色社会主义教育发展道路，坚持社会主义办学方向，立足基本国情，遵循教育规律，坚持改革创新，以凝聚人心、完善人格、开发人力、培育人才、造福人民为工作目标，培养德智体美劳全面发展的社会主义建设者和接班人，加快推进教育现代化、建设教育强国、办好人民满意的教育”。

2. 基本理念

《2035》提出了推进教育现代化的八大基本理念：“更加注重以德为先，更加注重全面发展，更加注重面向人人，更加注重终身学习，更加注重因材施教，更加注重知行合一，更加注重融合发展，更加注重共建共享。”这八大基本理念饱含我国独特的历史、文化、国情和教育史所积累的丰富教育经验，既丰富了教育现代化的内涵，又体现了对教育现代化发展规律认识的不断深化。同时积极吸收借鉴国际先进经验，科学回答了什么是教育现代化、如何理解教育现代化，是我国进入新时代推进教育现代化建设的努力方向。《2035》

还明确了推进教育现代化的基本原则，即："坚持党的领导、坚持中国特色、坚持优先发展、坚持服务人民、坚持改革创新、坚持依法治教、坚持统筹推进。"

3. 总体目标

根据国家现代化建设战略安排，《2035》明确提出了推进教育现代化的总体目标：到2020年，全面实现"十三五"发展目标，教育总体实力和国际影响力显著增强，劳动年龄人口平均受教育年限明显增加，教育现代化取得重要进展，为全面建成小康社会作出重要贡献。在此基础上，再经过15年努力，到2035年，总体实现教育现代化，迈入教育强国行列，推动我国成为学习大国、人力资源强国和人才强国，为到21世纪中叶建成富强民主文明和谐美丽的社会主义现代化强国奠定坚实基础。这一目标的提出主要基于国际教育发展趋势和我国经过几十年关于教育现代化发展的探索与实践已具备一定的发展基础。同时，《2035》提出了八个方面的2035年主要发展目标，涵盖了体系、质量等教育现代化要求，包括建成服务全民终身学习的现代教育体系、普及有质量的学前教育、实现优质均衡的义务教育、全面普及高中阶段教育、职业教育服务能力显著提升、高等教育竞争力明显提升、残疾儿童少年享有适合的教育、形成全社会共同参与的教育治理新格局。《2035》关于教育现代化目标的提出是基于当前我国教育发展实际的科学判断，符合我国国情。可以说，我们比历史上任何时期都更接近教育现代化的目标，也比历史上任何时期都更有条件实现教育现代化。

（二）战略任务

根据教育现代化的总体目标，聚焦教育发展的突出问题和薄弱环节，《2035》从教育优质化、信息化、国际化、治理现代化等方面提出了面向教育现代化的十大战略任务。

一是学习习近平新时代中国特色社会主义思想。这是推进教育现代化的根本遵循。《2035》提出："把学习贯彻习近平新时代中国特色社会主义思想作为首要任务，贯穿到教育改革发展全过程，落实到教育现代化各领域各环节。"

二是发展中国特色世界先进水平的优质教育。全面落实立德树人根本任务，广泛开展理想信念教育，厚植爱国主义情怀，加强品德修养，增长知识见识，培养奋斗精神，不断提高学生思想水平、政治觉悟、道德品质、文化素养。

三是推动各级教育高水平高质量普及。要提升学前教育、义务教育、高中阶段教育的普及和发展水平，把实现各级教育高水平高质量普及作为教育现代化的重要基础。

四是实现基本公共教育服务均等化。这是实现教育现代化的基本要求。不断提升义务教育均等化水平，努力让全体人民享有更加公平的教育。

五是构建服务全民的终身学习体系。建立全民终身学习的制度环境，把加快建设学习型社会作为教育现代化的迫切要求，积极满足社会和人民群众的需求，配合国民素质的提高和学习大国的建设。

六是提升一流人才培养与创新能力。面向建设社会主义现代化强国的需求，特别是产业布局和区域发展的战略需要，要优化教育体系结构、学校布局结构以及人才培养结构，提高高等学校创新服务水平。

七是建设高素质专业化创新型教师队伍。《2035》把建设高素质专业化创新型教师队伍作为加快推进教育现代化的关键，坚持把教师队伍建设作为基础工作。通过加强师德师风建设、培养高素质教师队伍和提高教师社会地位等举措，为教育现代化建设提供人才支撑。

八是加快信息化时代教育变革。在推进教育现代化的背景下，加快信息化时代的教育变革成为教育现代化的重要内容。对此，《2035》提出要建设智能化校园，统筹建设一体化智能化教学、管理与服务平台；利用现代技术加快推动人才培养模式改革，实现规模化教育与个性化培养的有机结合；创新教育服务业态，建立数字教育资源共建共享机制，完善利益分配机制、知识产权保护制度和新型教育服务监管制度；推进教育治理方式变革，加快形成现代化的教育管理与监测体系，推进管理精准化和决策科学化。

九是开创教育对外开放新格局。《2035》把对外开放作为推进教育现代化的重要举措，提出“全面提升国际交流合作水平”“扎实推进‘一带一路’教育行动”，积极参与全球教育治理，全面加强与世界各国和国际组织的务实合作，提高我国教育的开放水平和国际影响力。

十是推进教育治理体系和治理能力现代化。提高教育法治化水平和政府管理服务水平，提高学校自主管理能力，健全教育督导体制机制，建立多元参与的协同治理新机制，推动社会参与教育治理常态化。

（三）实施路径

推进教育现代化，必须从实际出发，立足国情，尽力而为，量力而行。《2035》科学设计了我国教育现代化的发展战略、目标与路径，明确了实现教育现代化的实施路径。

一是总体规划，分区推进。在国家教育现代化总体规划框架下，推动各地从实际出发，制定本地区教育现代化规划，形成一地一案、分区推进教育现代化的生动局面。

二是细化目标，分步推进。科学设计和进一步细化不同发展阶段、不同规划周期内的教育现代化发展目标和重点任务，有计划有步骤地推进教育现代化。

三是精准施策，统筹推进。完善区域教育发展协作机制和教育对口支援机制，深入实施东西部协作，推动不同地区协同推进教育现代化建设。

四是改革先行，系统推进。充分发挥基层特别是各级各类学校的积极性和创造性，鼓励大胆探索、积极改革创新，形成充满活力、富有效率、更加开放、有利于高质量发展的教育体制机制。

（四）保障措施

为确保教育现代化目标任务的实现，《2035》提出了三个方面的保障措施。

一是加强党对教育工作的全面领导。包括建立健全党委统一领导、党政齐抓共管、部门各负其责的教育领导体制，加强各级各类学校党的领导和党的建设工作，建设高素质专业化教育系统干部队伍。这是做好教育工作的根本保证。

二是完善教育现代化投入支撑体制。把教育投入作为支撑国家长远发展的基础性、战略性投资，深化教育经费投入机制改革，提高教育投入水平和经费使用效益，为实现教育现代化提供有力的物质保障。

三是完善落实机制。构建全方位协同推进教育现代化的有效机制，把我国社会主义政治优势转化为推进教育现代化的制度优势，集中力量办大事，依靠部门大协同、区域大协作，推进教育现代化。

案例分析

教育部等部门制定《“十四五”特殊教育发展提升行动计划》①

特殊教育是教育的重要组成部分，是高质量教育体系不可或缺的重要内容。办好特殊教育，是促进社会公平的重要举措，也是社会文明进步的重要标志。党中央、国务院高度重视特殊教育。党的十九大要求办好特殊教育，党的十九届五中全会要求完善特殊教育保障机制。《中华人民共和国国民经济和社会发展第十四个五年规划和2035年远景目标纲要》对推进特殊教育改革发展提出了新的要求。党中央、国务院领导多次批示，对办好新时代特殊教育、关爱帮助残疾儿童提出明确要求。

近年来，国家连续组织实施了两期特殊教育提升计划，特殊教育普及水平和教育质量等得到显著提升。但还存在普及基础比较薄弱、特殊教育质量有待提高、支撑保障能力偏弱等问题。针对我国特殊教育发展现状，教育部、国家发展改革委、民政部、财政部、人力资源社会保障部、国家卫生健康委和中国残联共同研究制定了《“十四五”特殊教育发展提升行动计划》(以下简称《特教提升计划》)，并由国务院办公厅转发，这对“十四五”时期进一步提升残疾人受教育水平、补齐特殊教育短板、推进特殊教育高质量发展意义重大。

《特教提升计划》研制过程主要经历了三个阶段：

一是广泛调研。组织各地对两期特殊教育提升计划实施情况进行总结。教育部会同有关部门先后赴北京、上海、湖南、江西、广西等19个省（区、市）调研，广泛听取各方意见建议。二是系统论证。组织专家对特殊教育国际发展趋势、相关法律法规、地方已出台政策进行了系统梳理，对当前特殊教育存在的困难和问题进行了分析研判，对《特教提升计划》的目标、任务和主要政策举措做了充分论证。在调研论证的基础上，起草了文件初稿。三是征求各方意见。文稿形成后，先后向中央有关部门和省级教育行政部门征求意见。根据各方意见建议，对《特教提升计划》做了反复修改完善。

《特教提升计划》提出，“十四五”特殊教育发展提升的主要目标是，到2025年，高质量的特殊教育体系初步建立。具体包括三个方面：一是普及程度显著提高，到2025年，全国适龄残疾儿童义务教育入学率达到97%，非义务教育阶段残疾儿童青少年入学机会明显增加。二是教育质量全面提升，课程教材体系进一步完善，教育模式更加多样，课程教学改革不断深化，特殊教育质量评价制度基本建立。融合教育全面推进，普通教育、职业教育和医疗康复及信息技术与特殊教育进一步深度融合。三是保障机制进一步完善，逐步提高特殊教育经费保障水平，继续

---

① 以适宜融合为目标办好特殊教育 助力每一名残疾儿童都有人生出彩的机会：教育部有关负责人就《“十四五”特殊教育发展提升行动计划》答记者问［EB/OL］.（2022-01-25）［2023-07-01］. http：//www.moe.gov.cn/jyb_xwfb/s271/202201/t20220125_596280.html.

对家庭经济困难的残疾学生实行高中阶段免费教育，确保家庭经济困难残疾学生优先获得资助。教师队伍建设进一步加强，数量充足，结构合理，专业水平进一步提升，待遇保障进一步提高。

请分析国家制定《“十四五”特殊教育发展提升行动计划》的重要意义。

理解探究

1. 什么是教育战略？什么是教育规划？
2. 如何认识教育战略与教育规划的区别和联系？
3. 制定教育战略与教育规划有何重要意义？

阅读导航

1. 薛二勇，傅王倩．新时代教育改革的战略规划与顶层设计：全国教育大会的思想、形势、战略与政策分析［J］．河南大学学报（社会科学版），2019，59（1）：11－22.

2. 高书国．全球教育规划发展历程分析与评价［J］．辽宁教育研究，2007（9）：34－38.

3. 冯大鸣，赵中建．世纪初美、英、澳国家教育战略述评［J］．教育发展研究，2002（10）：32－36.

第六章　教学领导与管理

学习目标

1. 掌握教学领导与管理的含义及理论依据。
2. 掌握教学领导与管理的具体内容。
3. 掌握课程领导与管理的含义及活动过程。
4. 了解基础教育课程改革实践的基本情况。

第一节　教学领导与管理的含义及理论依据

教学领导与管理是学校管理活动的重要组成部分，既引领培养人的方向，也为培养人提供服务。掌握教学领导与管理的含义及理论依据，有助于做好学校课程的领导和管理以及教学事务的管理。

一、教学领导与管理的含义及相互关系

对教学领导与管理的不同解释，是在领导理论和管理理论的视阈下对二者所做的职能上的区分，但二者并不对立。厘清二者的关系有助于发挥好各自的职能，保障教学活动的连续性和统一性。

（一）教学领导的含义

教学领导是指确立学校的办学方向、激发学校成员的积极性、共同实现学校的培养目标的活动。在实际工作中，教学领导者可能与教学管理者相同，也可能不同。但在职能的发挥上，教学领导者侧重做决策，并且要做正确的决策，教学管理者则侧重执行决策，并且要执行好决策。教育家苏霍姆林斯基很早就以领导者的视角认识校长的工作。他指出："我竭力做到居于我这个校长工作首位的，不是事务性问题，而是教育问题。"① 由此可见，在学校教学工作中，校长更多地承担着领导者的角色。在我国，党在学校的基层组织也在

① 苏霍姆林斯基．帕夫雷什中学［M］．赵玮，王义高，等译．北京：教育科学出版社，1983：42.

教学工作中发挥着领导作用。

（二）教学管理的含义

教学管理是指为实现培养目标，按照教学规律对教学工作全过程进行管理的活动。包括制订教学工作计划，组织课程实施，配置教学资源，管理教学过程，管理教学研究，做好学生入学编班和学籍管理，管理教务档案，选择和预订教材，管理图书和仪器设备，等等。这些教学管理活动通常也称为教学事务管理。

（三）教学领导与管理的关系

要了解教学领导与管理的关系，就要了解领导与管理的关系。在这方面，几位领导理论大师的观点具有代表性。沃伦·本尼斯（Warren Bennis）等人认为：管理者是把事做正确的人，领导者是做正确的事的人。他们之间的区别可以说就是愿景和决断（追求效果）与熟练于日常事务（追求效率）之间的区别[①]。詹姆斯·麦格雷戈·伯恩斯（James MacGregor Burns）认为，领导者诱导追随者为了某些特定的目标而行动，这些目标体现了领导者和追随者双方的价值观念与动机——欲求和需要，渴望和期望[②]。彼得·G. 诺斯豪斯（Peter G. Northouse）认为：领导是个人带领团队成员去完成共同目标的过程。因此，领导者要有影响力，要在团队中，要关注共同的目标[③]。西蒙认为：管理理论应当对“决策”和“执行”两者兼顾。组织的总目标确定后，决策过程并没有结束。“决策”工作同“执行”工作一样渗透到整个管理型组织中，事实上这两者紧密相连，缺一不可。因此一般管理理论既要包括保证决策正确制定的组织原则，又要包括保证决策有效执行的组织原则[④]。从这几位领导理论大师对领导与管理的认识来看，领导和管理是相互联系的统一体。从管理职能和管理过程的角度来看，二者既存在于同一个活动过程之中，又表现出各自活动过程的相对独立性。在领导与管理活动的运行中，涉及影响力、他人的追随或参与、组织的目标等共同要素，也体现出领导与管理的不同职能。领导更侧重于决策，管理更侧重于执行。二者的关系可以表 6-1 表示。

表 6-1　领导与管理的关系

领导与管理的相同点		领导与管理的不同点	
		领导	管理
是一个活动过程	有影响力	确立方向、进行决策	制订计划、分配资源
	需要他人的追随或参与	激发组织成员的积极性、构建团队	组织配备人员
	实现组织的目标	激励、授权	控制、解决问题

教学领导与管理的关系是领导与管理的关系在教学过程中的具体体现，二者既相对独立，又各自发挥不同的职能。在学校管理工作中，教学领导者主要集中于领导班子层次，

---

① 本尼斯，纳努斯．领导者：原书第 3 版 [M]．方海萍，等译．北京：中国人民大学出版社，2008：19.

② 伯恩斯．领导学 [M]．常健，孙海云，等译．北京：中国人民大学出版社，2013：10.

③ 诺斯豪斯．领导学：理论与实践：第 5 版 [M]．吴爱明，陈爱明，陈晓明，译．北京：中国人民大学出版社，2012：2-3.

④ 西蒙．管理行为：原书第 4 版 [M]．詹正茂，译．2 版．北京：机械工业出版社，2009：2.

教学管理者主要集中于中层组织和基层组织。但由于领导和管理的相对性，一种行为对于不同的客体可能同时具有领导和管理的意义。教学领导与管理的关系可以表 6－2 表示。

表 6－2 教学领导与管理的关系

教学领导与管理的相同点		教学领导与管理的不同点	
		教学领导	教学管理
是一个活动过程	有影响力	在教育方针的指导下确立学校办学方向、整体设计学校课程、指导教职工学习国家的课程方案和课程标准	制订学校教学工作计划、配置教学管理资源
	需要他人的追随或参与	激发学校成员的积极性、构建教学团队和教研团队	组织课程实施队伍并实施课程、组织教学管理人员做好教学管理事务
	实现组织的目标	激发和授权学校成员为实现学校培养目标做出努力	控制教学工作进程、解决课程实施和教学管理中的问题、提出改进教学工作的建议

总之，学校的教学领导与管理可以概括为两个方面：一方面是领导和管理学校的课程，另一方面是领导和管理学校的教学事务。通过这两个方面的领导和管理的活动，达到贯彻执行党的教育方针、立德树人、实现学校培养目标的目的。

二、教学领导与管理的理论依据

从教学领导与管理的关系来看，无论是作为管理者把事做正确，还是作为领导者做正确的事，都是十分重要的。从管理过程来看，做正确的事是把事做正确的前提，而做好正确的事则是保障正确的事得以落实的手段。因此，相应的领导理论和管理理论是做正确的事和把事做正确的重要依据。

（一）教学领导的理论依据

领导理论认为，虽然对什么是领导的认识存在不同，但总体上可以将其分为“领导是一种特质”和“领导是一个过程”两种解释。前者认为领导具有先天特质，因此领导只能是由具有领导特质的人进行的自上而下的单向行动。后者认为领导存在于领导者和追随者相互影响的环境中，这是一个自上而下和自下而上双向互动的过程，每个人都能在这个过程中观察和学习到领导行为的相关知识，进而成为领导者。对领导的两种不同情况的理解可以图 6－1 表示①。从领导理论的发展而言，对后一种认识更加认同。正是基于领导是一个双向互动的行为过程的认识，在领导理论的影响下，对校长的教学领导行为进行了变革型领导、道德领导、教学领导、分布式领导的相关研究。

1. 变革型领导理论及其对校长领导行为的认识

伯恩斯认为，领导和其追随者为了共同的目的的互动有着两种根本不同的形式：交易

① 诺斯豪斯．领导学：理论与实践：第 5 版［M］．吴爱明，陈爱明，陈晓明，译．北京：中国人民大学出版社，2012：4.

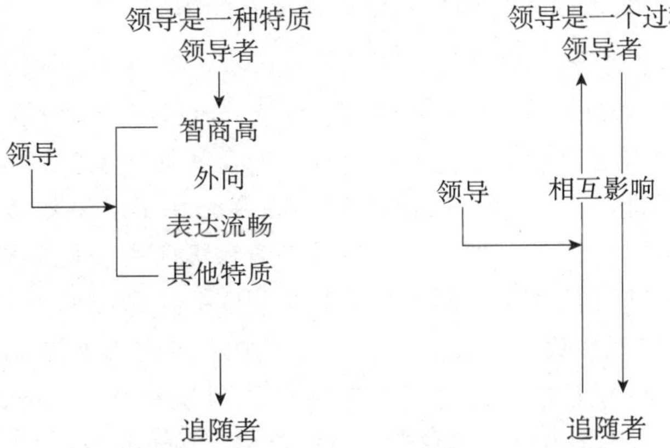

图 6-1　对领导的两种不同情况的理解

型（transactional）领导方式和变革型（transformational）领导方式。交易型领导是指领导者为了交换有价值的东西而主动与他人联系的领导方式。这种交换在性质上可能是经济的、政治的或者心理的，表现为以物易物，或以物换钱，或以选票换选票，等等。变革型领导也称为转型式领导，是与交易型领导相对应的领导方式，是指领导者与他人结合（engage），从而使领导者和追随者彼此将对方的动机和道德提高到更高水平的领导方式。变革型领导最终会成为道德（moral）领导，对领导者和追随者都会产生一种变革性的影响[①]。显然，对于领导者来说，变革型领导是道德领导的基础，道德领导是变革型领导的升华。而要形成变革型领导，就要将领导者和追随者的动机、价值和目标融为一体，通过满足追随者的动机改变其动机基础的构成[②]。为了达到这一目的，领导者需要关注追随者的动机，以较高的领导水平为他们的发展创造条件，使他们能够相互信任。

肯尼斯·利斯伍德（Kenneth Leithwood）等人在校长变革型领导方面的研究具有较大影响力。利斯伍德于 20 世纪 90 年代对中小学进行过 4 年的研究。研究认为，变革型领导在学校重构中对教师和学校具有多方面的影响，包括教师对学校特性的感受、教师对学校变革的承诺等。教师所受到的影响又会带来新的结果，包括学校重构的开端、教师对学生学业成就的期待、学生的参与和识别能力以及分数等[③]。对学校改进的实践研究也认为，校长与学校成员间的相互信任是发挥变革型领导作用、促进学校转型的重要前提。而这种信任需要建立在学校成员对学校愿景的共同憧憬的基础之上。因为学校愿景是学校成员的未来理想，对学校成员具有激励作用。学校成员有了未来的理想，也就有了较强的归属感，有了对学校领导者的信任以及对学校其他成员的信任。那么，校长与学校成员间的合作则成为可能。因此，校长针对不同的人选择不同的领导方式是体现其领导能力的关键，也是变革型领导的发展空间[④]。选择不同的领导方式可以使校长的领导行为更具有针对性，更切合学校成员的需要，更容易被学校成员理解，更能受到学校成员的追随。

---

① 伯恩斯．领导学［M］．常健，孙海云，等译．北京：中国人民大学出版社，2013：12.

② 同①13.

③ LEITHWOOD K. Leadership for school restructuring［J］. Educational administration quarterly，1994，30（4）：498-518.

④ 杨颖秀．校长在学校改进中的领导力［J］．教育理论与实践，2012，32（1）：15-18.

2. 道德领导理论及其对学校管理者与领导者关系的理解

美国教育领导研究的著名学者萨乔万尼（Sergiovanni）在《道德领导：抵及学校改善的核心》(*Moral Leadership*：*Getting to the Heart of School Improvement*）一书中指出，以往未能有效领导的原因在于情感、价值观以及人们之间的联系都未能发挥动机源泉的作用，这使得人类潜质不能有效发展，因此，有必要形成基于道德权威（moral authority）的激励观。道德的权威以价值观、理念、理想的义务和责任为表现形式。当领导实践基于道德的权威时，就可以期待教师对共同的承诺和互相依赖感做出回应。道德的权威和科层权威、心理权威、技术-理性权威、专业权威一道构成领导的权威来源，也是领导者的替身（substitutes）①。萨乔万尼认为：道德权威或许比科层权威（bureaucratic authority）、心理权威（psychological authority）和技术-理性权威（technical-rational authority）更重要。领导的替身在于学校转化为共同体和专业化不仅被视作一种能力的表露，而且也被视为一种德行的显现，还要拓展领导权威的来源、开掘更高层次的人类潜质、把团队精神理解为德行等。由此可见，萨乔万尼非常重视领导者的德行，将德行作为领导者的替身，强调道德权威在领导行为中的重要意义。

萨乔万尼认为：领导有许多形式，如指挥式领导、教学领导、服务式领导等，而学校管理者应当努力成为领导者的领导者。作为领导者的领导者，他们要努力培养教师和其他人员的种种能力，以便使人们不再需要直接的领导。这要通过团队建设、领导发展、分享式决策以及努力构建团队精神的价值来达成。成功的领导者善于把心理权威的最为先进的元素与道德权威结合起来②。萨乔万尼对领导方式的新的阐释，不仅为道德领导赋予了更为重要和更为具体的内涵，即“学校管理者应当努力成为领导者的领导者”的理念，还为教学领导和分布式领导的研究奠定了基础。

21世纪初，世界发生巨变。在安然公司和世界通信公司的丑闻、银行的重大失败下，人们更渴望可信的诚实的领导者出现。诚实领导理论应运而生。诚实是道德的核心。对于什么是诚实领导，存在从内心的、发展的、人际关系的不同视角所做的定义。人际关系的视角认为，诚实领导是相互关联的，由领导者和追随者共同创造。它不仅是领导者努力的结果，也是追随者响应的结果。二者是一个交互作用的过程。因此，诚实领导者仅提倡强大的价值观和关心他人是不够的，还需要从追随者那里获得有价值的想法。只有当追随者认可或者接受领导者的价值观时，领导者期望的结果才会出现。为此，领导者也会做出改变③。应当说，人际关系视角下的诚实领导理论与道德领导理论有相通之处，二者都在强调领导者与追随者包括与管理者之间的相对性以及相互作用性。所以，诚实领导理论对校长的教学领导行为也具有重要的意义。

3. 教学领导理论及其对校长教学领导的审视

教学领导（instructional leadership）是在学校改进过程中为提高学校质量而得以探讨的重要问题。1996年，海林杰（Hallinger）和赫克（Heck）在《教育管理季刊》(*Educational*

---

① 萨乔万尼．道德领导：抵及学校改善的核心［M］．冯大鸣，译．上海：上海教育出版社，2002：39－43.

② 同①143－144.

③ 诺斯豪斯．领导学：理论与实践：第5版［M］．吴爱明，陈爱明，陈晓明，译．北京：中国人民大学出版社，2012：138.

Administration Quarterly）上发表了《重新评估学校效能中的校长角色：一个1980—1995年的实证研究回顾》一文，对1980—1995年间教学领导研究方面的文献进行了检索、分析和评论，使教学领导问题引起了研究者的普遍关注①。研究认为，校长的教学领导对学校的改进起到了重要的作用，但这种作用是间接的，是通过调动教师的积极性、提高教师的教学能力等进行的，而不是靠校长直接走进教室，以听课多少来衡量是否达到提高教育质量的目的的，否则，就会过多地突出校长个人的作用，忽略教师在教学过程中的重要性。与此同时，研究也对以往的教学领导研究过多地强调改进“教”的策略、忽略改进“学”的策略进行了反思。因此，21世纪初期，海林杰所说的“教学领导”已被改称为“学习领导”，这意味着关于校长教学领导行为的研究重点已经从权力的如何行使转向了权力的受体——教师和学生发生了哪些改变。教学领导理论的提出，让我们得以重新审视校长与教师的关系以及教师与学生的关系。对校长与教师关系的重新审视实际上是对校长的领导作用与教师的教学作用相互关系的重新审视，对教师与学生关系的重新审视实际上是对教师的教与学生的学相互关系的重新审视。就校长自身而言，重新认识校长的教学领导与教学管理之间的关系也成为改进校长教学领导行为以及发挥校长作用的重要议题。

4. 分布式领导理论及其对教学组织形态的诊断

20世纪90年代在教育领域使用分布式领导（distributed leadership）一词有很多原因。据彼得·葛朗考证，早在20世纪50年代，弗伦奇（French）和施耐德（Suyder）、卡兹（Katz）、卡恩（Kahn）、沙因（Schein）等组织理论家就使用过分布式领导的概念②。萨乔万尼关于“学校管理者应当努力成为领导者的领导者”的观点再次引发了对分布式领导的研究。在现代社会知识密集型的组织中，仅仅靠领导者个人的职能行使无法达到创建学习型组织的目的。要创建学习型组织，就需要领衔的学习者，需要改变以领导者为中心的组织形态，需要发挥集体的智慧，需要领导者的领导者。显然，领导者在此只是一个相对的概念，组织中的任何一个人在一定的条件下都可能成为某种意义上的领导者。

由此，在学校如何构建教师共同体，激发教师的合作精神，使更多的人成为领衔的学习者，如何有效划清权力界限，避免出现“人人领导”或“无人领导”的现象，如何处理责任承担、人际关系、绩效评估等一系列新的问题，等等，都成为分布式领导研究的新课题。在这方面，斯皮兰（Spillane）的研究比较有代表性。斯皮兰在芝加哥的13所小学进行了分布式领导研究。研究发现，多重领导者都为教学改进出了力，学校改进应聚焦于多重领导者。

（二）教学管理的理论依据

教学管理是学校管理工作的一部分，有很多管理理论可以遵循。诸如，科学管理理论、人际关系理论、管理过程理论、激励理论、系统理论、治理理论等。从治理的视角看教学管理，它要为做好教学工作提供服务，使教学管理为学校整体管理达到善治提供保障。

需要注意的是，教学领导与管理的行为是相对独立的统一体，不能将二者截然割裂。所以，教学领导与管理的理论在实践中的应用也是相互联系不可分割的。

---

① HALLINGER P H，HECK R H. Reassessing the principal's role in school effectiveness：a review of empirical research：1980—1995 [J]. Educational administration quarterly，1996，32 (1)：5-44.

② 哈里斯．分布式领导：不同的视角 [M]. 冯大鸣，译．上海：上海教育出版社，2012：1-16.

第二节 教学领导与管理的具体内容

学校教学领导与管理的具体内容包括：确立办学方向，构建教学团队，管理教学过程，管理教学研究，管理学生入学编班和学籍，管理教务档案，管理教材、图书和仪器设备，等等。其中的课程领导与管理将在本章的第三节阐述。

一、确立办学方向

学校的办学方向是培养人的方向。培养什么人、怎样培养人、为谁培养人，始终是各级各类学校要解决的根本问题。学校的教学领导与管理要在明确办学方向的前提下做好各项工作。2019 年 3 月 18 日，习近平总书记在学校思想政治理论课教师座谈会上进一步强调，我们党立志于中华民族千秋伟业，必须培养一代又一代拥护中国共产党领导和我国社会主义制度、立志为中国特色社会主义事业奋斗终身的有用人才。《中华人民共和国教育法》第五条规定："教育必须为社会主义现代化建设服务、为人民服务，必须与生产劳动和社会实践相结合，培养德智体美劳全面发展的社会主义建设者和接班人。"这是党的教育方针，也是学校的办学方向。

二、构建教学团队

构建教学团队是指通过建设教学组织，调动教学组织成员的积极性，有效管理教学人员的活动。教学组织是一个纵横交错的系统，包括教研组、年级组、教导处、教科处（或教育研究室、教育研究处）、主管教学的校长或副校长等。教学领导与管理要科学构建不同层级的教学团队，组织团队成员在教学组织系统中发挥应有的作用。

教研组、年级组是教学的基层组织，是教学工作最重要的实施者。因此，学校在配备教师力量时要综合考虑多方面的因素，使之形成合力。影响教研组、年级组力量搭配的因素主要有：教师的年龄、教龄、职务（职称）、学历、性别、学科专业等。教师的搭配不仅要平衡同一学科平行班级的师资力量，也要协调不同学科之间的师资力量。否则，学生会因为某一学科师资力量薄弱而影响到其他学科的学习兴趣或成绩。

教导处、教科处是教学的中层组织，在教学组织系统中具有承上启下的作用，承担管理工作，对教研组、年级组的教学工作进行组织、沟通、协调、检查、总结等。专门从事教导工作及教育研究工作的人员需要具备教育管理和教育教学的专业知识，掌握学生身心发展规律和教学管理规律。学校可以配置有教育管理专业背景的教师承担教学组织管理工作，从而提高教学管理的专业化程度。

主管教学的校长或副校长是教学的主要领导者，不仅要有效配置各教研组、年级组的师资力量，领导中层教学管理人员做好教学管理工作，还要担负教学领导的重要职责，引领学校的办学方向，保障学校的教学质量。因此，主管教学的校长或副校长要不断提升自身的专业素养，在教学组织中充分发挥领导者的作用。

三、管理教学过程

管理教学过程是指通过制订教学计划、组织教学活动、检查教学进程、评价教学效果、总结教学过程等行为管理教学进程的活动。

制订教学计划是对教学活动的总体设计，是做好教学管理的开端。教学目标、教学内容、教学流程等，都要通过教学计划进行设计。教学目标是培养人的标准，离不开教育方针的指引，离不开课程实施对人才培养的要求。教学内容是教学的载体，是人才培养活动的总和。教学流程是教学活动的基本进程，可以通过教学时间的安排体现出来。课程表、作息时间表、学校活动总表是教学流程的集中反映。课程表是学校教学工作的时间依据，也是学校是否开足、开齐课程的直观反映。课程表有全校课程总表、班级课程表和教师任课表三种形式。课程表的编排要全面反映课程方案和课程标准的要求，艺术、体育与健康、劳动等课程不能遗漏。课程表的编排还要符合教育学、心理学和学校卫生学的要求，注意脑神经活动规律、学校卫生、教学设备和教师分配情况等因素。作息时间表是对学校上下班、上下学、上下课、活动、用餐、课间休息等时间的规定，有住宿生的学校还要规定就寝、起床时间。作息时间表可以根据季节不同进行适当的调整，一般分为冬季和夏季作息时间表。学校活动总表主要是对一学期内的大型文体活动、团队活动、社会公益活动、科技活动、劳动、开学典礼、毕业典礼、其他庆典活动或专项教育活动等方面的时间规定。学校活动总表要通过周活动表反映出来，以提醒教师和学生每周有所侧重。

组织教学活动是将教学活动中的人、财、物、时间、空间、信息等要素有机结合，实施教学计划的活动。例如，为教师的备课、听课、评课等教学活动提供时间、设备、场地等资源，组织相应的教师和学生参加一定主题的教学活动等。实施教学计划要保证教学的每一个基本环节都能充分发挥作用。教学基本环节既是教师的教学流程，也是学生的学习流程，每一个环节都体现着学生学习的心理特点和规律，任何一个环节发生问题，都可能使教师的教和学生的学出现问题。所以，对学校的教学计划要认真执行，落到实处，及时解决教学问题。

检查教学进程是对教学计划实施情况的监督活动。检查有许多方式，学校领导者应用较多的是视察、听课、考试等。视察是学校领导者通过察看来了解情况的行为。例如，视察学生纪律情况、教师备课情况、学生作业情况等。听课是指学校领导者进入课堂，亲身检验教师授课和学生学习情况，以行为促进教学活动。听课有不同的类型，如有了解性的、研究性的、实验性的、示范性的、辅导性的等，但无论是哪种形式的听课，都可以起到监督的作用。考试是学校领导者全面了解教学质量的主要方式，包括教师为督促学生学习而进行的临时性的小测验、单元测验等，还包括期中和期末考试。

评价教学效果是检查教学进程的继续，意在改进教学效果，提高教学质量。评价要坚持保障育人质量的价值准则，善于发现教师的教和学生的学存在的问题，帮助他们查找成因，以便解决问题。因此，不要将教学效果评价作为奖惩师生的唯一手段。教学效果是对学生德智体美劳全方位发展的评估，不能片面地将其理解为学生的学业成绩。要突出评价的激励功能，注重教师与学生的发展过程、增值情况和个性特点。要采用建构式、响应式的评价方式，多与教师和学生对话研讨，了解产生问题的具体情境，以便有针对性地提出解决问题的建议，保证评价的民主性、科学性和公平性。在学校进行教学效果评价的同时也可以培养教师和学生自我评价的习惯，达到评是为了不评的目的。

总结教学过程是对一定时间内的教学工作的方方面面所做的归纳概括。总结可以有对短时间的教学工作情况的总结，如单元总结、期中总结，也可以有对长时间的教学工作情况的总结，如学期总结、学年总结、学段总结、学制总结等。由于所要总结的教学工作时间长短不同、内容重点不同、要解决的问题不同等，总结的内容也有所侧重。通过总结可以看到教学工作的成绩，也可以看到教学工作存在的问题，还可以对未来的教学工作进行预测，提出工作任务，设计工作愿景。在此基础上，扬长避短，为下一个管理周期的开始奠定基础。

四、管理教学研究

管理教学研究是指通过组织学校资源探究教学问题、提高教学有效性的活动。学校开展教研活动是法律支持和鼓励的行为，是学校的基本权利之一。《中华人民共和国教育法》第十一条第三款规定："国家支持、鼓励和组织教育科学研究，推广教育科学研究成果，促进教育质量提高。"学校教研管理包括教研组织管理、教研经费管理、教研档案管理等内容。

（一）建立教研组织

建立教研组织是做好教研活动的开端，直接影响教研人员积极性的发挥。学校的教研任务最初由教学研究组承担，主要研究教学工作。1952 年，《小学暂行规程（草案）》规定，小学由全体教师依据学科性质，根据本校具体情况，分别组织研究组，各组设组长一人，主持本组教导研究会议，研究改进教学内容和教导方法，并交流、总结经验。《中学暂行规程（草案）》规定：中学各学科设教学研究组，由各科教员分别组织之，以研究改进教学工作为目的。每组设组长一人，由校长就各科教员中选聘之（在班数较少的学校，教学研究组得联合性质相近的学科组织之）。随着学校的发展，学校规模不断扩大，研究任务不断增多。20 世纪 80 年代以后，一些规模较大的学校成立了中层教研组织机构，一般设主任、副主任及其他研究人员等职务，在主管教学工作的副校长的领导下，专门承担学校的教学研究工作。目前，大部分学校设有主管教研的副校长，加之中层教研组织、教学研究组，在校内形成了上下协调的教研组织机构，在组织设置上保证了学校教研任务的完成。

（二）管理教研经费

学校教研需要必要的经费支持，如果申请到上级部门的课题就会同时得到相应的课题研究经费，对此要妥善管理，以保证课题研究的顺利开展。以课题为依托是有计划、有系统地对某一问题进行研究的有效途径。因此，如果学校不能独立申请到上级部门的课题立项，也可以主动参与其他课题主持者的相关研究，或者以学校自主立项的形式，集中对教师感兴趣的、有研究价值的问题进行研究。但无论是哪种形式的研究，都会涉及经费的管理问题。无论学校教研经费来源如何都应编制开支计划，合理使用经费。一般来说，课题研究经费开支主要包括课题研究的资料费、调研差旅费、小型会议费、专家咨询费、研究成果的印刷费、小型仪器设备购置费、研究成果的鉴定费等。经费开支计划要有所侧重，不能平均分配。教研经费要根据研究计划做到专款专用、单独记账。课题研究经费要由课题负责人全面负责使用，所有课题组成员都要自觉遵守经费管理制度。教研经费要依据财务制度由学校财务部门代管并负责监督，课题资助单位同时对课题经费进行监督。对无故不完成研究任务或自行中止研究工作的课题，课题资助单位一般会停止拨款，并会追回已拨出部分的余额；严重违反财务制度、贪污挪用课题经费的，不但会受到被撤销课题的处理，还会受到由承担课题的学校负责追回并偿还全部不合理开支的处理。为保证对教研经费的监督，课题管理部门还会进行阶段性的课题研究情况检查。

（三）管理教研档案

要提高学校教研的水平和质量，需要对教研文书、教研人员、教研项目、教研成果等进行归档管理。

教研文书档案管理主要包括对上级主管部门的教研文件和校内教研材料两个方面的归档管理。上级主管部门有行政主管部门，也有业务主管部门，它们印发的教研方面的文件，学校要归档管理，以便依据其指导教研工作。学校在教研规范化管理的过程中也会制定有关的计划、制度、评价标准，撰写检查总结、会议记录等，对此也要妥善归档，以备查用。教研人员档案管理主要包括对教研人员的自然状况、学历学位、专业职务、学术水平、研究成果、梯队状况等方面的归档管理。教研项目档案管理主要包括对项目来源、类别、名称、预期目标、负责人、参加者、资助经费、研究周期、进展情况、阶段性成果、评估结果等方面的归档管理。教研成果档案管理主要包括对成果的作者、名称、形式、出版者、出版日期、获奖情况、社会效果等内容的归档管理。

《关于进一步做好小学升入初中免试就近入学工作的实施意见》

五、管理学生入学编班和学籍

《关于进一步做好重点大城市义务教育免试就近入学工作的通知》

《义务教育学校管理标准（试行）》

学生入学编班需要遵守编班准则、确定班级规模、制定公平的编班程序、采用适当的编班方法。

第一，遵守编班准则。《中华人民共和国义务教育法》第十二条第一款规定：“适龄儿童、少年免试入学。地方各级人民政府应当保障适龄儿童、少年在户籍所在地学校就近入学。”第二十二条第一款规定：“县级以上人民政府及其教育行政部门应当促进学校均衡发展，缩小学校之间办学条件的差距，不得将学校分为重点学校和非重点学校。学校不得分设重点班和非重点班。”2014 年 1 月，教育部发布《关于进一步做好小学升入初中免试就近入学工作的实施意见》，为使这一文件更好地落实，教育部办公厅随后发布《关于进一步做好重点大城市义务教育免试就近入学工作的通知》。《义务教育学校管理标准（试行）》以育人为本、全面发展，促进公平、提高质量，安全和谐、充满活力，依法办学、科学治理为基本理念，提出义务教育学校管理职责首先是“平等对待每位学生”。根据这些规定，平等对待每位学生，保障义务教育阶段免试就近入学，不设重点校和非重点校，不设重点班和非重点班，是学生入学及编班的基本准则。

第二，确定班级规模。2002 年，《城市普通中小学校校舍建设标准》规定城市完全小学基本指标为 12 班、18 班、24 班、30 班，每班 45 人；九年制学校为 18 班、27 班、36 班、45 班，小学每班 45 人、初中每班 50 人；初级中学为 12 班、18 班、24 班、30 班，每班 50 人；完全中学为 18 班、24 班、30 班、36 班，每班 50 人；高级中学为 18 班、24 班、30 班、36 班，每班 50 人。2008 年，中华人民共和国住房和城乡建设部、国家发展和改革委员会批准发布《农村普通中小学校建设标准》，规定农村非完全小学为 4 班，每班 30 人；完全小学为 6 班、12 班、18 班、24 班，近期每班 45 人，远期每班 40 人；初级中学为 12 班、18 班、24 班，近期每班 50 人，远期每班 45 人。

班级规模对学生的身心健康具有重要影响。班级规模对学生情感的影响比对学生认知的影响要大。班级规模越大，每个学生与全体同学的接触机会就会越少，这可能会使少数学生产生被冷落的感觉。此外，学生之间交往机会少，相互间了解少，则合作机会就少，合作也不易进行。班级规模越大，学生间的个体差异就越大，建立集体规范就越难。在同等的空间内，规模大的班级内学生患病及相互传染的机会增多，教室空气中二氧化碳的含量也增加。因此，《国家中长期教育改革和发展规划纲要（2010—2020 年）》提出了提高义务教育质量、推行小班教学的发展策略。

第三，制定公平的编班程序。编班要根据国家法律、法规和教育行政部门的相关规定，落实招生入学方案，公开范围、程序、时间、结果，保障适龄儿童少年平等接受教育的权利。不举办任何形式的入学或编班考试，不以各类竞赛、考级、奖励证书作为学生入学或编班的依据。编班过程邀请相关人员参加，接受各方监督。

第四，采取适当的编班方法。学校通常情况下会采取随机编班的方法，编班之后公平配置教师。随机编班有利于平衡学生的差异，给学生提供相对公平的教育环境。但随机编班也需适当调整可能出现的较大偏差，包括特殊家庭环境、性别等方面的偏差，缩小班级与班级之间在起点上的差异。

学籍管理请见第八章第三节，此处不赘述。

六、管理教务档案

管理教务档案是指对教务文件和教务表册的管理。教务文件主要包括：国家的教育法律、法规和教育政策，地方性教育法规和教育政策，学校内部的教学规章制度、请示报告、教学工作计划和总结、试卷、教学报表、教师业务档案、教学交流资料等。教务表册主要包括：反映教学时间流程的全校课程总表、班级课程表、教师任课表、教学进度表、教材订购表、教师管理记录表、学生注册登记表、学籍表等；反映教学效果的学科记分册、成绩登记表、成绩统计表、成绩通知单等；反映出勤情况的点名册、学生请假单、学生缺课统计表、教师考勤簿、教师请假单、教师请假统计表等；反映学业结果的毕业证书、结业证书、肄业证书等；反映人员流动的历届教职工和学生人数统计表、毕业生名册、休学证书和名册、转学证书和名册等；反映奖惩情况的优秀学生或“三好学生”名册、年度优秀教师等；反映图书、仪器流通的借书证、登记册，仪器、标本、器械、药品登记簿以及使用、耗损记录等。教务文件要分类管理，做好记录，方便查找，确保数据真实可信。教务表册要事先做好设计和印制工作。

七、管理教材、图书和仪器设备

《中小学教材管理办法》

2019 年 12 月 16 日，教育部印发《中小学教材管理办法》，指出："中小学教材是指根据国家课程方案编写的、供义务教育学校和普通高中学校使用的教学用书，以及作为教材内容组成部分的教学材料（主要包括教材配套的音视频、图册和活动手册等）。"《中小学教材管理办法》还规定：中小学教材必须体现党和国家意志，全面贯彻党的教育方针，落实立德树人根本任务。国家实行中小学教材审定制度，未经审定的教材，不得出版、选用。在国家教材委员会指导和统筹下，中小学教材实行国家、地方和学校分级管理。国务院教育行政部门牵头负责全国中小学教材建设的整体规划和统筹管理，制定基本制度规范，组织制定国家课程方案和课程标准，组织开展国家课程教材的编写指导和审核，组织编写国家统编教材，指导监督各省（区、市）教材管理工作。省级教育行政部门牵头负责本地区中小学教材管理，指导监督市、县和学校课程教材工作；组织好国家课程教材的选用、使用工作，确保全面有效实施；负责地方课程教材规划、开发、审核和管理。学校要严格执行国家和地方关于教材管理的政策规定，健全内部管理制度，选好用好教材。校本课程由学校开发，要立足学校特色教学资源，以多种呈现方式服务学生个性化学习需求，原则上不编写出版教材，确需编写出版的应报主管部门备案，按照国家和地方有关规定进行严格审核。学校应根据课程标准及时为学生预订教材，在每学期开学发到学生手中。发现教材出版印刷中的问题要及时联系出版社调换。在义务教育阶段实行教科书免费制度。校本教材是对国家课程教材和地方课程教材的补充，其编写应有利于引导学生利用已有的知识与经验，主动探索知识的形成与发展，同时也应有利于教师的教育教学。教材内容的选择应符合课程标准的要求，体现学生身心发展的特点，反映社会、政治、经济、科技的发展需求；教材内容的组织应多样、生动，有利于学生的探究。

图书是教师教学和学生学习的必要工具，有文字版、电子版等不同形式。图书要有专人负责管理，从购买到保管，再到流通是图书管理的基本流程。购买要征求教师和学生的意见，选择教师和学生喜闻乐见的图书、内容健康的图书、具有时代气息的图书，并要做好计划，专款专用。保管要登记、编目、分类、上架，并要防蛀、防潮等。流通要建立健全图书借阅制度和赔偿制度，避免图书使用的滞留和丢失。

仪器设备是教学试验的必要条件，要依据国家标准配置。仪器、药品的购买、存放，要经济、安全，并要对其及时检查、清理、修理和补充。使用时要严格遵守操作规程，保证师生安全。

第三节　课程领导与管理

课程是学校教育教学活动的载体，是培养人的媒介。课程的设计、实施及评价，直接影响人的培养质量和社会的发展需求。做好课程领导与管理的目的就在于更好地发挥课程在培养优秀人才、提高教育教学质量中的积极作用。

一、课程的含义

对于什么是课程存在诸多解释。《课程理论——课程的基础、原理与问题》将课程的定义归为六类：课程即教学科目，课程即有计划的教学活动，课程即预期的学习结果，课程即学习经验，课程即社会文化的再生产，课程即社会改造①。《课程：基础、原理和问题》认为狭义的课程是指学校里所教的科目，广义的课程是指个体充分真实地参与社会所需的经验②。《中国大百科全书·教育》将课程解释为教学内容，即“学校给学生传授的知识和技能，灌输的思想和观点，培养的习惯和行为等的总和”③，同时，将课程定义为：课业及进程。在西方，“curriculum”一词来源于拉丁语，现指学校课程，即教学的内容和计划。近代学校兴起以来，课程有广义和狭义两种。广义指所有学科（教学科目）的总和，或指学生在教师指导下的各种活动的总和。狭义指一门学科④。无论怎样定义课程，其共同点在于强调课程在传授知识技能、养成行为习惯、积累社会经验、从事社会活动、促进社会发展中的育人作用，其基本载体都是教学科目和教学过程。

二、课程领导与管理的含义及相互关系

对课程领导与管理做深入的理解，有助于促进课程在学生的发展中发挥更加充分的教育作用。

（一）课程领导的含义

课程领导是指课程领导者根据一定的价值标准和准则，创设课程环境，激励追随者共同实现课程培养目标的活动过程。课程领导者从广义来讲，包括教育行政部门的领导者、学校的领导者、教师，甚至学生及家长等，通过他们的协同合作获得最佳的课程实施效果；从狭义来讲，仅指对课程进行领导的校长等学校的领导者。课程的价值是课程构建的方向，没有正确的价值标准，课程设计和实施就会迷失方向，降低培养人的质量。课程准则包括国家的政策、法律法规、制度规则、行为规范、教育教学原则及规律等，而国家的课程方案和课程标准则是课程设计和实施的重要准则。课程环境既是实施课程的资源，也能对课程产生影响，包括物质环境和精神环境，或者政治环境、经济环境、文化环境等。环境不同，课程设计和实施的效果也会不同。追随者是与领导者相对的概念，是指课程领导者的相对主体。不同层级的课程领导者，其追随者也不同。课程培养目标是指根据教育目的和各级各类学校的性质、任务提出的培养人的具体要求。

---

① 施良方．课程理论：课程的基础、原理与问题［M］．北京：教育科学出版社，1996：3-7.

② 奥恩斯坦，汉金斯．课程：基础、原理和问题：第3版［M］．柯森，译．南京：江苏教育出版社，2002：1.

③ 中国大百科全书总编辑委员会《教育》编辑委员会，中国大百科全书出版社编辑部．中国大百科全书·教育［M］．北京：中国大百科全书出版社，1985：155.

④ 同③207.

（二）课程管理的含义

课程管理是指为实现学校的培养目标，对课程实施进行科学管理的活动过程。包括制订课程实施计划、配置课程实施资源、组织课程实施人员、控制课程实施进程、解决课程实施中出现的问题、评价课程实施效果、提出课程改进的建议等。

（三）课程领导与管理的关系

在理解了领导与管理的关系后，课程领导与管理的关系也就不难理解了。二者不仅具有是活动过程、有影响力、需要人的参与和为了实现组织目标等共同点，也存在宏观的方向引领和微观的目标执行之间的差异性。课程领导与管理的关系可以表 6-3 表示。

表 6-3 课程领导与管理的关系

<table>
<tr><th colspan="2" rowspan="2">课程领导与管理的相同点</th><th colspan="2">课程领导与管理的不同点</th></tr>
<tr><th>课程领导</th><th>课程管理</th></tr>
<tr><td rowspan="3">是一个活动过程</td><td>有影响力</td><td>理解国家的课程方案和课程标准、指导课程实施和改革</td><td>制订课程实施计划、配置课程实施资源</td></tr>
<tr><td>需要人的参与</td><td>创设课程环境、构建课程团队</td><td>组织课程实施人员</td></tr>
<tr><td>为了实现组织目标</td><td>激发课程改革的积极性、逐级授权实施课程</td><td>控制课程实施进程、解决课程实施中出现的问题、评价课程实施效果、提出课程改进的建议</td></tr>
</table>

从教育行政机构和学校的设置而言，课程领导和管理的组织机构包括中央教育行政机构（教育部）、省级教育行政机构（教育厅）、市级教育行政机构（教育局）、县级教育行政机构（教育局）、学校等不同的层次。从纵向关系而言，领导和管理是相对的，上级做决策对下级而言属于领导，下级执行上级的决策对上级而言可视为管理。除教育行政机构直接领导与管理课程外，党组织机构、一级政府部门、相关行政部门等，也会通过发布政策等方式参与学校课程的领导与管理过程。

三、课程领导与管理的活动过程

课程领导与管理同样是相互联系、不可分割的，其活动过程包括课程设计、课程实施和课程评价等。

（一）课程设计

课程设计（curriculum design）是指设置课程目标、课程体系、课程结构、课程内容等方面的课程组织活动①。课程目标广义上从教育与社会的关系视角，全方位探讨教育的意图，包括“教育方针”“教育目的”“培养目标”“课程教学目的”“教学目标”，而教学

① 施良方．课程理论：课程的基础、原理与问题［M］．北京：教育科学出版社，1996：81.

目标又包含年级教学目标、单元教学目标和课时教学目标；狭义上从教育与学生的关系视角，探讨教育内部的意图，包括"教育目的""培养目标""课程教学目的""教学目标"。课程体系是指同一专业不同课程门类按照其顺序排列的教学内容和进程的总和。课程体系是由特定的课程观、课程目标、课程内容、课程结构和课程活动方式所组成的系统，其中课程观起着主导的作用。课程体系是实现培养目标的载体，是保障和提高教育质量的关键。课程结构是指课程的组成部分及其相互关系，主要规定组成课程体系的学科门类以及各学科内容的比例关系，包括必修课与选修课、综合课与分科课的搭配等。课程结构体现着课程设计的理念和价值。从课程的定义来看，对课程内容的解释也有不同的视阈。一是认为课程内容即教材，二是认为课程内容即学习活动，三是认为课程内容即学习经验①。还有的将课程内容等同于课程，总括为关于自然、社会和人的发展规律的基础知识，关于一般智力技能和操作技能的知识经验，关于对待世界和他人态度的知识经验。通常认为，课程内容的具体表现形式包括课程计划、学科课程标准和教材。另外，课程设计有时也被称为课程组织，并且如果将设计作为动词理解，那么课程设计与课程编制同义②，包括课程的构思、设计、实施、评价的全过程③。

总之，课程设计要根据学生的身心发展规律、社会发展需求、知识结构等因素，安排好课程内容的广度和深度、课程内容的先后顺序及其连贯性、课程内容的比例和体系等。

（二）课程实施

课程实施是指对课程方案、课程标准的施行活动。课程实施是一个不断延续、调整、创新和渐进的行动过程。在这个过程中，需要有比较充分的资源保障课程的有效实施，进而实现培养目标。充分的资源包括高素质的领导者、优秀的教师、充足的经费、良好的教学环境、努力并乐于学习的学生，以及支持学校工作的家长、社区成员等。课程实施是在课程方案的基础上进行的，但对于课程方案的理解和执行离不开课程实施者的创造性劳动。这种创造性劳动表现于课程实施中的交流和变革。交流既来自领导者之间、教师之间、学生之间、教师与家长之间等的横向交流，也来自学生与教师之间或教师与领导者之间的纵向交流。交流的目的在于切磋课程方案、课程标准等影响课程实施的关键因素，挖掘其中的知识性、科学性、方向性等的核心要素，通过交流达到发现问题和解决问题的目的。而这一过程正是变革课程内容的过程。所以，课程实施是课程实施者在创造性劳动的过程中对课程不断改进的过程。

（三）课程评价

课程评价是指课程开发者和实施者收集相关资料，对学习者的课程体验，或对课程方案做出判断的一系列活动④。课程评价是为了更好地了解学习者对课程的感受，了解课程方案的实施情况，并根据课程方案的实施情况不断调整和完善课程方案。关于什么是课程评价也有诸多见解，但从评价取向上进行归纳，主要有科学主义（或实证主义）视角的课

---

① 施良方．课程理论：课程的基础、原理与问题［M］．北京：教育科学出版社，1996：106.

② 奥恩斯坦，汉金斯．课程：基础、原理和问题：第3版［M］．柯森，译．南京：江苏教育出版社，2002：247.

③ 同②209.

④ 同②338.

程评价定义和人本主义（或自然主义）视角的课程评价定义。

科学主义视角的课程评价定义从输入和输出或从先确定目标再评价结果的两条路径进行考量。例如，认为课程评价是一种广泛而持久的努力，目的是探究所运用的教学内容和教学过程在实现明确规定的目标方面的效果[①]。持这种观点的群体多采用学习者考试分数的资料，通过统计的方法比较不同情况下学生所取得的成绩。比较典型的是丹尼尔·斯塔弗尔比姆（Daniel Stufflebeam）提出的 CIPP 评价模式，包括背景（context）、输入（input）、过程（process）、成果（product）四个环节的评价。背景评价是对提出方案的环境的研究，目的在于了解个体所处的现状并基于所要采取的行动评价这一现实。输入评价主要是提供信息并决定如何利用资源实现方案的目标，要对课程计划的各个部分或特殊组成进行评价，探讨实施的可行性问题。了解课程目标陈述是否恰当、是否与学校的教育目标一致，课程内容是否与目标一致，其他策略是否有利于达成目标，教师要采用的课程内容和教学方法能成功达到目标的理由是什么，等等。过程评价主要描述课程实施情况，判断课程计划与实际活动是否一致，包括探究或预测课程设计或实施中可能出现的漏洞，为决策者提供信息和记录在各实施阶段的情况。成果评价是通过收集数据来决定课程最终取得的成效是否符合评价者的期望，判断目标在多大程度上得以实现。成果评价提供的信息有助于评价者对新课程的实施做出继续、终止或修订的决定。CIPP 评价模式是一种综合性的评价，认为评价是一个过程[②]。

人本主义视角的课程评价定义更多地关注学习者个案，侧重研究已经实施的课程计划，而不是评价者所施加的课程计划。评价过程中，评价者要针对课程方案提出不同的问题，对评价现场的情景不是按照事先的架构而是通过观察做出反应。观察、叙述和描述是评价的主要手段。显然，这种评价采取的是质性研究的方法。在这方面，比较有代表性的包括斯塔克（Stake）提出的回应性评价模式（responsive evaluation model）、帕雷特（Parlett）及汉密尔顿（Hamilton）提出的解释性评价模式（illuminative evaluation model）等。“回应性评价”更注重评价课程的活动与过程，而不是课程的目的与结果，注重非正规的自然的交流与评价，而不是正规的、标准化的评价，注重对课程的描绘，而不是考试分数、标准和目标等方法意义上的客观资料。“解释性评价”试图提供教育计划的全貌，通过观察和探究，说明教育计划的显著特点和问题[③]。

第四节　基础教育课程改革实践

教育在现代化建设中具有先导性、全局性、基础性的作用。课程设计直接影响教育质量。历史上，我国曾经对基础教育课程设计做过多次改革。2001 年，开始新一轮基础教育课程改革，改革的主要内容如下：

① 奥恩斯坦，汉金斯．课程：基础、原理和问题：第 3 版［M］．柯森，译．南京：江苏教育出版社，2002：342.

② 同①352 - 353.

③ 同①356 - 358.

一、提出基础教育课程改革要解决的问题

2001年，教育部发布《基础教育课程改革纲要（试行）》，新一轮基础教育课程改革正式开始。文件对我国基础教育课程改革的指导思想、课程培养目标、课程改革目标、课程管理提出改革意见。文件指出：改革开放以来，我国基础教育取得了辉煌成就，基础教育课程建设也取得了显著成绩。但是，我国基础教育总体水平还不高，原有的基础教育课程已不能完全适应时代发展的需要。表现为：课程过于注重知识传授，课程结构过于强调学科本位、科目过多和缺乏整合，课程内容“繁、难、偏、旧”和过于注重书本知识，课程实施过于强调接受学习、死记硬背、机械训练，课程评价过分强调甄别与选拔的功能，课程管理过于集中，等等。为贯彻中共中央、国务院《关于深化教育改革全面推进素质教育的决定》（1999年）和国务院《关于基础教育改革与发展的决定》（2001年），教育部决定大力推进基础教育课程改革，调整和改革基础教育的课程体系、结构、内容，构建符合素质教育要求的新的基础教育课程体系。

《基础教育课程改革纲要（试行）》

《关于深化教育改革全面推进素质教育的决定》

《关于基础教育改革与发展的决定》

二、确立教育方针和教育教学语言文字

《中华人民共和国教育法》在2009年修正后，又分别于2015年和2021年进行了第二次和第三次修正。关于教育方针，2015年《中华人民共和国教育法》第五条规定：“教育必须为社会主义现代化建设服务、为人民服务，必须与生产劳动和社会实践相结合，培养德、智、体、美等方面全面发展的社会主义建设者和接班人。”2021年《中华人民共和国教育法》第五条规定：“教育必须为社会主义现代化建设服务、为人民服务，必须与生产劳动和社会实践相结合，培养德智体美劳全面发展的社会主义建设者和接班人。”在第二次修正中，《中华人民共和国教育法》第六条规定：“教育应当坚持立德树人，对受教育者加强社会主义核心价值观教育，增强受教育者的社会责任感、创新精神和实践能力。”“国家在受教育者中进行爱国主义、集体主义、中国特色社会主义的教育，进行理想、道德、纪律、法治、国防和民族团结的教育。”第十二条第一款规定：“国家通用语言文字为学校及其他教育机构的基本教育教学语言文字，学校及其他教育机构应当使用国家通用语言文字进行教育教学。”《中华人民共和国教育法》的先后修正，不仅丰富了教育方针的内容，依法确立了“立德树人”的价值准则，还规范了基本教育教学语言文字，这意味着对基础教育课程改革又提出了新的标准。

三、坚持立德树人的核心地位

《国家中长期教育改革和发展规划纲要（2010—2020年）》将“优先发展、育人为本、改革创新、促进公平、提高质量”作为教育改革发展的工作方针，将“到2020年，基本实现教育现代化，基本形成学习型社会，进

《国家中长期教育改革和发展规划纲要（2010—2020年）》

人人力资源强国行列”作为教育改革发展的战略目标，将“坚持以人为本、全面实施素质教育”作为教育改革发展的战略主题，要求教育改革发展“坚持德育为先”“立德树人”。这些战略要求为基础教育课程改革指明了方向。教育部印发的《关于全面深化课程改革落实立德树人根本任务的意见》（2014 年）对课程改革提出了具体的要求，要求高校和中小学整体规划课程，统筹学段、统筹学科、统筹课标等，全面深化课程改革，把立德树人的要求落到实处，充分发挥课程在人才培养中的核心作用。

《关于全面深化课程改革落实立德树人根本任务的意见》

四、构建课程体系、课程结构和课程管理体系

中共中央、国务院 1999 年印发《关于深化教育改革全面推进素质教育的决定》，提出“试行国家课程、地方课程和学校课程”的课程体系。这种课程体系的形成在我国课程建设等历史上具有较好的基础。1963 年，教育部拟定的《全日制中小学教学计划（草案）》在高中设置选修课。1990 年，国家教委印发的《现行普通高中教学计划的调整意见》增加单课性和分科性选修课。单课性选修课的开设可根据学校的条件、学生的要求和需要而定。1992 年，国家教委印发的《九年义务教育全日制小学、初级中学课程计划（试行）》增加了地方安排课程，授权省级教育行政部门根据本地实际情况和需要制定。1963 年至 1992 年几套教学计划对选修课、地方安排课程的设置，为国家课程、地方课程、学校（校本）课程体系的形成奠定了基础。

在课程结构上，整体设置九年一贯的义务教育课程，小学阶段以综合课程为主，初中阶段设置分科与综合相结合的课程，高中以分科课程为主。

在课程管理上，实行国家、地方、学校三级课程管理，增强课程对地方、学校及学生的适应性。教育部总体规划基础教育课程，制订基础教育课程管理政策，确定国家课程门类和课时。制订国家课程标准，积极试行新的课程评价制度。省级教育行政部门依据国家课程管理政策和本地区实际，制订本省（自治区、直辖市）实施国家课程的计划，规划地方课程，报教育部备案并组织实施。学校在执行国家课程和地方课程的同时，应视当地社会、经济发展的具体情况，结合本校的传统和优势、学生的兴趣和需要，开发或选用适合本校的课程。

五、不断完善课程方案和课程标准

在课程改革的 20 余年里，教育部先后印发了《义务教育课程设置实验方案》（2001 年）、《全日制普通高级中学课程计划》（2002 年）、《〈普通高中课程方案（实验）〉和语文等十五个学科课程标准（实验）》（2003 年）、《义务教育语文等学科课程标准（2011 年版）》、《普通高中课程方案和语文等学科课程标准（2017 年版）》、《普通高中课程方案和语文等学科课程标准（2017 年版 2020 年修订）》、《义务教育课程方案和课程标准（2022 年版）》。这些课程方案和课程标准紧紧把握课程改革的方向，牢牢抓住课程改革的育人导向，优化课程体系、课程结构和课程内容，为培养德智体美劳全面发展的人奠定了基础。

（一）义务教育课程设计

2022年版《义务教育课程方案》，以习近平新时代中国特色社会主义思想为指导，全面贯彻党的教育方针，遵循教育教学规律，落实立德树人根本任务，发展素质教育。以人民为中心，扎根中国大地办教育。坚持德育为先，提升智育水平，加强体育美育，落实劳动教育。反映时代特征，努力构建具有中国特色、世界水准的义务教育课程体系。聚焦中国学生发展核心素养，培养学生适应未来发展的正确价值观、必备品格和关键能力，引导学生明确人生发展方向，成长为德智体美劳全面发展的社会主义建设者和接班人。

义务教育课程九年一贯设置，按“六三”学制或“五四”学制安排。每学年共39周。一至八年级新授课时间35周，复习考试时间2周，学校机动时间2周；九年级新授课时间33周，第一学期复习考试时间1周，第二学期毕业复习考试时间3周，学校机动时间2周。学校机动时间可用于集中安排劳动、科技文体活动等。

一至二年级每周26课时，三至六年级每周30课时，七至九年级每周34课时，九年新授课总课时数为9 522。小学每课时按40分钟计算，初中每课时按45分钟计算。

各科目安排及占九年总课时比例见表6－4。

表6－4　各科目安排及占九年总课时比例

<table>
<tr><td rowspan="2"></td><td colspan="9">年级</td><td rowspan="2">九年总课时（比例）</td></tr>
<tr><td>一</td><td>二</td><td>三</td><td>四</td><td>五</td><td>六</td><td>七</td><td>八</td><td>九</td></tr>
<tr><td rowspan="12">国家课程</td><td colspan="9">道德与法治</td><td>6%～8%</td></tr>
<tr><td colspan="9">语文</td><td>20%～22%</td></tr>
<tr><td colspan="9">数学</td><td>13%～15%</td></tr>
<tr><td></td><td></td><td colspan="7">外语</td><td>6%～8%</td></tr>
<tr><td></td><td></td><td></td><td></td><td></td><td></td><td colspan="3">历史、地理</td><td>3%～4%</td></tr>
<tr><td colspan="6" rowspan="2">科学</td><td colspan="3" rowspan="2">物理、化学、
生物学（或科学）</td><td>8%～10%</td></tr>
<tr><td>1%～3%</td></tr>
<tr><td></td><td></td><td colspan="6">信息科技</td><td></td><td>10%～11%</td></tr>
<tr><td colspan="9">体育与健康</td><td>9%～11%</td></tr>
<tr><td colspan="9">艺术</td><td rowspan="5">14%～18%</td></tr>
<tr><td colspan="9">劳动</td></tr>
<tr><td colspan="9">综合实践活动</td></tr>
<tr><td>地方课程</td><td colspan="9">由省级教育行政部门规划设置</td></tr>
<tr><td>校本课程</td><td colspan="9">由学校按规定设置</td></tr>
<tr><td>周课时</td><td>26</td><td>26</td><td>30</td><td>30</td><td>30</td><td>30</td><td>34</td><td>34</td><td>34</td><td></td></tr>
<tr><td>新授课总课时</td><td>910</td><td>910</td><td>1 050</td><td>1 050</td><td>1 050</td><td>1 050</td><td>1 190</td><td>1 190</td><td>1 122</td><td>9 522</td></tr>
</table>

说明：本表按“六三”学制安排，“五四”学制可参考确定。

义务教育课程标准的主要变化在于：强化了课程育人导向，优化了课程内容结构，研制了学业质量标准，增强了指导性，加强了学段衔接。

（二）普通高中课程设计

2017年版2020年修订的《普通高中课程方案》，以马克思列宁主义、毛泽东思想、邓小平理论、“三个代表”重要思想、科学发展观、习近平新时代中国特色社会主义思想为指导，深入贯彻党的十八大、十九大精神，落实全国教育大会精神，全面贯彻党的教育方针，落实立德树人根本任务，发展素质教育，推进教育公平，以社会主义核心价值观统领课程改革，着力提升课程思想性、科学性、时代性、系统性、指导性，推动人才培养模式的改革创新，培养德智体美劳全面发展的社会主义建设者和接班人。

普通高中学制为三年。每学年52周，其中教学时间40周，社会实践1周，假期（包括寒暑假、节假日和农忙假）11周。每周35课时，每课时按45分钟计。18课时为1学分。

普通高中课程由必修、选择性必修、选修三类课程构成。其中，必修、选择性必修为国家课程，选修为校本课程。必修课程，由国家根据学生全面发展需要设置，所有学生必须全部修习。选择性必修课程，由国家根据学生个性发展和升学考试需要设置。参加普通高等学校招生全国统一考试的学生，必须在本类课程规定范围内选择相关科目修习；其他学生结合兴趣爱好，也必须选择部分科目内容修习，以满足毕业学分的要求。选修课程，由学校根据学生的多样化需求，当地社会、经济、文化发展的需要，学科课程标准的建议以及学校办学特色等开发设置，学生自主选择修习。

普通高中开设科目及学分见表6－5。

表6－5 普通高中开设科目及学分

科目	必修学分	选择性必修学分	选修学分
语文	8	0～6	0～6
数学	8	0～6	0～6
外语	6	0～8	0～6
思想政治	6	0～6	0～4
历史	4	0～6	0～4
地理	4	0～6	0～4
物理	6	0～6	0～4
化学	4	0～6	0～4
生物学	4	0～6	0～4
技术（含信息技术和通用技术）	6	0～18	0～4
艺术（或音乐、美术）	6	0～18	0～4
体育与健康	12	0～18	0～4
综合实践活动	8	—	—
劳动	6	—	—
合计	88	≥42	≥14

说明：校本课程不少于14学分。其中，在必修和选择性必修基础上设计的学科拓展、提高类课程之外的课程不少于8学分。

科目内容根据学科自身特点和学生学习需要设计。必修内容原则上按学期或学年设计，选择性必修和选修内容原则上按模块设计。模块之间既相对独立，又体现学科内在逻辑。模块教学时间根据实际需要设定，一般为18课时的倍数。

外语包括英语、日语、俄语、德语、法语、西班牙语。学校自主选择第一外语语种。鼓励学校创造条件开设第二外语。

技术包括信息技术和通用技术，其必修内容分别按3学分设计模块。

艺术可与音乐、美术两科相互替代，具体开设科目由学校自行确定。

体育与健康的必修内容，必须在高中三学年持续开设。

综合实践活动共8学分，包括研究性学习、党团活动、军训、社会考察等，研究性学习6学分（完成2个课题研究或项目设计，以开展跨学科研究为主）。劳动共6学分，其中志愿服务2学分，在课外时间进行，3年不少于40小时；其余4学分内容与通用技术的选择性必修内容以及校本课程内容统筹。

学生完成相应课程规定课时的学习并考试（考核）合格，即可获得相应学分。学生毕业学分最低要求为144学分。其中，必修课程88学分，选择性必修课程42学分，选修课程14学分。

普通高中课程标准的主要变化在于：凝练了学科核心素养，更新了教学内容，研制了学业质量标准，增强了指导性。

案例分析

送给教师的新年贺卡①

北京十一学校会把每个学期教师教育教学情况调查中，许多学生满怀深情给老师写下的令人感动的评语汇总在一张贺卡上，在新年的第一天很郑重地交给老师，或者将这些评语镌刻在笔筒上送给老师。

请从教学领导与管理的角度谈谈您对北京十一学校这种做法的看法。

理解探究

1. 什么是教学领导？什么是教学管理？教学领导与管理有什么关系？

2. 教学领导与管理可以依据哪些理论？具体内容是什么？

3. 教学领导与管理包括哪些方面的内容？

4. 什么是课程领导？什么是课程管理？课程领导与管理的活动过程包括哪些环节？如何理解？

5. 请结合相关理论分析一个基础教育课程改革中的教学领导与管理的案例。

① 在十一学校做老师为什么幸福？听听李希贵怎么说［EB/OL］.（2019-09-22）［2023-05-04］. https：//www.sohu.com/a/342569822_372473.

阅读导航

1. 沈茂德．校长课程领导的几个着力点［J］. 中国基础教育，2023（2）：45－47.

2. 刘永德．基于人工智能的教学评价管理模型构建［J］. 教学与管理，2023（13）：67－70.

第七章　教育人力资源管理

学习目标

1. 掌握教育人力资源管理的含义、内容及意义。
2. 理解教育行政机关人员管理的内容。
3. 理解学校领导人员和教师管理的内容。

第一节　教育人力资源管理的含义、内容及意义

人力资源代表一个国家或地区所拥有的具有智力或体力劳动能力的人口的总和。我国是人口大国，人才强国是党的二十大提出的二〇三五年我国发展的总体目标之一，有效实施人力资源管理有利于为社会创造更多的财富。对于人力资源管理的范畴，国外通常将其分为公共部门（包括国家立法机关、行政机关、司法检察机关）的人力资源管理和私营部门（工商企业组织）的人力资源管理，并认为公共部门与私营部门的重要区别在于是否具有合法的强制力以及是否以营利为目的①。然而，在新公共管理理论的影响下，以民营化、外包等形式出现的新的非营利组织（no-profit organization，NPO）逐渐兴起，这些组织也被称为第三部门（the third sector）。这样，公私部门的界限越发模糊。因此，我国学者将由政府投资的国有企业、科研院所、公立学校、公立医院以及得到行政授权的其他机构，都视为广义的公共部门②。与之相应，狭义的公共部门是指国外通常所说的公共部门。也有学者将通常所说的公共部门、国家投资授权的组织机构和私营部门分别称为纯公共部门、准公共部门和私人部门。纯公共部门和准公共部门与私人部门的重要区别，同国外界定的公共部门与私营部门的区别相一致③。我们所述的教育人力资源管理遵循广义上对公共部门的理解范畴，专指其中的国家教育行政机关的人力资源管理和国家投资授权的公立学校的人力资源管理。

---

① 滕玉成，于萍．公共部门人力资源管理［M］．3版．北京：中国人民大学出版社，2012：8-9.

② 同①9.

③ 张强，吴克昌．公共部门人力资源管理［M］．武汉：华中科技大学出版社，2013：2.

一、教育人力资源管理的含义

自20世纪开始，科学管理理论、人际关系理论、行为科学理论、人力资本理论等，对人力资源管理产生了极大的影响。20世纪80年代以来，人力资源管理领域中的一些全新理念被注入教育系统，诸如分权管理、自我管理、参与管理、目标管理以及全面质量管理等，不断用于教育行政人员、学校领导人员以及教师的管理过程。倡导教育人力资源管理，事实上是将教育中的人视为具有潜能的资源的管理，这是一种对教育管理对象的认识理念的全新转换，有助于充分调动他们的积极性，促使其发挥最大潜能；也有助于加快教育管理的科学化、民主化和法治化进程。这种认识上的转换是教育人力资源管理与教育人事管理的重要区别。

对于什么是人力资源管理，从不同的角度出发，有不同的认识。有学者认为，人力资源管理是指各种组织对本组织的人力资源的过去、现在和未来进行规划、获取、使用、开发、保障、预测等一系列组织、管理和决策活动的总和①。也有学者认为：人力资源管理可以划分为宏观人力资源管理和微观人力资源管理两个方面。宏观人力资源管理就是对社会人力资源的管理，是政府的一项重要管理职能，是国家对人力资源整体的管理。微观人力资源管理就是各个组织对其组织内部人力资源的管理，即对组织内部的人力资源进行规划、招录、配置、考核、培训、保障、维护等的价值理念、政策规定与实践活动的统称②。国外学者也对人力资源管理的含义有所揭示，主要指向于对组织中的人员进行专业化的管理，以协调组织中人与人之间的关系。如认为人力资源管理包括计划、招聘、雇员配备、工作设计、培训或开发、评估、沟通、薪酬、福利、劳动关系等方面的内容③。

综合国内外学者对人力资源管理含义的认识，我们认为，教育人力资源管理是指教育行政机关及学校等非营利组织，依据一定的标准，对组织中的人进行的录用、考核、培训、奖励、监督与惩戒、保障、退出等系统化的管理活动。教育管理的人力资源主要包括教育行政机关的公务员（简称教育行政人员）、学校领导人员和教师。

二、教育人力资源管理的内容

教育人力资源管理是教育管理工作的核心内容，也是提高教育质量和水平的重要保障。教育行政人员、学校领导人员，以及教师的录用、考核、培训、奖励、监督与惩戒、保障、退出等是教育人力资源管理的主要内容。

录用是指教育行政机关或学校按照用人计划和程序，将所需要的教育行政人员或学校领导人员和教师录入相应教育组织的管理活动。录用是教育人力资源管理过程的开端，是获取人力资源的过程。

考核是指教育行政机关或学校对教育行政人员或学校领导人员和教师的德、能、勤、

---

① 张强，吴克昌．公共部门人力资源管理［M］．武汉：华中科技大学出版社，2013：4.

② 滕玉成，于萍．公共部门人力资源管理［M］．3版．北京：中国人民大学出版社，2012：8.

③ 斯内尔，伯兰德．人力资源管理：第15版［M］．张广宁，译．大连：东北财经大学出版社，2011：3.

绩、廉等工作情况进行的审查及核定的管理活动。考核是检验教育人力资源工作现状的重要环节，可以帮助领导者或管理者了解教育人力资源潜能的发挥情况。

培训是指由承担培训任务的机构按照培训计划，对入职后的教育行政人员、学校领导人员和教师进行的理论知识与实践技能等方面的培养及训练的管理活动。通过培训，可以提高教育行政人员、学校领导人员和教师的专业素养，提升其终身学习的能力。

奖励是指按照规定的权限和程序，对工作表现突出，有显著成绩和贡献，或者有其他突出事迹的教育行政人员、学校领导人员和教师或相关人员集体给予奖赏及鼓励的管理活动。通过奖励可以调动获奖者的积极性，激发他们更加努力做好工作的热情。奖励有精神奖励和物质奖励不同形式，以精神奖励为主，物质奖励为辅。

监督是指按照规定的权限对教育行政人员、学校领导人员和教师进行的监视及督导的管理活动。惩戒是指按照规定的权限和程序，通过监督等形式发现教育行政人员、学校领导人员和教师在工作中存在问题时，区分不同情况对其进行的谈话提醒、批评教育、责令检查、诫勉、组织调整、处分的管理活动。对教育行政人员、学校领导人员和教师涉嫌职务违法和职务犯罪的，应当依法移送监察机关处理。惩戒可以及时制止教育行政人员、学校领导人员和教师的不当或违法行为，减少工作损失，也为其他教育人员提供警示。

保障是指为了维护教育行政人员、学校领导人员和教师的权益，依法规定其权利与义务，为其提供工资、福利、保险等待遇的管理活动。权利与义务是相互对立的统一体，有权利必有义务，有义务必有权利，二者缺一不可。对于教育人力资源，在要求其尽职尽责的同时，也要赋予他们相应的权利，保障他们按劳取酬，生活无忧。

退出是指教育行政机关或学校对教育行政人员或学校领导人员和教师根据不同原因离开其工作岗位进行相应处理的管理活动。退出的方式主要有辞职、辞退及退休等。辞职有个人自愿辞职，也有因需（工作变动）辞职，还有引咎辞职或责令辞职。领导者因工作失误而引发的辞职为引咎辞职或责令辞职。辞退主要是予以辞退，是指对无法胜任教育行政工作的人员以及无法胜任学校工作的领导者及教师，予以辞退。退休主要是指教育行政人员、学校领导人员和教师达到国家规定的退休年龄或者完全丧失工作能力的，应当退休，退休的同时对担任领导职务的人员免职。但对于符合国家规定的条件，本人自愿提出申请，经任免机关批准的，也可以提前退休。退出是教育人力资源管理的终结环节，需要针对不同的情况采取不同的管理措施。此外，教育行政人员、学校领导人员和教师因工作需要也会出现以交流的形式退出已有工作岗位，调任或转任其他岗位进行工作的情况。

三、教育人力资源管理的意义

社会的发展归根结底是人的发展，而教育立德树人的作用在社会的发展中不可替代。科学实施教育人力资源管理的意义主要在于：调动教育组织中人力资源的积极性和创造性，保障教育组织对人力资源的需求，促进教育组织实现育人目标。

（一）调动教育组织中人力资源的积极性和创造性

人力资源管理说到底就是将人视为资源的管理，因为人是具有思维和情感的社会人，是具有智力和体力劳动能力的创造者，在良好的社会环境中能发挥最大的潜能。因此，教育人力资源管理要以人为本，为人的发展创造条件，包括要为教育组织中的人提供丰富的工作任务，提供晋升和学习的机会，提供相应的职务、报酬和安全环境；要授权教育组织中的人发挥主动性和创造性，支持他们的工作，做好团队建设，为他们营造公平、和谐、民主的文化氛围。

（二）保障教育组织对人力资源的需求

教育人力资源管理是一个为教育组织的发展选人、用人、留人的活动过程。这个过程需要有计划地进行。科学的教育人力资源管理要从做好人才需求预测开始，建立人才管理系统。在选人方面，要关注德才兼备、专业对口、层级合理、气质互补、年龄适当等整体条件。在用人方面，要为所选之人提供职业发展规划，为他们配置合适的工作岗位，做到人尽其才、才尽其用，并要建立能上能下、能进能出的人员流动机制。在留人方面，要保证为所选之人提供合适的薪酬、保险等待遇，通过文体活动等为他们创造轻松愉快的业余生活，通过民主制度等为他们提供公平透明的组织环境。教育行政机关和学校如果能将良好的选人、用人、留人制度融为一体，就可以保障对教育人力资源的需求。

（三）促进教育组织实现育人目标

无论是教育行政机关还是学校，都是为培养德智体美劳全面发展的人服务的，立德树人永远是教育组织的奋斗目标。在育人的过程中，全员管理、全过程管理、全部门管理是实施全面质量管理、实现组织目标的保障，而组织中每一个人的努力都是实现组织目标的基础。所以，教育人力资源管理，要科学分析教育组织的人才需求情况，合理设置工作岗位，为每一个人的发展提供适当的机会，使组织中的每一个人都能持续保持工作热情，不断突破能力上限，形成团队精神，保障组织目标的达成度。教育人力资源管理的有效性，不仅影响教育组织内部目标的实现，也影响教育组织外部目标、社会整体用人目标的实现。因为教育人力资源管理的对象是教育行政人员、学校领导人员和教师，他们担负着教育系统中的领导者、管理者和教育者的重任，所以要为国家和社会培养人才，只有他们的积极性和专业性得到发挥，才能使培养人的工作取得预期的效果。

第二节　教育行政人员的管理

教育行政人员是国家教育政策的制定者和执行者，是国家公务员的重要组成部分，各国对公务员的素质都有较高的要求。了解国外典型国家的公务员制度和我国公务员制度的基本情况，有助于加速教育行政人员管理的法治化进程。

一、英国和美国公务员制度的演进

公务员制度（civil service system）是公共部门人力资源管理的核心制度。公务员一词源于对英文“civil servant”的翻译，有“公务员”“文职人员”“公职人员”“文官”等不同的译法。美国的公务员是指政府雇员（government employee）。公务员包括选举产生的公务员和经考试择优录用的公务员。英国和美国的公务员制度在世界上是比较典型的，反对“恩赐官职制”和“政党分肥制”是两国建立公务员制度的重要起因。我国的公务员制度也经历了一个较长的演进过程，依法管理是我国目前公务员制度的主要特征。

（一）英国公务员制度的演进

19世纪50年代，文官制度在英国建立，主要是针对历史上的“恩赐官职制”和“政党分肥制”而建立的。1853年，英国提出对公职人员实行考试任用制度。1854年，在国会议员诺斯科特（Stafford Northcote）和杜维廉（Charles Trevelyan）广泛调查的基础上，提出了改革文官制度的“诺斯科特-杜维廉报告”，即《关于建立英国常任文官制度的报告》。报告提出以考试替代“恩赐官职制”和“政党分肥制”。报告提出了四项建议：（1）将政府中的行政工作分为智力工作和机械工作两大类，前者由大学毕业人员来担当，后者可由低学历人员来担当；（2）初任人员均应在年轻时通过选拔考核；（3）各部人员实行统一管理，并可在各部之间互相转调、提升；（4）官员的提升以上级的考核报告为依据。这些建议后来均以法令的形式逐一被采纳并加以实施，这标志着英国近现代文官制度开始建立。

随着英国文官制度的不断变革，现代文官制度于1870年正式建立。此后，因文官队伍急剧膨胀，人浮于事、效率低下等问题凸显，政府开始改革文官制度。比较有影响的是，20世纪60年代，以富尔顿（Lord Fulton）为首的“富尔顿委员会”经过大范围的调查后提出的“富尔顿报告”。报告提出了五项建议：（1）建立文官部，统一文官管理；（2）各部建立统一的职级结构并向所有人员“开放”，打破原有的部门垄断；（3）成立文官学院；（4）限制高级文官的权力；（5）建立对外开放交流的机制。报告提出的改革措施虽受到文官队伍利益集团的强烈反对，但经努力很大一部分得到了实施，英国文官制度的发展开始进入新的时期。

英国现行的文官制度体系比较完整，包括职位分类制度、考选制度、考试制度、晋升制度、培训制度、工资制度、行政道德、惩戒处分、监察制度等①。

（二）美国公务员制度的演进

1787年9月28日通过，1789年3月4日生效的美国宪法，没有规定选拔官员的制度。托马斯·杰斐逊（Thomas Jefferson）任总统以后，美国文官的任命逐步形成了“政党分肥制”，造成了官员素质低下，极大地影响了政府工作的稳定性。为破除这种弊端，美国于1883年通过了文官法，即《调整和改革美国文官制度的法律》，也称《彭德尔顿法》，对联邦政府文职人员的招聘、考试、试用期、作弊处理以及行贿受贿的惩罚都做了相应的规定，并依法成立了文官委员会，全面推行通过考试选拔优秀人才担任公务员的制度，这标志着美国常任文官制度的正式建立。

以考绩制选拔录用的文官不再因执政党的更迭而更换，有助于将专业化、高素质的人才选进政府机构，有助于政府工作的连续性和政策的稳定性。随着美国资本主义经济的发

---

① 滕玉成，于萍．公共部门人力资源管理［M］．3版．北京：中国人民大学出版社，2012：35-39.

展，其对文官制度提出了新的要求。因此，20 世纪以后，美国不断出台新的法律规范公务员制度。1923 年，美国颁布《职位分类法》建立分类考绩制度。1978 年，美国国会又通过了《文官制度改革法案》，以完善文官的奖励机制。此后，美国政府不断出台相应的改革措施，从而形成了以考绩制为核心的文官制度。

1993—2000 年，美国进行“重塑政府”改革运动，对公共部门的人力资源管理也进行了改革，包括雇佣制度改革、职位分类改革和薪酬制度改革。改革体现了公共部门人力资源管理的例外性、灵活性、弹性和简约性。此后，细节性改革仍然继续①。

二、我国公务员制度的演进

公元前 21 世纪，我国由原始氏族社会进入阶级社会，建立第一个奴隶制王朝——夏，随之官吏出现。官吏的产生形式由氏族社会公众推举的禅让转为世袭。

进入封建社会，官吏的产生经历了军功爵制、察举征辟制、九品中正制、科举制。

军功爵制产生于春秋时期，确立于秦朝，延至汉朝。这种制度按照军功的大小，赐给臣民一定的田宅和食邑，封给一定的爵位，这就破除了奴隶社会的等级制，促进了封建官僚制度的发展。汉朝开始实行察举征辟制。察举，又称乡举里选，是由三公、九卿、孙侯、刺史、郡守、国相等官吏，根据乡间评议向朝廷推荐人才，经过考核授予其官职的制度。征辟，又叫辟除，是由三公、九卿、孙侯、刺史、郡守、国相自行招聘属吏的制度。皇帝有时也下诏征聘名人出任较高的官职。察举征辟制扩大了选官范围，可以不断向国家输送人才。魏晋南北朝时期实行九品中正制。这是在各州设置大中正，各郡设置小中正，由司徒在现任的中央官员中选择那些“贤有识鉴”的人员兼任其原籍的大、小中正，负责察访与之同籍的士人，整理其德才表现材料，写出简短的评语，并按照上上、上中、上下、中上、中中、中下、下上、下中、下下九品评定其等第，然后制成表册，定期送司徒府审核，最后由吏部按照人的品第授予其相应官职的制度。九品中正制实行初期，由于政府选择中正比较慎重，因此为国家选出了一些有用之才。但后来随着消极因素的不断增长，这种制度逐渐走向反面。隋朝开始实行科举制，唐朝初具规模，宋朝臻于完善，明清日趋腐败，1905 年被废除。这是由国家定期举行分科考试，以考试成绩的好坏作为选拔各级官吏的主要标准，称为“开科取士”。科举制的考试科目较多，例如，唐朝的秀才考方略策，明经考经书，进士考帖经、诗赋和策论，明法考法令，明算考数学，10 岁以下童子考经书，武举考武艺兵法，制举考皇帝下诏的科目，等等。其中明经和进士最重要。科举制因考试标准比较公正，所以为巩固封建统治起到了重要的作用。但科举制也因考试只凭书本知识和文字功夫，脱离实际，而禁锢了人们的思想，影响了人才的选拔②。

国民政府时期，由考试院、公务员惩戒委员会和监察院依据《考试法》《典试法》等选择公务员。

新民主主义革命时期，依据党中央的干部政策，坚持“德才兼备”和“任人唯贤”的

---

① 张强，吴克昌．公共部门人力资源管理［M］．武汉：华中科技大学出版社，2013：13－15.

② 黄达强，刘怡昌．行政学［M］．北京：中国人民大学出版社，1988：282－285.

标准选拔干部，并坚持党管干部的原则。

新中国成立以后从干部管理制度逐渐演进为公务员制度。新中国成立初期沿用新民主主义革命时期的干部管理制度。

1953 年，中共中央在借鉴苏联经验的基础上印发《关于加强干部管理工作的决定》，在计划经济体制下，建立了中共中央各级党委组织部门统一领导、统一管理的分部分级管理体制，其不足在于政事不分、政企不分。1966—1976 年，人事工作遭到了严重的破坏。党的十一届三中全会以后，针对传统人事制度的弊端，我国启动了干部人事制度改革，开始探索建立现代公务员制度。有学者将其分为四个阶段[①]。

1978—1983 年，是深化干部人事制度改革阶段。1983 年 10 月，中共中央组织部印发的《关于改革干部管理体制若干问题的规定》是这一时期干部人事制度改革的标志性文件，文件提出了“管少、管活、管好”和“分部分级管理”的原则。

1984—1991 年，是公务员制度的立法准备和试点阶段。1984 年，中央着手起草“国家机关工作人员法”，后经多次修改，最终更名为“国家公务员暂行条例”。1987 年，党的十三大提出要建立国家公务员制度。1988 年，七届全国人大一次会议提出要尽快制定“国家公务员条例”，研究制定“国家公务员法”。此后，在多部门多省市进行公务员制度试点工作。

1992—2005 年，是公务员制度正式建立和全面实施阶段。1992—1993 年，国务院常务会议、中共中央政治局常委会和政治局全体会议原则同意《国家公务员暂行条例》（草案）及实施构想。1993 年 4 月 24 日，国务院常务会议审议通过《国家公务员暂行条例》，1993 年 10 月 1 日起施行。这标志着我国公务员制度的正式确立。同年，国务院制定了《国家公务员制度实施方案》（国发〔1993〕78 号），作为实施《国家公务员暂行条例》的实施方案。此后至 2005 年之前，始终推进《国家公务员暂行条例》的实施工作。

《中华人民共和国公务员法》

2006 年以后，是《中华人民共和国公务员法》实施和不断完善阶段。2005 年 4 月 27 日第十届全国人民代表大会常务委员会第十五次会议通过《中华人民共和国公务员法》，2017 年 9 月 1 日第十二届全国人民代表大会常务委员会第二十九次会议修正，2018 年 12 月 29 日第十三届全国人民代表大会常务委员会第七次会议修订。法律包括总则，公务员的条件、义务与权利，职务、职级与级别，录用，考核，职务、职级任免，职务、职级升降，奖励，监督与惩戒，培训，交流与回避，工资、福利与保险，辞职与辞退，退休，申诉与控告，职位聘任，法律责任，附则，共十八章一百一十三条，是公务员管理的重要依据。至此，我国公务员管理的法律依据已经从国家行政法规上升至国家法律。这表明，我国公务员管理制度已经具备了较高的法治化水平。

三、我国教育行政人员管理的主要内容

教育行政人员是指在教育行政机关依法履行公职、纳入国家行政编制、由国家财政负担工资福利的工作人员。他们是国家的公务员，也是人民的公仆。《中华人民共和国公务

① 张强，吴克昌．公共部门人力资源管理［M］．武汉：华中科技大学出版社，2013：17－18．

员法》是教育行政人员管理的重要法律依据。

（一）教育行政人员的条件、义务与权利

要做教育行政人员必须满足一定的条件。其条件包括：（1）具有中华人民共和国国籍；（2）年满十八周岁；（3）拥护《中华人民共和国宪法》，拥护中国共产党领导和社会主义制度；（4）具有良好的政治素质和道德品行；（5）具有正常履行职责的身体条件和心理素质；（6）具有符合职位要求的文化程度和工作能力；（7）法律规定的其他条件。

教育行政人员作为人民的公仆，履行义务是首位的。其义务包括：（1）忠于宪法，模范遵守、自觉维护宪法和法律，自觉接受中国共产党领导；（2）忠于国家，维护国家的安全、荣誉和利益；（3）忠于人民，全心全意为人民服务，接受人民监督；（4）忠于职守，勤勉尽责，服从和执行上级依法作出的决定和命令，按照规定的权限和程序履行职责，努力提高工作质量和效率；（5）保守国家秘密和工作秘密；（6）带头践行社会主义核心价值观，坚守法治，遵守纪律，恪守职业道德，模范遵守社会公德、家庭美德；（7）清正廉洁，公道正派；（8）法律规定的其他义务。

教育行政人员要履行职责，执行公务，也需要拥有相应的权利。其权利包括：（1）获得履行职责应当具有的工作条件；（2）非因法定事由、非经法定程序，不被免职、降职、辞退或者处分；（3）获得工资报酬，享受福利、保险待遇；（4）参加培训；（5）对机关工作和领导人员提出批评和建议；（6）提出申诉和控告；（7）申请辞职；（8）法律规定的其他权利。

（二）教育行政人员的职务、职级与级别

《中华人民共和国公务员法》第十六条第一款、第二款分别规定："国家实行公务员职位分类制度。""公务员职位类别按照公务员职位的性质、特点和管理需要，划分为综合管理类、专业技术类和行政执法类等类别。"第十七条规定："国家实行公务员职务与职级并行制度，根据公务员职位类别和职责设置公务员领导职务、职级序列。"第二十一条第一款规定："公务员的领导职务、职级应当对应相应的级别。公务员领导职务、职级与级别的对应关系，由国家规定。"

为有效实施《中华人民共和国公务员法》，2019 年，中共中央办公厅印发《公务员职务与职级并行规定》，文件共七章三十四条，自 2019 年 6 月 1 日起施行。2020 年，中共中央组织部印发《公务员职务、职级与级别管理办法》。《中华人民共和国公务员法》及这两个文件，为理解教育行政人员的职务、职级与级别管理等问题提供了依据。

《公务员职务与职级并行规定》

1. 教育行政人员的职务

根据《中华人民共和国公务员法》第十八条的规定，教育行政人员的领导职务层次为：省部级正职、省部级副职、厅局级正职、厅局级副职、县处级正职、县处级副职、乡科级正职、乡科级副职。正职分别对应教育部部长、省（自治区、直辖市）教育委员会主任或教育厅厅长、地级市教育局局长（直辖市的区教育局局长、副省级市的区教育局局长）、地级市的区教育局局长（县教育局局长）。

《公务员职务、职级与级别管理办法》

2. 教育行政人员的职级

教育行政人员绝大多数都属于综合管理类公务员。根据《中华人民共和国公务员法》第十九条的规定，综合管理类教育行政人员的职级序列分为：一级巡视员、二级巡视员、一级调研员、二级调研员、三级调研员、四级调研员、一级主任科员、二级主任科员、三级主任科员、四级主任科员、一级科员、二级科员。

3. 教育行政人员的职级与级别的对应关系

教育行政人员的职级与级别的对应关系——（1）一级巡视员：十三级至八级；（2）二级巡视员：十五级至十级；（3）一级调研员：十七级至十一级；（4）二级调研员：十八级至十二级；（5）三级调研员：十九级至十三级；（6）四级调研员：二十级至十四级；（7）一级主任科员：二十一级至十五级；（8）二级主任科员：二十二级至十六级；（9）三级主任科员：二十三级至十七级；（10）四级主任科员：二十四级至十八级；（11）一级科员：二十六级至十八级；（12）二级科员：二十七级至十九级。

厅局级及以下教育行政人员的领导职务对应的综合管理类最低职级——（1）厅局级正职：一级巡视员；（2）厅局级副职：二级巡视员；（3）县处级正职：二级调研员；（4）县处级副职：四级调研员；（5）乡科级正职：二级主任科员；（6）乡科级副职：四级主任科员。

厅局级及以下教育行政人员的领导职务层次与级别的对应关系——（1）厅局级正职：十三级至八级；（2）厅局级副职：十五级至十级；（3）县处级正职：十八级至十二级；（4）县处级副职：二十级至十四级；（5）乡科级正职：二十二级至十六级；（6）乡科级副职：二十四级至十八级。

教育行政人员的领导职务、职级与级别是确定其工资以及其他待遇的依据。

（三）教育行政人员的录用

录用担任一级主任科员以下及其他相当职级层次的教育行政人员，采取公开考试、严格考察、平等竞争、择优录取的办法。

首先，发布招考公告。录用应当发布招考公告，公告应当载明招考的职位、名额、报考资格条件、报考需要提交的申请材料以及其他报考须知事项。其次，审查材料。招录机关根据报考资格条件对报考申请者所提交申请材料的真实性、准确性进行审查。再次，录用考试。采取笔试和面试等方式进行录用考试，考试内容根据报考者报考的不同职位类别、不同层级的教育行政机关要求具备的基本能力分别设置。最后，考察人选并公示。招录机关根据考试成绩确定考察人选，并进行报考资格复审、考察和体检。招录机关根据考试成绩、考察情况和体检结果，提出拟录用人员名单，并予以公示。公示期不少于五个工作日。新录用的教育行政人员试用期为一年。试用期满合格的，予以任职；不合格的，取消录用。

（四）教育行政人员的考核

教育行政人员的考核按照管理权限，全面考核其德、能、勤、绩、廉，重点考核政治素质和工作实绩。考核的方式分为平时考核、专项考核和定期考核。定期考核以平时考核、专项考核为基础。

非领导成员教育行政人员的定期考核采取年度考核的方式。先由个人按照职位职责和有关要求进行总结，主管领导在听取群众意见后，提出考核等次建议，由本机关负责人或者授权的考核委员会确定考核等次。领导成员教育行政人员的考核由主管机关按照有关规定办理。

定期考核的结果分为优秀、称职、基本称职和不称职四个等次，以书面形式通知教育行政人员本人。定期考核的结果作为调整教育行政人员职位、职务、职级、级别、工资以及对其进行奖励、培训、辞退的依据。

（五）教育行政人员的培训

教育行政机关根据教育行政人员工作职责的要求和提高其素质的需要，对教育行政人员进行分类分级培训。

培训的类型分为：(1) 对新录用的教育行政人员在试用期内进行初任培训；(2) 对晋升领导职务的教育行政人员在任职前或者任职后一年内进行任职培训；(3) 对从事专项工作的教育行政人员进行专门业务培训；(4) 对全体教育行政人员进行提高政治素质和工作能力、更新知识的在职培训，其中对专业技术类教育行政人员进行专业技术培训。此外，国家还有计划地加强对优秀年轻教育行政人员的培训。

教育行政人员的培训任务由国家建立的专门的培训机构承担，或由教育行政机关根据需要所委托的其他培训机构承担，实行登记管理。

教育行政人员的培训情况、学习成绩是其考核的内容和任职、晋升的依据之一。

（六）教育行政人员的奖励

教育行政人员或教育行政人员集体工作表现突出，有显著成绩和贡献，或者有其他突出事迹的，给予奖励。

奖励的原则是：定期奖励与及时奖励相结合，精神奖励与物质奖励相结合、以精神奖励为主。

奖励的情形包括：(1) 忠于职守，积极工作，勇于担当，工作实绩显著的；(2) 遵纪守法，廉洁奉公，作风正派，办事公道，模范作用突出的；(3) 在工作中有发明创造或者提出合理化建议，取得显著经济效益或者社会效益的；(4) 为增进民族团结，维护社会稳定做出突出贡献的；(5) 爱护公共财产，节约国家资财有突出成绩的；(6) 防止或者消除事故有功，使国家和人民群众利益免受或者减少损失的；(7) 在抢险、救灾等特定环境中做出突出贡献的；(8) 同违纪违法行为作斗争有功绩的；(9) 在对外交往中为国家争得荣誉和利益的；(10) 有其他突出功绩的。

奖励分为：嘉奖、记三等功、记二等功、记一等功、授予称号。

对受奖励的人员或者集体予以表彰，并对受奖励的个人给予一次性奖金或者其他待遇。

奖励按照规定的权限和程序决定或者审批。按照国家规定，可以向参与特定时期、特定领域重大工作的教育行政人员颁发纪念证书或者纪念章。

奖励如果名不副实，则要撤销奖励。撤销奖励的情形包括：(1) 弄虚作假，骗取奖励的；（2）申报奖励时隐瞒严重错误或者严重违反规定程序的；（3）有严重违纪违法等行为，影响称号声誉的；（4）有法律、法规规定应当撤销奖励的其他情形的。

（七）教育行政人员的监督与惩戒

教育行政机关要对教育行政人员的思想政治、履行职责、作风表现、遵纪守法等情况进行监督，开展勤政廉政教育，建立日常管理监督制度。

通过对教育行政人员的监督发现问题的，应当区分不同情况，予以谈话提醒、批评教育、责令检查、诫勉、组织调整、处分。处分分为：警告、记过、记大过、降级、撤职、开除。处分决定应当以书面形式通知教育行政人员本人。在受处分期间不得晋升职务、职级和级别，其中受记过、记大过、降级、撤职处分的，不得晋升工资档次。受处分的期间为：警告，六个月；记过，十二个月；记大过，十八个月；降级、撤职，二十四个月。受撤职处分的，按照规定降低级别。教育行政人员对其相关处理不服或认为机关及其领导人员侵犯其合法权利的，可以通过申诉、控告等形式进行维权。对教育行政人员涉嫌职务违法和职务犯罪的，应当依法移送监察机关处理。

教育行政人员应当自觉接受监督，按照规定请示报告工作、报告个人有关事项。应当遵纪守法，不得有《中华人民共和国公务员法》第五十九条规定的行为。

《中华人民共和国公职人员政务处分法》

2020年6月20日，第十三届全国人民代表大会常务委员会第十九次会议通过《中华人民共和国公职人员政务处分法》，自2020年7月1日起施行。法律包括总则，政务处分的种类和适用，违法行为及其适用的政务处分，政务处分的程序，复审、复核，法律责任，附则，共七章六十八条。该法律是对教育行政人员监督惩戒的重要依据。

（八）教育行政人员的工资、福利与保险

教育行政人员的工资、福利、保险受国家法律的保护。

1. 工资

教育行政人员实行国家统一规定的工资制度，按劳分配，体现工作职责、工作能力、工作实绩、资历等因素，保持不同领导职务、职级、级别之间的合理工资差距。工资包括基本工资、津贴、补贴和奖金。教育行政人员按照国家规定享受地区附加津贴、艰苦边远地区津贴、岗位津贴等津贴。

2. 福利

教育行政人员享受国家规定的福利待遇。按照国家规定享受住房、医疗等补贴、补助。在定期考核中被确定为优秀、称职的，按照国家规定享受年终奖金。执行国家规定的工时制度，按照国家规定享受休假。在法定工作日之外加班的，应当给予相应的补休，不能补休的按照国家规定给予补助。

3. 保险

教育行政人员依法参加社会保险，按照国家规定享受保险待遇。因公牺牲或者病故的，其亲属享受国家规定的抚恤和优待。

（九）教育行政人员的辞职、辞退及退休

对教育行政人员的辞职、辞退及退休依法进行管理。

1. 辞职

辞职有因需辞职、自愿辞职、引咎辞职、责令辞职等不同情况，也有不得辞职的情况。

教育行政人员辞去公职，应当向任免机关提出书面申请。任免机关应当自接到申请之日起三十日内予以审批，其中对领导成员辞去公职的申请，应当自接到申请之日起九十日内予以审批。但有下列情形之一的教育行政人员，不得辞去公职：（1）未满国家规定的最低服务年限的；（2）在涉及国家秘密等特殊职位任职或者离开上述职位不满国家规定的脱密期限的；（3）重要公务尚未处理完毕，且须由本人继续处理的；（4）正在接受审计、纪律审查、监察调查，或者涉嫌犯罪，司法程序尚未终结的；（5）法律、行政法规规定的其他不得辞去公职的情形。

担任领导职务的教育行政人员，因工作变动依照法律规定需要辞去现任职务的，应当履行辞职手续；因个人或者其他原因，可以自愿提出辞去领导职务；因工作严重失误、失职造成重大损失或者恶劣社会影响的，或者对重大事故负有领导责任的，应当引咎辞去领导职务；因其他原因不再适合担任现任领导职务的，或者应当引咎辞职本人不提出辞职的，应当责令其辞去领导职务。

2. 辞退

教育行政人员有下列情形之一的，予以辞退：（1）在年度考核中，连续两年被确定为不称职的；（2）不胜任现职工作，又不接受其他安排的；（3）因所在机关调整、撤销、合并或者缩减编制员额需要调整工作，本人拒绝合理安排的；（4）不履行自身的义务，不遵守法律和纪律，经教育仍无转变，不适合继续在机关工作，又不宜给予开除处分的；（5）旷工或者因公外出、请假期满无正当理由逾期不归连续超过十五天，或者一年内累计超过三十天的。但对有下列情形之一的教育行政人员，不得辞退：（1）因公致残，被确认丧失或者部分丧失工作能力的；（2）患病或者负伤，在规定的医疗期内的；（3）女性教育行政人员在孕期、产假、哺乳期内的；（4）法律、行政法规规定的其他不得辞退的情形。

辞退教育行政人员，按照管理权限决定。辞退决定应当以书面形式通知被辞退的教育行政人员，并应当告知辞退依据和理由。被辞退的教育行政人员，可以领取辞退费或者根据国家有关规定享受失业保险。

3. 退休

教育行政人员达到国家规定的退休年龄或者完全丧失工作能力的，应当退休。对符合下列条件之一的，本人自愿提出申请，经任免机关批准，可以提前退休：（1）工作年限满三十年的；（2）距国家规定的退休年龄不足五年，且工作年限满二十年的；（3）符合国家规定的可以提前退休的其他情形的。

教育行政人员退休后，享受国家规定的养老金和其他待遇，国家为其生活和健康提供必要的服务和帮助，鼓励发挥个人专长，参与社会发展。

第三节 学校领导人员的管理

学校领导人员应当是履行学校领导与管理工作职责的专业人员，校长是学校的法定代表人，依法行使各项职权，保障师生员工的根本利益。学校领导人员的管理，必须坚持党管干部、党管人才，坚持德才兼备、以德为先，坚持依法依规办事，坚持从严管理，监督与激励关怀相结合，公道公平公正地对待、评价和使用领导人员，充分调动其积极性、主动性、创造性，办好人民满意的教育。学校领导人员的管理主要包括以下几个方面的内容。

一、学校领导人员的任职条件和资格

要做学校领导人员必须依法具备担任领导者的条件，达到领导者的任职资格。《中华人民共和国教育法》第三十一条第二款规定："学校及其他教育机构的校长或者主要行政负责人必须由具有中华人民共和国国籍、在中国境内定居、并具备国家规定任职条件的公民担任，其任免按照国家有关规定办理。学校的教学及其他行政管理，由校长负责。"依据这一规定，要做学校或者其他教育机构的校长或者主要行政负责人，必须具备三个条件：(1) 具有中华人民共和国国籍；(2) 在中国境内定居；(3) 具备国家规定的任职条件。2017 年 1 月 13 日，中共中央组织部、教育部分别印发《高等学校领导人员管理暂行办法》和《中小学校领导人员管理暂行办法》，对高等学校领导人员和中小学校领导人员提出了具体的任职条件和资格要求。另外，教育部 2013 年印发的《义务教育学校校长专业标准》，2015 年印发的《普通高中校长专业标准》《中等职业学校校长专业标准》《幼儿园园长专业标准》，分别对做一名合格的普通中小学校校长、中等职业学校校长以及幼儿园园长提出了专业素质基本要求，也是制定其任职资格标准、培训课程标准、考核评价标准的重要依据。

《高等学校领导人员管理暂行办法》 《中小学校领导人员管理暂行办法》 《义务教育学校校长专业标准》 《普通高中校长专业标准》 《中等职业学校校长专业标准》 《幼儿园园长专业标准》

（一）学校领导人员的任职条件

高等学校的领导人员和中小学校的领导人员需要具备相应的任职条件。

1. 高等学校领导人员的任职条件

(1) 具有较高的思想政治素质和政策理论水平，坚持以马克思列宁主义、毛泽东思想、邓小平理论、"三个代表"重要思想、科学发展观、习近平新时代中国特色社会主义思想为指导，坚持党对高等学校的领导，坚定中国特色社会主义道路自信、理论自信、制度自信、文化自信，全面贯彻党的教育方针，坚持社会主义办学方向，严守政治纪律和政治规矩，牢固树立政治意识、大局意识、核心意识、看齐意识，在思想上政治上行动上同以习近平同志为核心的党中央保持高度一致，经得起各种风浪考验。

（2）具有胜任岗位职责所必需的专业知识和职业素养，熟悉高等教育工作和相关政策法规，坚持全员全过程全方位育人理念，了解和掌握思想政治工作规律、教书育人规律和学生成长规律，善于做知识分子工作，业界声誉好。

（3）具有较强的组织领导和管理能力，自觉坚持党委领导下的校长负责制，贯彻执行民主集中制，具有全局观念和改革创新精神，能够科学谋划，依法依规办事，团结合作，善于集中正确意见。

（4）具有强烈的事业心和责任感，热爱教育事业，坚持原则，敢于担当，勤勉尽责，能够全身心投入工作，实绩突出。

（5）具有良好的品行修养，坚持不懈地培育和弘扬社会主义核心价值观，恪守职业道德，立德树人，为人师表，追求真理，淡泊名利，能够正确行使党和人民赋予的权力，严于律己，清正廉洁，群众威信高。

党委书记和校长应当符合社会主义政治家、教育家的标准，善于从政治上看问题把方向，有坚定的政治立场、崇高的理想信念、服务国家和人民的价值追求，有正确的教育思想和深厚的学识学养，有相当的教学科研和学校管理能力，有高尚的道德情操和人格魅力。

2. 中小学校领导人员的任职条件

（1）具有较高的思想政治素质，重视政治理论学习，坚持马克思主义指导思想，坚定共产主义远大理想和中国特色社会主义共同理想，坚持社会主义办学方向，认真贯彻党的教育方针，忠诚于党和人民的教育事业，牢固树立政治意识、大局意识、核心意识、看齐意识，在思想上政治上行动上同以习近平同志为核心的党中央保持高度一致。

（2）具有胜任岗位职责所必需的专业知识、职业素养和实践经验，熟悉中小学教育工作和相关政策法规，坚持全面实施素质教育的质量观和人才观，了解和掌握中小学生健康成长规律，业界声誉好。

（3）具有较强的教育教学管理和组织协调能力，自觉贯彻执行民主集中制，富有改革创新精神，善于规划学校发展、营造育人文化、领导课程教学、引领教师成长、优化内部管理、调适外部环境。

（4）具有较强的事业心和责任感，爱岗敬业，乐于奉献，淡泊名利，甘为人梯，富有教育情怀，能够全身心投入工作，实绩突出。

（5）具有良好的品行修养，带头践行社会主义核心价值观，恪守职业道德，立德树人，为人师表，尊师重教，关爱学生，严于律己，廉洁从业。

（二）学校领导人员的资格

高等学校的领导人员和中小学校的领导人员具有不同的资格要求。

1. 高等学校领导人员的资格

（1）应当具有大学本科以上文化程度。

（2）一般应当具有五年以上工作经历。行政领导人员一般应当具有高等教育工作经历。从高等学校提任的，一般应当具有院（系）管理工作经历。

（3）从副职提任正职的，应当具有副职岗位两年以上任职经历；从下级正职提任上级副职的，应当具有下级正职岗位三年以上任职经历。

（4）专业技术人员直接提任领导人员的，应当具有一定的管理工作经历，且已担任正高级专业技术职务或者三年以上副高级专业技术职务。其中，直接提任本科院校领导人员的，应当已担任正高级专业技术职务。

（5）应当经过党校、行政学院、干部学院和教育行政学院或者干部教育培训管理部门认可的其他培训机构的培训，培训时间达到有关规定要求。确因特殊情况在提任前未达到培训要求的，应当在提任后一年内完成。

（6）具有正常履行职责的身体条件。

（7）符合有关法律法规和行业主管部门规定的其他任职资格要求。

对特别优秀或者工作特殊需要的，可以破格提拔。破格提拔必须从严掌握，并报上级组织（人事）部门审批。

2. 中小学校领导人员的资格

（1）一般应当具有大学专科以上文化程度。其中，中学领导人员应当具有大学本科以上文化程度。

（2）一般应当具有一定年限的教育教学工作经历。其中，校长一般应当具有五年以上教育教学工作经历，党组织书记一般应当具有学校党务和行政岗位工作经历。

（3）一般应当具有相应的教师资格和已担任中小学一级教师以上专业技术职务。其中，高级中学校长应当已担任中小学高级教师以上专业技术职务。

（4）提任学校正职的，一般应当具有两年以上学校副职岗位任职经历或者三年以上学校中层管理工作经历；提任学校副职的，应当具有一定的教育教学管理经验。

（5）应当经过任职资格培训并取得合格证书。确因特殊情况在提任前未达到培训要求的，应当在提任后一年内完成。

（6）具有正常履行职责的身体条件。

（7）符合有关法律法规和行业主管部门规定的其他任职资格要求。

农村地区、边远贫困地区和民族地区的优秀教师直接提任中小学校领导人员，可以根据实际情况适当放宽任职资格。

我国中小学校从 20 世纪 90 年代开始实行校长资格制度，不具有校长资格的人不能做校长。1992 年，中共中央组织部、国家教委印发《关于加强全国中小学校长队伍建设的意见（试行）》，正式提出："今后新任命的校长，应取得岗位培训合格证书，持证上岗。" 1997 年，国家教委印发《实行全国中小学校长持证上岗制度的规定》，再次强调中小学校长要持证上岗，指出："凡担任国家举办或社会力量举办的普通中小学校长（农村完小正、副校长以上，下同）职务的，必须参加岗位培训，并获得'岗位培训合格证书'。因工作需要，培训前进入岗位的，只能任代理校长，待获得'岗位培训合格证书'后再正式任命或聘任校长职务。" 2010 年 12 月 13 日，教育部修正了《中小学校长培训规定》，其中第五条规定："参加培训是中小学校长的权利和义务。新任校长必须取得'任职资格培训合格证书'，持证上岗。在职校长每五年必须接受国家规定时数的提高培训，并取得'提高培训合格证书'，作为继续任职的必备条件。"《中小学校领导人员管理暂行办法》，对包括校长在内

《中小学校长培训规定》

《中小学校领导人员管理暂行办法》

的中小学校领导人员的资格做出全面规定，系统确立了学校领导人员资格制度。

二、学校领导人员的选拔任用

合理的学校领导人员的选拔任用是保障学校领导人员质量、有效发挥学校领导班子力量的前提。对学校领导人员的选拔任用需要把握正确的选人用人方向，坚持公平公正的程序，将学校成员信得过的、能为学校工作做出贡献的人员选拔到学校领导人员的岗位上。

（一）高等学校领导人员的选拔任用

选拔任用高等学校领导人员，应当充分发挥主管机关（部门）党委（党组）的领导和把关作用，坚持正确选人用人导向，严格标准条件和程序，按照核定或者批准的领导职数和岗位设置方案，精准科学选人用人，注重优化领导班子结构，形成年龄、经历、专长等方面的合理配备，增强班子整体功能。领导班子专业结构应当注意与本校主要学科门类相适应。

主管机关（部门）党委（党组）或者组织（人事）部门按照干部管理权限，根据工作需要和领导班子建设实际提出选拔任用工作启动意见，在综合研判、充分酝酿的基础上形成工作方案，并按照组织考察、会议决定等有关程序和要求认真组织实施。

选拔高等学校领导人员，一般采取学校内部推选、外部选派、竞争（聘）上岗、公开遴选等方式进行，也可以探索其他有利于优秀人才脱颖而出的选拔方式。

（二）中小学校领导人员的选拔任用

选拔任用中小学校领导人员，应当充分发挥主管机关（部门）党委（党组）的领导和把关作用，坚持正确选人用人导向，严格标准条件和程序，按照核定或者批准的领导职数和岗位设置方案，精准科学选人用人。

主管机关（部门）党委（党组）或者组织（人事）部门按照干部管理权限，根据工作需要和领导班子建设实际提出选拔任用工作启动意见，在综合研判、充分酝酿的基础上形成工作方案，并按照组织考察、会议决定等有关程序和要求认真组织实施。

选拔中小学校领导人员，一般采取学校内部推选、外部选派、竞争（聘）上岗、公开选拔（聘）等方式进行。

三、学校领导人员的考核评价

建立科学的考核评价制度，有助于推动学校领导人员树立正确的业绩观，潜心育人、敢于担当、积极作为、无私奉献。

（一）高等学校领导人员的考核评价

对高等学校领导班子和领导人员实行平时考核、年度考核和任期考核。

考核评价应当以任期目标为依据，以日常管理为基础，注重工作实绩和社会效益，注意与高等学校目标管理和绩效管理、教育教学评估等工作相衔接。

坚持党建工作、意识形态工作与业务工作同步考核，把思想政治工作纳入党建工作和意识形态工作责任制进行重点考核，实行抓党建述职评议考核制度，可以与年度考核等结合进行，重点了解学校党委履行管党治党、办学治校主体责任，党委书记履行党的建设和思想政治工作第一责任人职责，党委班子其他成员履行“一岗双责”、结合业务分工抓党的建设和思想政治工作等情况，深入了解坚持社会主义办学方向、开展思想政治工作、全面提高人才培养能力等情况。

领导班子年度考核和任期考核的评价等次，分为优秀、良好、一般、较差。领导人员年度考核和任期考核的评价等次，分为优秀、合格、基本合格、不合格。

考核评价结果应当以适当方式向领导班子和领导人员反馈，并作为领导班子建设和领导人员选拔任用、培养教育、管理监督、激励约束等的重要依据。

（二）中小学校领导人员的考核评价

对中小学校领导班子和领导人员实行年度考核和任期考核。

考核评价应当以任期目标为依据，以日常管理为基础，注重工作实绩和社会效益，注意与中小学教育质量综合评价工作相衔接，防止单纯以学生学业考试成绩和学校升学率评价领导人员的倾向。

坚持党建工作与业务工作同步考核，实行抓党建述职评议考核制度，可以与年度考核等结合进行，重点了解学校党组织履行抓党建主体责任、党组织书记履行抓党建第一责任人职责、领导班子其他成员履行职责范围内党建责任等情况。

领导班子年度考核和任期考核的评价等次，分为优秀、良好、一般、较差。领导人员年度考核和任期考核的评价等次，分为优秀、合格、基本合格、不合格。

考核评价结果应当以适当方式向领导班子和领导人员反馈，并作为领导班子建设和领导人员选拔任用、培养教育、管理监督、激励约束等的重要依据。

无论是高等学校领导人员的考核评价还是中小学校领导人员的考核评价，都要根据学校的不同特点，坚持科学合理确定考核评价指标，积极推进分类考核。

四、学校领导人员的职业发展和激励保障

学校领导人员的职业发展是保障其领导生命周期的必要条件。教育管理要为学校领导人员提供完善的职业发展环境，并保障他们的合法权益，激励他们潜心育人，以充沛的精力和热情投入学校领导工作。

（一）高等学校领导人员的职业发展和激励保障

高等学校领导人员的职业发展和激励保障是相辅相成的，职业发展是高等学校领导人员尽职尽责的前提，激励保障是促进高等学校领导人员履行职责的必要条件。

1. 高等学校领导人员的职业发展

高等学校领导人员职业发展的路径主要有以下几个方面：(1) 在整体上，通过党校、行政学院、干部学院和教育行政学院等机构，接受党的理论、理想信念、党性修养、高等教育理论与政策、业务知识、管理能力等方面的教育培训，通过多种方式的实践锻炼，提高马克思主义思想政治素质和理论水平，提高领导能力专业化水平。(2) 在横向上，通过

领导人员交流轮岗制度，可以推进与党政机关和国有企事业单位之间领导人员交流，共享资源，共同提高领导水平。（3）在纵向上，通过领导人员后备人才队伍建设，拓宽领导人员来源、优化结构、培养更多的具有管理能力的优秀年轻人才。

2. 高等学校领导人员的激励保障

高等学校领导人员的激励保障措施主要体现在以下几个方面：（1）保障高等学校在岗位设置、人员聘用、绩效工资分配、项目经费管理等方面自主权，支持学校领导人员依法依规履行职责，探索建立与高等学校创新编制管理改革等相适应的领导人员管理政策。（2）确保领导人员的主要精力和时间用于学校管理工作，减少本职工作以外的兼职。（3）完善领导人员后续职业发展制度，对任期结束后未达到退休年龄界限回到教学科研岗位的，学校应当给予一定的学术恢复期和必要的条件支持。（4）完善领导人员收入分配办法，结合考核情况合理确定绩效工资水平，使其收入与履职情况和学校发展相联系，与本校教职工的平均收入保持合理水平。对实行聘任制的领导人员，可以探索实行协议工资制等分配办法。（5）领导人员在履行学校管理职责、承担专项重要工作、应对重大突发事件等方面表现突出、作出显著成绩和贡献的，按照有关规定给予表彰奖励。（6）建立容错纠错机制，宽容领导人员在工作中特别是改革创新中的失误。（7）加强人文关怀，开展经常性谈心谈话，及时了解高等学校领导人员思想、工作、生活等方面情况，听取意见建议，帮助解决实际困难。

（二）中小学校领导人员的职业发展和激励保障

中小学校领导人员的职业发展和激励保障同高等学校领导人员的职业发展和激励保障一样，也是相辅相成的。

1. 中小学校领导人员的职业发展

中小学校领导人员的职业发展要借助相关的教育培训，重点加强政治理论、社会主义核心价值观、教育政策法规、教育管理理论和实践、人文社会科学等方面的培训。具体而言，包括以下几点。（1）对不同职业发展阶段的领导人员，有针对性地开展任职资格培训、提高培训、高级研修和专题培训，着力提高政治素质、管理能力和专业水平。（2）实施校长国家级培训计划，面向农村特别是边远贫困地区着力培养实施素质教育、推进基础教育改革发展的带头人；面向教育发达地区着力培养具有先进教育思想、能够创新办学治校实践的优秀校长。（3）完善领导人员交流制度，鼓励引导城镇学校、优质学校领导人员到乡村学校、薄弱学校任职。有组织地选派乡村学校、薄弱学校领导人员到城镇学校、优质学校挂职锻炼，或者到校长培训实践基地跟岗学习。（4）加快推行中小学校长职级制改革，拓宽职业发展空间，促进校长队伍专业化建设。（5）鼓励退出领导岗位的领导人员继续从事教育教学工作，完善相关政策措施，支持其后续职业发展。

我国从 20 世纪 80 年代末开始实行中小学校长培训制度，其发展情况和不同类型培训的主要内容请见表 7－1 和表 7－2。

表 7－1 中小学校长培训制度的演进

年份	政策	培训内容或要求
1989	《关于加强全国中小学校长培训工作的意见》	采取多种形式开展培训工作，争取用 3 至 5 年时间将全国中小学校长再轮训一遍

续表

年份	政策	培训内容或要求
1994	《关于〈中国教育改革和发展纲要〉的实施意见》	实施“百万校长培训计划”
1997	《实行全国中小学校长持证上岗制度的规定》	中小学校长必须参加岗位培训，并获得“岗位培训合格证书”
1999	《中小学校长培训规定》	新任校长必须取得“任职资格培训合格证书”，持证上岗。在职校长每五年必须接受国家规定时数的提高培训，并取得“提高培训合格证书”，作为继续任职的必备条件
2010	《国家中长期教育改革和发展规划纲要（2010—2020年）》	加强校长培训，对义务教育教师进行全员培训，组织校长研修培训，开展大中小学校长和骨干教师海外研修培训
2013	《关于进一步加强中小学校长培训工作的意见》	面向全体中小学校长开展任职资格培训、提高培训、高级研修和专题培训
2017	《中小学校领导人员管理暂行办法》	中小学校领导人员应当经过任职资格培训并取得合格证书。确因特殊情况在提任前未达到培训要求的，应当在提任后一年内完成

表7-2 校长培训类型及主要内容

类型	5年累计学时	主要内容
任职资格培训	300学时	任职资格培训是按照中小学校长岗位规范要求，对新任校长或拟任校长进行的以掌握履行岗位职责必备的知识和技能为主要内容的培训。主要学习履行岗位职责必备的基本知识和技能，包括邓小平理论与当代中国教育实践，现代教育理论与实践，教育法制基础，学校管理理论与实践，中小学教育科研，现代教育技术，其他人文、自然科学知识，以及学校管理实践考察、案例分析等
在职校长提高培训	360学时*	面向在职校长进行的以学习新知识、掌握新技能、提高管理能力、研究和交流办学经验为主要内容的培训
骨干校长高级研修	—	对富有办学经验并具有一定理论修养和研究能力的校长进行的旨在培养学校教育教学和管理专家的培训。培训内容以提高校长组织实施素质教育的能力和水平为重点，主要包括政治理论、思想品德修养、教育政策法规、现代教育理论与实践、学校管理理论与实践、现代教育技术、现代科技和人文社会科学知识等

* 2010年，修正后的《中小学校长培训规定》规定，在职校长提高培训的时间每五年累计不少于240学时。2013年，《关于进一步加强中小学校长培训工作的意见》要求，对在任校长实行每五年一个周期不少于360学时全员培训。

2. 中小学校领导人员的激励保障

中小学校领导人员的激励保障措施主要包括：（1）完善领导人员收入分配办法，按照国家有关规定，保障和落实工资福利待遇，注重发挥绩效工资的激励作用。（2）实行校长职级制的，可以根据实际情况探索相应的收入分配办法。（3）领导人员在履行学校管理职责、承担专项重要工作、应对学校突发事件等方面表现突出、作出显著成绩和贡献的，按照有关规定给予表彰奖励。（4）加强人文关怀，关心领导人员身心健康，帮助解决实际困难，培育理性平和的健康心态，营造尊师重教的良好氛围。（5）建立容错纠错机制，宽容领导人员在工作中特别是改革创新中的失误。

五、学校领导人员的监督

学校要以严密有效的监督体系，督促引导领导人员认真履职尽责，依法依规办事，保持清正廉洁。

（一）高等学校领导人员的监督

对高等学校领导人员的监督主要包括：（1）加强执行政治纪律和政治规矩的监督，重点监督领导班子和领导人员贯彻执行党的基本路线和党的教育方针，坚持党对高等学校的领导，坚持社会主义办学方向，落实党建工作责任制和意识形态工作责任制，健全组织生活制度，严肃党内政治生活等情况。（2）加强权力运行的监督，重点监督领导班子和领导人员贯彻民主集中制，坚持集体决策，落实“三重一大”决策制度[①]，公道正派选人用人等情况，加大对招生录取、职务（职称）评聘、基建项目、物资采购、财务管理、科研经费、校办企业等重点领域和关键环节的监督力度。（3）加强作风和廉洁的监督，重点监督领导班子和领导人员落实中央八项规定精神、师德师风建设、廉洁自律等情况。

（二）中小学校领导人员的监督

对中小学校领导人员的监督主要包括：（1）加强对学校领导班子和领导人员履行政治责任、行使职责权力、加强作风建设等方面的监督，重点监督贯彻执行党的教育方针，坚持社会主义办学方向，加强党的建设，依法依规办学治校，执行民主集中制，落实“三重一大”决策制度，校风、学风和师德建设，收入分配，廉洁自律等情况。（2）根据学校层次、规模和发展实际，聚焦突出问题，加大对招生录取、职务（职称）评聘、基建项目、物资采购、财务管理等重点领域和关键环节的监督力度。

六、学校领导人员的退出

按照辞职制度和辞职程序的相关规定，建立学校领导人员的退出机制，有助于促进领导人员的能上能下、能进能出，增强学校领导队伍的生机活力。

（一）高等学校领导人员的退出

高等学校领导人员的退出主要包括以下情况：（1）领导人员达到退休年龄界限的，应当按照有关规定程序办理免职（退休）手续。因工作需要而延迟免职（退休）的，应当按照干部管理权限报批。（2）领导人员因健康原因，无法正常履行工作职责一年以上的，应当对其工作岗位进行调整。（3）领导人员因德、能、勤、绩、廉与所任职务要求不符，具有下列情形之一，被认定为不适宜担任现职的，应当按照有关规定予以组织调整或者组织处理。这些情形包括：1）贯彻执行党的教育方针、上级党组织指示和决定不及时不得力的；2）在大是

---

① “三重一大”决策制度是指：1996 年，《在中央纪委第六次全会上的讲话》提出的“凡属重大决策、重要干部任免、重要建设项目安排和大额度资金的使用，必须经集体讨论，不准个人或少数人专断”的制度。

大非问题上没有立场、没有态度、无动于衷、置身事外，在错误言行面前不抵制、不斗争，明哲保身、当老好人的；3）擅自公开发表与中央精神不符的言论、文章、作品等，造成恶劣社会影响的；4）年度考核、任期考核被确定为不合格的，或者连续两年年度考核被确定为基本合格的；5）学术不端或者师德师风存在严重问题，或者有其他违背社会公德、职业道德、家庭伦理道德行为造成不良影响的；6）存在其他问题需要调整或者处理的。

（二）中小学校领导人员的退出

中小学校领导人员的退出与高等学校领导人员的退出情况基本相同，而领导人员因德、能、勤、绩、廉与所任职务要求不符，被认定为不适宜担任现职，应当按照有关规定予以组织调整或者组织处理的情形包括：（1）贯彻执行党的教育方针、上级党组织指示和决定不及时不得力的；（2）存在师德禁行行为，或者有其他违背社会公德、职业道德、家庭伦理道德行为，造成不良影响的；（3）年度考核、任期考核被确定为不合格，或者连续两年年度考核被确定为基本合格的；（4）存在其他问题需要调整或者处理的。

除上述退出机制之外，如果学校领导人员有违纪违法行为的，则应按照有关法律法规和规定处理。

第四节　教师的管理

在第三十九个教师节来临之际，习近平总书记号召全国教师以教育家为榜样，大力弘扬教育家精神，为强国建设、民族复兴伟业培养更多德才兼备的栋梁之才。教师是学校教育教学工作的中坚力量，是学生学习的指导者和促进者，教师管理的目的在于培养更多的教育家型教师。因此，教师要更好地掌握专门知识、经历专门培养和训练，以担起教育强国的重要责任。长期以来，国家非常重视教师的素质和合法权益。《中华人民共和国教师法》（简称《教师法》）将教师定位为“履行教育教学职责的专业人员”，并规定“各级人民政府应当采取措施，加强教师的思想政治教育和业务培训，改善教师的工作条件和生活条件，保障教师的合法权益，提高教师的社会地位”，要求“全社会都应当尊重教师”，还将每年的九月十日定为教师节。2014 年 2 月 26 日，国务院第四十次常务会议通过《事业单位人事管理条例》，自 2014 年 7 月 1 日起施行。《事业单位人事管理条例》制定的宗旨是“为了规范事业单位的人事管理，保障事业单位工作人员的合法权益，建设高素质的事业单位工作人员队伍，促进公共服务发展”，并规定：“事业单位人事管理，坚持党管干部、党管人才原则，全面准确贯彻民主、公开、竞争、择优方针。”根据《教师法》《事业单位人事管理条例》等法律法规的规定，教师的管理需要了解教师作为专业人员的权利和义务，在此基础上，依法评聘教师，促进教师的专业发展，提高教师的地位和素质。

《中华人民共和国教师法》

一、教师的权利和义务

《教师法》第七条和第八条分别规定了教师的权利和义务。

（一）教师的权利

教师的权利包括：（1）进行教育教学活动，开展教育教学改革和实验；（2）从事科学研究、学术交流，参加专业的学术团体，在学术活动中充分发表意见；（3）指导学生的学习和发展，评定学生的品行和学业成绩；（4）按时获取工资报酬，享受国家规定的福利待遇以及寒暑假期的带薪休假；（5）对学校教育教学、管理工作和教育行政部门的工作提出意见和建议，通过教职工代表大会或者其他形式，参与学校的民主管理；（6）参加进修或者其他方式的培训。

（二）教师的义务

教师的义务包括：（1）遵守宪法、法律和职业道德，为人师表；（2）贯彻国家的教育方针，遵守规章制度，执行学校的教学计划，履行教师聘约，完成教育教学工作任务；（3）对学生进行宪法所确定的基本原则的教育和爱国主义、民族团结的教育，法制教育以及思想品德、文化、科学技术教育，组织、带领学生开展有益的社会活动；（4）关心、爱护全体学生，尊重学生人格，促进学生在品德、智力、体质等方面全面发展；（5）制止有害于学生的行为或者其他侵犯学生合法权益的行为，批评和抵制有害于学生健康成长的现象；（6）不断提高思想政治觉悟和教育教学业务水平。

二、教师资格、职务及聘任

教师是具有专业理论、专业知识与专业技能的人才，必须具备相应的资格才能做教师。高等学校和中小学校分别设立相应的教师职务制度，学校在双方地位平等的原则下聘任教师，依法明确双方的权利、义务和责任。

（一）教师资格

教师资格是做教师的基本条件，不具备教师资格的人不能做教师。我国依法规定实行教师资格制度。

1. 教师资格制度的含义

教师资格制度是指国家对教师依法实行的职业许可制度。《教师法》第十条规定："国家实行教师资格制度。""中国公民凡遵守宪法和法律，热爱教育事业，具有良好的思想品德，具备本法规定的学历或者经国家教师资格考试合格，有教育教学能力，经认定合格的，可以取得教师资格。"

不具备《教师法》规定的教师资格学历的公民，申请获取教师资格，必须通过国家教师资格考试。

教师资格分为：（1）幼儿园教师资格；（2）小学教师资格；（3）初级中学教师和初级职业学校文化课、专业课教师资格（统称初级中学教师资格）；（4）高级中学教师资格；（5）中等专业学校、技工学校、职业高中文化课、专业课教师资格（统称中等职业学校教师资格）；（6）中等专业学校、技工学校、职业高中实习指导教师资格（统称中等职业学校实习指导教师资格）；（7）高等学校教师资格；（8）成人教育教师资格。

《教师资格条例》

《〈教师资格条例〉实施办法》

2. 取得教师资格的条件

为更好地实施教师资格制度，1995 年 12 月 12 日，国务院令第 188 号发布实施《教师资格条例》，对教师资格分类与适用、教师资格条件、教师资格考试、教师资格认定等做出了明确的规定。2000 年 9 月 23 日，教育部令第 10 号发布《〈教师资格条例〉实施办法》，对教师资格认定条件、认定申请、认定程序以及资格证书管理等做出了具体的规定。2001 年，教育部印发《教师资格证书管理规定》，对教师资格证书的性质、印制、主要内容、遗失补发、损毁补发、撤销、规格、编号方法、填写规范、法律责任等做出了详细的规定。根据《教师法》和《〈教师资格条例〉实施办法》等法律、法规、规章的规定，中国公民申请认定教师资格应当具备以下条件：

（1）遵守宪法和法律，热爱教育事业，履行《教师法》规定的义务，遵守教师职业道德。

（2）具备《教师法》规定的相应学历，即：取得幼儿园教师资格，应当具备幼儿师范学校毕业及其以上学历；取得小学教师资格，应当具备中等师范学校毕业及其以上学历；取得初级中学教师、初级职业学校文化、专业课教师资格，应当具备高等师范专科学校或者其他大学专科毕业及其以上学历；取得高级中学教师资格和中等专业学校、技工学校、职业高中文化课、专业课教师资格，应当具备高等师范院校本科或者其他大学本科毕业及其以上学历；取得中等专业学校、技工学校和职业高中学生实习指导教师资格应当具备的学历，由国务院教育行政部门规定；取得高等学校教师资格，应当具备研究生或者大学本科毕业学历；取得成人教育教师资格，应当按照成人教育的层次、类别，分别具备高等、中等学校毕业及其以上学历。

（3）具备承担教育教学工作所必需的基本素质和能力，包括：普通话水平应当达到国家语言文字工作委员会颁布的《普通话水平测试等级标准》二级乙等以上标准。少数方言复杂地区的普通话水平应当达到三级甲等以上标准；使用汉语和当地民族语言教学的少数民族自治地区的普通话水平，由省级人民政府教育行政部门规定标准。具有良好的身体素质和心理素质，无传染性疾病，无精神病史，适应教育教学工作的需要，在教师资格认定机构指定的县级以上医院体检合格。

此外，申请认定中等职业学校实习指导教师资格者应当具备中等职业学校毕业及其以上学历，对于确有特殊技艺者，经省级以上人民政府教育行政部门批准，其学历要求可适当放宽。

高等学校拟聘任副教授以上教师职务或具有博士学位者申请认定高等学校教师资格，只需：（1）遵守宪法和法律，热爱教育事业，履行《教师法》规定的义务，遵守教师职业道德；（2）具备《教师法》规定的相应学历；（3）具有良好的身体素质和心理素质，无传染性疾病，无精神病史，适应教育教学工作的需要，在教师资格认定机构指定的县级以上医院体检合格。

3. 教师资格的不能取得、丧失及撤销

根据《教师法》和《教师资格条例》等的规定，不能取得教师资格及丧失教师资格和撤销教师资格的情况分别为：（1）受到剥夺政治权利或者故意犯罪受到有期徒刑以上刑事处罚的，不能取得教师资格；已经取得教师资格的，丧失教师资格。在此情况下丧失教师资格的，不得重新申请认定教师资格。(2) 弄虚作假、骗取教师资格的，以及品行不良、侮辱学生，影响恶劣的，由县级以上人民政府教育行政部门撤销其教师资格。被撤销教师资格的，自撤销之日起5年内不得重新申请认定教师资格，其教师资格证书由县级以上人民政府教育行政部门收缴。参加教师资格考试有作弊行为的，其考试成绩作废，3年内不得再次参加教师资格考试。情节严重，构成犯罪的，依法追究刑事责任。

4. 教师资格的认定

中小学教师资格由县级以上地方人民政府教育行政部门认定。中等专业学校、技工学校的教师资格由县级以上地方人民政府教育行政部门组织有关主管部门认定。普通高等学校的教师资格由国务院或者省、自治区、直辖市教育行政部门或者由其委托的学校认定。

（二）教师职务

根据《教师法》的规定：各级师范学校毕业生，应当按照国家有关规定从事教育教学工作。国家鼓励非师范高等学校毕业生到中小学或者职业学校任教。国家实行教师职务制度，高等学校和中小学校具有不同的教师职务系列。

1. 教师职务制度的含义

教师职务制度是指教师职务系列及其评定制度。我国自20世纪80年代中期开始在高等学校和中小学实行教师职务制度，目前已经形成了比较完整的教师职务及其制度体系。

2. 高等学校教师职务及其评审条件

1986年，中央职称改革工作领导小组发布《高等学校教师职务试行条例》，规定高等学校教师职务设助教、讲师、副教授、教授。2006年，人事部印发《事业单位岗位设置管理试行办法》，将事业单位岗位分为管理岗位、专业技术岗位和工勤技能岗位三种类别。专业技术岗位分为13个等级，包括高级岗位、中级岗位和初级岗位。高级岗位分7个等级，即一至七级；中级岗位分3个等级，即八至十级；初级岗位分3个等级，即十一至十三级。同年，根据《事业单位岗位设置管理试行办法》，人事部印发《〈事业单位岗位设置管理试行办法〉实施意见》，将专业技术岗位等级设置为：高级专业技术职务正高级的岗位包括一至四级，副高级的岗位包括五至七级；中级岗位分3个等级，即八至十级；初级岗位分3个等级，即十一至十三级，其中十三级是员级岗位。

《关于深化高等学校教师职称制度改革的指导意见》

2020年12月31日，人力资源社会保障部、教育部印发《关于深化高等学校教师职称制度改革的指导意见》（人社部发〔2020〕100号），对高等学校教师职称评价标准提出指导意见，要求严把思想政治和师德师风考核，贯彻习近平新时代中国特色社会主义思想，坚持社会主义办学方向，以理想信念教育为核心，以社会主义核心价值观为引领，把好思想政治关，将师德表现作为教师职称评审的首要条件；突出教育教学能力和业绩；克服唯论文、唯“帽子”、唯学历、唯奖项、唯项目等倾向；推行代表性成果评价，注重质量评价，防止简单量化、重数量轻质量，建立并实施有利于教师潜心教学、研究和创新的评价制度。

同时，此文件的附件《高等学校教师职称评价基本标准》，要求高等学校教师申报各层级职称，均应满足三个基本条件：（1）遵守国家宪法和法律，贯彻党的教育方针，自觉践行社会主义核心价值观，具有良好的思想政治素质和师德师风修养，以德立身，以德立学，以德施教，爱岗敬业，为人师表，教书育人。坚持教书与育人相统一、言传与身教相统一、潜心问道与关注社会相统一、学术自由与学术规范相统一。（2）具备教师岗位相应的专业知识和教育教学能力，承担教育教学任务并达到考核要求，按要求履行教师岗位职责和义务。（3）身心健康，心理素质良好，能全面履行岗位职责。除此之外，还应分别具备评审助教、讲师、副教授和教授的具体条件。

3. 中小学教师职务及其评审条件

1986 年 5 月 19 日，中央职称改革工作领导小组转发国家教委《中学教师职务试行条例》《小学教师职务试行条例》《关于中小学教师职务试行条例的实施意见》等文件，规定中小学教师职务设高级、一级、二级和三级教师。然而，与高等学校教师职务相比，中学高级教师虽属于高级职务，却仅相当于高等学校的副教授职务；而小学高级教师相当于中学一级教师职务，仅相当于高等学校的讲师职务。2010 年，《国家中长期教育改革和发展规划纲要（2010—2020 年）》提出："建立统一的中小学教师职务（职称）系列，在中小学设置正高级教师职务（职称）。""城镇中小学教师在评聘高级职务（职称）时，原则上要有一年以上在农村学校或薄弱学校任教经历。"据此，教育部与人力资源社会保障部选择在部分地区开展中小学教师职称制度改革试点，尝试将原来独立的中学教师职务系列与小学教师职务系列统一并入新设置的中小学教师职务（职称）系列。2015 年，人力资源社会保障部和教育部印发《关于深化中小学教师职称制度改革的指导意见》，决定在全国范围内全面推开中小学教师职称制度改革。改革后中小学教师职务依次分为初级、中级、高级职务。初级设员级和助理级，高级设副高级和正高级。员级、助理级、中级、副高级和正高级职称（职务）名称依次为三级教师、二级教师、一级教师、高级教师和正高级教师。统一后的中小学教师职称（职务），与原中小学教师专业技术职务的对应关系是：原中学高级教师（含在小学中聘任的中学高级教师）对应高级教师；原中学一级教师和小学高级教师对应一级教师；原中学二级教师和小学一级教师对应二级教师；原中学三级教师和小学二级、三级教师对应三级教师。统一后的中小学教师职称（职务）分别与事业单位专业技术岗位等级相对应：正高级教师对应专业技术岗位一至四级，高级教师对应专业技术岗位五至七级，一级教师对应专业技术岗位八至十级，二级教师对应专业技术岗位十一至十二级，三级教师对应专业技术岗位十三级。

《关于深化中小学教师职称制度改革的指导意见》

《中小学教师水平评价基本标准条件》作为此文件的附件，提出了中小学教师水平评价的基本标准条件。教师要评聘正高级教师、高级教师、一级教师、二级教师、三级教师，首先应具备标准条件：（1）拥护党的领导，胸怀祖国，热爱人民，遵守宪法和法律，贯彻党和国家的教育方针，忠诚于人民教育事业，具有良好的思想政治素质和职业道德，牢固树立爱与责任的意识，爱岗敬业，关爱学生，为人师表，教书育人。（2）具备相应的教师资格及专业知识和教育教学能力，在教育教学一线任教，切实履行教师岗位职责和义务。（3）身心健康。除此之外，在评聘不同级别的教师职称（职务）时，还应分别具备相应的标准条件。例如，评聘三级教师应具备的标准条件包括：（1）基本掌握教育学生的原则和方法，能够正确教育和引导学生。（2）具有教育学、心理学和教学法的基础知识，基本掌握所教学科的专业知识和教材教法，能够完成所教学科的教学工作。(3) 具备大学专科毕业学历，并在小学、初中教育教学岗位见习 1 年期满并考核合格；或者具备中等师范学校毕业学历，并在小学教育教学岗位见习 1 年期满并考核合格。

（三）教师聘任

学校实行教师聘任制，可以提高教师的责任感，发挥教师的内在潜能，避免人浮于事的现象。《事业单位人事管理条例》对事业单位公开招聘工作人员应遵循的基本程序、聘用合同的签订、考核和培训、奖励和处分、工资福利和社会保险、人事争议处理、法律责任等都做出了具体的规定，是教师聘任的重要法律依据。

1. 教师聘任制度的含义

教师聘任制度是指学校与具有教师资格的公民，遵循双方地位平等的原则，明确双方的权利、义务和责任，以签订聘任合同的方式聘请具有教师资格的公民担任教师的制度。对此，《教师法》第十七条第一款已做出明确的规定："学校和其他教育机构应当逐步实行教师聘任制。教师的聘任应当遵循双方地位平等的原则，由学校和教师签订聘任合同，明确规定双方的权利、义务和责任。"

2. 教师聘任的形式

教师聘任依据聘任主体实施行为的不同可以分为招聘、续聘、解聘和辞聘四种形式。在教师聘任期间，无特殊理由一般不能解聘或辞聘教师，需要人事变动时，双方达成一致协议，才可以变更或解除聘任合同。实施教师聘任制度，有利于充分调动教师工作的积极性，提高教师的思想素质和业务水平，稳定教师队伍，切实保护教师的合法权益。

3. 教师聘任的程序

学校聘任教师要了解教师聘任的相关法律、法规和政策，掌握本校教师编制情况，确定招聘方案。聘用工作组织由本单位人事部门负责人、纪律检查部门负责人和工会代表组成，根据需要也可以聘请有关专家参加。教师聘用的基本程序是：(1) 公布空缺岗位及其职责、聘用条件、工资待遇等事项；(2) 应聘人员申请应聘；(3) 聘用工作组织对应聘人员的资格、条件进行初审；(4) 聘用工作组织对通过初审的应聘人员进行考试、考察；(5) 要求通过考试、考察的人员进行体检；(6) 根据结果择优提出并公示拟聘人员名单；(7) 聘用单位法定代表人或者其委托的人与受聘人员签订聘用合同。合同应当包括教师的聘用合同期限、岗位及职责要求、岗位纪律、岗位工作条件、工资待遇、聘用合同变更和终止的条件、违反聘用合同的责任等方面的内容。

三、教师的考核与奖惩

为保障学校与教师双方地位的平等性，需要对教师进行必要的考核，根据教师的工作表现和业绩对其做出相应的奖惩。

（一）教师的考核

教师的考核是指各级各类学校及其他教育机构依据一定的标准，对教师工作进行的考察、判断和评定的管理活动。教师的考核与教师的各种实际利益息息相关，涉及教师的奖惩、去留、职称与职位升降。通过公平公正的考核，可以达到端正教师的教育思想、调动教师工作的主动性和积极性、促进教师队伍建设的目的。

《教师法》第二十二条第一款规定："学校或者其他教育机构应当对教师的政治思想、业务水平、工作态度和工作成绩进行考核。"由此可知，考核教师的机构是学校或者其他教育机构，教师考核的主要内容是德、能、勤、绩。其中，德主要考核政治、思想和职业道德；能主要考核工作能力、业务水平；勤主要考核工作态度、敬业精神；绩主要考核工作实绩，如完成工作任务的数量和质量、取得相应成果的水平以及综合效益等。师德表现是教师考核、聘任（聘用）和评价的首要内容。《教师法》第二十三条规定："考核应当客观、公正、准确，充分听取教师本人、其他教师以及学生的意见。"这是考核的基本原则。要保障教师考核的客观、公正、准确，就要充分听取教师、学生及家长等多方面利益相关者的意见，发挥考核的激励功能。

考核分为平时考核、年度考核和聘期考核。年度考核的结果可以分为优秀、合格、基本合格和不合格等档次，聘期考核的结果可以分为合格和不合格等档次。考核结果作为调整教师岗位、工资以及续订聘用合同的依据。

（二）教师的奖惩

教师的奖惩是指对教师工作结果做出肯定或否定性评价的管理活动。建立合理的教师奖惩制度有利于鼓励教师积极上进、终身从教，保障教育教学任务的完成和教育教学质量的提高。

教师的奖励是指对在工作中成绩优异、有突出贡献和有重大贡献的教师进行的奖赏和鼓励。《教师法》第三十三条规定："教师在教育教学、培养人才、科学研究、教学改革、学校建设、社会服务、勤工俭学等方面成绩优异的，由所在学校予以表彰、奖励。""国务院和地方各级人民政府及其有关部门对有突出贡献的教师，应当予以表彰、奖励。""对有重大贡献的教师，依照国家有关规定授予荣誉称号。"因此，教师奖励包括对成绩优异者的学校的奖励、对有突出贡献者的政府及有关部门的奖励以及对有重大贡献的授予荣誉称号的奖励。

教师的惩戒是指对在教育教学工作中有违法违纪行为的教师，依据其行为性质和情节不同予以谈话提醒、批评教育、责令检查、诫勉、组织调整、处分等的管理活动。处分分为警告、记过、降低岗位等级或者撤职、开除。受处分的期间为：警告，6 个月；记过，12 个月；降低岗位等级或者撤职，24 个月。另外，《教育法》《义务教育法》《教师法》等法律法规，对教师需要承担的法律责任情形做出了明确的规定。根据教师的违法行为性质和情节不同，分别追究其行政责任、民事责任和刑事责任。

四、教师的专业发展与激励保障

教师专业发展是学习型社会对教师提出的必然要求，为教师提供专业发展的良好环境，是对教师逐渐走向成熟的激励保障。

（一）教师的专业发展

教师专业发展是一个持续不断的过程，需要对教师专业发展的含义、阶段、标准等做出必要的理解。

1. 教师专业发展的含义

教师专业发展是指教师在职业生涯中通过专门训练，习得专业知识，掌握专门技能，体现专业道德，成为合格的教育专业人员的过程。教师专业发展主要包括专业情意的发展、专业知识的发展和专业能力的发展。

教师的专业情意是指教师对教育教学工作的情感和态度，一般包括教师的专业理想、专业情操、专业性向和专业自我四个方面。专业理想是指教师对教育教学工作的向往和追求，直接影响教师工作的责任感和积极性。专业情操是指教师对教育教学工作的理性评价，包括理智的情操和师德的情操。专业性向是指教师从事教育教学工作所具备的人格特征，如创造力和探索精神等。专业自我是指教师在教育教学工作中对自我从事工作的感受、肯定等心理倾向，如自我认同、自我评价和自我反思等。

教师的专业知识是指教师从事教育教学工作所必需的认识和经验的总和，一般包括条件性知识、本体性知识、通识性知识和实践性知识等。条件性知识主要是指教育科学知识，包括教育学、心理学和学科教学法的相关内容。本体性知识主要是指教师所教学科的专业知识。通识性知识主要是指与教师专业相关的其他学科知识，强调知识的广博性。实践性知识主要是指教师在教育教学实践中体验和习得的知识。

教师的专业能力是指教师从事教育教学工作的能力。教师的专业能力一般包括教学设计能力、教学实施能力、班级管理与教育活动组织能力、教育教学评价能力、沟通与合作能力、反思与发展能力、创造创新的能力等①。

2. 教师专业发展的阶段

教师专业发展的阶段也称为教师专业发展的周期，是指教师的专业生涯从生疏到成熟的动态发展过程。对于这样一个过程，有很多学者进行了相关研究，以探讨教师专业发展的规律性。例如，早在 20 世纪 60 年代，美国学者富勒就提出了教师专业发展的四阶段说，包括执教前关注、早期生存关注、教学情景关注和学生关注②。也有学者提出：教师的专业生涯需要经历形成期（formative years）1～2 年、构建期（building years）3～5 年或更长时间、奋斗期（striving years）5～8 年或更长时间、完成期（career end）不同的阶段。在形成期，教师素养不仅影响自身的发展，也会影响学生的成长，因此教师需要夜以继日地学习。在构建期，教师需要坚定工作信心和发挥多方面的教学作用。在奋斗期，教师要促进专业发展，取得较高的工作满意度。在完成期，教师要重构自我③。这些研究为教师专业发展的政策设计提供了实践依据。

---

① 杨颖秀，李宁．学校组织与管理［M］．北京：高等教育出版社，2016：118－119.

② FULLER F F. Concerns of teachers：a developmental conceptualization［J］. American educational research journal，1969，6（2）：207－226.

③ LINDSTROM P H，SPECK M. The principal as professional development leader［M］. California：Corwin Press，2004：43－44.

《幼儿园教师专业标准（试行）》

《小学教师专业标准（试行）》

《中学教师专业标准（试行）》

3. 教师专业发展的标准

2012年，教育部印发《幼儿园教师专业标准（试行）》《小学教师专业标准（试行）》《中学教师专业标准（试行）》。在结构上，标准由基本理念、基本内容和实施建议三大部分构成。教师专业标准是国家对幼儿园、小学和中学合格教师专业素质的基本要求，是教师实施教育教学行为的基本规范，是引领教师专业发展的基本准则，是教师培养、准入、培训、考核等工作的重要依据。

在基本理念部分，《小学教师专业标准（试行）》和《中学教师专业标准（试行）》都提出“师德为先”“学生为本”“能力为重”“终身学习”四个基本理念，且内容大体相同。“师德为先”即要求热爱教育事业，具有职业理想，践行社会主义核心价值体系，履行教师职业道德规范，依法执教；关爱学生，尊重学生的人格，富有爱心、责任心、耐心和细心；为人师表，教书育人，自尊自律，做学生健康成长的指导者和引路人。“学生为本”即尊重学生权益，以学生为主体，充分调动和发挥学生的主动性；遵循学生身心发展特点和教育教学规律，提供适合的教育，促进学生生动活泼学习、健康快乐成长。作为教师，除了要关注全体学生的全面发展之外，更要注意有针对性地促进学生的个性发展。“能力为重”即把学科知识、教育理论与教育实践有机结合，突出教书育人实践能力；研究学生，遵循学生成长规律，提升教育教学专业化水平；坚持实践、反思、再实践、再反思，不断提高专业能力。“终身学习”即学习先进教育理论，了解国内外教育改革与发展的经验和做法；优化知识结构，提高文化素养；具有终身学习与持续发展的意识和能力，做终身学习的典范。

在基本内容部分，小学和中学的两个标准都围绕“专业理念与师德”“专业知识”“专业能力”三个维度展开。

在“专业理念与师德”维度中，两个标准都分为“职业理解与认识”“对学生的态度与行为”“教育教学的态度与行为”“个人修养与行为”四个方面，只是个别层面的规定和要求有所不同。在“教育教学的态度与行为”中，小学教师最重要的任务是引导小学生学会学习，养成良好学习习惯，而中学教师则要在此基础上引导中学生进行自主学习，培养更高层次的能力和习惯。

在“专业知识”维度中，《小学教师专业标准（试行）》分为“小学生发展知识”“学科知识”“教育教学知识”“通识性知识”；《中学教师专业标准（试行）》分为“教育知识”“学科知识”“学科教学知识”“通识性知识”。

在“专业能力”维度中，《小学教师专业标准（试行）》分为“教育教学设计”“组织与实施”“激励与评价”“沟通与合作”“反思与发展”；《中学教师专业标准（试行）》分为“教学设计”“教学实施”“班级管理与教育活动”“教育教学评价”“沟通与合作”“反思与发展”①。

在实施建议部分对如何实施标准提出了具体的要求。小学和中学的两个标准都指出，各级教育行政部门要将相关的专业标准作为教师队伍建设的基本依据，开展教师教育的院

① 杨颖秀，李宁．学校组织与管理［M］．北京：高等教育出版社，2016：120－121．

校要将相关的专业标准作为教师培养培训的主要依据，中小学校要将相关的专业标准作为教师管理的重要依据，中小学教师要将相关的专业标准作为自身专业发展的基本依据。

（二）教师的激励保障

《教师法》将制定教师培训规划，对教师进行多种形式的思想政治、业务培训，作为各级人民政府教育行政部门、学校主管部门和学校的义务；将保障教师的工资、津贴、补贴、住房、医疗、退休金等，作为各级人民政府的义务。《高等教育法》也规定，高等学校应当为教师参加培训、开展科学研究和进行学术交流提供便利条件。

1. 教师培训

职前培养和职后培训是教师培训的两翼。虽然各国在做法上不尽相同，但国际社会对教师的职后发展早有关注。1966 年，联合国教科文组织和国际劳工组织发表《关于教师地位的建议》，明确了教师的专业地位，提出这种职业要求教师经过严格、持续性的学习，获得并保持专门的知识和特别的技术。1996 年，联合国教科文组织第 45 届国际教育大会指出，在提高教师地位的整体政策中，专业化是最有前途的中长期策略。2012 年，联合国教科文组织正式启动《2012—2015 教师战略》，其目的是为全民教育培养高质量的教师。

我国非常重视教师培训制度建设，在高等学校教师和中小学教师培训方面都形成了比较完善的制度体系，诸多重要法律、政策都对提高教师素质、完善教师培训做出了设计。例如，1998 年，《面向 21 世纪教育振兴行动计划》提出，实施“跨世纪园丁工程”，大力提高教师队伍素质；1999 年，《关于深化教育改革全面推进素质教育的决定》提出，把提高教师实施素质教育的能力和水平作为师资培养、培训的重点；2004 年，《2003—2007 年教育振兴行动计划》提出，实施“高素质教师和管理队伍建设工程”。

2010 年，《国家中长期教育改革和发展规划纲要（2010—2020 年）》在中小学教师培训方面提出，完善教师培训制度，将教师培训经费列入政府预算，对教师实行每五年一周期的全员培训。2011 年，《关于大力加强中小学教师培训工作的意见》指出，“要按照‘统筹规划、改革创新、按需施训、注重实效’的原则，完善培训制度，统筹城乡教师培训，创新培训模式机制，增强培训针对性和实效性。坚持全员培训与骨干研修相结合，远程培训与集中培训相结合，脱产进修与校本研修相结合，境内培训和境外研修相结合，非学历培训与学历提升相结合”。不仅如此，对农村紧缺学科教师培训和班主任教师培训也提出了要求。文件设计的中小学教师培训体系请见表 7－3。

表 7－3 中小学教师培训体系

培训类型	培训内容	培训时间
新任教师岗前培训	对所有新任教师进行岗前适应性培训，帮助新教师尽快适应教育教学工作	不少于 120 学时
在职教师岗位培训	帮助教师更新教育理念，深入钻研业务，学习新知识，掌握新技能，提高教育教学实际能力	每 5 年累计不少于 360 学时
骨干教师研修提高	帮助骨干教师总结教育教学经验，探索教育教学规律，进一步提升综合能力	—

续表

培训类型	培训内容	培训时间
农村紧缺学科教师培训	农村音乐、体育、美术、英语、信息技术、科学课程等紧缺学科教师培训	—
班主任教师培训	所有班主任教师的专题培训	每 5 年不少于 30 学时

为使教师的职前培养和职后培训紧密结合，2016 年，教育部印发《关于大力推行中小学教师培训学分管理的指导意见》，为完善五年一周期的教师全员培训制度，进一步激发教师参训动力，促进教师终身学习，不断提升教师能力素质，针对教师培训中不同程度地存在的重项目设计、轻整体规划，重统一培训、轻教师选学，重短期学习、轻持续提升，重学时认定、轻结果应用等问题，要求各地以大力推行教师培训学分管理为抓手，着力构建培训学分标准体系，科学规划培训课程，积极推行教师培训选学，完善培训学分审核认定制度，建立健全培训学分转换与应用机制，深化教师培训管理改革，进一步提升培训质量。

《关于全面深化新时代教师队伍建设改革的意见》

2018 年，中共中央、国务院印发《关于全面深化新时代教师队伍建设改革的意见》，提出“经过 5 年左右努力，教师培养培训体系基本健全”以及“到 2035 年，教师综合素质、专业化水平和创新能力大幅提升，培养造就数以百万计的骨干教师、数以十万计的卓越教师、数以万计的教育家型教师”等目标任务，并且在中小学教师和高等学校教师培训方面提出了具体的意见。

在中小学教师培训方面，要求开展中小学教师全员培训，促进教师终身学习和专业发展；转变培训方式，推动信息技术与教师培训的有机融合，实行线上线下相结合的混合式研修；改进培训内容，紧密结合教育教学一线实际，组织高质量培训，使教师静心钻研教学，切实提升教学水平；推行培训自主选学，实行培训学分管理，建立培训学分银行，搭建教师培训与学历教育衔接的“立交桥”；建立健全地方教师发展机构和专业培训者队伍，依托现有资源，结合各地实际，逐步推进县级教师发展机构建设与改革，实现培训、教研、电教、科研部门有机整合；继续实施教师国培计划；鼓励教师海外研修访学。

在高等学校教师培训方面，要求严格教师职业准入，将新入职教师岗前培训和教育实习作为认定教育教学能力、取得高等学校教师资格的必备条件；全面开展高等学校教师教学能力提升培训，重点面向新入职教师和青年教师，为高等学校培养人才培育生力军；搭建校级教师发展平台，组织研修活动，开展教学研究与指导，推进教学改革与创新，加强院系教研室等学习共同体建设，建立完善传帮带机制，以全面提高高等学校教师质量，建设一支高素质创新型的教师队伍。

2. 教师的待遇

为保障教师的权益，《教师法》规定了教师在工资、津贴、补贴、住房、医疗、退休金等方面的待遇。这些待遇分别为：（1）教师的平均工资水平应当不低于或者高于国家公务员的平均工资水平，并逐步提高。建立正常晋级增薪制度。（2）中小学教师和职业学校教师享受教龄津贴和其他津贴。（3）地方各级人民政府对教师以及具有中专以上学历的毕业生到少数民族地区和边远贫困地区从事教育教学工作的，应当予以补贴。(4) 地方各级人民政府和国务院有关部门，对城市教师住房的建设、租赁、出售实行优先、优惠。县、乡两级人民政府应当为农村中小学教师解决住房提供方便。(5) 教师的医疗同当地国家公务员享受同等的待遇；定期对教师进行身体健康检查，并因地制宜安排教师进行休养。医疗机构应当对当地教师的医疗提供方便。(6) 教师退休或者退职后，享受国家规定的退休或者退职待遇。县级以上地方人民政府可以适当提高长期从事教育教学工作的中小学退休教师的退休金比例。

总之，参加进修或者其他方式的培训，不断提高思想政治觉悟和教育教学业务水平，既是教师的权利，也是教师的义务；保障教师的待遇是促使教师做好教育教学工作的条件。二者都是教育人力资源管理的重要举措。

案例分析

福利人事的源起①

19世纪后期，经济萧条，机器进步使工厂对技术工人的依赖减少，普通劳动力剧增，加之农村人口涌入城市，失业率居高不下，工资水平下降。工人为了保护自己的利益，罢工和联合抵制，工会崛起，劳资关系紧张。为管理好大机器生产中的人，提高生产效率，一些企业被迫采取各种各样的福利吸引工人。例如，美国"沃尔瑟姆制"工厂通过建立寄宿所来吸引女工，还有的企业通过利用传统节日组织工人郊游和聚餐等多种福利措施留住工人。

劳工问题的解决措施导致福利人事概念的产生。所谓福利人事是指由组织单方面提供或赞助的、旨在改善组织员工及其家庭成员的工作与生活的一系列活动或措施。在此影响下，美国一些公司设立了"福利秘书"，他们通过建议改善工作环境、住房、医疗、教育和娱乐设施等为工人提供工作福利帮助。工作福利是指非法律规定和生产必需的、能使员工的心理和社会生活得到改善的一切活动。"福利秘书"则成为现在人力资源管理经理的前身。

请问：案例中福利人事的做法对于今天的教育人力资源管理是否有启发意义？为什么？

理解探究

1. 教育人力资源管理有哪些主要内容？
2. 请简述教育行政人员管理的主要内容。
3. 请简述学校领导人员管理的主要内容。
4. 请简述教师管理的主要内容。

① 滕玉成，于萍．公共部门人力资源管理［M］．3版．北京：中国人民大学出版社，2012：28.

阅读导航

1. 管华．论教育行政机关的法律地位［J］. 华东师范大学学报（教育科学版），2021，39（1）：26－39.

2. 尹虎．学校教师管理也可“和而不同”［J］. 中国教育学刊，2020（5）：104.

3. 余凯，逄世龙．现代学校治理视域下校长的价值选择［J］. 中国教育学刊，2022（8）：13－18.

4. 王晋．在“能人治校”和“依法治校”之间：现代学校制度的当下境遇：兼论校长职能转变的“加减法”［J］. 教育发展研究，2021，41（11）：66－73.

第八章　学生管理

学习目标

1. 理解学生管理的含义及理念。
2. 了解学生的成长特点。
3. 掌握学生管理的内容。
4. 能在教育管理实践中做好学生管理工作。

第一节　学生管理的含义及理念

学生管理是学校管理的重要组成部分，需要坚持科学的管理理念，激发学生学习的积极性，保护学生的切身利益，为国家培养更多的人才。

一、学生管理的含义

学生是指在各级各类学校及其他教育机构中注册并对其记录学业档案的受教育者。学生管理是指学校依据教育方针和相应的育人标准，对学生从入学到离校所进行的规划、组织、控制、协调等管理活动，目的在于把学生培养成为德智体美劳全面发展的社会主义建设者和接班人。学生既是学校管理的主体也是学校管理的客体，学校既要尊重学生的身心发展规律，保护学生的权利，也要培养学生良好的行为习惯，促使其认真履行学习的义务。因此，学生管理需要秉持正确的管理理念，从常规性的学生事务管理入手，做好学生的组织管理，帮助学生提高学业成绩，指导学生树立正确的世界观、人生观和价值观。

二、学生管理的理念

学生管理的理念是管理学生的思想、观念、理论的总和。培养德智体美劳全面发展的社会主义建设者和接班人是我国的教育目的。2019 年，中共中央、国务院《关于深化教育教学改革全面提高义务教育质量的意见》明确提出，要全面发展素质教育，突出德育实效、提升智育水平、强化体

《关于深化教育教学改革全面提高义务教育质量的意见》

育锻炼、增强美育熏陶以及加强劳动教育。同年，国务院办公厅《关于新时代推进普通高中育人方式改革的指导意见》也将进一步完善德智体美劳全面培养体系作为普通高中育人方式改革的目标之一。由此可见，五育并举，促进学生全面发展，是新时代学生管理的重要理念，这种理念可以体现在具体的教育教学活动之中。

《关于新时代推进普通高中育人方式改革的指导意见》

（一）以德为首

德育是五育的重要组成部分，德育的途径有开设专门的德育类课程，如道德与法治课程，也有融入其他各学科课程，做好课程思政具有事半功倍的作用。学校要为教师提供良好的教育环境和设备，潜移默化地影响学生优良道德品质和行为习惯的养成。例如，道德与法治课中的“诚实守信”，科学课中的“垃圾分类”，语文课中的“家国情怀”，数学课中的“科学精神”，体育课中的“团队意识”等，都是课堂教学渗透德育的重要媒介。

在学校活动中也可以渗透德育思想。这需要学校根据学生的身心发展特点合理设计活动内容，在活动中培养学生良好的行为习惯和道德品质。学校的活动一般包括参观各类博物馆，了解历史，培养学生热爱祖国的优良品质；参加社会实践活动，培养学生的合作意识与责任意识；参与社区“关爱老人”德育活动，培养学生爱老敬老的优良品质；等等。学生亲身参与活动，所见所闻所感都是亲身的，更有利于其形成良好的道德品质。

（二）以智为主

智育是教育者有目的、有计划、有组织地向学生传授系统的文化科学知识和技能的教育活动，有时可以用来单指文化科学知识的教育。智育与教学既有联系又有区别。智育的主要途径是教学，教学要完成的不仅仅是智育活动任务，还有其他几育的任务。以智为主的学生管理理念，最重要的是培育和发展学生的智慧，通过课堂教学这一重要途径，完成传授知识和培养技能的重要目标。

智育是发展德育、体育、美育和劳育的基础。智育不仅仅是智力教育，不应只注重文化知识的学习，更应注重学生的自主性和创造性思维的发展。例如，语文课的听说读写能力、数学课的空间概念的应用、美术课的动手操作能力等，都有智育因素的渗透。

学校活动也是实现智育的重要途径，学生可以通过参加形式多样的智育活动，学会知识，形成技能。学校和教师需要营造良好的智育环境，选择合适的智育活动，开发学生的智力。

（三）以体强身

体育是以发展体能、增强体质为目的的教育。学校体育的基本特性为教育性、技能性和娱乐性，学校体育的首要目标是促进学生体质和体能的提高，培养身心健康的学生。体育的主要任务是增强学生的体质，传授必要的运动知识技能以及培养学生的体育兴趣，使其形成良好的精神品质①。

---

① 黄济，劳凯声，檀传宝．小学教育学［M］．3版．北京：人民教育出版社，2019：160－163.

目前我国实施的体育课程为“体育与健康”，是一门以身体练习为主要手段，以增进学生健康为主要目的的课程，是学校课程的重要组成部分。体育课更注重对学生进行系统的体育训练，由专业的体育老师带领，让学生在学习专业的体育知识和体育技能的同时提高自身的身体素质。

在学校活动类型中，体育活动所占比例越来越高，足球、排球、乒乓球、篮球等各类体育活动广泛开展。学校组织安排体育活动，给予学生专业的体育指导，让学生在体育活动中真正地学到知识，提高技能，对体育产生兴趣，提高运动素养，形成良好的体育精神。

（四）以美化人

美育是潜移默化的，小到课本里的插图大到流传至今的名胜古迹或者知名画作等，都能让人感受到美的存在。美育作为五育之一，与其他几育相辅相成，将美渗透于各科教学中才可能形成真正的教育。美育的主要任务在于培养和提高学生感受美、鉴赏美、表现美、创造美以及追求人生趣味和理想境界的能力。教师要紧紧围绕美育的任务进行美育教学，提高学生的审美情趣和审美能力。

在学校各类活动中，要注重环境对人的影响，选择美的事物装扮环境，展示美术、自然、传统文化的美感，让学生在美的环境里进行学习或者活动，养成热爱美、欣赏美和创造美的良好品质。

（五）以劳强能

劳动教育是使学生树立正确的劳动观点和劳动态度、热爱劳动和劳动人民、养成劳动习惯的教育。一直以来，我国学校教育将更多的精力放在智育发展上，其他几育尤其是劳动教育受到不同程度的忽视。劳动教育不是狭隘的劳动，而是对某些具体技能的学习，注重培育劳动的价值观，培养学生热爱劳动、热爱劳动人民的良好品质。

2018 年，习近平总书记在全国教育大会上明确指出，把劳动教育纳入社会主义建设者和接班人的要求之中，努力构建德智体美劳全面培养的教育体系。2020 年 7 月，为加快构建德智体美劳全面培养的教育体系，教育部组织研究制定了《大中小学劳动教育指导纲要（试行）》。2022 年，《义务教育劳动课程标准（2022 年版）》提出将劳动、信息科技从综合实践活动课程中独立出来，劳动课程内容共设置十个任务群，每个任务群由若干项目组成：日常生活劳动包括清洁与卫生、整理与收纳、烹饪与营养、家用器具使用与维护四个任务群，生产劳动包括农业生产劳动、传统工艺制作、工业生产劳动、新技术体验与应用四个任务群，服务性劳动包括现代服务业劳动、公益劳动与志愿服务两个任务群。

《大中小学劳动教育指导纲要（试行）》

《义务教育劳动课程标准（2022 年版）》

在劳动教育的教学管理中，要充分认识劳动教育的重要意义，认识到教育与生产劳动相结合是社会主义教育实践的重要方向。要在教学中落实劳动教育的目标，构建新形式的劳动教育，努力形成全社会的劳动风尚。学校可以选择合适的劳动教育活动，如清理操场、保护环境等，培养学生热爱劳动的品质，并结合教师的讲解，使其认识基本的劳动工具，培养学生尊重劳动的态度、愿意劳动的习惯。

第二节　学生的成长特点

学生管理和教育的意义在于促进每一位学生的健康成长。学生管理要掌握学生在不同阶段的成长特点，了解学生在某一阶段可能出现的问题，努力发现每个学生在成长中的独特性与可能性，千方百计地创造条件，让每一个生命个体都绚烂绽放。

一、中小学生的成长特点

中小学生能否健康成长，对他们的学业会产生重要影响。他们的成长特点主要体现在身心发展的特点上。

（一）生理特点

生理特点是指人体在生理上所表现出来的特征。中小学生的生理特点主要表现在身体发育、大脑发育、青春期发育等方面。

1. 身体发育

中小学生年龄一般为6～18周岁，这一阶段身体发育出现增速的趋势，青春期处于生长发育的快速增长阶段。

2. 大脑发育

人的大脑从精卵结合那一刻起就已经开始发育了。在各个器官的发育过程中，脑部的发育是最为优先的。小学生大脑皮层处于“优势兴奋灶”区域，他们具有良好的反应能力，容易形成条件反射，能够完成学习任务。同时值得注意的是，“优势兴奋灶”比较容易消失，因此在学生管理的过程中要明确管理学生的方式，运用多种有效的教育方法管理学生，在提高管理效率的同时保证学生的学习质量①。

3. 青春期发育

青春期是人身心发展的重要时期，一般女孩是在10～18周岁，男孩是在12～20周岁。青春期是以性成熟为主的一系列生理、生化、内分泌及心理、行为的突变阶段。青春期的个体正处在“第二次生长发育高峰期”，不仅身高、体重、肩宽和骨盆宽等有了明显的变化，而且神经、心血管、呼吸等系统的生理功能也日趋完善，男女两性的性器官和性机能都迅速成熟，男性遗精、女性月经来潮，同时出现“第二性征”。生理上的变化带来了性意识的觉醒。一般来说，女性的青春期比男性开始得早，结束得也早。青春期的起始年龄、发育速度和程度及成熟，均有很大的个体差异。

（二）心理特点

心理特点是指人在进行心理活动时表现出的稳定特征。中小学生的心理特点主要表现

---

① 陈威．小学儿童心理学［M］．北京：中国人民大学出版社，2009：52－61．

在思维、记忆、道德等方面。

1. 思维

中小学生入学后便接受了系统的学校教育，思维能力得到迅速发展。小学生的思维发展特点主要是具体形象思维向抽象逻辑思维过渡，但其逻辑思维仍与他们的感性经验相联系，具有具体形象性。一般来说，四年级儿童的逻辑思维过渡的一个重要表现是掌握数的概念，其概括能力、比较能力、分类能力都在逐渐发展，并且随着年龄的增长和受教育水平的提高而日益完善。中学生的思维发展特点是抽象逻辑思维处于优势地位，已经能用相关的理论指导学习中遇到的各类任务。例如，语文半命题作文、数学应用类问题、其他综合类文字材料。到了高中阶段，这种逻辑思维已经基本成熟。

2. 记忆

记忆是逐渐发展起来的。在进行学校教育时，学生需要具备良好的记忆能力以应对所学的各类知识。小学生在学校学习的内容并非都是其感兴趣的，但因教学安排，也必须完成学习任务。从记忆的类型来看，有意识记和有意重现逐渐占主导地位，无意识记也起着一定的作用。从记忆的方法来说，理解性的和意义性的识记逐渐占主导地位。学生通过不断学习，学会识别主要矛盾和次要矛盾，看到事物之间的联系与发展。中学阶段是记忆的黄金时代，记忆力在该阶段达到顶峰。中学生的无意识记比较明显，随着心理活动的有意识发展，其学习的目的性增强，有意识记仍占主导地位，抽象识记和记忆的广度都有所进步，并且能够掌握一定的记忆方法和记忆策略。例如，能够掌握意义识记和理解识记相互配合、各感官相互配合记忆等方法。高中阶段的学生具备良好的自觉性，能够自觉确定目的来支配自己的识记活动，完成学习任务。因此，教师要设置合理的教育教学环境，培养学生有意识记的能力。

3. 道德

中小学生道德观念的形成是一个复杂的过程。小学生的道德观念来自感觉的经验，具有直观性和特殊性，他们需要将某些具体的事物联系在一起。例如，当儿童做某件事得到了成人的表扬，他就会继续做这件事。随着受教育程度的提高，成长为中学生时，他们能够从具体的道德观念和道德准则中得到正确的道德行为认识，形成具体的道德观念和行为。如对于“赠人玫瑰，手有余香”“给予是快乐的”等道德观念，学生能够从中得到一些抽象的道德认识，进而评价道德行为，并在以后身处该类情境中时能用正确的道德观念指导道德行动。

二、高等学校学生的成长特点

高等学校学生尽管已经是成年人，但他们的身心发展仍然影响他们的学习生活和未来志向。

（一）生理特点

高等学校学生在身体发育、大脑发育、性成熟发育等方面的生理特点需要高等学校在教育教学活动和管理活动中给予必要的关注。

1. 身体发育

高等学校学生年龄一般为18～22周岁，处于“第二次生长发育高峰期”的后期。这一阶段学生的体重和身高都处于缓慢发展状态，基本完成骨化，身高基本稳定，此时体重的变化受生活条件的影响①。

2. 大脑发育

大脑是神经系统的重要组成部分，高等学校学生的大脑发育基本成熟。其大脑皮层的分析与综合水平逐渐提高，对繁杂的脑力活动也能够应付自如。

3. 性成熟发育

高等学校学生已经经历过青春发育期，男生在20周岁左右，女生在18周岁左右时生殖系统的发育逐渐成熟。性成熟意味着个体的性腺、性器官和第二性征迅速发育并趋于成熟，从而获得生育能力。相对于青春期的中小学生，高等学校学生的性机能更加成熟，高等学校学生的性心理也逐渐发展起来，性的生理冲动较强。对于这一阶段的学生需要通过教育使其正确认识自身的性成熟状况，树立健康的性观念。这对于完善高等学校学生的人格、促进正常感情和理性的形成都具有极为重要的意义。

（二）心理特点

高等学校学生表现出的心理特点也会影响他们的学习和生活，其思维、记忆、自我意识等，都需要高等学校的教育者和管理者有所了解。

1. 思维

高等学校学生的思维能力强，抽象逻辑思维和辩证逻辑思维能得到较为全面的发展。随着年龄的增加，高等学校学生的逻辑推理能力也随之提高，在一定程度上影响他们的学习成绩，同时，思维的逻辑性也会在高等学校学生的口头语言和书面语言的表达中得以展现。高等学校学生已经初步形成自己的世界观、人生观、价值观，对客观世界有自己的看法，具备独立思考的能力。在学生管理的过程中要注意把握高等学校学生的思维特点，有针对性地进行管理。

2. 记忆

高等学校学生的记忆主要以逻辑记忆为主，在20～25周岁达到人生的高峰值，然后逐渐下降。高等学校学生正处于逻辑记忆的顶峰时期，能够很好地理解自己所学专业的知识并逐渐培养自己的实践能力。高校教学能普遍促进大学生逻辑记忆的发展，学生若能较好地把握记忆高峰时期，就能对毕业后的人生选择产生一定的积极影响。

3. 自我意识

高等学校学生正处于自我意识的逐渐成熟时期，能够对自我意识进行调节，具有能动性。高等学校学生的自我意识还表现出一定的社会倾向性，对于实际发生的事件能够主动关注，并常常进行思考交流。例如，2022年北京冬奥会期间，能通过网络等形式看到或听到高等学校学生对社会事件的思考与发声，满意或不满意、肯定或不肯定等态度并存。

---

① 潘懋元. 新编高等教育学［M］. 北京：北京师范大学出版社，2009：114－115.

高等学校学生自我意识的能动性表现在自我认识与评价和自我监督与调节两方面。在自我认识与评价方面，学生在学习和生活中能更清晰地形成自我认识，能根据社会中正确的行为形成认识，同时也能对自我认识做出一定的评价。在自我监督与调节方面，学生在参加各类实践活动的过程中能获得认识的来源并积极进行评价，调动积极的心理因素，对自己的行为和目标进行有效的监督与调节，逐渐形成坚定的意志品质。

第三节　学生事务管理

学生事务管理主要包括学生的学籍管理、日常行为习惯养成、考核与评价、奖励与惩罚等内容。从宏观层面来看，学生事务管理反映一个国家教育事业的发展程度以及国家对教育发展的重视程度；从微观层面来看，学生事务管理直接反映学校、教师对学生发展的态度。

一、学生学籍管理

学籍管理是指根据有关规定对学生的入学资格、在校学习情况及毕业资格进行考核、记载、控制和处理的活动。学籍管理需要依据相应的政策，在学籍管理系统中处理相关事宜。

（一）学籍管理的政策依据

中小学生和高等学校学生的学籍管理有着各自的政策依据。

1. 中小学生学籍管理的政策依据

为了更好地管理全国中小学生的学籍，教育部 2013 年印发《中小学生学籍管理办法》。文件的发布标志着全国统一的学籍信息管理制度正式建立。文件分为总则、学籍建立、学籍变动管理、保障措施、附则共 5 章 30 条。文件确立了学籍管理的三个基本原则：

《中小学生学籍管理办法》

第一，省级统筹，属地管理。文件明确了各级政府、各级教育行政部门以及各个学校在学籍管理中的具体权限。不同地区可以此文件为基础，根据实际情况进行相应的调整。

第二，一人一号，籍随人走。为确保中小学生学籍的唯一性，文件规定了新生办理入学手续，学校就要为其建立学籍，通过电子学籍系统申请学籍号。为确保学籍的内容真实、及时记录学生的基本信息和学习情况，防止学生“不辞而别”，文件确定了“籍随人走”的原则。

第三，动态监管，全程追踪。学籍管理的一个重要内容是全面、全程记录学生的成长经历，所以学籍档案内容除了包括学籍基本信息以外，还包括学生的综合素质发展报告、体检信息、在校期间的获奖信息等内容。

2. 高等学校学生学籍管理的政策依据

2017 年，中华人民共和国教育部令第 41 号颁布《普通高等学校学生管理规定》，其中的第三章对普通高等学校学生的学籍管理做出了规定，包括

《普通高等学校学生管理规定》

入学与注册、考核与成绩记载、转专业与转学、休学与复学、退学、毕业与结业、学业证书管理等方面的内容。各高校可根据自己的实际情况对相应内容进行适当的调整，并向教育部提交申请，申请通过即可实行。《普通高等学校学生管理规定》于 2017 年 9 月 1 日起施行，2005 年的《普通高等学校学生管理规定》（教育部令第 21 号）同时废止。其他有关文件规定与本规定不一致的，以本规定为准。

（二）学籍管理系统

为规范管理中小学生和高等学校学生的学籍，教育部分别建立了中小学生和高等学校学生的学籍管理系统。

1. 全国中小学生学籍信息管理系统

与《中小学生学籍管理办法》相配合，教育部建立了全国中小学生学籍信息管理系统。全国中小学生学籍信息管理系统于 2014 年全国联网试运行。该系统为每名中小学生建立全国唯一的、跟随一生的学籍编号，从小学一直沿用至研究生教育乃至继续教育，并在全国范围内实现学生转学、升学等动态跟踪管理，为解决农村“控辍保学”、进城务工人员随迁子女入学、留守儿童就学等教育热点、难点问题提供有力支撑。同时遵循“一个也不能少”的原则，实现全国各级各类学校的全面覆盖。

系统实行动态管理，包括对全国范围内的学生注册、学生信息维护、毕业升级、学籍异动的信息化管理，及时跟踪全国的学生流动，掌握其学籍情况，为教育管理和决策、营养改善计划的实施、学生资助等提供帮助。

2. 全国高等学校学生学籍信息管理系统

学生学籍信息的管理是高校对学生信息管理的一项重要工作和任务。为规范高校学生学籍学历电子注册，向高等学校、学生和社会提供便捷、客观、权威的学籍学历信息查询、验证及认证服务，保护高等教育受教育者的合法权益，根据《中华人民共和国高等教育法》和《普通高等学校学生管理规定》，2014 年教育部印发《高等学校学生学籍学历电子注册办法》，开发了中国高等教育学生信息网即学信网。主要功能包括学历查询、高校招生、全国硕士研究生招生报名和调剂等。此外，各高校还开发了自己的学籍信息管理系统，以此实现对本校学生的信息管理。

《中华人民共和国高等教育法》

学籍管理对于稳定教学秩序、提高教学质量、规范学生行为具有重要的作用。从学生入学到毕业，学籍管理的相关内容贯穿学生在校期间的各个教育环节。不同学段学生的学籍管理办法对学生学籍管理各环节的内容有着明确的要求和规定。在一定程度上可以说，学籍管理办法是评价学生各方面发展的标准，也是评价各学校办学质量的参考。无论是中小学还是高等学校，学生的学籍管理都以教育部颁发的相关文件为标准，建立信息管理系统，适应社会信息化管理的要求。这在保证学生信息准确无误的同时，也提高了处理学籍事务的效率。

（三）学籍管理的内容

学籍管理的内容主要包括：入学注册，考勤，成绩考核，对休学、复学、转学、退学的处理，奖励与处分，毕业等等。

入学注册是学生入校学习情况记录备案的开始，学生注册后即取得学籍。考勤是对学生出勤情况的记录。学生在校期间上课、参加学校规定的活动均应进行考勤，迟到、早退、缺课应有记录。学生请假必须履行必要的手续。考勤情况应及时通知家长，防止学生在校外发生意外事故。对出勤情况好的学生应予以表扬奖励，对出勤情况差的学生要予以批评教育。成绩考核要坚持期末与平时相结合的原则，使平时成绩在考核中占一定比例。成绩考核的内容、记录与报告应具体详细，以便全面反映学生学习知识、技能与能力发展的情况。每一个年级的学生经过一学年的学习与考核，成绩合格者升入高一年级继续学习，成绩不合格者在下一学年开学前进行补考，补考成绩作为学年成绩，高等学校也可以规定成绩不合格者重修。因病无法继续学习的学生（须具备指定医疗单位的证明）在报经有关部门批准后，可准其休学，康复后可以复学。基础教育阶段，因户籍变更、随父母迁徙等，学生可以申请转学，经有关教育行政部门核准符合条件者，应予及时妥善安置，不得无故拒收。学生休学、复学、转学时，需要填写休学、复学、转学证书。证书要有存根，并附有照片。证书需有校长签名，存根需有经办人签名。高等学校学生具有《普通高等学校学生管理规定》第三章第五节所规定的退学情形的，学校可予退学处理。学生的成绩品行优秀，可以获得奖励，如有严重劣迹行为也要受到相应的处分。义务教育阶段，对违反学校管理制度的学生，学校应当予以批评教育，不得开除。学校对修完规定课程且成绩合格者，发给毕业证书，不合格者发给结业证书；对虽未修完学校课程，但修业年限已满当地政府规定的义务教育年限者，发给肄业证书。证书由学校造册上报教育行政主管部门备案，学校存底备查①。

二、学生日常行为习惯养成

学生日常行为习惯养成是学校的常规管理，也是学生品德素养的集中体现。养成良好的行为习惯不仅有助于学生身心全面发展，也有助于他们提高学业成绩。为此，教育部分别印发了《中小学生守则（2015 年修订）》和《高等学校学生行为准则》，全面规范中小学生和高等学校学生的日常行为，帮助他们养成良好的行为习惯。

《中小学生守则（2015 年修订）》

《高等学校学生行为准则》

（一）《中小学生守则（2015 年修订）》及日常行为规范

为积极培育和践行社会主义核心价值观，进一步增强中小学德育的针对性、实效性，根据学生发展的新特点，教育部在广泛征求意见的基础上，制定了《中小学生守则（2015 年修订）》。全文共 9 条，282 字，涵盖学生德智体美劳全面发展的基本要求，主要内容包括：爱党爱国爱人民，好学多问肯钻研，勤劳笃行乐奉献，明礼守法讲美德，孝亲尊师善待人，诚实守信有担当，自强自律健身心，珍爱生命保安全，勤俭节约护家园。修订后的《中小学生守则》便于中小学校根据学生的学习、生活实际及思想状况，组织开展丰富多彩的校内外教育活动，从而更好地促进学生树立正确的理想信念、养成良好的行

① 杨颖秀，李宁．学校组织与管理［M］．北京：高等教育出版社，2016：136－137.

为习惯和全面而有个性地健康成长。与此同时，教育部关于印发《中小学生守则（2015 年修订）》的通知指出："各地可依据修订后的《守则》，结合实际情况，制订小学生日常行为规范、中学生日常行为规范。"因此，《中小学生守则（2015 年修订）》和各地制定的小学生日常行为规范、中学生日常行为规范，都是中小学生日常行为养成的重要依据。

（二）《高等学校学生行为准则》

为了全面贯彻党的教育方针，加强高等学校学生思想政治教育工作，引导学生坚定理想信念，形成良好的道德品质，养成文明行为习惯，勤奋学习，强健体魄，成为社会主义合格建设者和可靠接班人，教育部对 1989 年国家教育委员会制定的《高等学校学生行为准则（试行）》进行了修订。《高等学校学生行为准则》包括志存高远，坚定信念；热爱祖国，服务人民；勤奋学习，自强不息；遵纪守法，弘扬正气；诚实守信，严于律己；明礼修身，团结友爱；勤俭节约，艰苦奋斗；强健体魄，热爱生活等八个方面的内容，并对每个方面的内容都做了具体的阐述。《高等学校学生行为准则》要求高等学校学生努力学习马克思列宁主义、毛泽东思想、邓小平理论和"三个代表"重要思想，面向世界，了解国情，确立在中国共产党领导下走社会主义道路、实现中华民族伟大复兴的共同理想和坚定信念，努力成为有理想、有道德、有文化、有纪律的社会主义新人；弘扬民族精神，维护国家利益和民族团结；遵守宪法、法律法规，遵守校纪校规，敢于并善于同各种违法违纪行为作斗争；遵从学术规范，恪守学术道德，不作弊，不剽窃，自觉抵制黄、赌、毒等不良诱惑；弘扬传统美德，遵守社会公德；积极参加文体活动，提高身体素质，保持心理健康，增强安全意识，关爱自然，爱护环境，珍惜资源。《高等学校学生行为准则》是高等学校学生养成良好行为习惯的基本要求。

三、学生考核与评价

考核，即考查核实。考核关注的是考核形式与考核内容，考核内容要围绕教育目标进行。评价，即评价主体根据明确的评价目的，在一定的情境下，对评价客体进行的价值判断。评价关注的是评价方式、评价内容、评价主体以及评价成绩的组成。

（一）学生考核与评价的基本原则

对学生的考核与评价需要坚持客观性、科学性、教育性等原则，保证学生考核与评价的质量。

1. 客观性原则

客观性要求在进行学生考核与评价时，必须采取客观公正、实事求是的态度，不应该主观臆断或者掺杂个人情感。学生考核与评价的过程是否具有客观性将直接影响考核与评价结果的科学性和有效性，进而会影响相应的教育政策的制定方向及效果。

2. 科学性原则

学生考核与评价必须坚持科学的态度与方法。考核与评价的客观性要求考核与评价的过程要尊重客观事实，科学性则要求运用科学的方法和程序进行考核与评价。

3. 教育性原则

学生考核与评价早期的目的是判断学生是否达到了某种要求或某项标准，当代的则是为了更好地创造促进学生学习的教育环境。因此，学生考核与评价要充分贯彻教育性原则，尊重评价对象，对评价结果进行认真和准确的分析，用鼓励、激励代替以往的训斥与批评。

（二）学生考核与评价的主要内容

对中小学生的考核与评价和对高等学校学生的考核与评价要有不同的侧重点，因而内容也是不同的。

1. 中小学生考核与评价的主要内容

义务教育阶段考核与评价的主要目的是促进学生全面发展，保证学生平等权益，引导教育专业发展及提高教育水平等。普通高中教育阶段考核与评价的主要内容也是学生全面发展的实际情况。中小学教育阶段考核与评价以实施学生综合素质评价、促进教育优质均衡发展为主。

2. 高等学校学生考核与评价的主要内容

高等学校对学生的考核与评价也要从学生的德智体美劳等各方面发展情况入手，但由于高等教育更多的是为了培养专业化人才，所以在考核与评价的过程中更具有针对性。考虑到专业型人才与学术型人才培养的差异性，考核与评价的方式也会有所不同。

四、学生奖励与惩罚

奖励是指对个人或集体正确、良好的思想行为给予肯定和表扬。惩罚是指对个体或集体的不良行为给予否定或批评，旨在制止某种行为的发生，帮助学生分辨是非善恶，削弱受惩行为动机，达到改正的目的。

（一）奖励的原则及功能

对学生或学生集体的奖励并不是随意进行的，需要坚持奖励的基本原则，使奖励发挥应有的功能。

1. 奖励的原则

第一，公平性原则。教师对学生进行奖励时，要尊重学生的个体差异，避免一刀切的行为发生。

第二，及时性原则。当学生做出正确的行为或取得进步时，教师要及时给予奖励或做出肯定性评价，以此强化学生的行为和思想。

第三，公正性原则。教师要把学生的学业和道德等方面的表现作为奖励的主要依据，不能妄加猜测；奖励规则的制定和执行也要建立在教师与学生彼此达成共识的基础上①。

---

① 刘磊．论教育中的奖励［J］．教育研究，2011，32（2）：41－46.

2. 奖励的功能

第一，可以促进学生的认知发展。每个人都有自己的想法与尊严，当学生的行为得到奖励的时候，他的内心就会受到鼓舞，自尊心得到保护，能更好地树立起自信心与责任感，进一步促进认知的发展。

第二，可以培养学生的学习兴趣。奖励往往是对学生学习结果或行为结果的肯定性评价，这样的评价往往可以让学生体会到喜悦，感受到成功，可以激发起学生的学习兴趣。

第三，可以发挥榜样作用并影响其他学生。奖励行为通常是对表现优秀学生的鼓励，其他学生在看到自己的同学受到奖励的时候，往往会心生羡慕，同时会激励自己成为下一个受到奖励的人，进而推动自身的正向发展。

（二）惩罚的原则及功能

对学生或学生集体进行惩罚要坚持教育学生、尊重学生、公平处理等基本原则，使惩罚发挥最大的教育功能。

1. 惩罚的原则

第一，教育性原则。对学生实施惩罚应以教育学生改正错误、促进学生身心全面发展为目的，帮助学生主动意识到自身的错误并能尽快改正错误，使惩罚在具体的教育活动中得到合理的使用。

第二，尊重性原则。惩罚是为了对学生进行相应的教育，从而促进学生的发展。而个体的发展是遵循其身心发展规律的，所以在对学生进行惩罚时，应以尊重学生为前提，尊重学生的人格，尊重学生的发展规律，要以爱护的态度对待学生。惩罚不是体罚，也不是变相体罚。

第三，公平性原则。允许学生犯错，用包容的态度看待学生的小错误是教育者或管理者的正确态度。因此，公平公正是实施惩罚的有效保证。每个学生都是独立的个体，追求受到公平公正的对待也是每个学生的权利。教育者或管理者要公平公正地对待每一名学生，以真实客观的事实作为判断的标准，不应加入自己的主观情感。

2. 惩罚的功能

第一，具有警告作用。惩罚是针对学生出现的错误行为而进行的一种教育方式，目的是让学生对错误的行为进行及时改正。同时，一名学生在受到惩罚时，其他学生也会以此为戒，可以有效制止和减少学生错误行为的发生。

第二，可以维护学校的教育教学秩序。所谓“无规矩不成方圆”，只有在保证教育教学秩序良好的前提下，才可以进行更加有效、更加优质的教育教学活动。在对犯错学生进行惩罚的过程中，其他学生看到某一行为受到相应的惩罚或处分，必然会对自己类似的行为有所约束，从而更好地维护学校的教育教学秩序。

第三，可以提高学生的责任意识。学生由于常年受到来自家长的关爱，所以在学校环境中可能会出现不适应的现象或缺乏抗挫折的能力。当学生有不良行为出现时，对学生进行正确的惩罚，一方面可以帮助学生改正不良行为，另一方面可以让学生了解对自己的行为应当承担什么样的责任后果，知道自己的行为会对自己、对他人产生什么样的不良影响，从而促使学生树立责任意识，尽快改正不良行为。同时可以让学生在内疚与自责中不断提高抗挫折与抗压的能力。

奖励与惩罚都是为了促进学生发展的教育手段，教育者在使用时，要时刻注意内容、方式、方法的选择和应用，因人、因时、因地、因事制宜。

第四节　学生组织管理

学生组织管理主要包括班级组织建设、学校少先队组织建设、共青团基层组织建设、党的基层组织建设以及学生社团组织建设等内容。学生组织管理可以对学生身心发展产生积极影响，为我国培养更多更好的社会主义事业的建设人才。

一、班级组织建设

班级是学生日常活动的基本组织形式，每一个学生的行为举止都会对其他学生产生影响，积极的班级组织文化氛围需要在班级组织建设中逐步形成。班级组织建设是指以班主任为中心，制定班级组织制度，组建班委会，形成良好的班级文化，促进班集体成员健康发展的管理活动。班级管理具有一定的灵活性，可以根据本班学生的实际情况来处理，以班级为最基本的组织形式开展管理活动。班主任需要按既定的工作原则和具体的工作要求，协同学校、学生和家长等密切联系的工作相关人员，通过学生自我管理的方式完成班级事务。一般情况下，班级组织建设主要包括班级制度建设、班委会组建以及班级活动开展三个方面。

（一）班级制度建设

班级是每个学生最早接触的群体组织。国有国法，家有家规，班级自然也要有属于自己的制度和规范，即班规。班级制度可以包括班级纪律、班级学风、班级卫生、班级安全、班级环境等多方面的内容。合理有效的班规可以维持班级正常运行，是使其成为一个优秀班级的前提条件，是班级工作文明进步的标志，也是做好班级工作的重要保证。罗恩·克拉克（Ron Clark）是美国的一位传奇教师，年仅 28 岁就获得“美国年度教师”奖，他提出的 55 条班规不以成绩作为教育评价的主要内容，他坚信每个学生都有学习的能力，用关爱与激情激发学生的学习欲望。这些班规可以作为建设班级制度的参考。罗恩·克拉克所建立的班规内容见图 8－1①。

（二）班委会组建

班委会组建的重要工作之一是建立一支优秀的班干部队伍，协助老师做好班级管理的各项事务。优秀的班干部具有榜样示范作用。俗话说“火车跑得快，全靠车头带”，培养优秀班干部，构建高效的班委会，更有利于学生积极投身到班级事务中去，以班集体的利益为出发点和落脚点，培养学生的集体意识和责任意识。

---

① Web 开发网．罗恩·克拉克（美国明星教师罗恩·克拉克）相关资料介绍［EB/OL］.（2023－03－24）［2023－08－09］. https：//baike. baidu. com/item/％E7％BD％97％E6％81％A9％C2％B7％E5％85％8B％E6％8B％89％E5％85％8B/1141870？ fr＝ge_ala.

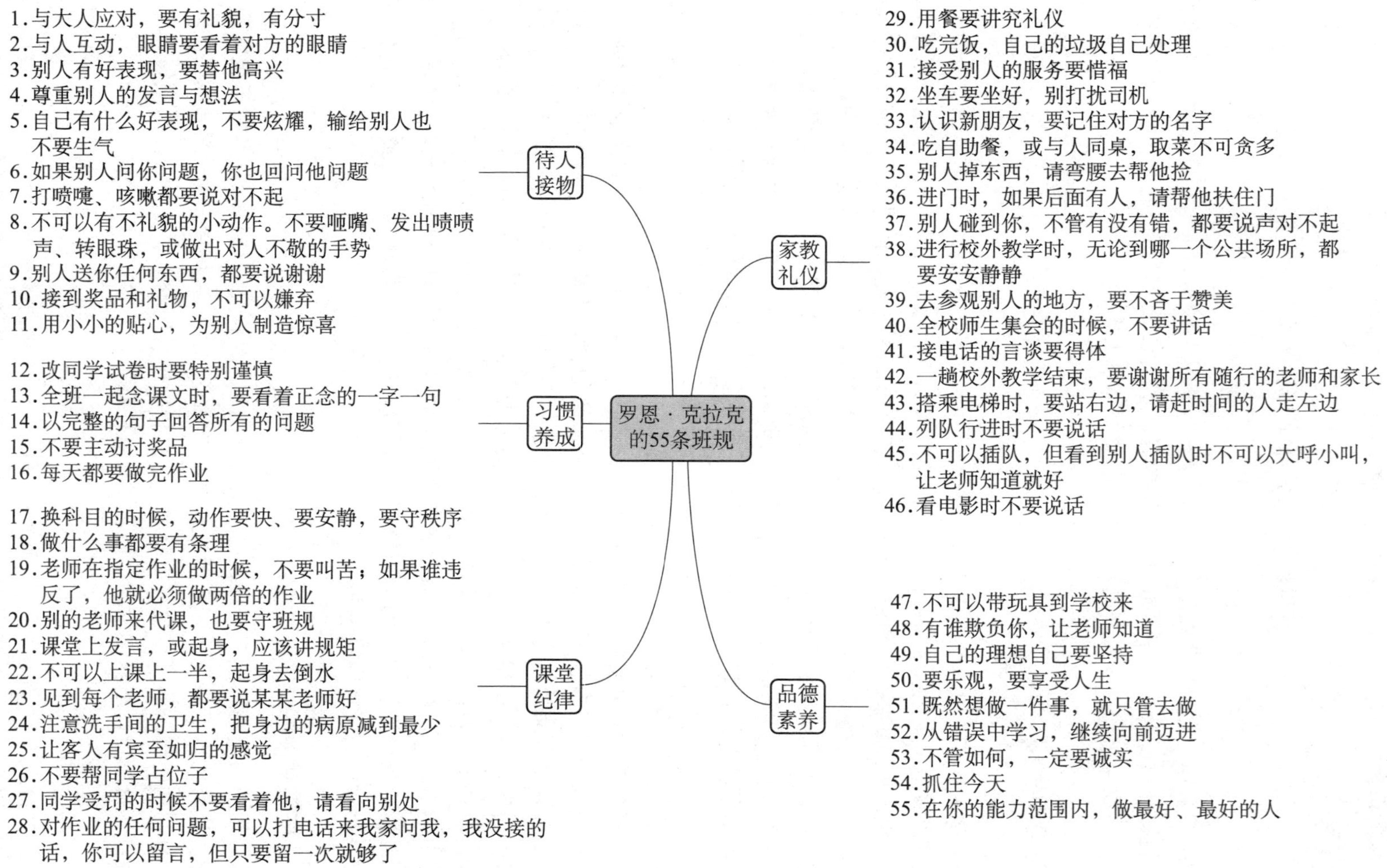

图 8-1 罗恩·克拉克的 55 条班规

班干部要选拔备受学生信赖的、组织能力和责任心强的同学。真正希望为班级做出贡献往往是一名优秀班干部所必备的品质。班干部要能帮助班主任和任课教师管理好班级，同时也要做好为同学服务的各项工作。教师可以适当地将部分权力授予班委会成员，这一方面可以有效地减轻教师的工作压力，另一方面可以提升学生做好班级管理工作的能力。教师要多听取班委会反馈的信息和意见以及其他同学对班级管理的意见和心声，鼓励学生进行自主管理、相互管理，有针对性地做好班级管理。

一般情况下，班级组织由低级向高级，即由松散状态向凝聚成集体的状态发展，这一过程一般表现为三个阶段。第一阶段为班集体初建松散阶段。这一阶段要由班主任直接行使权力，提出要求，指定临时班干部负责一定的班级工作。第二阶段为班集体基本形成阶段。这一阶段学生骨干队伍已经形成，班主任由直接指挥逐步退居为间接指导。第三阶段为班集体成熟阶段。这一阶段集体本身已成为推动学生自我教育、自我管理的力量，班主任只需在学生干部行使职权时给予决策上的指导与帮助。

（三）班级活动开展

班级活动是在班级内有组织地开展的各种教育活动，是学校教育活动的重要组成部分，是班集体教育的重要形式。班级活动的基本特点在于：班级活动是一种交往活动，在一定的时空范围内，向着共同的目的，遵循共同的行为准则，分工合作、相互配合，可能出现暗示、模仿、感染、舆论、心理相容等现象，良好的班级活动有利于形成积极健康的人际关系。在班级活动的管理中，要加强学生的集体观念，设置多样化的课余活动，开阔学生视野，提高学生的实践能力。例如，班级可以开展足球、田径等体育竞赛活动，以提高学生身体素质；可以举办中秋节、元宵节等节日活动，增强学生对传统文化的认同，提高民族认同感与自豪感；可以举办心理健康日等德育类活动，促进学生身心健康发展。

二、学校少先队组织建设

《中国少年先锋队章程》是学校少先队组织建设的基本依据。中国共产党委托中国共产主义青年团直接领导少先队。

《中国少年先锋队章程》

（一）少先队的含义

中国少年先锋队是中国共产党创立和领导的中国少年儿童的群团组织，是少年儿童学习中国特色社会主义和共产主义的学校，是建设社会主义和共产主义的预备队。少先队以马克思列宁主义、毛泽东思想、邓小平理论、“三个代表”重要思想、科学发展观、习近平新时代中国特色社会主义思想为根本遵循。

（二）少先队组织建设的目的

少先队组织建设的目的是团结教育少年儿童，听党的话、跟党走，爱祖国、爱人民、爱劳动、爱科学、爱社会主义，学习和实践社会主义核心价值观，树立远大理想，培养优良品德，勤奋学习知识，锻炼强健体魄，培养劳动精神，从小学先锋、长大做先锋，立志为建设中国特色社会主义现代化强国贡献力量，努力成长为社会主义现代化建设需要的合格人才，成长为能够担当民族复兴大任的时代新人，做共产主义事业的接班人。

（三）少先队组织建设的主要任务

少先队组织建设的主要任务在于团结教育少年儿童、组织少年儿童参与社会生活、维护少年儿童的合法权益。

1. 团结教育少年儿童

根据《中国少年先锋队章程》的规定，凡是六周岁到十四周岁的少年儿童，愿意参加少先队，愿意遵守队章，向所在学校少先队组织提出申请，达到入队要求后，经批准，就成为队员。超过十四周岁的队员应该离队。所以，少先队组织建设的主要对象是义务教育阶段的学生。少先队组织要吸收全体适龄少年儿童加入组织中，帮助他们学习和继承少先队的好思想、好作风，爱祖国、爱人民、爱劳动、爱科学、爱护公共财物，努力学习，锻炼身体，参与实践，培养能力，立志为建设中国特色社会主义贡献力量。

2. 组织少年儿童参与社会生活

少先队组织要通过多种合法途径和渠道，组织少年儿童参与国家的政治生活、经济生活和文化生活，表达少年儿童的意愿。

3. 维护少年儿童的合法权益

少先队组织要努力满足少年儿童成长的多种需求，依法维护少年儿童的合法权益。

（四）少先队组织建设的基本特征

少先队组织建设要体现儿童性、政治性、教育性、自主性等基本特征。

1. 儿童性

少先队是面对所有适龄的少年儿童的，儿童性是少先队组织建设的基本属性。少先队开展的各项活动应该适合少年儿童的身心发展特点。少先队工作全部内容的出发点和落脚点都要发挥少年儿童的主体作用，体现少年儿童的主体性。

2. 政治性

少先队是中国共产党创立和领导的，是少年儿童学习中国特色社会主义和共产主义的学校，是建设社会主义和共产主义的预备队，具有鲜明的政治属性。政治性是少先队组织建设的本质属性。少先队组织建设事业是中国共产党、共青团事业的重要组成部分，无论是相关文件的具体规定还是少先队组织活动或任务的制定都应凸显其政治性。

3. 教育性

教育性是少先队组织建设的功能属性。少先队应该全面贯彻党的教育方针，按照实践育人的要求，努力提高少年儿童的综合素质，促进他们全面发展。少先队作为以学校为依托而成立的少年组织，其组织建设的每一环节实际上都是一个教育的过程，同时也担任着教育的使命。通过集体主义教育，一方面将少年儿童团结在一起，另一方面对少年儿童进行教育，促进其各方面的全面发展。此外，通过集体主义教育，少年儿童之间也可以互相教育学习，通过同伴之间的相互影响促进自身发展。

4. 自主性

少先队是少年儿童自己的组织，队员在少先队集体中可以充分发挥其积极性和主动性，自己管理自己，自己教育自己。虽然在少先队组织建设的过程中，需要学校和教师的指导与帮助，但是指导与帮助更多是以辅助为主，根本目的还是促进少年儿童的自主发展。

三、共青团基层组织建设

《中国共产主义青年团章程》

《中国共产主义青年团章程》是学校共青团基层组织建设的主要依据。

（一）共青团的含义

中国共产主义青年团是中国共产党领导的先进青年的群团组织，是广大青年在实践中学习中国特色社会主义和共产主义的学校，是中国共产党的助手和后备军。

（二）共青团和少先队的关系

中国共产主义青年团受中国共产党的委托领导中国少年先锋队的工作。共青团要履行好全团带队政治责任，健全少先队组织的各级工作机构，加强少先队组织建设，支持少先队创造性地开展组织教育、自主教育、实践教育，保护和关心少年儿童的成长，坚持以社会主义思想和共产主义精神教育少年儿童，引导他们听党的话，好好学习，天天向上，从小学习做人、从小学习立志、从小学习创造，爱祖国，爱人民，爱劳动，爱科学，爱社会主义，锻炼身体，培养能力，学习和实践社会主义核心价值观，努力成长为担当民族复兴大任的时代新人，做共产主义事业的接班人。

中学共青团组织应加强对少先队员入团前的培养教育，少先队组织应积极推荐优秀少先队员作团的发展对象。

（三）学校共青团基层组织建设的主要任务

学校要完成建立基层组织、加强思想政治工作、培养优秀人才等任务。

1. 建立基层组织

学校等基层单位，凡是有团员三人以上的，都应当建立团的基层组织。团的基层组织，根据工作需要和团员人数，经上级团的委员会批准，分别设立团的基层委员会、总支部委员会、支部委员会。在基层委员会、总支部下建立支部。工作需要的，在基层委员会下也可以建立总支部。在一个支部内可以分若干个小组。支部委员会、总支部委员会由团员大会选举产生，其中大、中学校学生支部委员会每届任期一年，其他每届任期三年。基层委员会由团员大会或代表大会选举产生，每届任期三年至五年，一般与同级党的委员会任期保持一致。

2. 加强思想政治工作

共青团是中国共产党的助手和后备军，共青团组织建设的主要目的是将优秀的青年人才聚集在一起，共同为共产主义事业奋斗。学校共青团基层组织要组织青年学习马克思列宁主义、毛泽东思想、邓小平理论、“三个代表”重要思想、科学发展观、习近平新时代中国特色社会主义思想，进行社会主义核心价值观教育等，增强青年的民族自尊、自信和自强精神，树立正确的理想、信念和世界观、人生观、价值观，努力使青年成为担当民族复兴大任的时代新人，成为德智体美劳全面发展的社会主义建设者和接班人。

3. 培养优秀人才

学校共青团基层组织要在建设中国特色社会主义的伟大实践中，造就有理想、有道德、有文化、有纪律的青年，努力为党输送新鲜血液，为国家培养青年建设人才；推荐优秀团员作党的发展对象，发现和培养青年中的优秀人才，推荐他们进入更重要的生产和工作岗位。

（四）学校共青团基层组织建设的特点

学校共青团基层组织建设具有政治性、群众性、先进性等特点。

1. 政治性

学校共青团基层组织坚决拥护中国共产党的纲领，以马克思列宁主义、毛泽东思想、邓小平理论、“三个代表”重要思想、科学发展观、习近平新时代中国特色社会主义思想为行动指南。学校共青团基层组织坚决贯彻党的基本理论、基本路线、基本方略，解放思想，实事求是，与时俱进，求真务实，团结全国各族青年坚定不移跟党走，为把我国建设成为富强民主文明和谐美丽的社会主义现代化强国，为最终实现共产主义而奋斗。

2. 群众性

根据《中国共产主义青年团章程》的规定：年龄在十四周岁以上，二十八周岁以下的中国青年，承认团的章程，愿意参加团的一个组织并在其中积极工作、执行团的决议和按期交纳团费的，可以申请加入中国共产主义青年团。团员年满二十八周岁，没有担任团内职务，应该办理离团手续。团员加入共产党以后仍保留团籍，年满二十八周岁，没有在团内担任职务，不再保留团籍。

3. 先进性

中国共产主义青年团在中国共产党领导下发展壮大，始终站在革命斗争的前列，有着光荣的历史。自成立以来，始终牢记、忠实践行坚定不移跟党走、为党和人民奋斗的初心使命，组织引导一代又一代青年为争取民族独立、人民解放和实现国家富强、人民幸福而贡献力量。学校共青团基层组织要始终保持中国共产主义青年团的先进性，做好党的助手，为国家培养更多的优秀青年。

四、党的基层组织建设

《中国共产党章程》

根据《中国共产党章程》的规定：年满十八岁的中国工人、农民、军人、知识分子和其他社会阶层的先进分子，承认党的纲领和章程，愿意参加党的一个组织并在其中积极工作、执行党的决议和按期交纳党费的，可以申请加入中国共产党。企业、农村、机关、学校、医院、科研院所、街道社区、社会组织、人民解放军连队和其他基层单位，凡是有正式党员三人以上的，都应当成立党的基层组织。党的基层组织，根据工作需要和党员人数，经上级党组织批准，分别设立党的基层委员会、总支部委员会、支部委员会。基层委员会由党员大会或代表大会选举产生，总支部委员会和支部委员会由党员大会选举产生，提出委员候选人要广泛征求党员和群众的意见。党的基层组织建设在教育领域更多是面向升入大学之后的学生。党的基层组织工作开展得怎么样，直接影响党的凝聚力、影响力和战斗力的发挥。高校学生党的基层组织作为高校党的基层组织的重要组成部分，也是教育、管理、监督和服务学生党员的基本单位。

（一）高校学生党的基层组织建设的主要内容

高校要将政治思想建设、人才培养、制度建设等，作为学生党的基层组织建设的主要内容。

1. 政治思想建设

高校承担着培养中国特色社会主义的合格建设者和可靠接班人的任务。人才培养的第一步应保证方向的正确性。高校学生党的基层组织可以充分了解高校学生的实际情况，通过与班风建设、学风建设等内容相结合，向学生生动形象地传播中国特色社会主义与共产主义的相关内容，以此保证人才培养方向的正确性。

2. 人才培养

高校学生党的基层组织还承担着人才培养的重要任务。从新生入学后递交入党申请书开始，高校学生党的基层组织通过学生在校的实际表现以及其定期的思想汇报可以了解学生的发展情况，对其进行评价和选拔，发展入党积极分子。入党积极分子队伍的建设，是做好组织发展的基础和关键，关乎党员队伍的质量，是党员队伍可以发展壮大的重要保障。确定入党积极分子之后，要对其继续教育，提高人才水平，以此保证党员队伍的质量。

3. 制度建设

高校党的基层组织往往会采用一级管好一级、一级带好一级的方式，明确各级的职能分工，强化党员的责任意识。在此过程中，高校学生党的基层组织作为最贴近学生的一级、最接近基层的一级，同样会反作用于上级党组织。因此，高校学生党的基层组织应科学合理地设置党支部，完善党支部的组织建设，重视支部干部的选拔与培养，通过良好的制度建设帮助高校党的基层组织工作顺利进行。

（二）高校学生党的基层组织建设的特点

高校学生党的基层组织建设要坚持培养人的正确方向，始终坚持政治性和教育性等特点。

1. 政治性

高校思想政治工作关系高校培养什么人、怎样培养人、为谁培养人的根本问题。高校学生党的基层组织建设需要坚持培养为中国特色社会主义奋斗的建设者和接班人，他们是未来社会发展的中坚力量。

2. 教育性

高校学生党的基层组织的思想教育发挥着引领校园文化、提升党的基层组织战斗力的重要作用。在各种学习活动、社会实践活动中可以锻炼学生党员，也可以使学生学会自我反思，推动学生学习方式和学习内容的更新，提高学生的学习水平。

高校学生党的基层组织建设水平直接反映一所学校党的基层组织建设的水平。建设好高校学生党的基层组织是保证党对高等教育领导、培养社会主义事业建设者和接班人的必然要求，在人才培养的过程中发挥着保证方向和提高教育水平的作用。

可以看出，无论是学校少先队组织建设、学校共青团基层组织建设还是高校学生党的基层组织建设，都凸显政治性。但由于三种组织建设面向的对象不同，所以三者的教育内容和方式等也存在较大的差异。

五、学生社团组织建设

学生社团组织对学生的身心发展具有重要的影响。随着教育事业的改革和发展，学生社团组织越来越受到学校、家庭和社会的高度关注。

（一）学生社团的含义

学生社团是指学生在自愿基础上结成的各种群众性文化、艺术、学术团体，跨越年级、系科甚至学校的界限，由兴趣爱好相近的同学组成。其在保证学生完成学习任务和不影响学校正常教学秩序的前提下开展各种活动。组建社团的目的是活跃学校学习氛围，提高学生的自治能力，丰富学生的课余生活，使学生能够交流思想，切磋技艺，互相启迪，增进友谊。

（二）中小学生社团组织的特点和功能

中小学生属于未成年人，他们的身心发展尚不成熟，学生社团组织建设要符合他们的身心发展需要，体现促进其发展的功能。

1. 中小学生社团组织的特点

第一，多样性。信息化时代学生获取知识的途径很多，也让学生对世界的了解越来越充分，使得他们的兴趣爱好变得越来越广泛。中小学生社团组织建立和运转的责任更多地由教师与学校承担。学校根据学生的兴趣爱好，开设可以促进学生德智体美劳等方面发展的社团组织。开设相应的社团组织后，由学校聘请专业的教师，在指定的时间和地点对学生进行相应的指导，以此与普通的教育活动相配合，共同促进学生的发展。

第二，自主性。不同于学习活动，社团组织的活动更加突出自由、随性和较为松散的特点。自我组织、自我管理、自我发展都是学生社团组织自主性的体现。虽然学校对学生社团组织具有一定的管理权限，但是这种管理并不是所谓的行政管理，更多的是起一种监督引导的作用，主要目的是不影响正常的教育教学活动，保障学生参与社团组织活动的安全。

2. 中小学生社团组织的功能

中小学生社团组织以学校为平台，一方面促进学生的全面发展，另一方面使学生在活动过程中培养兴趣爱好，为学生的发展提供更多的选择。

（三）高校学生社团组织的特点和功能

高校学生的身心发展特点与中小学生具有较大的区别。因此，高校学生社团组织与中小学生社团组织相比，更多地表现出开放性的特点，较多地发挥出政治功能、娱乐功能和社会功能。

1. 高校学生社团组织的特点

与中小学生社团组织相比，高校学生社团组织在具备多样性与自由性的特点之外，还表现出相当大的开放性。高校学生社团组织不再仅仅局限于某一学院或者某一学校内部，很多大学生更希望走出校园，接触社会上的各个领域和行业。例如，戏剧社在排练某一节目内容时希望得到当地戏剧协会专业人员的指点和帮助。立足校园、走出校园成为现在高校学生社团组织的一大亮点，这样也可以推动学生社团的专业发展与正向发展。

2. 高校学生社团组织的功能

第一，政治功能。大学生的思想政治教育一直以来都是党和政府以及学校十分重视的工作。根据学生社团自身的有趣、自由等优势和特点，以社团活动为载体，可以对学生进行有效的思想政治教育，弥补以往单纯说教的不足。

第二，娱乐功能。学生社团是由学生出于兴趣自发组织起来的，首要的目的在于丰富学生在校期间的课余生活，做到劳逸结合。信息化社会中各种电子设备琳琅满目，参与社团活动也可以让学生暂时放下自己的手机、电脑等电子设备，融入集体活动中，充分利用好课余时间，使身心全面得到放松。

第三，社会功能。高校的主要功能在于培养各行各业所需的专业人才，将人才输入社会，推动社会的全面有序发展。学生社团组织诞生于学校之中，一方面代表学生不同的利益诉求，另一方面也可以帮助学生了解社会阶层之间的差异，接触到与学校不同的氛围，开拓学生的眼界，使他们对社会生活有更加科学的认识和判断。

学生社团组织从创办之初就代表着学生的不同利益，也正是因为这样，其充满了不确定性。学校虽不能对学生社团组织进行完全的控制，但应该对其进行有意识的引导，尽可能通过社团活动来促进每一名学生的个性化发展。无论是高校学生社团组织还是中小学生社团组织，都应该承担更多的社会责任和功能，切实做到从学生自身出发，尊重学生的利益，以此促进学生的全面发展，完成社会职责。

第五节　学生学业及就业指导

学生学业是考查学生学习效果的重要指标，学生就业是学生通过学习走向社会的最终结果。学生学业及就业是相互联系的统一体，学业与就业的效果如何，直接反映学校教育与社会需求之间的契合度。因此，无论是学生的学业还是就业，都需要得到恰当的指导，使学校教育能够培养更多符合社会需要的人才。

一、学生学业指导

中小学校学生和高等学校学生的学业发展具有不同的特点，需要给予不同的指导。

（一）中小学校学生的学业指导

完成学业是中小学校学生的主要任务，对他们进行学业指导是教育的重要任务。通过对中小学校学生的学业指导可以促进他们的学业发展水平和认知发展水平的提高，帮助他们做好人生规划。

1. 中小学校学生的学业与学业指导的含义

中小学校学生包括小学生、初中生和高中生。学业是指学习的课业，中小学校学生的学业可以解释为中小学校学生学习的功课和作业。中小学校学生的学业指导是指中小学校的教育者对学生完成学业所进行的学习过程、学习态度、学习方法、学习习惯等方面的指导。

2. 中小学校学生学业指导的功能

第一，提高学生的学业发展水平。中小学校的教育目的主要在于促进学生德智体美劳全面发展。学校的教育者可以根据学生个体的发展规律及实际发展情况，做出相应的指导和规划，以此实现学生的全面发展。

第二，提高学生的认知发展水平。中小学校的学生基本都是未成年人，身心发展尚不成熟，尤其在中学阶段，一些学生处于青春叛逆期。一方面学生容易受到来自外部的不良影响，另一方面由于处于青春叛逆期，学生与家长、学生与教师之间容易产生冲突。所以，正确的学业指导可以帮助学生提高认知发展水平，促进学生的积极发展。

第三，帮助学生做好人生规划。在高等教育大众化的时代背景下，大多数学生还是会选择继续接受高等教育，但不是所有学生都适合或者愿意走这条路。当前我国职业教育改革正如火如荼地开展，很多有意愿从事专门技术工作的学生可能会选择职业学校继续学习，对此中考和高考都应适当地进行分流。学校和教师的正确学业指导，可以帮助学生做好人生规划，选择更加适合自己未来发展的道路。

（二）高等学校学生的学业指导

高等学校学生的学业专业性强，自主学习的空间较大，需要学生具有较强的鉴别能力和学习的自觉性。学校需要根据这些特点做好学生的学业指导工作。

1. 高等学校学生的学业与学业指导的含义

高等学校学生的学业通常是指学生在大学阶段所进行的所有学习。大学生的学业不仅仅包括功课、作业的完成以及专业知识的学习，还包括思想道德水平、学习能力、自我管理能力以及专业知识应用能力等各方面的提高。高等学校学生的学业指导是指学校以大学生个体或团体为单位，通过师生间有益的互动交流为大学生提供适当的指导服务，采取多种方式开展以提高大学生学习成绩以及有利于大学生未来发展为导向的科学的指导咨询工作①。

---

① 尚航，张德祥．剑桥大学学业指导体系的构成、特点及启示［J］．现代教育管理，2019（1）：119－123.

2. 高等学校学生学业指导的功能

第一，引导学生确定正确的发展方向。经过紧张的高考环节，进入大学校园后，面对完全不同的学习模式和时间安排，有些学生会有懒惰和懈怠的表现，还有些学生对未来的发展比较迷茫和彷徨。通过有针对性的大学生学业指导，不仅可以有效地帮助学生认识自身的优势与劣势，还可以使其进一步明确自己接下来的发展方向和发展内容，提高学习效率。

第二，帮助学生提高学业发展水平。高等学校的教育目的主要是培养专门人才。许多学生在报考专业的时候往往不是根据自己的兴趣进行的，在进入学校之后可能也会对自己的专业失去学习兴趣，进而影响自己的学业发展。科学正确的学业指导可以帮助学生分析自己的兴趣与特长，了解自己的专业内容，养成良好的学习习惯，从而进一步提高学生的学业发展水平。

第三，促进学生的全面发展。对高等学校学生的评价需要注重评价的全面性和针对性，也需要关注德智体美劳等综合素质的发展和表现。科学的学业指导既包括课内学业发展的指导，也包括课外活动的指导，以此促进学生的全面发展。

二、学生就业指导

学生的学业情况反映的是学生在校学习的阶段性成果，能否将学业较好地服务于社会，还需要通过学生就业的对口情况、就业后的服务情况等加以检验。因此，对学生就业进行必要的指导，有助于帮助学生学有所用，为社会做出更多的贡献。

（一）学生就业指导的含义

学生就业指导是指通过为学生提供就业知识、技能和经验，传递相关就业信息等，使其能结合自身兴趣和专业特长等情况，做好人生规划，确定职业发展方向的活动。高等学校和中小学校同样需要对学生进行必要的就业指导。

（二）学生就业指导的要求

学生就业指导不是在学生毕业时进行的指导，而是从学生入学开始就需要做的人生规划指导；学生就业指导也不是专对某一位学生的指导，而是面向全体学生的职业发展规划的指导。

1. 全程化

学校对学生的就业指导应该是全程的。从学生入学开始，到最后完成学习任务、确定毕业资格，学校都要向学生提供相关内容的就业指导，让学生对不同时期的就业情况有所了解，为其以后的就业方向打下基础。

2. 全员化

学校所开展的学生就业指导不是针对某一位学生的，而应该广泛地面向所有符合条件的学生，即不仅仅是即将毕业的学生，也应该包括新生。通过就业指导可以帮助学生了解社会对人才需求的基本情况，在此基础上，制定自己的职业发展规划。

3. 专业化

学校可以聘请专业的教师及工作人员对学生进行专业化的就业指导，以保证学生对就业形势有准确的把握，方便学生为自己制定准确的专业发展规划和就业规划。

4. 信息化

在信息化时代，学校在为学生提供就业指导时，需要考虑如何让学生适应信息化的社会要求。如今，信息流动和更迭的速度都是以往不可比拟的，为了让学生在毕业之后可以顺利就业，学校要为学生提供动态的帮助，不断为学生更新相应的就业指导信息数据。

（三）学生就业指导的作用

学生就业指导可以为学生制定合理的职业发展规划、顺利就业提供帮助，并有助于毕业生资源的合理分配。

1. 帮助学生制定合理的职业发展规划

学生就业指导，可以帮助学生了解自己的优势与不足，进而形成正确的就业观。通过就业指导，学生可以制定出更加适合自己的、科学的、长远的职业规划，找到正确的发展方向，为以后的职业生涯打下坚实的基础。

2. 有助于学生顺利就业

无论是高职、大专还是本科，学校开展学生就业指导的直接目的就是帮助学生在毕业之后顺利就业。这一方面可以使学生不为自己的生活而发愁，另一方面也可以为国家各行各业输送合格的人才。学生在接受就业指导之后，不仅可以掌握当前社会对人才培养具体要求的信息，也可以提高自己的就业能力，多一些选择，找到适合自己的岗位。

3. 有助于毕业生资源的合理分配

一直以来，大学生就业难的问题都受到社会公众的广泛关注。这种现象的出现不仅受到社会产业结构调整的影响，也是因为大学生自身择业存在一些问题。例如，一些大学生对自我的评价不够客观，对职业类型和待遇的期待往往过高，抑或是去选择不适合自己的工作岗位，导致人职不够匹配等问题。为学生适时提供就业指导，可以使其更全面地了解专业情况、市场供需情况以及未来的社会发展趋势，便于学生发挥自己的优势，客观地做出选择。学校通过就业指导也可以将用人单位和学生对接，了解用人单位对毕业生的满意程度，不断改革创新育人模式，提高育人质量，培养更多社会需要的人才。

案例分析

一个普通的劳动者也是最优秀的人[①]

L老师想念这样一位学生：她又瘦又小，让人觉得严重营养不良；衣着朴实，散发着来自农村的气息；苍白的脸上有着一双明亮的眼睛。这是L老师第一次见到这位学生时留下的印象。L老师知道，她是一个过早承担了家庭忧虑的学生。

---

① 中华人民共和国教育部《素质教育观念学习提要》编写组．素质教育观念学习提要［M］．北京：生活·读书·新知三联书店，2001：136-137．

她善良、勤奋，关心同学，可是学习成绩却不是很理想，这让她很难过。寒假时，L老师写信给她，肯定她的善良、正直、勤奋、懂事，让她注意身体，强化了她做人的信念。一次她回校途中遇到堵车，就主动把鸡蛋送给一位没带吃食的农村妇女。她说："我觉得她像我的长辈，我的父母也是面朝黄土背朝天的农村人，用汗水供养我读书。"她连续两年被评为三好学生。

可是，她以几分之差在高考中落榜。L老师又写信给她，说："我从来不认为考不上大学不是好学生。"后来她在北京一家酒店打工，老板特别信任她，让她收钱管账。一次，有人打架，她为救一位妇女，扑上去拉她，自己却被飞来的盘子砸断了鼻梁，血流满面……后来她开办了自己的饭馆，用辛勤的劳动，供弟弟读完大学，成为一名语文老师。

——她是一个普通的劳动者，却是一个优秀的人。

请谈谈案例中L老师的学生管理理念。

理解探究

1. 什么是学生管理？学生管理需要坚持哪些理念？
2. 不同学段学生的成长有哪些特点？如何针对这些特点对学生进行管理？
3. 学生事务管理主要有哪些内容？应注意哪些事项？
4. 学生组织管理主要有哪些内容？应注意哪些事项？
5. 如何做好不同学段学生的学业指导及就业指导工作？

阅读导航

1. 杨文杰，范国睿．基于"国际学生评估项目"成绩的学生发展审视［J］．教育研究，2020，41（6）：92－105.

2. 余璐，黄甫全，陈琳，等．善评者善学：学生评估素养的缘起、构成及发展策略［J］．教育发展研究，2018，38（6）：54－61.

3. 褚宏启．学生创新能力发展的整体设计与策略组合［J］．教育研究，2017，38（10）：21－28，58.

4. 朱旭东．基于学生发展的核心素养界定［J］．教育发展研究，2017，37（4）：3.

5. 秦林．实施"五美育人"理念 促进学生多元发展［J］．中国教育学刊，2020（S1）：164－165，172.

6. 张蔚然，石伟平．芬兰中小学专业化学生指导与咨询：缘起、路径及启示［J］．全球教育展望，2019，48（8）：18－28.

第九章　教育财政

学习目标

1. 掌握教育经费与教育财政的含义。
2. 掌握教育财政的不同分类及其作用。
3. 掌握我国教育经费筹措与分配的方式。
4. 理解我国义务教育与高等教育的财政体制。
5. 了解学校财政管理的主要内容。

第一节　教育财政的含义、分类及作用

教育经费是教育管理的重要资源，教育财政就是要解决如何筹措教育经费、如何分配教育经费，以及如何使用教育经费的问题。

一、教育财政的含义

当前世界主流的经济学理论认为，教育同时具备公共产品与私人产品的特征，是一种准公共产品。因此，教育费用应当由包括政府在内的公共机构和个人共同承担，由政府通过财政手段对教育经费进行管理。也就是说，教育财政强调以政府为主体，主要研究政府在教育经费筹措与分配过程中应当担负的职责与义务。由此，教育财政可定义为：国家或地方政府根据一定的教育政策，为满足公共教育需要而筹措教育财政资源，并将其配置于各个教育部门的一系列管理活动。

对教育经费的筹措是教育财政的重要内容之一，因此，教育经费的充足性是对教育财政水平进行判断的一个重要标准。而且，不同国家在不同的发展时期，受社会、经济、文化、制度等影响，对教育财政的实践与理论研究的重点有所不同。例如，20 世纪末，中国关注的教育财政重点问题是实现国家财政性教育经费支出占国民生产总值的比例不断提升，其目标定在 4%。2012 年，国家财政性教育经费支出占国内生产总值的比例达到 4%后，教育财政的重点问题则是教育资源的合理配置。

二、教育财政的分类

教育财政是各国政府公共财政的重要内容之一，其分类与各国财政收支的分类有密切的联系，同时，各国的历史背景、教育体制、政府管理体制也对教育财政有很大影响。这意味着，在不同时期、不同国家，对教育财政分类的方式是不同的。有学者分别根据受教育程度、政府管理体制、教育财政收入来源、教育财政支出用途和教育财政支出有无补偿对教育财政进行分类①。

（一）按受教育程度分类

根据各国受教育程度由低至高，可以将教育财政分为：学前教育财政、初等教育财政、中等教育财政、高等教育财政。

学前教育财政是指学龄前儿童的政府教育经费投入，它包括幼儿教育的场所设施建设支出、幼儿教育的管理与行政支出等。

初等教育财政是指小学阶段的政府教育经费投入，它包括学校的设施建设支出、教师的工资待遇支出以及教学管理与行政支出等。这一阶段的教育属于义务教育，其经费基本上由政府财政承担。

中等教育财政是指中学阶段（包括中专、职校、技校）的政府教育经费投入。在中国，初中阶段教育属于义务教育，其经费主要由政府财政承担；高中阶段教育属于非义务教育，教育经费除由政府财政承担一部分外，还通过收取学杂费等非政府方式来筹集。

高等教育财政是指大学阶段的政府教育经费投入。大学教育包括专科生、本科生、硕士研究生和博士研究生教育。目前世界上绝大多数国家认为高等教育不属于义务教育范围，政府仅承担部分教育财政经费，其余由学校通过收费及社会捐助等手段来解决。

此外，其他形式的政府教育经费投入还包括成人教育支出，教师、职员的进修与培训支出，特殊教育支出，等等。

（二）按政府管理体制分类

根据政府管理体制，教育财政可分为中央（或联邦）教育财政和地方（包括省、市、县等）教育财政。

在中国，中央教育财政主要指国家财政预算中安排的对中央所属部委的教育拨款、对地方政府的教育转移支付拨款以及由中央专设的各项教育基金收付及使用等，地方教育财政是指省及以下包括地（市）、县（市）、乡镇基层地方政府的教育经费的筹集和使用情况。这种管理体制分类的优势在于可以由各级财政与教育部门分别管理各自的教育经费，既便于调动各方的积极性，又能保证各地因地制宜地配置教育经费。

（三）按教育财政收入来源分类

中国教育财政收入也称为国家财政教育经费，包括一般公共预算安排的教育经费、政

① 廖楚晖．教育财政学［M］．北京：北京大学出版社，2006：4－7.

府性基金预算安排的教育经费、校办产业和社会服务收入用于教育的经费、其他国家财政教育经费。其中，一般公共预算安排的教育经费包括教育事业费、基本建设经费、教育费附加、科研经费和其他经费。

（四）按教育财政支出用途分类

根据支出用途，教育财政分为教育事业费和教育基本建设投资。其中，教育事业费包括人员经费和公用经费。人员经费支出包括教职工工资、奖金支出及其他福利性开支，还有学生的奖学金和助学金支出等。公用经费支出是学校开展正常的教育教学、科研活动以及整个学校正常运转所产生的费用，包括商品和服务支出及资本性支出。教育事业费是目前世界各国教育经费最主要的部分。在中国当前教育经费统计年鉴中，教育经费支出的个人部分主要包括工资福利、对个人和家庭的补助，公用部分主要包括商品、服务支出和其他资本性支出（专项公用支出和专项项目支出）。

教育基本建设投资是指财政在学校房屋建设及危房改造等方面的费用支出，包括教学楼的建设，与教学相关的科研楼、实验楼、图书馆的建设，为教学服务的办公楼、礼堂、教职工宿舍的建设以及学生公寓、食堂的建设等。

（五）按教育财政支出有无补偿分类

依据教育财政支出是否有补偿，可将教育财政分为教育财政购买性支出和教育财政转移性支出两类。

教育财政购买性支出是指政府遵循有偿原则，为满足教育事业的发展需要，用于购买与教育相关的商品和劳务的支出。政府通过购买这类商品和劳务，能够生产出大众需要的公共商品和劳务。

教育财政转移性支出也称教育财政转移性支付，是指政府单方面地、无偿地支付给其他事业主体或机构所需的教育经费，包括各种教育补贴、补助等。政府在付出这笔教育经费时，并没有获得任何回报。

通常情况下，在经济发展水平较低时，教育财政支出中的购买性支出比重较高，转移性支出的比重较低；反之，在经济发展水平较高时，购买性支出的比重会有所降低，而转移性支出的比重会明显上升。

三、教育财政的作用

教育财政是教育行政的重要内容，其根本任务是依据国家意志，为国民教育事业提供物质保障。教育财政是国家教育政策目标实现的基本保证，在教育事业中起着举足轻重的作用。教育行政要实现国家教育政策目标，离不开教育财政的支持。教育水平的提高、教育机会的均等化、教育服务的多样化、教育选择自由的扩大化、教育事业的有效运转等教育行政目标，也同样是教育财政要达到的目标。一国的教育财政体制与政策是教育治理的基础，因此，教育财政在引导社会资源向教育领域配置，优化教育资源分配与使用，调节教育发展的规模与速度、结构与质量，解决由市场机制引发的不均衡配置问题，促进教育公平等方面，都具有重要的作用。

（一）教育财政为教育事业发展提供物质保障

从当代世界各国教育发展的历史和趋势来看，教育是社会或国家所追求的共同需要和公共利益。无论是发达国家还是发展中国家，政府对教育所起的作用都越来越大。一般而言，各国政府通过教育行政对教育的投资，在整个教育发展中起着决定性的保障作用。教育财政是教育行政的重要内容和手段。它的根本任务是依据国家意志，为全国范围内的国民教育事业提供物质保障。此外，教育财政还具有筹措教育经费的作用，通过教育财政的经费筹措，可以把分散在各地区、各部门、各企业及个人手中可用于教育经费的那部分资源，以立法形式或其他章程、办法形式筹集起来，形成教育经费，以弥补政府教育投入的不足。

（二）教育财政对教育资源进行配置

教育资源的有限性、稀缺性与社会需要的无限性之间的矛盾是无法调和的，因此，合理有效地配置资源，发挥其最大的功能，是教育财政的基本要求。相对于教育需求，教育资源始终是有限的，这就更加需要对教育资源进行合理配置。对教育资源进行合理配置，就是将有限的教育资源合理地分配到教育系统的各个部门和机构中去，从而实现以最小的教育投资获得最大的教育产品与服务的产出。教育财政对教育资源的配置主要体现在两个方面：一是在各级各类学校之间进行有效的资源分配，二是在教育事业发展和教育基本建设之间进行合理的资源配置。

（三）教育财政对教育经费进行调节

教育财政有助于教育资源的合理配置，但教育资源的科学配置并不是一蹴而就的。由于制约教育发展的因素是复杂多样的，这些因素中存在诸多变量，它们集结在一起，并不断地进行重组，所以构成了教育发展过程中千变万化的客观现实。正是这种客观存在的、不断变化的现实，要求教育财政从实际情况出发，因地因时因事地做出合理的决策，从而使教育资源的配置更具有针对性，也更富有效率。要使教育经费的分配更贴近实际，更趋于合理，更趋于协调，使教育总供给与总需求之间趋于平衡，就必须最大限度地发挥教育财政的供给调节作用。

（四）教育财政对教育资金的运用实施监督

教育是一项规模宏大的系统工程，必须加强对教育事业的宏观规划，加强对教育的投资，全面地反映并妥善解决教育事业发展中出现的矛盾和问题。这些都依赖于国家各级政府及其教育行政部门对教育事业发展进行强有力的监督和管理。因此，加强教育事业的管理和监督，是教育事业发展和教育管理自身的客观要求。教育财政作为政府的一种经济行为，通过对教育机构的经济行为和资金使用的监督，使教育系统各部门、各机构的经济行为立于法制和政策允许的轨道之上；通过对教育部门、机构和个人违反财政纪律行为的处理和制裁，使教育系统内部形成正确的导向，产生巨大的激励或约束作用，督促教育部门、机构和个人努力改进工作，从而不断提高教育经费的使用效率。

拓展阅读

财政部下达义务教育相关转移支付资金[①]

财政部2022年下达义务教育相关转移支付资金2 125亿元（不含教师工资），引导和支持地方落实“双减”政策，提高义务教育经费保障水平，深入推进薄弱环节改善与能力提升工作，加强教师队伍建设，提高教育教学质量。

其中，安排1 391亿元，支持地方巩固落实义务教育经费保障机制，提高国家规定课程循环教科书更新配给比率。安排300亿元，支持地方深入推进薄弱环节改善与能力提升工作，持续改善农村学校基本办学条件，有序扩大城镇学位供给，提升学校办学能力等。安排262亿元，支持地方实施好学生营养改善计划，落实每生每天5元的营养膳食补助标准，持续改善欠发达地区学生营养健康状况。

此外，继续实施“特岗计划”“国培计划”、银龄讲学计划、乡村教师生活补助等政策，支持农村学校多渠道补充优秀师资，优化教师队伍结构，提升教师教学能力水平。

第二节　教育财政体制

教育财政体制是各级各类管理部门对教育财政管理的权限划分制度。它在国家经济制度、政治制度的影响下，调整国家与社会、中央与地方对教育经费的投入、分配及使用机制。

一、西方发达国家教育财政体制比较

由于历史、政治和文化传统的差异以及财政和教育管理体制的不同，各国政府对教育的干预和对教育的具体投资方式都有所差异。同时，各国都不同程度地面临着教育经费不足、教育资源难以有效配置等问题，对此，各国也采取相应措施，对教育财政体制进行了一系列改革。

（一）教育财政体制的主要类型

教育财政体制的形成，从根本上说取决于各国的政治、经济体制及由此决定的教育管理体制[②]。通常情况下，一国的教育财政体制与教育管理体制是相同的。发达国家教育财政体制大致可分为三类：中央集权制、地方分权制、集权与分权结合制。

---

① 财政部下达义务教育相关转移支付资金［EB/OL］.（2022-05-13）［2023-07-17］. http://www.gov.cn/xinwen/2022-05/13/content_5690092.htm.

② 廖楚晖. 教育财政学［M］. 北京：北京大学出版社，2006：185.

1. 中央集权制的教育财政体制

实行中央集权制的教育财政体制的国家，在中央层面有对全国教育进行全面、直接领导的教育权力机构，同时，还有组织严密、接受中央教育机构垂直领导和监督的地方教育行政机构。法国是典型的中央集权制国家，在教育组织和教育财政体制上都实行高度的中央集权制。

法国的财权集中在中央，这使得中央政府有雄厚的实力为义务教育提供经费保障。由国家承担教育经费总额的80%以上，由教育部负责分配与管理。公立教育机构的教师是国家公务员，其工资由国家承担和管理。地方当局对教育的投入主要在省和市镇两级，其经费来源主要是地方税，包括地方直接税和地方间接税两类①。省和市镇政府分别承担修建初中、小学的费用。中央政府对公立中小学的建筑、设施、设备等予以补助，并对其使用进行监督。地方政府支付并管理地方当局雇用的学校职工的工资，在财政不足的情况下，可申请中央财政的专项补助。对于高等教育，法国的大学隶属于教育部，教育部掌管的高教经费除科研费用单独列出外，其余均根据各大学的性质、规模等，每年由教育部分配给各高校。大学在财政方面实行自治，但需要接受国家的监督②。

法国教育经费的主要来源有：国家（教育部和其他部门）、地方当局、其他公共行政机构、企业和家庭。2020年，法国中央政府为国内教育总支出提供了55.0%的资金，地方当局为22.4%，企业为9.1%，家庭为6.5%（主要通过学徒税和对继续教育的资助），其他公共行政机构为3.2%。2010—2020年法国教育经费的提供情况见表9-1。

表9-1 2010—2020年法国教育经费结构（%）

年份	2010	2011	2012	2013	2014	2015	2016	2017	2018	2019	2020
教育部和其他部门	57.9	57.7	57.5	57.1	57.1	57.2	57.1	57.5	57.5	57.3	58.8
其中的中央政府	52.9	52.8	53.1	52.9	53.3	53.6	53.7	54.2	54.0	53.8	55.0
地方当局	23.9	23.7	23.7	23.9	23.9	23.9	23.5	23.4	23.0	23.7	22.4
其他公共行政机构	2.3	2.3	2.7	2.5	2.8	2.9	3.1	2.9	2.7	2.7	3.2
企业	8.3	8.5	8.5	8.8	8.5	8.5	8.7	8.5	9.0	8.5	9.1
家庭	7.6	7.7	7.6	7.6	7.8	7.6	7.7	7.7	7.7	7.9	6.5

资料来源：法国教育部网站学校状况统计数据。https：//www.education.gouv.fr/l-etat-de-l-ecole-2021-325732.

2. 地方分权制的教育财政体制

地方分权制的教育财政体制与中央集权制的教育财政体制相对。中央政府处于监督和辅助地位，地方政府在其管辖范围内全权决定并自主运作教育财政事务。美国、加拿大、德国等是教育财政地方分权制国家的代表。

以美国为例，美国的教育部没有直接领导教育及教育财政的权力。联邦教育部负责管理联邦政府教育经费，监督、管理教育拨款，确定其使用范围和重点，具体包括：（1）管理和分配国家拨付各州的教育经费；（2）根据国家的特殊需要，直接向公立或私立学校提供资金；（3）对各类学校的捐款收入实行免税，为有关学校提供联邦的剩余物资等；

---

① 王蓉．中国教育财政政策咨询报告：2015—2019[M]．北京：社会科学文献出版社，2019：113-114.

② 廖楚晖．教育财政学［M］．北京：北京大学出版社，2006：188.

(4) 管理、分配联邦的资助款。例如，对弱势群体的资助、对职业教育的资助、对学生的财政资助等①。联邦政府的教育经费主要用于低收入家庭儿童、中小学项目、学校图书馆、课本和教材、课外教育中心和服务、州教育机构、教育研究和教师技能培养等方面。联邦政府教育拨款的主要功能是调节各州之间的贫富差异以及指导改革方向。

美国的教育权归州政府所有，教育财政相关制度由地方规定，教育经费也主要由地方政府承担。州政府为教育经费的主体，承担教育经费投入的50%左右。州教育委员会负责管理州的教育经费，具体包括：(1) 编制由州政府支付的教育拨款预算；(2) 负责管理州立高等学校的教育经费；(3) 分配和管理对私立高等学校的资助（主要为设施资助）；(4) 分配和拨付州政府付给初等、中等教育的补助金；(5) 对州政府的教育拨款进行管理和监督使用。

地方学区作为最基层的教育行政单位，在建立和管理公立中小学方面享有广泛的权力。学区是最基本的财政投入单位，地方学区教育委员会主要负责管理公立中小学的经费，主要包括：(1) 编制预算；(2) 负责征收居民的财产税，用于教育经费；(3) 监督教育经费的使用。

2020 年，美国联邦政府、州政府和地方学区对教育投入共 2 044 亿美元，其中学前至中等教育阶段三级政府投入比例分别为 3.39%、46.61%、50.00%，高等教育阶段三级政府投入比例分别为 16.16%、33.84%、50.00%②。地方政府对教育的投入比例远远超出联邦政府的投入。

3. 集权与分权结合制的教育财政体制

集权与分权结合制的教育财政体制也称混合型体制，是由中央和地方政府共同合作对教育财政事务进行管理的体制。中央一级设教育行政机构，通过财政援助、教育视导以及其他协助方式，对教育事务进行指导和监督。地方教育当局负责经营管理学校各项事务，有很大的自治权。英国、日本等实行的是典型的集权与分权结合制。

以英国为例，中央设教育和科学部，地方设教育委员会和教育局。地方教育局负责管理学校，教育经费由中央和地方两级共同管理。地方教育经费主要来源于中央的转移支付以及少量地方税。英国用于基础教育的财政经费，一部分拨给中央一级的教育行政机构，另一部分通过直接拨款和税收资助拨款等形式拨给地方当局，再由地方当局从中拨出一部分连同地方税收及其他来源的经费一起作为地方教育经费。英国公立教育对政府拨款的财政依赖性极强，公立幼儿园的教育经费中，大约 80%来自政府财政拨款，公立中小学校的教育经费则有将近 95%来自政府拨款③。

中央政府对教育经费管理的责任包括：(1) 大约承担全部教育经费的 60%，同时负责其分配并监督使用；(2) 对所有大学提供其经费总额 80%的补助，并对一些私立学校提供直接补助；(3) 支付地方机构为儿童提供膳食的费用；(4) 支付教师进修所需费用的 60%；(5) 提供均衡拨款，对某些达不到平均教育拨款水平的地方政府予以补贴。地方政

---

① 廖楚晖. 教育财政学 [M]. 北京：北京大学出版社，2006：186.

② 源于对美国政府支出数据的计算。http：//www.usgovernmentspending.com/year_spending_2020USbc_23bc2n_2021282425#usgs302.

③ Schools，education and children's services spending：2014 to 2015 [EB/OL]. (2016-03-24) [2023-07-17]. https：//www.gov.uk/government/statistics/schools-education-and-childrens-services-spending-2014-to-2015.

府对教育经费管理的责任体现为：(1) 负责支付初等、中等教育经费的40%；(2) 负责高等教育的公共部分，即负责许多科学技术学院和教育学院等的设置与管理并提供部分经费。

此外，为保证各校生均拨款能够保持逐年增长，同时避免拨款制度改革对某些学校的财政经费收入造成不利影响，英国政府建立了最低拨款保障制度，以保证每所学校获得的生均拨款额度不低于往年全国平均水平。

(二) 不同类型教育财政体制的优势和不足

教育财政体制的产生和存在有其特定的政治、经济、文化、传统根源，与此同时，它们也有各自的优势和不足。

总体而论，中央集权制的优势在于便于全国统一规划、统一配置有限的教育资源，提高宏观调控的效率。然而，在中央集权制下，教育经费的来源渠道往往较为单一，不易于调动地方办学的积极性，影响经费的筹措；在经费分配时容易出现全国一盘棋，出现过于集中使用或过于平均使用的倾向，忽视地方的特殊需要。

地方分权制的优势在于：有利于调动和发挥地方办学的积极性，能更好地发挥教育投资的效益。其不足之处在于：地方教育经费受地方财政能力影响，部分地方的教育经费难以得到保证；如若国家宏观调控力量薄弱，各地教育发展的不平衡状况将难以克服。

集权与分权结合制的优势似乎更明显一些，尤其能够调动地方的办学积极性，能加强宏观经费的调拨，促进教育机会均等，与此相应，可以提高经费的效益。但是，在如何调整中央与地方各自的财政负担和划分其管理权限的问题上，各国也经常产生矛盾和摩擦，从而影响其优势的发挥。

每种类型的教育财政体制都各有其优势与不足，不能说哪种类型的体制是最好的，只能说哪种类型的体制是更合适的。各国在其发展的不同时期，国情不同，这就要求教育财政体制与政治、经济、教育等相匹配，这样才能够发挥教育财政体制的长处。

西方发达国家不断发展与完善本国的教育财政体制，有的做法可以为我国所借鉴。例如，制定教育财政的相关法律、法规，以确保教育拨款的法制化与规范化；保证教育经费支出在国民经济发展中的比重；基础教育财政支出的重心下移，高等教育的经费来源越来越多元化。

二、中国教育财政体制的演进

改革开放以来，中国教育财政体制通过若干次改革与调整取得了很大成就。40多年来，中国教育财政体制经历了一个扩展投入渠道、政府作用下降再提高的进程；各级政府教育财政分担体制经历了一个中央和省级政府责任下推然后再上移的进程；教育拨款体制经历了一个从不规范不透明到逐渐规范透明的进程[①]。以1978年十一届三中全会为标志，在经济体制、教育体制和财政体制改革的推动下，教育财政体制开始了重大改革和持续调整。特别是义务教育和高等教育的财政体制演进呈现出阶段性特点。

---

① 袁连生，何婷婷．中国教育财政体制改革四十年回顾与评价 [J]．教育经济评论，2019 (1)：11.

（一）义务教育财政体制的演进

我国的义务教育没有独立的税基和收入来源，义务教育财政体制是整体公共财政体制的一个子系统，其改革也是顺应整体公共财政体制改革的要求。改革开放以后，在公共财政体制整体改革的过程中，义务教育财政体制的发展经历了从以乡为主到以县为主，再到省级政府统筹、中央与地方共担的进程。

《中共中央关于教育体制改革的决定》

1. “地方负责，分级管理”的义务教育财政体制

1980—2000年义务教育实行“地方负责，分级管理”的财政体制。1980年中央与地方分级管理财政收支，实行“划分收支、分级包干”的财政体制。在这一背景下，1985年《中共中央关于教育体制改革的决定》明确提出，把发展基础教育的责任交给地方，实行基础教育由地方负责、分级管理的原则。其中，分级管理主要表现为：中央政府在整个义务教育经费的筹措与分配中占比较低，省级以下政府是实施义务教育的主体①。

这个时期我国义务教育财政的工作重心主要有三个方面：第一，拓宽教育经费来源，通过收取学杂费及其他方式获得义务教育经费，以弥补财政办学经费的不足。第二，提高教育经费使用效率，推行重点学校制度，为经济发展培养更多可用人才。第三，以法律形式确定政府对义务教育的投入责任。1986年颁布的《中华人民共和国义务教育法》第八条规定：“义务教育事业，在国务院领导下，实行地方负责，分级管理。”第十二条又明确规定：“实施义务教育所需事业费和基本建设投资，由国务院和地方各级人民政府负责筹措，予以保证。国家用于义务教育的财政拨款的增长比例，应当高于财政经常性收入的增长比例，并使按在校学生人数平均的教育费用逐步增长。地方各级人民政府按照国务院的规定，在城乡征收教育事业费附加，主要用于实施义务教育。国家对经济困难地区实施义务教育的经费，予以补助。国家鼓励各种社会力量以及个人自愿捐资助学。国家在师资、财政等方面，帮助少数民族地区实施义务教育。”

《中国教育改革和发展纲要》

1993年，中共中央、国务院印发的《中国教育改革和发展纲要》提出，要逐步建立以国家财政拨款为主，辅之以征收用于教育的税费、收取非义务教育阶段学生学杂费、校办产业收入、社会捐资集资和设立教育基金等多种渠道筹措教育经费的体制。这一时期义务教育投入渠道是多元的，以各级财政拨款为主，以依法征收教育费附加、发展校办企业以增加校办产业收入和支持学校财政、鼓励社会捐资集资、实行成本补偿、合理收取学杂费等多种渠道筹措教育经费为辅。

《中国教育改革和发展纲要》还提出国家财政性教育经费支出占国民生产总值的比例要在20世纪末达到4%的目标。这是首次将教育财政经费与经济增长挂钩，以中央文件的形式对教育财政投入给出定量考核标准。然而，由于地方政府财权与事权不对等，在这一时期，国家财政性教育经费支出占GDP的比例未能实现4%的目标。

---

① 中央教育科学研究所．2001中国基础教育发展研究报告[M]．北京：教育科学出版社，2002：151.

2. “以县为主”的义务教育财政体制

2001—2004 年实行“以县为主”的义务教育财政体制。2001 年，国务院发布《关于基础教育改革与发展的决定》，要求“实行在国务院领导下，由地方政府负责、分级管理、以县为主的体制”。自此，分级管理由原来的省、地、县、乡四级管理改为省、地、县三级管理，“县”级政府作为基础教育管理责任主体和资源中心的地位得以确定。“以县为主”体制的特征主要表现为：第一，中央和省级政府加大对县级政府的转移支付力度；第二，明确规定县级政府是农村义务教育的主要管理者和提供者，教师工资直接由县级财政部门发给教师个人，乡镇级政府在教育上主要是县级政府的辅助者。

《关于基础教育改革与发展的决定》

这一时期，国家不断加大中央和省级政府对地方的教育专项转移支付力度。例如，“中小学危房改造工程”、“两免一补”政策、“农村中小学现代远程教育工程”等，都体现了转移支付的财政支持。

3. “省级统筹，以县为主管理”的义务教育财政体制

2005 年至今实行“省级统筹，以县为主管理”的义务教育财政体制。2005 年 12 月，国务院发布《关于深化农村义务教育经费保障机制改革的通知》，决定从 2006 年开始，用五年时间，按照“明确各级责任、中央地方共担、加大财政投入、提高保障水平、分步组织实施”的基本原则，逐步将农村义务教育全面纳入公共财政保障范围，建立中央和地方分项目、按比例分担的农村义务教育经费保障机制，开启了省级政府统筹、中央与地方共担的义务教育财政体制。2006 年修订的《中华人民共和国义务教育法》进一步明确了省级政府统筹、中央与地方共担的体制，并强调了中央政府和省级政府的义务教育投入责任。“省级统筹”使得义务教育财政的重心进一步上移，有助于保障落后地区的义务教育投入。

《关于深化农村义务教育经费保障机制改革的通知》

《中华人民共和国义务教育法》

自此，中央政府通过专项转移支付的方式对中西部农村学校实施校舍危房改造、免费午餐、远程教育等工程，同时要求各省制定本省农村中小学生均经费的拨款标准，中央按一定比例进行转移支付，并对各省教育支出是否达标实施审计监控。这在很大程度上缩小了城乡教育差距，推进了义务教育公平水平的提升。

（二）高等教育财政体制的演进

改革开放以后，我国财政制度改革经历了包干制财政体制、分税制财政体制、公共财政体制的构建和现代财政制度建设四个阶段。伴随着财政制度的改革与发展，我国高等教育财政体制也发生了相应的变革。

1. 层级政府间分权型高等教育财政体制的探索

1980 年至 1993 年，高等教育探索层级政府间分权型教育财政体制。1980 年，我国开始实行“划分收支、分级包干”的财政体制。在这一体制下，高等教育经费根据学校隶属关系由中央和地方财政各自负担，同时，力图改变由政府单一承担的集权型高等教育财政体制，探索以国家财政拨款为主、多渠道筹措教育经费的分权型教育财政体制。1985 年，《中共中央关于教育体制改革的决定》确立了高等教育实行“中央、省（自治区、直辖市）、

《关于加快改革和积极发展普通高等教育意见的通知》

中心城市三级办学”的体制。1993 年，国务院批转的国家教委《关于加快改革和积极发展普通高等教育意见的通知》提出，要改革高等教育投资体制，在高等教育经费筹资渠道上要“逐步建立财政拨款为主、多渠道筹措经费的投资体制”。这些新兴的筹资主体包括社会、企业、个人和校办产业等。1993 年，《中国教育改革和发展纲要》提出将“三级办学”的体制转变为“以中央、省（自治区、直辖市）两级政府办学为主”。到 20 世纪 90 年代初期，逐步形成了以财政拨款为主，以征收教育税费、对非义务教育阶段学生收取学费、发展校办产业、支持集资办学和捐助办学、建立教育基金（财、税、费、产、社、基）的高等教育经费渠道。总体来说，这一阶段我国高等教育实行层级政府间的分权型财政体制，教育经费按学校行政隶属关系由中央和地方财政各自负担，同时探索由政府单一拨款向以财政拨款为主、多渠道筹措经费的高等教育财政体制过渡。

2. 政府间分权型高等教育财政体制的深化

1994 年至 1998 年，高等教育政府间分权型财政体制得到深化。1994 年，分税制改革后，国务院发布的《关于〈中国教育改革和发展纲要〉的实施意见》提出，要“积极发展多种形式的联合办学”，逐步解决了高等学校在管理体制方面存在的诸多问题。通过改革，中央政府将原来一部分院校的管理权限下放给地方政府。地方政府一方面承担起更高的高等教育财政拨款责任，另一方面有着更高的管理高等教育的积极性。而后，高等教育开始全面实行收费制度，民间资本开始进入高等教育领域。1998 年颁布的《中华人民共和国高等教育法》正式对多渠道筹资模式给予了法律层面的确认。这一阶段，我国高等教育在管理体制、财政体制上，由集权型向分权型的转变进一步深化。

3. “政府负担为主，多渠道筹资”的高等教育财政体制

1999 年至 2011 年，高等教育实行“政府负担为主，多渠道筹资”的财政体制。这一阶段，以成本分担为特征的高校学生收费并轨政策全面实施，高等教育财政多渠道筹资格局基本形成。高等教育管理体制形成了国家政策指导层面下的省级人民政府管理为主、高校面向社会独立自主办学的局面。与此相适应，中央与地方政府共同分担高校办学经费、以地方政府财政拨付为主的高等教育财政体制初步形成了。总体来说，这一阶段明确了各级政府在教育投入方面的责任，调动了各级政府增加教育投入的积极性，基本建立了以财政拨款为主、多渠道筹措经费的多元投入体制，同时明确了财政经费的主体地位。高等教育成本分担制度使得高等教育阶段教育直接成本中政府分担的比例下降，社会各方特别是个人分担的比例明显上升，促进了高等教育事业的快速发展。

《关于全面提高高等教育质量的若干意见》

4. 现代高等教育财政制度建设

2012 年以后，高等教育开始了现代高等教育财政制度建设。我国于 2012 年首次达成财政性教育经费支出占国内生产总值 4%的目标后，迈入“后 4%时代”，自此，高等教育的发展也从扩大规模转变为内涵式发展。2012 年，教育部发布《关于全面提高高等教育质量的若干意见》，明确提出今后公办普通高校坚持“走以质量提升为核心的内涵式发展道路”。党的十八大报告再次明确提出要“推动高等教育内涵式发展”。2015 年，国务院发布“双一流”建设方案，要求统筹推进世界一流大学和一流学科建设。2017 年，党的十九大报告再次强调加快一流大学和一流学科建设，实现高等教育内涵式发展。2022年，党的二十大报告提出，加快建设教育强国，加快建设高质量教育体系。

2013年，十八届三中全会将“现代财政制度”建设作为重要目标之一，现代财政制度的基本特征体现为公共性、非营利性和法治化。为适应教育事业发展的新形势，高等教育财政必须适应财政体制建设的需要，面向未来谋划现代教育财政制度建设。现代教育财政制度是指在公共教育财政制度的基础上，保证教育经费稳定增长，构建财政为主、多措并举的教育投入长效稳定增长机制。未来一段时间，我国要建立现代高等教育财政制度的重点任务是：全口径教育预算制度、保障政府教育投入不断增长、将健全教育投入机制与推动教育改革相结合①。

在高等教育财政体制演进的过程中，政府对高等学校的拨款模式经历了“基数加发展”模式、“综合定额加专项补助”模式和“基本支出预算加项目支出预算”模式三个阶段。

第三节　教育经费的含义、来源、分配及使用

简单地说，教育财政是对教育经费的管理，需要厘清教育经费的含义、来源、分配及使用等问题。

一、教育经费的含义

教育经费是为教育事业发展或组织化制度化的教育活动而支出的费用②，是以货币形式计算的教育支出。简言之，教育经费是各级政府财政预算中实际用于教育的费用。根据支出的主体不同，教育经费有广义与狭义之分。广义的教育经费是指在一定时期内投入教育事业的财力的总和。狭义的教育经费是指在一定时期内国家用于发展各种教育事业的总支出③。

二、教育经费的来源

教育经费的来源是指教育经费由谁负担。为解决教育经费不足的问题，各国普遍采取通过多种渠道筹措教育经费的方式，包括政府、社会团体和受教育者个人（包括其家庭）对教育的投入。具体而言，教育经费的来源主要有四种方式：（1）政府财政拨款；（2）学生交纳的学（杂）费；（3）企业、社会团体、私人的捐赠；（4）学校产业增值。通常来说，政府财政拨款是各国公立教育经费的主要来源，后三种方式所占比例相对较小。尤其在义务教育阶段，教育经费基本由政府负担。根据不同教育经费来源的占比情况，大多数国家的教育经费来源大致可分为两种类型：一种类型是由中央和地方政府负担全部或者绝大部分教育经费；另一种类型是以中央和地方政府财政拨款为主体，辅之以其他三种方式。

---

① 胡耀宗，刘志敏．从多渠道筹集到现代教育财政制度：中国教育财政制度改革40年[J]．清华大学教育研究，2019（1）：111-120.

② 陈孝彬，高洪源．教育管理学[M]．3版．北京：北京师范大学出版社，2008：235.

③ 杨颖秀．教育管理学[M]．长春：东北师范大学出版社，2002：263.

《中华人民共和国教育法》

当前，我国已经形成了以国家财政负担为主、其他多种形式为补充的教育经费来源多元化格局，即财（财政）、税（税收）、费（收费）、产（产业）、社（社会）、基（基金）、科（科研）、贷（贷款）、息（利息）的多渠道教育经费筹措体制。《中华人民共和国教育法》明确了这种多渠道筹措经费的体制。《中华人民共和国教育法》第五十四条第一款、第二款分别规定："国家建立以财政拨款为主、其他多种渠道筹措教育经费为辅的体制，逐步增加对教育的投入，保证国家举办的学校教育经费的稳定来源。""企业事业组织、社会团体及其他社会组织和个人依法举办的学校及其他教育机构，办学经费由举办者负责筹措，各级人民政府可以给予适当支持。"

三、教育经费的分配

政府筹集到教育经费以后根据国家发展需要对其进行分配。教育经费的分配包括国民经济中的教育经费分配和教育领域内的经费分配两个部分。

（一）国民经济中的教育经费分配

国民经济中的教育经费是指国家在一定时期内（通常以年计算）用于发展教育事业的资金总额①。这一经费反映的是一国教育投资的水平以及教育在国家经济发展中的地位。通常把教育经费在国内生产总值、国民收入、国家财政支出中的比例作为指标，该比例越高则代表教育在一国经济发展中的地位越高。

党的十一届三中全会后，党和国家高度重视教育，教育经费总量持续增长。1993 年，《中国教育改革和发展纲要》提出"逐步提高国家财政性教育经费支出（包括：各级财政对教育的拨款，城乡教育费附加，企业用于举办中小学的经费，校办产业减免税部分）占国民生产总值的比例，本世纪末达到百分之四"，"要提高各级财政支出中教育经费所占的比例"。2012 年，我国实现了国家财政性教育经费支出占国内生产总值比例的 4%的目标，并一直将其保持在 4%以上，见图 9-1。

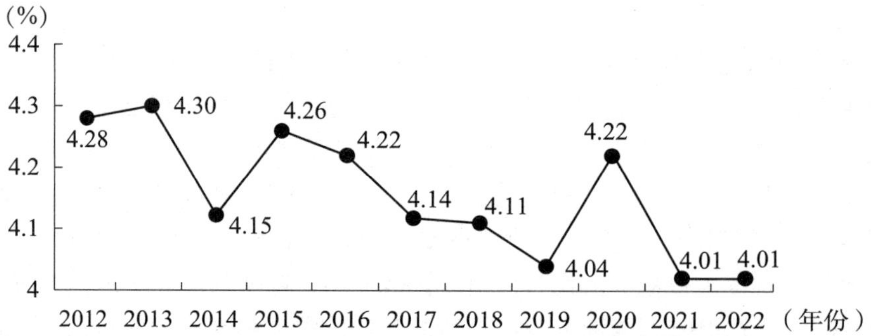

图 9-1　2012—2022 年国家财政性教育经费支出占 GDP 的比例

从世界各国来看，教育经费分配的一般趋势表现为：随着经济的发展，教育经费在国内生产总值中的比例持续上升，并且教育经费的增长速度高于经济增长速度。

① 娄成武，史万兵．教育经济与管理［M］．2 版．北京：中国人民大学出版社，2008：343.

（二）教育领域内的经费分配

教育领域内的经费分配是指教育经费在各级各类教育中的支出。根据对近年来经合组织国家和中国生均教育经费的统计，世界各国高等教育的生均教育经费普遍高于初等和中等教育的生均教育经费①。这一方面是因为初等、中等教育的生均教育成本低于高等教育，另一方面是因为高等教育与经济发展关联度更高，各国（尤其是发展中国家）对高级人才的需求更加迫切，所以将大部分教育投资分配给了高等教育。

此外，国际上常用的教育经费拨款模式主要有渐进式拨款、零基预算拨款、公式拨款和绩效拨款四种类型。

渐进式拨款也称增量拨款，其做法是以前一年的经费支出为基础，参考当年需要对具体支出项目的预算进行增减。我国政府对中小学教育事业费的拨款一直沿用“定员定额”的标准，各校分配份额以该校前一年所得份额为基础，考虑当年可能的变化对拨款额度进行适当调整。这是一种“基数加发展”的拨款模式。

零基预算拨款要求部门每年的拨款都要从“零”开始，严格按照当年的预算规则确定本年度的预算。学校各个部门根据人员、教学、公务、设备等经费需求科目从头制定预算额度。零基预算拨款的目的是通过每年对教育项目的评估取消对已经不适宜的或者任何不能达到预期收益的教育项目的拨款。这种拨款模式比较复杂，对操作技术也要求较高，因而在教育财政实践中被使用得不多。

公式拨款是指根据能够反映学校成本行为规律的固定参数，决定为其拨款的额度，这是一种基于量化指标的拨款模式。构建拨款公式首先需要对学校的成本行为进行量化的分析。比如，政府相关部门在对学校的各种成本行为进行分析后，确定一组由多个参数组成的与学校成本行为相一致的拨款公式，在征得各利益相关者认可后，按照公式计算的拨款额向学校拨款。中国目前根据“综合定额加专项补助”核定的高等教育拨款就是一种简单的单一参数拨款，具体做法是政府根据实际情况确定出一名学生的经费定额，乘以当年在校生数，就得到当年应向学校拨付的教育事业费的基本额度，再根据各个学校的特殊需要和财政可行性进行调整，并加上一定的专项补助经费，最终得到对学校拨款的总额。

绩效拨款是指从教育产出出发，要求学校提供足够的细节来描述其目标与产出之间的联系，并确定每项产出可以测量的指标。目前绩效拨款的应用在教育领域并不广泛，且有一些应用是针对教师绩效工资的。绩效拨款常常与其他的拨款模式结合使用，比如丹麦的教学拨款即采用绩效公式拨款的方式。

我国政府对高等教育的拨款经历了从渐进式拨款向以拨款促发展的转变。20 世纪 80 年代中期以前采用“基数加发展”的渐进式拨款模式，80 年代中期调整为“综合定额加专项补助”的简单公式拨款。“综合定额”是根据不同层次、不同类型、不同地区学生的生均经费定额标准和高校在校生数核定的。“专项补助”作为对“综合定额”的补充，根据国家政策导向和学校特殊发展需要核定，同时赋予高校统筹安排使用资金的办学自主权。21 世纪初进一步调整为“基本支出预算加项目支出预算”，这种模式使得教育经费和事业发展

---

① 毛建青，郭蓉，陈文博．面向高质量教育体系的我国三级教育经费规模和结构：问题与策略：基于中国和 OECD 国家的数据分析［J］．复旦教育论坛，2023，21（5）：19－30，82．

规划与在校生人数紧密联系，促进了高等教育事业发展，也提升了高校内部经费使用的自主性，强调了经费管理的责任。2008 年，中国进一步改革完善中央高校预算拨款制度：一是“促进事业发展拨款”，拨款项目包括教学经费、科研经费和社会服务补偿费，并进一步将教学经费、科研经费细化为基本运行经费、专项经费和绩效拨款；二是“体现社会公平拨款”，主要表现为以家庭经济困难学生资助为目标的助学拨款。改革的主要措施有：（1）细化综合定额生均拨款标准，按照“人员经费基本持平、公用经费体现差异”的原则，明确按照不同学科的不同培养成本确定不同的生均拨款定额；（2）增设大学基本科研业务费；（3）引入绩效拨款机制；（4）增设社会服务补偿经费①。

四、教育经费的使用

各级政府对所属学校的经费主要用于教育事业费和教育基本建设投资两个方面。

（一）教育事业费

教育事业费是国家财政支出中用于教育事业的经常性费用，因此也被称为教育经常费②。教育事业费是指中央、地方各级财政或上级主管部门在预算年度内的安排，并划拨到学校或单位。其主要是那些为维持学校运转、经常花费在即时消耗掉的商品和服务方面的支出③。教育事业费是中国各级各类教育经费的主要来源。根据经费的具体用途，一般将教育事业费分为教育人员经费和公用经费。

1. 教育人员经费

教育人员经费包括在职教职人员的工资、补助、福利，离退休教职人员的离退休费用，学生助学金和奖学金。其中，在职教职人员的工资是教育人员经费的主要部分。中学、小学、中专、特殊教育类工资按该校的年平均工资水平与编制人数确定。

2. 公用经费

公用经费包括经常性公用经费与生均公用经费。其支出范围包括教学业务与管理、教师培训、实验实习、文体活动、水电、取暖、交通差旅、邮电、仪器设备及图书资料等购置、房屋及仪器设备的日常维修维护等。经常性公用经费按主管的教育行政部门下达的当年计划在校学生数计算确定。生均公用经费按在校生平均的用于教学业务与管理、教师培训、实验实习、文体活动、水电、取暖、交通差旅、邮电、仪器设备及图书资料等购置、房屋及仪器设备的日常维修维护等方面的实际支出计算确定④。

为更好地评价教育经费的使用情况，一些国家在教育支出分类中引入了功能分类⑤。以美国为例，中小学财务会计中按支出功能将教育经费支出分为教学、支持性服务、非教

---

① 王蓉．中国教育财政政策咨询报告：2015—2019[M]．北京：社会科学文献出版社，2019：535-537.

② 顾明远．教育大辞典［M]．上海：上海教育出版社，1998：774.

③ 闵维方，马莉萍．教育经济学［M]．北京：北京大学出版社，2020：421.

④ 请问教育经费、财政性教育经费、教育事业费、生均公用经费分别包含哪些内容？[EB/OL]．(2009-04-29)[2023-07-17]．http：//www.moe.gov.cn/jyb_hygq/hygq_zczx/moe_1346/moe_1351/tnull_46963.html.

⑤ 同③422.

学服务运营、设备购置和建筑物建造、债务清偿五类，详见表 9－2。

表 9－2　美国中小学财务会计中的一级和二级支出功能科目

一级科目	二级科目
教学	—
支持性服务	学生 教学 综合管理 学校管理 总务服务 校园运行与维护 学生交通 其他支持性服务
非教学服务运营	餐饮服务运营 企业运营 社区服务运营
设备购置和建筑物建造	土地征用 土地改造 建设工程 校园规划 建筑物建造 校园改善 建筑物修缮 其他设备购置和建筑物建造
债务清偿	—

资料来源：闵维方，马莉萍．教育经济学［M］．北京：北京大学出版社，2020：423.

（二）教育基本建设投资

教育基本建设投资是国家基本建设投资的组成部分，主要用于学校固定资产的新建、改建、扩建和恢复等。例如，学校校舍建设和大型实验仪器购置。教育基本建设投资的投资额是以货币形式表现的教育基本建设总量，它是反映一定时期内教育基本建设规模和速度的综合性指标。

如果说教育事业费是为了满足学校消费支出的需要，体现教育事业发展的眼前需要，那么，教育基本建设投资就是为了满足学校固定资产积累的需要，体现教育事业发展的长远需要。

《高等学校财务制度》

第四节　学校财务管理

《中小学校财务制度》

学校财务管理是提高资金使用效益、促进教育事业发展的基础。2022 年，财政部、教育部印发修订后的《高等学校财务制度》和《中小学校财务制度》，分别对高等学校和中小学校的财务制度做了具体的规定。由于高等学校和中小学校在领导体制等方面存有差异，因此在财务制度上亦有相同和不同。

一、学校财务管理的原则与任务

学校财务管理具有严格的规范性和明显的专业性，需要坚持必要的原则，完成特定的任务。

（一）基本原则

学校财务管理坚持的基本原则是：（1）贯彻执行国家有关法律、法规和财务规章制度。（2）坚持勤俭办学的方针。（3）正确处理事业发展需要和资金供给的关系，社会效益和经济效益的关系，国家、学校和个人三者利益的关系。

（二）主要任务

学校财务管理的主要任务是：（1）合理编制学校预算，严格预算执行，完整、准确编制学校决算，真实反映学校财务状况。（2）依法筹集教育经费，努力节约支出。（3）建立健全财务制度，加强经济核算，实施绩效评价，提高资金使用效益。（4）加强资产管理，合理配置和有效利用资产，防止资产流失。（5）加强对学校经济活动的财务控制和监督，防范财务风险。

二、学校财务管理体制

中小学校财务管理实行党组织领导的校长负责制。校长在学校党组织领导下，依法依规管理财务工作，对财务资料的真实性、完整性负责。中小学校应当指定专人主管财务工作，配备财务、会计人员，并根据需要合理设置财务部门，对学校的各类经济活动实施管理、核算和监督。财务主管人员应当依法依规履行职责，参与学校重大建设项目、重要办学资源配置、重要资产处置、大额资金使用等重大事项的决策。

高等学校实行“统一领导、集中管理”的财务管理体制，规模较大的学校可以实行“统一领导、分级管理”的财务管理体制。高等学校财务工作实行党委领导下的校（院）长负责制。高等学校应当在校级行政领导班子设置总会计师岗位或配备具有财务管理背景的副校级行政领导成员，协助校（院）长管理学校财务工作；应当单独设置一级财务机构，配备专业化一级财务机构负责人，在校（院）长和分管领导的领导下，统一管理学校财务工作。高等学校校内非独立法人单位因工作需要设置的财务机构，应当作为学校的二级财务机构。二级财务机构应当遵守和执行学校统一制定的财务规章制度，并接受学校一级财务机构的统一领导、监督和检查。

拓展阅读

新修订《中小学校财务制度》[①]

为进一步规范中小学校财务行为，加强财务管理和监督，坚持勤俭办学，提高资金使用效益，促进中小学校健康发展，2022 年 7 月，财政部会同教育部印发了新

① 新修订的《中小学校财务制度》九月一日起实施 加强落实“双减”财务行为指导［EB/OL］.（2022－08－12）［2023－07－17］. http：//www. moe. gov. cn/jyb_xwfb/s5147/202208/t20220812_652279. html.

修订的《中小学校财务制度》。

与原《中小学校财务制度》相比，新《中小学校财务制度》针对地方落实“双减”、学生营养改善计划、扩大普惠性学前教育资源等重大政策时面临的新情况、新要求，统筹兼顾学校财务管理薄弱环节，着重从六个方面进行了修订。一是调整了《中小学校财务制度》的适用范围，不再要求接受国家经常性资助的社会力量举办的中小学校执行本制度。二是明确党组织领导中小学校的财务管理工作。三是强化学校财务队伍建设，新增学校财务主管人员和财务、会计人员的岗位设置、职责权限以及任职条件等规定。四是对学校采取自主经营食堂、委托方式经营食堂、配餐或托餐等不同方式为学生供餐的实际情况，分类提出财务管理要求。五是明确课后服务等服务性收费的管理要求，增加中小学校不得擅自扩大收费范围、增加收费项目、提高收费标准的禁止性规定，加强对地方落实“双减”政策财务行为的指导。六是根据新的《事业单位财务规则》，对预算管理、资产管理、财务报告制度等内容作相应调整和细化。

三、学校财务管理的主要内容

根据《高等学校财务制度》和《中小学校财务制度》的规定，学校财务管理包括预算管理、收入管理、支出管理、结转和结余管理、专用基金管理、资产管理、负债管理、财务清算、财务报告和决算报告、财务监督等内容。

（一）预算管理

学校预算是指学校根据教育事业发展目标和计划编制的年度财务收支计划。学校预算由收入预算和支出预算组成。

1. 管理办法和原则

国家对学校实行核定收支、定额或者定项补助、超支不补、结转和结余按规定使用的预算管理办法。

学校预算以校为基本编制单位，不具有独立法人资格的学校纳入其所隶属学校统一编制。预算编制应当坚持量入为出、收支平衡、统筹兼顾、保证重点、勤俭节约的原则。学校不得编制赤字预算。

2. 编制方法

收入预算应当考虑学校维持正常运转和发展的基本需要，参考以前年度的预算执行情况、结转和结余情况、预算年度的收入增减因素等，积极稳妥地逐项测算编制。支出预算应当根据学校开展教育教学等活动需要和财力可能，分轻重缓急，按照政府支出分类科目分项测算编制。

3. 编报和审批程序

学校预算由学校根据年度事业发展目标和计划以及预算编制的规定，提出预算建议数，经主管部门审核汇总后报财政部门。

4. 预算执行和调整

学校应当严格执行批准的预算，规范办理收支事项，加强预算执行管理。严禁超预算、无预算安排支出。预算执行中，财政补助收入和财政专户管理资金的预算一般不予调剂。如果国家有关政策或者事业计划有较大调整，对预算执行影响较大，确需调剂的，学校应当报主管部门审核后报财政部门调剂。财政补助收入和财政专户管理资金以外部分的预算需要调增或者调减的，由学校自行调整并报主管部门和财政部门备案。收入预算调整后，相应调增或者调减支出预算。

5. 决算

决算是指学校预算收支和结余的年度执行结果。学校应当按照规定编制年度决算草案，由主管部门审核汇总后报财政部门审批。学校应当加强决算审核和分析，保证决算数据的真实、准确，规范决算管理工作。

（二）收入管理

收入是指学校开展教学、科研（高校）及其他活动依法取得的非偿还性资金。中小学校收入包括以下几个方面：

1. 财政补助收入

财政补助收入是指中小学校从本级财政部门取得的各类财政拨款。

2. 事业收入

事业收入是指中小学校开展教育教学及其辅助活动依法取得的收入，包括：义务教育阶段学生缴纳的杂费、非义务教育阶段学生缴纳的学费、借读学生缴纳的借读费、住宿学生缴纳的住宿费、按照有关规定向学生收取的其他费用等。其中：按照国家规定应当上缴国库或者财政专户的资金，不计入事业收入；从财政专户核拨给学校的资金和经核准不上缴国库或者财政专户的资金，计入事业收入。

3. 上级补助收入

上级补助收入是指中小学校从主管部门和上级单位取得的非财政补助收入。

4. 附属单位上缴收入

附属单位上缴收入是指中小学校附属的独立核算单位按照有关规定上缴学校的收入。

5. 经营收入

经营收入是指非义务教育阶段学校在教学及其辅助活动之外，开展非独立核算经营活动取得的收入。

6. 其他收入

其他收入是指上述规定范围以外的各项收入，包括投资收益、利息收入、捐赠收入、非本级财政补助收入、租金收入等。其中：为在校学生提供课后服务收取的服务性收费收入，计入其他收入。

中小学校必须严格按照国家有关政策规定依法组织收入；各项收费必须严格执行国家

规定的收费范围、项目和标准，并使用符合国家规定的合法票据；各项收入必须全部纳入学校预算，统一核算，统一管理。中小学校严禁设立“小金库”，严禁账外设账，严禁公款私存。

高等学校收入也包括财政补助收入、事业收入、上级补助收入、附属单位上缴收入、经营收入、其他收入六个方面。与中小学校不同的是，在财政补助收入中，包括财政教育拨款、财政科研拨款、财政其他拨款；在事业收入中，包括教育事业收入和科研事业收入。

（三）支出管理

支出是指学校开展教学、科研（高校）及其他活动发生的各项资金耗费和损失。中小学校支出包括以下几个方面：

1. 事业支出

事业支出是指中小学校开展教育教学及其辅助活动发生的基本支出和项目支出。基本支出是指中小学校为保障其正常运转、完成日常工作任务所发生的支出，包括人员经费和公用经费。项目支出是指中小学校为了完成特定工作任务和事业发展目标所发生的支出。

2. 经营支出

经营支出是指非义务教育阶段学校在教育教学及其辅助活动之外开展非独立核算经营活动发生的支出。

3. 对附属单位补助支出

对附属单位补助支出是指中小学校用财政补助收入之外的收入对附属单位补助发生的支出。

4. 上缴上级支出

上缴上级支出是指中小学校按照财政部门和主管部门的规定上缴上级单位的支出。

5. 其他支出

其他支出是指上述支出范围以外的各项支出，包括利息支出、捐赠支出等。

中小学校的支出应当严格执行国家有关财务规章制度规定的开支范围及开支标准；国家有关财务规章制度没有统一规定的，由学校结合本校情况规定，报主管部门和财政部门备案。各项支出应当按实际发生数列支，不得虚列虚报，不得以计划数和预算数代替。

高等学校支出同样包括事业支出、经营支出、对附属单位补助支出、上缴上级支出、其他支出五个方面。其内容和管理与中小学校基本相同。

（四）结转和结余管理

结转和结余是指学校年度收入与支出相抵后的余额。

结转资金是指当年预算已执行但未完成，或者因故未执行，下一年度需要按照原用途继续使用的资金。结余资金是指当年预算工作目标已完成，或者因故终止，当年剩余的资金。经营收支结转和结余应当单独反映。

财政拨款结转和结余的管理，应当按照国家有关规定执行。非财政拨款结转按照规定结转下一年度继续使用。非财政拨款结余可以按照国家有关规定提取职工福利基金，剩余部分用于弥补以后年度学校收支差额；国家另有规定的，从其规定。学校应当加强非财政拨款结余的管理，盘活存量，统筹安排、合理使用，支出不得超出非财政拨款结余规模。

（五）专用基金管理

专用基金包括职工福利基金、奖助学基金或奖助基金和其他专用基金。

职工福利基金，即按照非财政拨款结余的一定比例提取以及按照其他规定提取转入，用于职工集体福利设施、集体福利待遇等的资金。中小学校的奖助学基金指接受社会捐赠和按照规定从事业收入中提取转入，用于奖励、资助学生的资金；高等学校学生奖助基金指按照国家有关规定，按照事业收入的一定比例提取，在事业支出的相关科目中列支，用于学费减免、国家助学贷款风险补偿、勤工助学、校内无息借款、校内奖助学金和特殊困难补助等的资金。其他专用基金，即按照其他有关规定，根据事业发展需要提取或者设置的专用资金。

（六）资产管理

资产是指学校依法直接支配的各类经济资源。

学校资产包括流动资产、固定资产、在建工程、无形资产、对外投资、公共基础设施、政府储备物资、文物文化资产、保障性住房等。

流动资产是指可以在一年以内变现或者耗用的资产，包括现金、各种存款、应收及预付款项、存货等。存货是指学校在开展教学及其他活动过程中为耗用或出售而储存的资产，包括各类材料、燃料、包装物和低值易耗品等。学校应当建立、健全现金及各种存款的内部管理制度；对应收及预付款项应当及时清理结算，不得长期挂账，对确实无法收回的应收及预付款项，要查明原因，分清责任，经规定程序批准后核销；对存货应当进行定期或者不定期的清查盘点，保证账实相符，存货的盘盈、盘亏应及时进行调整。

固定资产是指使用期限超过一年，单位价值在 1 000 元以上，并在使用过程中基本保持原有物质形态的资产。单位价值虽未达到规定标准，但是耐用时间在一年以上的大批同类物资，作为固定资产管理。学校的固定资产一般分为六类：房屋和建筑物、专用设备、一般设备、文物和陈列品、图书和其他固定资产。学校应根据规定的固定资产标准，结合本校的具体情况，制定各类固定资产的明细目录。固定资产的租赁，应经过有关部门批准，并向租赁者收取租赁费。学校固定资产的报废和转让，一般经单位负责人批准后核销。大型、精密、贵重的设备报废和转让，应当经过有关部门鉴定，报主管部门或国有资产管理部门、财政部门批准。中小学校应当定期或者不定期地对固定资产进行清查盘点。年度终了前，应当进行一次全面的清查盘点，做到账、卡、物相符。对固定资产的盘盈、盘亏应当按规定程序及时处理。在建工程是指已经发生必要支出，但尚未达到交付使用状态的建设工程。在建工程达到交付使用状态时，应当按照规定办理工程竣工财务决算和资产交付使用，期限最长不得超过一年。

无形资产是指不具有实物形态而能为使用者提供某种权利的资产，包括专利权、商标权、著作权、土地使用权、非专利技术以及其他财产权利。学校转让无形资产取得的收入、取得无形资产发生的支出，应当按照国家有关规定处理。

对外投资是指非义务教育阶段学校依法利用货币资金、实物、无形资产等方式向其他单位的投资。非义务教育阶段学校对外投资，应当按照国家有关规定报主管部门、国有资产管理部门和财政部门批准或备案。非义务教育阶段学校以实物、无形资产对外投资的，应当按照国家有关规定进行资产评估。对校办产业和勤工俭学项目投资取得的收益，计入附属单位上缴收入；对其他单位投资取得的收益，计入其他收入；国家另有规定者除外。

公共基础设施、政府储备物资、文物文化资产、保障性住房等资产管理的具体办法，由国务院财政部门会同有关部门制定。

（七）负债管理

负债是指学校所承担的能以货币计量，需要以资产或劳务偿还的债务。中小学校的负债包括借入款项、应付款项、应缴款项、代管款项等。借入款项是指非义务教育阶段学校经批准从银行等金融机构借入的短期或者长期借款。应付款项包括中小学校应付票据、应付账款、其他应付款和预收账款等。应缴款项包括中小学校收取的应当上缴国库或者财政专户的资金、应缴税费，以及其他按照国家有关规定应当上缴的款项。代管款项是指中小学校接受委托代为管理的各类款项。高等学校的负债包括借入款项、应付款项、暂存款项、应缴款项等。其中的暂存款项包括预收账款等款项。学校应当对不同性质的负债分别管理，及时清理并按照规定办理结算，保证各项负债在规定期限内归还。

（八）财务清算

经国家有关部门批准，学校发生划转、撤销、合并、分立时，应当进行财务清算。学校财务清算，应当成立财务清算工作小组，在主管部门和财政部门的监督指导下，对学校的财产、债权、债务等进行全面清理，编制财产目录和债权、债务清单以及清算财务报告，提出财产作价依据和债权、债务处理办法，做好资产和负债的移交、接收、划转和管理工作，并妥善处理各项遗留问题。学校财务清算结束后，经主管部门审核并报财政部门批准，分别按下列办法处理：

第一，因隶属关系改变，成建制划转的学校，其全部资产和负债无偿移交，并相应划转经费指标。

第二，撤销的学校，全部资产和负债由主管部门和财政部门核准处理。

第三，合并的学校，全部资产和负债移交接收单位或新组建单位，合并后多余的资产由主管部门和财政部门核准处理。

第四，分立的学校，全部资产和负债按照有关规定移交分立后的学校，并相应划转经费指标。

（九）财务报告和决算报告

财务报告主要以权责发生制为基础编制，综合反映学校特定日期财务状况和一定时期运行情况等信息。学校应当按照国家预算支出分类和管理权限定期向各有关主管部门和财政部门以及其他有关的报表使用者提供财务报告和决算报告。

财务报告由财务报表和财务分析两部分组成。财务报表主要包括资产负债表、收入费用表等会计报表和报表附注。财务分析的内容主要包括财务状况分析、运行情况分析和财务管理情况等。

决算报告主要以收付实现制为基础进行编制，综合反映学校年度预算收支执行结果等信息。决算报告由决算报表和决算分析两部分组成。决算报表主要包括收入支出表、财政拨款收入支出表等。决算分析的内容主要包括收支预算执行分析、资金使用效益分析和机构人员情况等。

（十）财务监督

学校财务管理除要严格遵守上述财务制度外，还要严格遵守财务监督制度。

中小学校财务监督的内容包括：(1) 预、决算编制的科学性、真实性、完整性和预算执行的时效性、均衡性；(2) 各项收入、支出的合法性、合规性；(3) 结转和结余资金以及专用基金管理的合规性；(4) 资产管理的安全性、完整性、合规性、有效性；(5) 负债的合规性和风险性；(6) 学生人数、教职工人数等基础数据的真实性、准确性和完整性。

高等学校财务监督的内容包括：(1) 预算编制、执行的规范性、合理性、有效性，报告的真实性、完整性、准确性；(2) 各项收入和支出的合法性、合规性；(3) 结转和结余的管理情况；(4) 专用基金的管理情况；(5) 资产管理的安全性、规范性、有效性；(6) 负债的合规性和风险程度；(7) 其他重要事项，包括对附属单位财务管理情况进行监督等。

学校财务监督应当将事前监督、事中监督、事后监督相结合，日常监督与专项监督相结合。学校应当建立健全内部控制制度、经济责任制度、财务信息披露制度等监督制度，按规定编制和报送内部控制报告，规范学校各项经济活动，依法公开财务信息。

案例分析

农村义务教育经费保障机制

2005 年，国务院印发《关于深化农村义务教育经费保障机制改革的通知》，决定 2006 年开始，在农村实施免费义务教育，提高公用经费和校舍维修改造经费保障水平，所需经费由中央和地方政府分项目、按比例分担，建立了农村义务教育经费保障新机制。深化农村义务教育经费保障机制改革的主要内容包括：(1) 全部免除农村义务教育阶段学生学杂费，对贫困家庭学生免费提供教科书并补助寄宿生生活费。(2) 提高农村义务教育阶段中小学公用经费保障水平。(3) 建立农村义务教育阶段中小学校舍维修改造长效机制。(4) 巩固和完善农村中小学教师工资保障机制。2006 年修订的《中华人民共和国义务教育法》，将义务教育财政体制规定为“义务教育经费投入实行国务院和地方各级人民政府根据职责共同负担，省、自治区、直辖市人民政府负责统筹落实的体制”。2015 年，国务院发出《关于进一步完善城乡义务教育经费保障机制的通知》，整合农村义务教育经费保障机制和城市义务教育奖补政策，建立统一的中央和地方分项目、按比例分担的城乡义务教育经费保障机制。义务教育经费分担体制的建立和完善，提高了中央和省级政府负担的比例，缩小了地区间义务教育经费的差距。

《关于进一步完善城乡义务教育经费保障机制的通知》

完善拨款制度

2006 年实施的义务教育经费保障机制改革中，中央开始采取分项目、按比例的方式对各省份补助义务教育经费。2015 年修改完善后的义务教育经费保障机制中，基准定额公用经费补助为中央对西部补助 80%，中部补助 60%，东部补助 50%；家庭经济困难寄宿生生活费由中央统一补助 50%。普通高校国家奖学金和助学金，中职免学费和学生资助资金，普通高中免学费和学生资助资金，都采用了分项目、按比例的补助办法。

2015 年，财政部、教育部《关于改革完善中央高校预算拨款制度的通知》提出，拨款项目设置面向所有中央高校，主要采取按照因素、标准、政策等办法科学合理分配资金，促进公平公正竞争。

在中央对各省份教育专项转移支付资金和对高校拨款的分配中，逐渐采用公式法，根据客观因素分配。2021 年的《城乡义务教育补助经费管理办法》确定了城乡义务教育补助经费相关补助标准、分配系数及分配公式。如农村校舍安全保障长效机制补助资金的分配公式为：

《城乡义务教育补助经费管理办法》

补助经费＝[（农村在校生数×生均建筑面积标准－安全校舍面积）×折旧率 1＋安全校舍面积×折旧率 2]×单位面积补助测算标准×分配系数

学生资助

我国已经制定了资助经济困难学生的“奖、贷、助、补、免、勤”和“绿色通道”制度，对经济困难学生予以资助，目前已建立覆盖从学前到高等教育的学生资助体系。

2015 年 12 月 9 日，教育部发布《国家中长期教育改革和发展规划纲要（2010—2020 年）》中期评估学生资助专题报告。评估报告指出，2010—2014 年全国累计资助学前教育、义务教育、中职教育、普通高中、高等教育等各教育阶段学生（幼儿）金额达 5 564.43 亿元（不包括义务教育免费教科书、营养膳食补助资金），其中 2014 年资助金额达到 1 421.28 亿元，较 2009 年增长 104.82%。从受助学生看，2010—2014 年全国累计资助学生 4.1 亿人次，年均资助 8 201.26 万人次，较 2009 年增长 25.8%。学生资助经费投入和受助学生人数均大幅增长，基本保障了“不让一个学生因家庭经济困难而失学”，我国教育公平迈出重大步伐[①]。

《国家中长期教育改革和发展规划纲要（2010—2020 年）》

请结合上述义务教育经费保障机制谈谈您对我国义务教育发展进程的体会。

① 《国家中长期教育改革和发展规划纲要（2010—2020 年）》中期评估 学生资助中期评估报告［EB/OL］.（2015－12－09）［2023－07－17］. http://www.moe.gov.cn/jyb_xwfb/xw_fbh/moe_2069/xwfbh_2015n/xwfb_151209/151209_sfcl/201512/t20151209_223925.html.

理解探究

1. 教育财政有哪些类别?

2. 我国教育经费的主要来源是什么?

3. 教育财政体制大致可分为中央集权制、地方分权制和集权与分权结合制三类，是否可以说某一种教育财政体制是最好的? 为什么?

4. 我国中小学校财务管理的主要任务有哪些?

阅读导航

1. 闵维方，马莉萍．教育经济学 [M]. 北京：北京大学出版社，2020.

2. 廖楚晖．教育财政学 [M]. 北京：北京大学出版社，2006.

3. 王善迈，赵婧．教育经费投入体制的改革与展望：纪念改革开放40周年 [J]. 教育研究，2018 (8)：4-10.

4. 教育部，财政部．关于印发《中小学校财务制度》的通知（财教〔2022〕159号）[EB/OL]. (2023-02-23)[2023-07-17]. http：//www.moe.gov.cn/jyb_xxgk/moe_1777/moe_1779/202302/t20230223_1047071.html.

第十章　学校安全管理

学习目标

1. 了解校舍设施的建设标准及使用要求。
2. 掌握学生伤害事故的隐患及预防措施。
3. 了解学生伤害事故的归责原则及学校承担责任的规定。
4. 掌握学生伤害事故的处理措施。

第一节　校舍设施的安全管理

安全是指没有危险、不受威胁、不出事故。安全的需要是师生的基本需要，包括身体安全和心理安全。学校安全管理是指在学校实施的教育教学活动中，为保障师生安全所进行的各种管理活动。保障师生的安全是践行以人为本的管理理念的前提，是学校常规性的管理活动。安全管理是一项复杂的系统工程，从学校的选址到教育教学活动的开展，每一个环节都要求安全有序，不能有任何松懈。中小学是未成年人集中活动的场域，保护中小学生的安全，预防和避免伤害事故的发生，是学校的重要责任。学校安全管理的内容主要包括学校校舍的安全管理，学校教育教学设施和生活设施的安全管理，学生伤害事故的隐患排查、预防和处理，等等。

一、校舍设施安全的重要依据

校舍设施建设是学校安全工作的起点，必须符合学校建设标准。《城市普通中小学校校舍建设标准》《农村普通中小学校建设标准》《中小学校设计规范》等都是中小学校校舍设施安全管理的重要依据。

（一）《城市普通中小学校校舍建设标准》

2002 年 4 月 17 日，中华人民共和国建设部、中华人民共和国国家发展计划委员会、中华人民共和国教育部批准发布《城市普通中小学校校舍建设标准》，自 2002 年 7 月 1 日起施行。《城市普通中小学校校舍建设标准》

《城市普通中小学校校舍建设标准》

共分5章，包括总则，学校建设规模与校舍用房的组成，学校网点布局、选址与规划设计，校舍建筑面积指标，校舍主要建筑标准。制定《城市普通中小学校校舍建设标准》是为了适应城市普通中小学教育现代化、教育改革与发展，以及推进素质教育对校园、校舍条件与环境的需要。安全、适用、经济、美观，是城市普通中小学校建设必须贯彻的基本原则。

（二）《农村普通中小学校建设标准》

《农村普通中小学校建设标准》

2008年12月1日，中华人民共和国住房和城乡建设部、中华人民共和国国家发展和改革委员会批准施行《农村普通中小学校建设标准》。《农村普通中小学校建设标准》共分6章，包括总则，建设规模与项目构成，学校布局、选址与校园规划，建设用地指标，校舍建筑面积指标，校舍主要建筑标准。《农村普通中小学校建设标准》适用于乡（镇）及以下农村普通中小学校的新建、改建和扩建项目。

（三）《中小学校设计规范》

2010年12月24日，中华人民共和国住房和城乡建设部以及中华人民共和国国家质量监督检验检疫总局联合发布《中小学校设计规范》，自2012年1月1日起施行。《中小学校设计规范》共分10章，包括总则，术语，基本规定，场地和总平面，教学用房及教学辅助用房，行政办公用房和生活服务用房，主要教学用房及教学辅助用房面积指标和净高，安全、通行与疏散，室内环境，建筑设备。其中，第4.1.2、4.1.8、6.2.24、8.1.5、8.1.6条为强制性条文，必须严格执行。规范适用于城镇和农村中小学校（含非完全小学）的新建、改建和扩建工程的设计，也适用于新课改对师生安全的要求。

《中小学校设计规范》

（四）标准与规范的属性、适用范围及其关系

《城市普通中小学校校舍建设标准》和《农村普通中小学校建设标准》以及《中小学校设计规范》都是具有法律效力的、学校建设必须遵照的、有助于保障学校安全的、具有一定强制性的标准或规范。《城市普通中小学校校舍建设标准》和《农村普通中小学校建设标准》分别适应城市和乡（镇）及以下的农村，城市中小学既包括义务教育阶段的小学和初中或九年制学校，也包括非义务教育阶段的高级中学，而农村中小学主要是义务教育阶段的学校。又由于城市和农村中小学在招生来源、地理环境、人口密集程度等方面存在差异，所以它们的建设标准在学校规模、班级人数、用房标准、校园规划设计等方面也存在差异。但无论是城市学校还是农村学校，虽然在学校内部用房、校园规划等方面存在数量上的差异，但从安全的角度出发，在建筑设计上却是统一标准的，没有因为农村学校和城市学校在规模上的差异而降低农村学校的建筑设计标准，因为建筑设计标准反映的是学校建筑的质量指标，是学校建设的根基。特别是《中小学校设计规范》中的强制性条文，更突出地体现了保证学校建筑设计安全的理念，体现了学校建筑设计与学校课程实施相辅相成的人本理念，同时也反映了学校管理与学校教育教学的恰当关系。

除上述规定外，我国还有很多关于学校安全方面的法律法规以及政策性文件。例如，

2006 年，教育部等部门发布《中小学幼儿园安全管理办法》，教育部印发《关于进一步加强中小学校校舍建设与管理工作的通知》，2013 年，国务院办公厅转发教育部等部门《关于建立中小学校舍安全保障长效机制的意见》，2015 年，教育部办公厅印发《中小学心理辅导室建设指南》，2017 年，国务院办公厅印发《关于加强中小学幼儿园安全风险防控体系建设的意见》，2019 年，教育部、国家市场监督管理总局、国家卫生健康委员会令第 45 号发布《学校食品安全与营养健康管理规定》，2021 年，教育部令第 50 号发布《未成年人学校保护规定》，等等，这些法规或政策在学校校舍设施等安全管理方面也提出了相关的规定或要求，具有重要的规范作用或指导作用。法律、法规或政策的制定是一个动态的过程，学校管理者需要及时了解，并据此管理学校。

二、学校布局选址与规划设计

学校布局选址与规划设计要以保障师生的安全为前提，并要根据人口密度及分布、服务半径等因素合理设计。

（一）学校布局选址

城市普通中小学校和农村普通中小学校都应依据相应的校舍建设标准对学校进行布局选址。

1. 学校布局

城市普通中小学校网点布局，应根据城市建设总体规划的要求，结合人口密度与人口分布，尤其是学龄人口数量及其增减的发展趋势，以及城市交通、环境等因素综合考虑，合理布点。新建住宅区内，要根据规划的居住人口及实际人口出生率，建设规模适宜的中小学校。城市普通中小学校网点布局应符合学生能就近走读入学、学校应具有较好的规模效益和社会效益、特殊情况特殊处理的原则。学校服务半径要根据学校规模、交通及学生住宿条件、方便学生就学等原则确定。中小学生不应跨越铁路干线、高速公路及车流量大、无立交设施的城市主干道上学。根据《中小学校设计规范》的规定，城镇完全小学的服务半径宜为 500m，城镇初级中学的服务半径宜为 1 000m。

农村普通中小学校的布局，应根据乡（镇）总体规划要求，结合人口密度、学生来源、地形地貌、能源、交通、环境等综合条件确定。学校服务半径，应以小学就近入学、中学相对集中为原则，根据“规模”办学和学校住宿条件等因素确定。

2. 校址选择

《中小学校设计规范》4.1.2 和 4.1.8 强制性条文规定：校址选择应避开自然灾害（如地震、地质塌裂、暗河、洪涝）及人为风险高、污染超标的地段。高压电线、长输天然气管道、输油管道严禁穿越或跨越学校校园；当在学校周边敷设时，安全防护距离及防护措施应符合相关规定。根据《城市普通中小学校校舍建设标准》规定：城市新建的普通中小学校，校址应选在交通方便、地势平坦开阔、空气清新、阳光充足、排水通畅、环境适宜、公用设施比较完善、远离污染源的地段。学校不应与集贸市场、公共娱乐场所、医院传染病房、太平间、公安看守所等不利于学生学习和身心健康，以及危及学生安全的场所毗邻。

（二）学校规划设计

在科学选择校址的前提下，对学校还要进行合理的设计才能保障师生的安全和学校设施的有效使用。

1. 学校规模

学校规模是学校规划设计和保障学校安全的重要因素之一。城市普通中小学校的规模应根据批准的学校规模、城市建设规划的要求确定。按照标准，城市普通中小学校规模（班数）和班额见表 10-1，农村普通中小学校规模（班数）和班额见表 10-2。

表 10-1　城市普通中小学校规模和班额

学校类型	班数				班额
完全小学	12	18	24	30	45
九年制学校	18	27	36	45	50/初中 45/小学
初级中学	12	18	24	30	50
完全中学	18	24	30	36	50
高级中学	18	24	30	36	50

表 10-2　农村普通中小学校规模和班额

学校类型	班数				班额
非完全小学	4	—	—	—	30
完全小学	6	12	18	24	45/近期 40/远期
初级中学	12	18	24	—	50/近期 45/远期

2. 城市中小学校园规划设计

第一，校园总体规划设计。城市中小学校园的总体规划设计应因地制宜，合理利用地形、地貌，并根据需要适当预留发展余地。教工住宅应纳入城市建设规划统筹安排，不应建在校园内。校园总平面设计宜按教学、体育运动、生活、勤工俭学等不同功能进行分区，合理布局。各区之间要联系方便、互不干扰。教学楼应布置在校园的静区，并保证良好的建筑朝向。校园内各建筑之间、校内建筑与校外相临建筑之间的间距应符合城市规划、卫生防护、日照、防火等有关规定。校园、校舍应整体性强。建筑组合应紧凑、集中，建筑形式和建筑风格要力求体现教育建筑的文化内涵和时代特色。具有优秀历史文化重大价值的校园及校舍应依法保护，并合理保持其特色。校园绿化、美化应结合建筑景观统一规划设计和建设，以形成优美的校园环境和人文景观。

第二，活动场地设计。体育活动场地与教学楼应有合理的间隔，并应联系便利。小学每所学校宜设置 200 米环形跑道（附 60 米直跑道）田径场一个。有条件的地区或规模较大的学校可设置 200～300 米环形跑道田径场一个。中学每所学校宜设置 250 米环形跑道

（附100米直跑道）田径场一个。有条件的地区或规模较大的学校可设置300～400米环形跑道田径场一个。此外，小学还可根据不同规模设置一定数量的篮球场和器械场，中学可根据不同规模设置一定数量的篮球场、排球场和器械场。设有环形跑道的田径场地、球类场地，其长轴宜为南北方向。学校体育场地要平整、软硬适宜、不积水。要制定体育场地、器材、设备管理维修制度，由专人负责。

第三，交通道路设计。校园内的主要交通道路应根据学校人流、车流、消防要求布置。路线要通畅便捷，道路的高差处宜设坡道。路上的地下管线井盖，应与路面标高一致。学校主要出入口的位置，应便于学生就学，有利于人流迅速疏散，不宜紧靠城市主干道。旗杆、旗台应设置在校园中心广场或主要运动场区等显要位置。校园应有围墙，沿主要街道的围墙宜有良好通透性。校门外侧应留有缓冲地带和设置警示标志。室外上下水、煤气、热力、电力、通信等地下管线，应根据校园总体规划的要求合理布置，并按防火规范要求在适当位置设置室外消防栓供水接口。变配电系统应独立设置，规划设计用电负荷应当留有余量。室外多种管线的敷设应用地下管沟暗设。

3. 农村中小学校园规划设计

第一，校园总体规划设计。农村中小学必须编制校园总体规划。总体规划应按教学区、体育运动区、生活区等不同功能要求合理布局，教学、图书、实验用房应布置在校园的静区，并保证有良好的建筑朝向的要求。校园内各建筑之间、校内建筑与相邻的校外建筑之间的距离，应符合国家现行标准、规范中的规划、消防、日照等有关规定。

第二，活动场地设计。教学用房与体育活动场地应有合理的间距。非完全小学和完全小学6班应分别设置60m和100m直跑道，完全小学12班、18班、24班均应设置200m环形跑道田径场。初级中学12班应设置200m环形跑道田径场，18班、24班均应设置300m环形跑道田径场。中小学校应设置适量的球类、器械等运动场地。田径场地和球类场地的长轴宜为南北方向。

第三，交通道路设计。与城市中小学一样，农村中小学校园内的交通应便捷，校园道路应避免穿越体育运动场地。学校的主出入口不宜设在主要交通干道边上，校门外侧应设置人流缓冲区。同时，校园绿地及种植园地应与校舍建筑统一规划和建设，校园应有围墙（或安全隔离设施）、校门。

三、学校用房组成、建筑设计与校舍维修使用

学校用房组成是否合理、学校建筑设计是否科学、校舍是否及时维修，都对保障学校安全具有不可忽视的作用。

（一）学校用房组成

学校用房包括城市普通中小学校用房和农村普通中小学校用房。

1. 城市普通中小学校校舍用房组成

城市普通中小学校校舍由教学及教学辅助用房、办公用房、生活服务用房三部分组成。

第一，教学及教学辅助用房。城市完全小学、九年制学校、初级中学、完全中学、高级中学均每班设置一间普通教室（完全小学每间教室使用面积不得小于 $61m^2$，九年制学校、初级中学、完全中学、高级中学每间教室使用面积不得小于 $67m^2$）。此外，完全小学还设自然教室、音乐教室、美术教室、书法教室、语言教室、计算机教室、劳动教室等专用教室和辅助用房，多功能教室、图书室、科技活动室、心理咨询室、体育活动室等公共教学用房及辅助用房；九年制学校和初级中学在完全小学教学及教学辅助用房设置的基础上还设实验室（理、化、生）、地理教室、劳动技术教室等专用教室和辅助用房；完全中学和高级中学还设合班教室等公共教学用房及辅助用房。

第二，办公用房。城市普通中小学校设置教学办公室、行政办公室、社团办公室及广播室，会议接待室、德育展览室、卫生保健室等管理用房。

第三，生活服务用房。城市普通中小学校，应根据办学的实际需要设置教职工单身宿舍、教职工与学生食堂、开水房、汽车库、配电室、教职工与学生厕所等用房；可设置学生宿舍、锅炉房、浴室、自行车库等用房。重点学校、示范性学校、民族学校以及有特殊要求的学校，经主管部门批准可增设上述未列出的其他用房。

2. 农村普通中小学校校舍用房组成

农村普通中小学校校舍由教学及教学辅助用房、办公用房、生活用房三部分构成。

第一，教学及教学辅助用房。农村非完全小学、完全小学、初级中学每班设置一间普通教室（非完全小学每间教室使用面积不得小于 $40m^2$，完全小学每间教室使用面积不得小于 $54m^2$，初级中学每间教室使用面积不得小于 $61m^2$）。此外，农村非完全小学还设多功能教室（兼多媒体教室）、图书室、体育器材室，完全小学在非完全小学教学及教学辅助用房设置的基础上还设音乐教室、美术教室、科学教室、计算机教室、远程教育教室等教学及教学辅助用房，初级中学在完全小学教学及教学辅助用房设置的基础上还设实验室、技术教室等教学及教学辅助用房。

第二，办公用房。非完全小学设置行政及教师办公室、少先队部室、传达值宿室，完全小学设置行政办公室、教师办公室、卫生保健室、总务仓库、少先队部室、传达值宿室。初级中学在完全小学办公用房设置的基础上还设会议室、文印档案室、社团办公室。

第三，生活用房。非完全小学设置食堂、教工厕所、学生厕所，完全小学设置教工宿舍、食堂、开水房及浴室、教工厕所、学生厕所，学生宿舍根据需要设置；初级中学设置教工宿舍、食堂、开水房及浴室、教工厕所、学生厕所，学生宿舍根据需要设置；全寄宿制完全小学、初级中学除分别按上述用房设置外，应按全校学生规模设置学生宿舍。

（二）学校建筑设计

学校建筑设计必须符合国家的建筑设计标准。教学及教学辅助用房，安全、通行与疏散，室内环境及设施等在设计上都要保障师生的身心安全。同时，要及时对学校建筑实施维修，避免留下事故隐患。《中小学校设计规范》对中小学校校舍建筑安全做出了必要的设计。根据《中小学校设计规范》6.2.24 强制性条文的规定，学生宿舍不得设在地下室或半地下室。

1. 教学及教学辅助用房设计

第一，教学及教学辅助用房的层数及层高。中小学校教学及教学辅助用房设计成多层建筑。但各类小学的主要教学用房不应设在四层以上，各类中学的主要教学用房不应设在五层以上。城市普通教室的层高，小学不宜低于3.60m，中学不宜低于3.80m。普通教室及史地、美术、音乐教室的最小净高，小学为3.00m，初中为3.05m，高中为3.10m。城市专用教室、公共教学用房，进深若大于7.20m，层高不宜低于3.90m。多功能教室、合班教室、体育活动室等公共教学用房的层高，可根据使用要求确定。阶梯教室最后一排的地面到棚顶的净高不应小于2.20m。

第二，普通教室的课桌椅间距。中小学校普通教室课桌椅的排距不宜小于0.90m，独立的非完全小学可为0.85m；最前排课桌的前沿与前方黑板的水平距离不宜小于2.20m；最后排课桌的后沿与前方黑板的水平距离，小学不宜大于8.00m，中学不宜大于9.00m；教室最后排座椅之后应设横向疏散走道，自最后排课桌后沿至后墙面或固定家具的净距不应小于1.10m；中小学校普通教室内纵向走道宽度不应小于0.60m，独立的非完全小学可为0.55m；沿墙布置的课桌端部与墙面或壁柱、管道等墙面突出物的净距不宜小于0.15m；普通教室内应为每个学生设置一个专用的小型储物柜。

教学及教学辅助用房的其他规范要求还可以查阅《中小学校设计规范》。

2. 安全、通行与疏散设计

第一，建筑环境设计。中小学校在建筑环境方面应装设周界视频监控、报警系统，有条件的学校应接入当地的公安机关监控平台。中小学校安防设施的设置应符合《安全防范工程技术标准》的有关规定。中小学校建筑设计应符合《建筑抗震设计规范》《建筑防火通用规范》的有关规定。学校设计所采用的装修材料、产品、部品应符合《建筑内部装修设计防火规范》《民用建筑工程室内环境污染控制标准》的有关规定及国家有关材料、产品、部品的标准规定。体育场地采用的地面材料应满足环境卫生健康的要求。《中小学校设计规范》8.1.5强制性条文规定，临空窗台的高度不应低于0.90m。8.1.6强制性条文规定：上人屋面、外廊、楼梯、平台、阳台等临空部位必须设防护栏杆，防护栏杆必须牢固、安全，高度不应低于1.10m。防护栏杆最薄弱处承受的最小水平推力应不小于1.5kN/m。

《安全防范工程技术标准》	《建筑防火通用规范》	《建筑内部装修设计防火规范》	《民用建筑工程室内环境污染控制标准》

第二，通行与疏散设计。疏散通道，实验室等有给水设施的教学用房及教学辅助用房，卫生室（保健室）、饮水处、卫生间、浴室等有给水设施的房间的路面、楼地面，应采用防滑构造做法，室内应装设密闭地漏。

楼梯的设置应满足使用要求，符合交通疏散和防火规范的规定。中小学校楼梯每个梯段的踏步级数不应少于3级，且不应多于18级。各类小学楼梯踏步的宽度不得小于0.26m，高度不得大于0.15m；各类中学楼梯踏步的宽度不得小于0.28m，高度不得大于0.16m。楼梯的坡度不得大于30°。疏散楼梯不得采用螺旋楼梯和扇形踏步。教学用房的楼梯间应有天然采光和自然通风。楼梯两梯段间楼梯井净宽不得大于0.11m，大于0.11m

时，应采取有效的安全防护措施。两梯段扶手间的水平净距宜为 0.10m～0.20m。室内楼梯扶手高度不应低于 0.90m，室外楼梯扶手高度不应低于 1.10m，水平扶手高度不应低于 1.10m。

门窗应便于开启、清洁和耐用。各教学用房的门均应向疏散方向开启，开启的门扇不得挤占走道的疏散通道；靠外廊及单内廊一侧教室内隔墙的窗开启后，不得挤占走道的疏散通道，不得影响安全疏散；二层及二层以上的临空外窗的开启扇不得外开；疏散通道上的门不得使用弹簧门、旋转门、推拉门、大玻璃门等不利于疏散通畅、安全的门。教学用房的门窗要有利于采光通风。普通教室、各种专用教室和部分公共教学用房应根据人流安全疏散的要求设置前后门。教室安全出入口门洞宽度不应小于 1.00m，多功能教室、合班教室的门洞宽度不应小于 1.50m，阶梯教室安全出入口的门洞宽度不应小于 2.00m。门扇上宜设观察窗，教学用房及教学辅助用房均不宜设置门槛，门框上部设采光通风窗，位于楼梯平台处的采光窗，窗下墙高度小于 1.10m 的应设安全护栏。

3. 室内环境及设施设计

第一，采光。应保证教室、图书阅览室及实验室等主要教学用房的最佳建筑朝向，避免室内直射阳光。教学用房宜双侧采光，主要采光面应位于学生座位左侧，并应防止眩光。教学用房工作面或地面上的采光系数不得低于国家标准《建筑采光设计标准》等有关规定。

第二，照明。教学、办公用房应采用配有保护角灯罩的荧光灯具，不得用裸灯。教学用房照明灯具的数量、功率、布置方式和悬挂高度必须满足照度均匀度的要求，达到规定的照度标准。灯具悬挂高度距桌面不应低于 1.70m。生物实验室的实验桌上宜设局部照明。教学用房的照明要能够分楼、分层、分部位控制。例如，城市普通中小学校各类用房的平均照度不应低于表 10－3 的规定。

表 10－3　城市普通中小学校各类用房平均照度表

<table>
<tr><th>用房名称</th><th>平均照度（lx）</th><th>规定照度的平面</th><th>照度均匀度</th></tr>
<tr><td>普通教室、音乐教室、实验室、自然教室、劳动教室、劳动技术教室、语言教室、合班教室、多功能教室、地理教室、科技活动室、心理咨询室、办公室、会议室、卫生保健室</td><td>150</td><td>桌面</td><td rowspan="5">不低于 0.7</td></tr>
<tr><td>教室前方黑板</td><td>200</td><td>黑板垂直面</td></tr>
<tr><td>计算机教室、图书阅览室、美术教室、书法教室、德育展览室</td><td>200</td><td>桌面</td></tr>
<tr><td>体育活动室</td><td>100</td><td>地面</td></tr>
<tr><td>厕所、走道、楼梯间</td><td>200</td><td>地面</td></tr>
</table>

教学、办公楼等应设置适应教学、办公手段现代化的电器插座和分楼、分层或分部位控制的广播线路。劳动教室、劳动技术教室、科技活动室、厨房等用房，宜根据设备运行需要设置动力电源插座。

第三，通风换气。教学、办公用房应有良好的自然通风，必须保持室内有良好的空气质量。教学用房应有换气设施，确保室内空气中CO_2的浓度不超过0.15%。炎热地区可采用开窗方式换气；温暖地区宜采用开窗与开启小气窗相结合的方式换气；寒冷和严寒地区应在外墙（或采光窗上部）和内走廊墙上设置小气窗（或门头采光通风窗），或在室内设附墙竖向排气道进行换气。外墙上的换气口面积不应小于房间面积的1.67%，设于走廊墙上的换气口面积不应小于房间面积的3.34%。当设置附墙竖向排气道时，排气口应设在每层排气道的顶部（临近天棚处）位置，排气口大小可视具体情况确定，并设调节风门。化学实验室、药品贮藏室及贮藏柜、合班教室、多功能教室、体育活动室等应根据使用要求设置有效的排气装置。

第四，室内温度。必须保持教学和办公用房有适宜的室内温度。寒冷和严寒地区，有条件的城市普通中小学校宜采用热水供暖系统，供暖管道宜纳入地区集中供热管网。过渡地区、非集中采暖地区应因地制宜进行采暖。年日照时数大的地区可利用太阳能采暖。炎热地区应因地制宜地设置降温设施。

第五，主要用房固定设施配置。普通教室的室内前部应设置书写板、电视机架、投影幕挂钩、讲台，后墙宜设置展示板，适当位置宜设置清洁柜、贮物柜和音箱等。教师办公室宜设洗手盆、存衣柜、嵌墙式或悬挂式书柜。教学、办公楼内应有归集垃圾的位置，垃圾宜分类收集和处理。教学、办公楼应设置综合布线系统，或预留综合布线系统的设备位置及贯通的管线井道①。

（三）校舍维修使用

学校校舍要及时维修，避免成为危房，如果一经发现校舍成为危房，必须立即停止使用，避免恶性事故的发生。学校校舍列为危房的情况包括：地基塌陷、滑坡、急剧下沉或基础发生严重不均匀沉陷而且还在继续发展；墙（柱）出现严重倾斜及裂缝并且还在继续发展；内外墙纵横开裂而且还在继续发展；墙角严重风化使断面大量削弱；混凝土梁两端有大量裂缝；梁跨中央出现大挠度，并出现裂纹而且正在继续发展；混凝土楼板出现大挠度、大裂缝；屋顶木结构因腐朽、虫蛀使断面大量削弱以致产生过大挠度；屋顶或楼顶采用砖拱结构，既无圈梁又无拉结钢筋致使外墙被推开，砖拱发生大裂缝等②。

第二节　学生伤害事故的含义、隐患及防范制度

校舍设施的安全仅仅为学校安全提供了物质前提，并不能保障学校的教育教学过程一定安全。这就要求学校遵守法律法规，建立健全事故防范制度，使学生掌握自护自救的技能，不断排查事故隐患，进而避免伤害事故的发生。

一、学生伤害事故的含义

教育部于2002年6月25日发布《学生伤害事故处理办法》，自2002年9月1日起实

① 杨颖秀，李宁．学校组织与管理［M］．北京：高等教育出版社，2016：183－192．

② 教育部学校安全工作领导小组办公室．学校安全工作指导手册［M］．北京：中国社会出版社，2001：53－54．

施。2010 年 12 月 13 日第二十八次部长办公会议审议通过《教育部关于修改和废止部分规章的决定》，2010 年 12 月 13 日公布，自公布之日起施行。其中对《学生伤害事故处理办法》（教育部令第 12 号）第八条做了修改。根据《学生伤害事故处理办法》第二条的规定，学生伤害事故是指在学校实施的教育教学活动或者学校组织的校外活动中，以及在学校负有管理责任的校舍、场地、其他教育教学设施、生活设施内发生的，造成在校学生人身损害后果的事故。

由此可知，学生伤害事故的发生集中于一定的时间和一定的空间。时间集中在学校实施教育教学活动或者学校组织校外活动时，空间集中在学校负有管理责任的校舍、场地、其他教育教学设施、生活设施内。例如，学生在上下学途中发生的事故、课上发生的事故、课间发生的事故、课余发生的事故、校外活动中发生的事故、放假期间发生的事故等。上下学途中发生的事故是指接送学生上下学的在接送学生上下学途中发生的事故。课上发生的事故是指依学校课程计划在校内教育教学活动中所发生的事故。课间发生的事故是指在课与课的休息时间内发生的事故，包括午休时间发生的事故。课余发生的事故是指放学后或晚自习后学生在学校发生的事故。校外活动中发生的事故是指在学校组织的、校园外进行的与教育教学活动有关的各种活动中所发生的事故。放假期间发生的事故包括公休假日、寒暑假期等在校内外发生的与学校活动有关的事故。为避免学生伤害事故的发生，除前面介绍的一些法律、法规之外，《学校课桌椅功能尺寸及技术要求》《学生用品的安全通用要求》《中小学、幼儿园安全防范要求》《学校体育工作条例》《学校卫生工作条例》《校车安全管理条例》《中小学与幼儿园校园周边道路交通设施设置规范》等，也是学校实施安全管理的重要依据。

《中小学、幼儿园安全防范要求》

《学校体育工作条例》

《校车安全管理条例》

学生伤害事故的类型可分为学校责任事故、意外伤害事故和第三方责任事故。学校责任事故是指由于学校未尽到相应的教育、管理、保护、预防的责任而造成的学生伤害事故。意外伤害事故是指由于不能预见、不可避免的情形而造成的学生伤害事故。第三方责任事故是指由学校以外的公民、法人或组织的过错而造成的学生伤害事故。作为学校，应当着重预防学校责任事故，并应采取积极措施，妥善处理意外伤害事故和第三方责任事故。

二、学生伤害事故隐患法则及多发隐患

学生伤害事故的发生，在很多情况下都是学校存在建筑及设施或教育教学行为方面的事故隐患而导致的。了解学生伤害事故隐患法则及学生伤害事故多发隐患，可以为消除隐患、减少或避免学生伤害事故的发生提供指导。

（一）学生伤害事故隐患法则

海因里希法则、墨菲定律等可以为消除隐患、减少或避免学生伤害事故的发生提供指导。

1. 海因里希法则

海因里希（Herbert William Heinrich）是美国著名的安全工程师。1941 年，海因里

希统计了 55 万件机械事故，其中死亡或重伤事故 1 666 件，轻伤事故 48 334 件，其余为无伤害事故。海因里希由此得出结论：在机械事故中，死亡或重伤事故、轻伤事故以及无伤害事故的比例为 1∶29∶300。也就是在机械生产过程中，每发生 330 起意外事件，有 300 件未产生人员伤害，29 件造成人员轻伤，1 件导致重伤或死亡。国际上把这一法则叫“事故法则”，又称“海因里希安全法则”“海因里希事故法则”“海因里希法则”。它表明的是：在 1 件重大的事故背后必有 29 件轻度的事故，还有 300 件潜在的隐患。要防止重大事故的发生必须减少或消除无伤害事故，重视事故的苗头和未遂事故，否则将会酿成大祸。例如，某机械师试图用手把皮带挂到正在旋转的皮带轮上，但因未使用拨皮带的杆子，并且站在摇晃的梯板上，加之穿了 1 件宽大长袖的工作服，结果被皮带轮绞入碾死。事故调查结果表明，他这种上皮带的方法已使用数年，查阅 4 年病志发现，有 33 条手臂擦伤治疗处理的记录。这一事例说明：虽然重伤或死亡事故有偶然性，但不安全因素或行为在事故发生前都会有所暴露。如果在事故发生前能及时消除安全隐患，那么许多事故是可以避免的。

2. 墨菲定律

墨菲定律 1949 年由美国工程师墨菲（Edward A. Murphy）提出。“墨菲定律”也称“墨菲法则”“墨菲定理”，其观点是：如果有两种或两种以上的方式去做某件事情，而其中一种选择方式将导致灾难，则必定有人会做出这种选择。

一次，墨菲在做火箭减速超重实验时，需要给 16 个传感器安装两根接线，一旦接反的话，就无法正常读取数据。结果传感器安装完毕后，实验小组的人员发现，16 个传感器的接线全部接反了。墨菲想：设计传感器的时候，只知道接线接反就无法读取数据，却没有想过真的有人会接反。进而墨菲自嘲道：“如果一件事情有可能以错误的方式被处理，那么，最终肯定会有人以错误的方式去处理它。”① 这件事告诉人们，在生活中要处处谨慎，不能存在侥幸心理。学生伤害事故的发生也是如此，如果存在侥幸心理，就会留下事故隐患，最终导致事故的发生。

（二）学生伤害事故多发隐患

根据海因里希法则和墨菲定律，及时发现和排查学生伤害事故隐患是非常重要的。在学校管理中，学生伤害事故隐患多存在于以下几个方面。

1. 课堂教学违法违规

课堂教学违背相关的法律法规，不遵守相关的要求，会导致学生伤害事故隐患。例如，在化学实验课、物理实验课上，教师不严格遵守操作规程或不严格要求学生遵守操作规程，会带来烧伤、烫伤、炸伤、中毒等事故隐患。教师体罚或变相体罚学生会伤害学生的身心健康，甚至导致死亡。教师对课上同学之间的伤害行为不及时制止，会留下发生更大伤害的隐患。

2. 大型活动无预案

学校组织大型活动无预案是学生伤害事故隐患。例如，学校组织参观、访问、社会公

---

① “墨菲定律”和“马太效应”[EB/OL].（2023-02-07）[2023-06-19]. https://www.163.com/dy/article/HSVGSM4C05529MQ6.html.

益活动、文体活动、研学旅行、春游、秋游等，不事先进行安全教育，不讲清注意事项和要求，组织者对情况不了解，没有详细的活动计划，不拟定事故防范措施，活动过程中组织者和教育者不尽职责，平日缺乏安全疏散演练，学生缺少防范意识和技能等，是事故发生的隐患。

3. 饮水饮食不卫生

学校饮水饮食不卫生是学生伤害事故隐患。其一，学校食堂距大型污染源较近、食堂设施不符合标准、食堂管理不当等，是事故发生的隐患。其二，学校食堂炊事人员或帮厨人员身体不健康、个人卫生习惯不良等，是事故发生的隐患。其三，学校食堂环境及炊具不卫生，食堂清洗、清扫不及时，有传染源，炊具、餐具不清洗、不消毒等，是传染疾病等事故发生的隐患。其四，学校食品采购不当，采购的食品（包括课间食品）腐烂、霉变、污秽不洁、混有异物或感官性状异常、超过保质期等是感染疾病、食物中毒的隐患。食物中毒包括细菌性食物中毒、动植物食物中毒以及其他常见食物中毒。

4. 疾病疫情不预防

学校对常见病传染病不采取预防措施是学生伤害事故隐患。例如，对龋齿、近视、脊柱弯曲异常、沙眼、蛔虫病等常见病不预防会成为患此类病的隐患。对甲型病毒性肝炎、脊髓灰质炎、痢疾等肠道传染病，流感、麻疹、水痘、流行性脑脊髓膜炎、流行性腮腺炎、白喉、百日咳等呼吸道传染病，流行性乙型脑炎、疟疾、斑疹伤寒等虫媒传染病，炭疽等家畜烈性传染病不预防会成为患此类病的隐患。学校聘任的教师或其他工作人员有不适宜担任教育教学工作的疾病也会成为学校内的疾病、疫情隐患。另外，随着环境的变化也会不断出现新的病毒。学校如果缺乏防范意识，会增加各种病毒在学生间的传播隐患。

5. 设施设备不符合规定

学校设施设备不符合规定进行配置是学生伤害事故隐患。首先是校址选择不当的隐患。校址选择在陡坡下、高压线下、河道上、滑坡地区、公路铁路近旁、工厂附近等可能带来事故隐患。其次是校内布局不当的隐患。学校的教学、生活等设施布局不合理，不符合安全和教育教学原则可能带来事故隐患。再次是活动场地设置不当、器械管理不妥的隐患。学校活动场地不平整、土质不适、器材不符合学生年龄特征，以及无人负责等都是事故发生的隐患。最后是校舍建设违规的隐患。校舍建设违反操作程序和标准、新建扩建校舍不经过批准、任用不具有资格证书或营业执照的个人或单位进行设计或施工、不进行质量监督和验收等，均可能带来事故隐患。

6. 火灾预防存在疏忽

学校对火灾预防存在疏忽是学生伤害事故隐患。火灾容易发生在学生集体生活、教育教学等活动之中。学生用火不慎、用电不慎、玩火、燃放烟花爆竹、用炉火取暖等均容易引起火灾。例如，使用蜡烛、油灯、蚊香，用电超负荷、使用电炉、电暖气，随意乱扔未灭的火柴、烟头，违反化学实验和物理实验操作规程等均可成为火灾伤害事故的隐患。

7. 治安管理不规范

学校治安管理不规范是学生伤害事故隐患。隐患往往是治安保卫工作制度和机构不健全、法治和治安意识薄弱、安全技术防范设施不充分等原因引起的。这类隐患引发的伤害事故一般来说比较突然，伤害比较严重。例如，根据《中小学、幼儿园安全防范要求》(GB/T 29315—2022)，学校安全保卫、门卫人员缺失或数量不足，缺少必要的安保和门卫制度，缺少入侵和紧急报警系统、视频监控系统、出入口控制系统、电子巡查系统、实体防范设施等，都会带来治安管理的混乱，留下学生伤害事故隐患。

8. 交通规则不遵守

学校实施教育教学活动不遵守交通规则是学生伤害事故隐患。在体育、文娱、劳动等集体活动中，学校或参与活动的组织者违反交通规则存在事故隐患。《校车安全管理条例》第七条规定："保障学生上下学交通安全是政府、学校、社会和家庭的共同责任。社会各方面应当为校车通行提供便利，协助保障校车通行安全。"《中华人民共和国未成年人保护法》(简称《未成年人保护法》)第三十六条规定："使用校车的学校、幼儿园应当建立健全校车安全管理制度，配备安全管理人员，定期对校车进行安全检查，对校车驾驶人进行安全教育，并向未成年人讲解校车安全乘坐知识，培养未成年人校车安全事故应急处理技能。"如果提供校车的学校在校车提供服务、校车使用许可、校车驾驶人、校车通行安全、校车乘车安全等方面疏于管理，则会留下交通隐患。例如，未建立或不执行校车安全管理制度、使用的校车不符合安全标准、聘任不具有校车驾驶资格的司机、在高速公路和其他道路上超速行驶、违背校车乘车安全规定等，都会留下事故隐患。

《中华人民共和国未成年人保护法》

9. 学生欺凌不制止

学校不及时制止学生的欺凌行为会留下学生伤害事故隐患。2017 年 11 月，教育部等十一部门印发《加强中小学生欺凌综合治理方案》，指出："中小学生欺凌是发生在校园(包括中小学校和中等职业学校)内外、学生之间，一方(个体或群体)单次或多次蓄意或恶意通过肢体、语言及网络等手段实施欺负、侮辱，造成另一方(个体或群体)身体伤害、财产损失或精神损害等的事件。"《未成年人保护法》第一百三十条第三项规定："学生欺凌，是指发生在学生之间，一方蓄意或者恶意通过肢体、语言及网络等手段实施欺压、侮辱，造成另一方人身伤害、财产损失或者精神损害的行为。"这两种定义事实上是相同的，但后一种表述更加严谨、简洁和清晰。法律界定的学生欺凌的定义，指出了中小学生欺凌涉及的行为主体、行为动机、行为方式、行为性质和行为后果。学生欺凌不仅存在于校园内，也存在于校园外，不仅可能对学生的身体构成伤害，也可能对学生的财产和心理构成伤害。因此，欺凌的存在或欺凌隐患的存在是学校的不安全因素。对此，学校要采取德法兼治的手段，防止学生欺凌事件的发生。《未成年人保护法》第三十九条第一款规定："学校应当建立学生欺凌防控工作制度，对教职员工、学生等开展防治学生欺凌的教育和培训。"学生欺凌发生后，学校也要依法及时处理，避免因欺凌导致学生伤害的扩大化。

《加强中小学生欺凌综合治理方案》

10. 不履行网络及智能终端产品的正确使用义务

随着信息时代的发展，网络及智能终端产品会对中小学生产生双向性的影响。学校在使用网络及智能终端产品的过程中不合理、不合法，不履行相应的义务，则会带来学生伤害事故隐患。《未成年人保护法》第七十条第一款规定："学校应当合理使用网络开展教学活动。未经学校允许，未成年学生不得将手机等智能终端产品带入课堂，带入学校的应当统一管理。"第二款规定："学校发现未成年学生沉迷网络的，应当及时告知其父母或者其他监护人，共同对未成年学生进行教育和引导，帮助其恢复正常的学习生活。"由此可知，学校对网络及智能终端产品的使用和管理是有法可依的，如果学校疏于管理，则可能给学生留下沉迷网络、受到病毒信息侵害、影响视力，甚至犯罪等方面的隐患。为此，在数字校园的建设中应注意对学生、教师、管理者进行信息道德与信息安全意识的培养，保证网络及智能终端产品的使用安全。学校在使用智能终端产品进行教学时，要适当限制使用时间，在使用 20 分钟左右时，应暂停一段时间让学生远望，以避免学生用眼过度，达到保护学生视力的目的。

11. 发现未成年学生面临危险情形不报告

学校不仅是未成年学生的教育者和管理者，也是未成年学生的保护者。当学校发现未成年学生面临危险情形或疑似面临危险情形的，有权劝阻、制止，并应当及时向有关部门检举、控告或报告。《未成年人保护法》第十一条第一款和第二款分别规定："任何组织或者个人发现不利于未成年人身心健康或者侵犯未成年人合法权益的情形，都有权劝阻、制止或者向公安、民政、教育等有关部门提出检举、控告。""国家机关、居民委员会、村民委员会、密切接触未成年人的单位及其工作人员，在工作中发现未成年人身心健康受到侵害、疑似受到侵害或者面临其他危险情形的，应当立即向公安、民政、教育等有关部门报告。"由这两款规定可知，学校发现不利于未成年人身心健康或者侵犯未成年人合法权益的情形，有权劝阻、制止或向公安、民政、教育等有关部门检举、控告；发现未成年人身心健康受到侵害、疑似受到侵害或者面临其他危险情形的，有义务向公安、民政、教育等有关部门报告。报告制度是一项强制性义务，如果学校中直接负责这项工作的主管人员和其他直接责任人员不履行这项义务造成严重后果的，就要依法承担相应的责任。其主要法律依据为《未成年人保护法》第一百一十七条。此条规定："违反本法第十一条第二款规定，未履行报告义务造成严重后果的，由上级主管部门或者所在单位对直接负责的主管人员和其他直接责任人员依法给予处分。"例如，学校发现未成年学生受到监护人的虐待面临危险情形，则应当立即向公安、民政、教育等有关部门报告，否则，直接负责的主管人员和其他直接责任人员将依法承担责任。

三、学生伤害事故的防范制度

为避免学生伤害事故的发生，就要采取措施消除隐患。法律法规是规范学校行为的外部制度，要使法律法规得到遵守还需依法建立学校内部的安全制度，履行防范学生在校伤害事故发生的义务。《中华人民共和国突发事件应对法》《国家突发公共事件总体应急预案》《中小学公共安全教育指导纲要》《中小学幼儿园安全管理办法》《学生伤害事故处理办法》《中小学幼儿园应急疏散演练指南》等法律法规，既是学校要遵守的外部制度，也是学校建立内部制度的重要依据。学校应当建立的学生伤害事故防范制度主要包括：安全教育制度、责任人员制度、隐患排查制度、危机预警制度、自护自救教育制度等。

《中小学公共安全教育指导纲要》

《中小学幼儿园安全管理办法》

《学生伤害事故处理办法》

《中小学幼儿园应急疏散演练指南》

（一）安全教育制度

安全教育过程本身就起到了排查事故隐患、预防或避免伤害事故发生的作用。《中小学幼儿园安全管理办法》第三十八条规定：“学校应当按照国家课程标准和地方课程设置要求，将安全教育纳入教学内容，对学生开展安全教育，培养学生的安全意识，提高学生的自我防护能力。”学校安全教育要以制度为保障。安全教育制度应当具体规定学校负责安全教育的人员，如校长、教师、职能人员等；确定安全教育的时间，如开学初、节假日前、大型活动时、课间活动中等；明确安全教育的内容，如安全法律常识、安全注意事项、事故呼救办法、事故处理方式等；选择安全教育的方法，如讲授、参观、讨论等；开展安全教育的演练项目，如防火、防震、防爆等。2014 年，为进一步落实国家对应急疏散演练的要求，加强对中小学幼儿园应急疏散演练工作的指导，提升学校应急疏散演练的组织和管理水平，教育部办公厅印发《中小学幼儿园应急疏散演练指南》，规定中小学校每月至少要开展一次应急疏散演练，幼儿园每季度至少要开展一次应急疏散演练。《未成年人学校保护规定》第四十二条规定：“学校要树立以生命关怀为核心的教育理念，利用安全教育、心理健康教育、环境保护教育、健康教育、禁毒和预防艾滋病教育等专题教育，引导学生热爱生命、尊重生命；要有针对性地开展青春期教育、性教育，使学生了解生理健康知识，提高防范性侵害、性骚扰的自我保护意识和能力。”

（二）责任人员制度

学校应成立负责安全工作的领导小组，必要时成立临时的安全管理组织机构，承担有计划地进行安全教育并保证学校安全的任务。领导小组由校长任组长，全面负责学校的安全工作，小组成员应由主管教学、总务等工作的负责人、职能人员组成，共同对学校安全工作实施计划、组织、指导、协调、控制、监督等职能。学校的领导者、教师及其他职能人员均是学校的安全责任人员，分别负责不同时间、不同空间的学校安全工作。如上下学途中的、课上的、课下的、工作日的、节假日的、全校的、门卫的、班级的、实验室的、食堂的、宿舍的等。对这些人员来说，责任制度的重点应当在于对学生注意责任的强化上。例如，对值日、执勤制度的建立，对学生上课出席、离开教室情况的了解，对实验课操作规程和注意事项的讲解及对学生操作过程的指导监督，对实验用品的防毒、防爆、防污染等安全防护措施的检查，对体育课、音乐课、电脑课等的上课秩序、器械的管理，对食堂及宿舍卫生及安全防护设施的检查，等等，都是教育者履行注意责任的关键内容，责任制度的建立应当在这些方面细化。

（三）隐患排查制度

防范学生在校伤害事故的重要措施在于隐患排查。排查是防范中的防范，它以积极的态度防止或避免伤害事故的发生。排查包括检查和排除两个方面，检查是排除的前提，排除是检查的目的。隐患排查应当在制度规约下，有组织、有计划地进行。排查制度包括明确排查时间、人员、对象、经费等。排查时间可分为定期排查和临时排查。根据学校实际情况，在学期前后、节假日期间都应定期检查，排除安全隐患，在自校或他校发生伤害事故后要进行突击排查，在大型活动之前也要进行排查。排查之后要有报告。排查人员主要是校长、主管人员、职能人员以及有关的教师。学生自身也要提高对周围环境的警惕性，排查自身对事故疏忽的隐患。排查对象是所有可能对学生构成伤害的人、物、制度等主客观条件。具体包括学校建筑、场地、食堂、宿舍、周边环境等空间条件，水、电、气、火、食品、药品、调剂品、学习用品、教学用品、交通工具等学校设施、设备，学生、教师、职能人员的健康状况，教育者与受教育者的防患意识、防患技能，学校安全制度与责任制度是否健全，等等。隐患排查需要有固定的经费投入，学校应做好预算，把消除隐患的经费投入视为学校基本建设的重点，所需经费必须给予保障。学校无力负担时，要向上级教育行政主管部门报告。因经费投入不能及时到位，隐患无法消除，对学生安全构成严重威胁时，应停止使用相应的设施。

（四）危机预警制度

当学校安全陷于难以处理的情境时，通常称之为危机状态。引发这种状态的事件有的来自可预见可预防的校内，有的来自可预见但难以预防的校外，还有的来自不能预见甚至不可预防的偶发事件、意外事件。对于这类危机事件，学校需要制定危机预警制度，对可预见的事件进行预防以减少伤害，对能预见和不可预防的事件进行有效管理以减少伤害和损失。危机预警制度首先是建立危机信息搜集系统，通过交流及时获取危机隐患信息，经学校安全领导小组或危机预防的特定组织对信息进行处理，达到预防危机发生的目的。危机预警也是危机管理的开端，在此基础上，还要制定危机控制机制，避免危机发生后，无准备地将人力物力财力投入危机区导致危机扩散或者增加损害程度。同时，要有组织地对危机区实施救援，危机解除后要有计划地恢复学校常规工作，消解学生的心理压力[①]。

（五）自护自救教育制度

学生自护自救教育制度的建立包括对自护自救教育计划的制定、意识的提升、技能的掌握、能力的提高等许多方面。进行自护自救教育可以帮助学生学会保证安全的基本操作技能，形成操作习惯，在教育教学活动中自觉遵守各种操作规程，从技术上保证教育教学活动的安全性。学校可以按照自护自救教育计划不断提高学生的自护自救能力。例如，火灾中的自护自救需要学会匍匐前进、就地打滚、用救护结、高楼逃生等，创伤中的止血自护自救需要掌握直接加压止血法、抬高伤肢（高于心脏）止血法、冷敷止血法、止血点止血法等方法[②]，应急疏散中需要注意脚下、不拥挤、保护头部、小心坠物、不往回跑、不捡东西等。《中小学幼儿园应急疏散演练指南》指出：应急疏散演练可与学校升旗、课间操、集体活动等相结合。在校生较多的城镇中小学、农村寄宿制学校要适当增加应急疏散

---

① 许龙君．校园安全与危机处理［M］．北京：中国人民大学出版社，2010：14－15．

② 同①111－112．

演练的次数。应急疏散演练工作基础较好的学校要加强随机性应急疏散演练。在确保安全的基础上，有住宿学生和晚自习学生的学校要重点加强就餐时间、午休时间和夜间应急疏散演练。使用校车的学校，还应定期组织学生进行校车安全事故应急处理演练。在这方面，叶志平校长为我们做出了典范。

案例分析

叶志平校长的安全演练①

2008 年 5 月 12 日，四川省汶川县发生大地震。地震造成数万人伤亡，但叶志平校长所在的桑枣中学几千名师生却安然无恙。之所以能产生这样的奇迹，源于叶志平校长在学校不定期进行的地震演习。自 2005 年开始，叶校长在桑枣中学组织了一次又一次的安全演练活动，为了孩子们不发生意外状况，叶校长将每个班级的撤离路线计划得一丝不苟，大到二楼三楼的孩子们如何跑得快又不造成楼道堵塞，小到孩子们从前门撤离还是从后门撤离。除此以外，叶校长还要求孩子们安全演练时，老师必须站在楼梯拐角处，以防学生意外摔倒后发生踩踏事故。根据每个班级的逃生路线，叶校长还规划出了每个班级的固定位置，避免学生们撤退后在操场上乱作一团。每到人流拥挤时，叶校长都会来到现场发现问题解决问题，将每一个细节都做到滴水不漏。正是因为桑枣中学坚持数年的常规性防震演练，在大地震发生后，全校师生仅用了 1 分 36 秒创造了无一人伤亡的逃生奇迹。

叶志平校长的做法不仅在地震中创造了无人伤亡的奇迹，也为中小学校做好常规性的防震演练提供了行为典范。

请分析叶志平校长坚持进行地震演习的理念和关键做法。

第三节 学生伤害事故的归责及处理

学生伤害事故由于具有发生时间集中、伤害程度严重等特点，越来越多地受到社会各界的关注。因此，学校既要防患于未然，避免学生伤害事故的发生，也要在事故发生后，妥善做好伤害事故的处理，尽力降低伤害程度。

一、学生伤害事故的归责原则

归责，即法律责任的归结。法律责任有广义和狭义之分。广义的法律责任与法律义务同义。狭义的法律责任是指由违法行为所引起的不利法律后果②。此处所说的法律责任指

---

① 叶志平．四川省绵阳市安州区桑枣镇桑枣中学原校长［EB/OL］．（2023-02-03）［2023-03-12］．https://baike.baidu.com/item/%E5%8F%B6%E5%BF%97%E5%B9%B3/2791779?fr=aladdin.

② 张文显．法理学［M］．北京：高等教育出版社，1999：121.

后者。归责原则是指归责的基本规则，是确定行为人侵权行为的法律责任的根据和标准[①]。一般有过错责任原则、过错推定责任原则，以及公平责任原则、严格责任原则。

过错责任原则是指法律关系主体由于过错侵害了他人的权利而应承担责任的法律规则。过错推定责任原则是指根据法律规定推定行为人有过错，行为人不能证明自己没有过错而应当承担责任的法律规则。过错推定责任原则是过错责任原则的特殊适用方式，需要举证倒置。公平责任原则是指当事人双方在对造成损害均无过错的情况下，由法院（法官）根据公平的概念，综合考虑当事人的财产状况、支付能力等情况，确定一方对另一方的损失给予适当补偿的法律规则。当法院（法官）对学生伤害事故的处理适用公平责任原则时，并不意味着学校有过错。严格责任原则是指行为或与行为相关的事件对他人的合法权益造成损害时应承担责任的法律规则。适用严格责任原则的条件一般是由法律明确规定的。

中小学校发生的学生伤害事故，要根据被伤害学生的年龄而具体确定适用什么归责原则。《中华人民共和国民法典》第一千一百九十九条规定："无民事行为能力人在幼儿园、学校或者其他教育机构学习、生活期间受到人身损害的，幼儿园、学校或者其他教育机构应当承担侵权责任；但是，能够证明尽到教育、管理职责的，不承担侵权责任。"第一千二百条规定："限制民事行为能力人在学校或者其他教育机构学习、生活期间受到人身损害，学校或者其他教育机构未尽到教育、管理职责的，应当承担侵权责任。"第一千二百零一条规定："无民事行为能力人或者限制民事行为能力人在幼儿园、学校或者其他教育机构学习、生活期间，受到幼儿园、学校或者其他教育机构以外的第三人人身损害的，由第三人承担侵权责任；幼儿园、学校或者其他教育机构未尽到管理职责的，承担相应的补充责任。幼儿园、学校或者其他教育机构承担补充责任后，可以向第三人追偿。"又根据《中华人民共和国民法典》第十七条、十八条、十九条、二十条的规定：不满十八周岁的自然人为未成年人，但十六周岁以上的未成年人，以自己的劳动收入为主要生活来源的，视为完全民事行为能力人。八周岁以上的未成年人为限制民事行为能力人，不满八周岁的未成年人为无民事行为能力人。因此，八周岁以下的学生在校发生伤害事故适用过错推定责任原则，八周岁以上未满十八周岁并不以自己的劳动为主要生活来源的学生在校发生伤害事故适用过错责任原则。但无论适用过错推定责任原则还是适用过错责任原则，都以学校未尽到教育、管理职责为必要条件。学校如果能够证明已经尽到教育、管理职责，则不必承担责任，包括第三人对在校学生人身损害的情况。因此，中小学校做好学生的安全教育和管理是保障学生安全、免除学校责任的重要前提。

二、学校应当承担过错责任的情况

在学生伤害事故中，学校如果未尽到教育与管理的义务，则要承担过错责任。《学生伤害事故处理办法》第九条规定，因下列情形之一造成的学生伤害事故，学校应当依法承担相应的责任："（一）学校的校舍、场地、其他公共设施，以及学校提供给学生使用的学具、教育教学和生活设施、设备不符合国家规定的标准，或者有明显不安全因素的；

---

① 魏振瀛．民法［M］．北京：北京大学出版社，2000：679.

（二）学校的安全保卫、消防、设施设备管理等安全管理制度有明显疏漏，或者管理混乱，存在重大安全隐患，而未及时采取措施的；（三）学校向学生提供的药品、食品、饮用水等不符合国家或者行业的有关标准、要求的；（四）学校组织学生参加教育教学活动或者校外活动，未对学生进行相应的安全教育，并未在可预见的范围内采取必要的安全措施的；（五）学校知道教师或者其他工作人员患有不适宜担任教育教学工作的疾病，但未采取必要措施的；（六）学校违反有关规定，组织或者安排未成年学生从事不宜未成年人参加的劳动、体育运动或者其他活动的；（七）学生有特异体质或者特定疾病，不宜参加某种教育教学活动，学校知道或者应当知道，但未予以必要的注意的；（八）学生在校期间突发疾病或者受到伤害，学校发现，但未根据实际情况及时采取相应措施，导致不良后果加重的；（九）学校教师或者其他工作人员体罚或者变相体罚学生，或者在履行职责过程中违反工作要求、操作规程、职业道德或者其他有关规定的；（十）学校教师或者其他工作人员在负有组织、管理未成年学生的职责期间，发现学生行为具有危险性，但未进行必要的管理、告诫或者制止的；（十一）对未成年学生擅自离校等与学生人身安全直接相关的信息，学校发现或者知道，但未及时告知未成年学生的监护人，导致未成年学生因脱离监护人的保护而发生伤害的；（十二）学校有未依法履行职责的其他情形的。”

案例分析

体育活动课上发生的学生伤害事故[①]

肖某、范某、李某均为上海市某中学学生。在上体育活动课时，肖某将球踢出学校围墙，为外出捡球，肖某建议，由范某、李某分别抱住其双腿，协助其捡球。而后，肖某不慎从围墙上摔下，头先着地，范某、李某两人见状将肖某送往校医务室，医务室老师为肖某头部冷敷后，进行观察，同时即与肖母联系。因联系不上，班主任即骑车去肖母单位寻找。下午肖母单位的同事来到学校，将肖某送往医院治疗，经诊断，肖某颅内出血，造成继发脑疝，致左上肢、左右下肢瘫痪，经法医鉴定，属二级伤残。

这个案例的法律关系比较复杂，伤害后果比较严重，十分典型。

请问：学校在这起事故中是否应承担法律责任？为什么？

三、学生伤害事故的处理措施

如果学校对学生伤害事故管理不力，伤害事故就可能发生。对此，学校必须及时妥善处理，以降低对学生的伤害程度。

（一）救助告知

学生伤害事故一旦发生，学校应当采取恰当措施及时救助受伤害的学生，并告知未成

① 肖某诉上海市五十四中学等赔偿案［EB/OL］.（2013－02－03）［2023－03－17］. https：//www.doc88.com/p-180744633483.html.

年学生的监护人。及时的救助告知不仅有助于降低对学生的伤害程度，也有助于使未成年学生的监护人协助学校做好伤害事故的处理工作，并保障未成年学生监护人的知情权。例如，学生伤害事故发生后，要在最佳时间及时将学生送往医院，在救助的同时告知未成年学生的监护人；有条件的学校，采取紧急救援等方式救助，避免更为严重的后果发生等。学生伤害事故发生后，未受到伤害的学生也可能因为惊吓出现情绪紧张等情况，学校应通过班主任、心理教师等对学生进行心理辅导，并与家长及时沟通，协助学校做好学生的心理调适。

（二）报告报案

《学生伤害事故处理办法》第十六条、十七条分别规定："发生学生伤害事故，情形严重的，学校应当及时向主管教育行政部门及有关部门报告；属于重大伤亡事故的，教育行政部门应当按照有关规定及时向同级人民政府和上一级教育行政部门报告。""学校的主管教育行政部门应学校要求或者认为必要，可以指导、协助学校进行事故的处理工作，尽快恢复学校正常的教育教学秩序。"学校的报告与主管的教育行政部门的指导协助是相辅相成的，二者的密切合作有助于降低受伤害学生的损伤程度。如果伤害事故可能涉及刑事责任，则学校要及时保护现场并向有关部门报案。

（三）协商调节

根据《学生伤害事故处理办法》第十八条、十九条、二十条、二十一条、二十二条的规定可知：发生学生伤害事故，学校与受伤害学生或者学生家长可以通过协商方式解决；双方自愿，可以书面请求主管教育行政部门进行调解。教育行政部门收到调解申请，认为必要的，可以指定专门人员进行调解，并应当在受理申请之日起 60 日内完成调解。成年学生或者未成年学生的监护人也可以依法直接提起诉讼。经教育行政部门调解，双方就事故处理达成一致意见的，应当在调解人员的见证下签订调解协议，结束调解；在调解期限内，双方不能达成一致意见，或者调解过程中一方提起诉讼，人民法院已经受理的，应当终止调解。调解结束或者终止，教育行政部门应当书面通知当事人。对经调解达成的协议，一方当事人不履行或者反悔的，双方可以依法提起诉讼。事故处理结束，学校应当将事故处理结果书面报告主管的教育行政部门；重大伤亡事故的处理结果，学校主管的教育行政部门应当向同级人民政府和上一级教育行政部门报告。

（四）损害赔偿

《学生伤害事故处理办法》第二十三条规定："对发生学生伤害事故负有责任的组织或者个人，应当按照法律法规的有关规定，承担相应的损害赔偿责任。"第二十四条规定："学生伤害事故赔偿的范围与标准，按照有关行政法规、地方性法规或者最高人民法院司法解释中的有关规定确定。"第二十五条规定："对受伤害学生的伤残程度存在争议的，可以委托当地具有相应鉴定资格的医院或者有关机构，依据国家规定的人体伤残标准进行鉴定。"也就是说，学生伤害事故的赔偿处理要根据负有责任的主体来确定。一是学校对学生伤害事故负有责任的，根据责任大小，适当予以经济赔偿，但不承担解决户口、住房、就业等与救助受伤害学生、赔偿相应经济损失无直接关系的其他事项。教育行政部门进行调解时，认为学校有责任的，可以依照有关法律法规及国家有关规定，提出相应的调解方案。根据双方达成的协议、经调解形成的协议或者人民法院的生效判决，应当由学校负担的赔偿金，学校应当负责筹措；学校无力完全筹措的，由学校的主管部门或者举办者协助筹措。赔偿途径在县级以上人民政府教育行政部门或者学校举办者有条件的，可以通过设立学生伤害赔偿准备金等多种形式，依法筹措伤害赔偿金。学校有条件的，应当依据保险法的有关规定，参加学校责任保险。2008 年 4 月 3 日，教育部、财政部、中国保险监督管理委员会发布《关于推行校方责任保险完善校园伤害事故风险管理机制的通知》，要求：由国家或社会力量举办的全日制普通中小学校（含特殊教育学校）、中等职业学校，原则上都应投保校方责任保险。校方责任保险基本范围包括因校方责任导致学生的人身伤害，依法应由校方承担的经济赔偿责任。九年义务教育阶段学校投保校方责任保险所需费用，由学校公用经费中支出，每年每生不超过 5 元。其他学校投保校方责任保险的费用，由省、自治区、直辖市教育行政、财政部门和保险监管机构，按照中共中央、国务院《关于加强青少年体育增强青少年体质的意见》（中发〔2007〕7 号）的精神，制定相关办法。《学生伤害事故处理办法》还提倡学生自愿参加意外伤害保险，指出：在尊重学生意愿的前提下，学校可以为学生参加意外伤害保险创造便利条件，但不得从中收取任何费用。学校无责任的，如果有条件，可以根据实际情况，本着自愿和可能的原则，对受伤害学生给予适当的帮助。二是学校教师或者其他工作人员在履行职务中的故意或者重大过失造成的学生伤害事故，学校予以赔偿后，可以向有关责任人员追偿。三是未成年学生对学生伤害事故负有责任的，由其监护人依法承担相应的赔偿责任。如果学生的行为侵害学校教师及其他工作人员以及其他组织、个人的合法权益，造成损失的，成年学生或者未成年学生的监护人应当依法予以赔偿。

（五）责任处理

学生伤害事故的责任处理有四种情况：一是对学校责任的处理，责任类型有行政处分、行政处罚和刑事处罚。发生学生伤害事故，学校负有责任且情节严重的，教育行政部门应当根据有关规定，对直接负责的主管人员和其他直接责任人员分别给予相应的行政处分；有关责任人的行为触犯刑律的，应当移送司法机关依法追究刑事责任。学校管理混乱，存在重大安全隐患的，主管的教育行政部门或者其他有关部门应当责令其限期整顿；对情节严重或者拒不改正的，应当依据法律法规的有关规定，给予相应的行政处罚。二是教育行政部门未履行相应职责，对学生伤害事故的发生负有责任的，由有关部门对直接负责的主管人员和其他直接责任人员分别给予相应的行政处分；有关责任人的行为触犯刑律的，应当移送司法机关依法追究刑事责任。三是违反学校纪律，对造成学生伤害事故负有责任的学生，学校可以给予相应的处分；触犯刑律的，由司法机关依法追究刑事责任。四是受伤害学生的监护人、亲属或者其他有关人员，在事故处理过程中无理取闹，扰乱学校正常教育教学秩序，或者侵犯学校、学校教师或者其他工作人员的合法权益的，学校应当报告公安机关依法处理；造成损失的，可以依法要求赔偿①。

---

① 杨颖秀，李宁．学校组织与管理［M］．北京：高等教育出版社，2016：202-206.

案例分析

学校负责人不履行强制报告义务被依法追责①

张某，原系安徽合肥某小学数学教师。2019年下半年至2020年10月，张某在学校教室、办公室及家中补习班等场所，多次对班内女学生赵某某、刘某某、王某实施触摸胸部、臀部等隐私部位及亲嘴等猥亵行为。后该小学上级管理部门、镇中心学校校长沈某听到关于张某猥亵学生的传言，遂与该小学副校长钟某向张某和被害人家长了解相关情况。学校对张某作出停课处理，并要求张某自己与学生家长协商处理此事。此后，在钟某见证下，张某向被害学生及家长承认错误，并赔偿三名被害人各10万元。2020年11月，本案因群众举报案发。2021年2月23日，安徽省合肥市庐江县人民检察院以涉嫌猥亵儿童罪对张某提起公诉。庐江县人民法院判处张某有期徒刑四年。

2020年12月30日，庐江县人民检察院将沈某、钟某两名学校负责人未履行强制报告义务的线索移送庐江县纪委监委处理。因未履行强制报告义务、瞒报教师侵害学生案件线索，沈某被免去中心学校党委书记、校长职务，给予党内警告处分；钟某被免去小学副校长职务，给予党内严重警告处分。

请问：从这个案例中您可以得到哪些启示？

理解探究

1. 请到实践中观察校舍设施符合或不符合国家标准的情况。
2. 学校应采取哪些措施预防学生伤害事故的发生？
3. 如果发生学生伤害事故，学校应采取哪些措施减少对学生构成的伤害？

阅读导航

1. 劳凯声．中小学校学生伤害事故救济机制的完善［J］．中国社会科学院大学学报，2022，42（2）：41-53，145.

2. 杨颖秀．新公共治理理论视阈下中小学生欺凌的治理力缺失与提升［J］．中国教育法制评论，2021（1）：1-10.

① 最高人民检察院网上发布厅．侵害未成年人案件强制报告追责典型案例节选［EB/OL］．（2022-05-27）［2023-05-26］．https：//www.spp.gov.cn/spp/xwfbh/wsfbt/202205/t20220527_557995.shtml#2.

第十一章　教育督导

学习目标

1. 理解教育督导的含义、类型、特征及功能。
2. 了解我国教育督导制度的演进及现状。
3. 理解教育督导的内容与过程。
4. 掌握教育督导的方法与工具。

第一节　教育督导的含义、类型、特征及功能

教育督导是教育管理的重要组成部分，是国家依法治教的重要措施，也是国家教育行政的重要职能。科学合理地发挥教育督导的监督、指导、评估、反馈功能，可以有效促进和保障教育事业的健康发展。教育督导作为一种独立的教育行政活动，在含义、类型、特征及功能等方面都与其他的教育教学管理活动存在较大的区别。

一、教育督导的含义

“教育督导”的英文为“education supervision”，有时又被译为教育视导或教学视导等。“教育督导”是由“教育”与“督导”两个词构成的复合词，其中，“教育”表达出概念的对象性和领域属性，“督导”表达出概念的活动属性。“督导”本身也是一个复合词，它由“督”和“导”两者复合而成。“督”字在《辞海》中的含义为：统率、监督，观察、察看，中央、中间。“导”字在《辞海》中的相关含义被归纳为：引导，疏通，传导，开导、启发，选择，导演。宽泛而言，督导是指一切组织机构所实施的监督、检查、评估、指导等方面的活动。而狭义的督导专指上级行政主管部门对下级部门工作的视察、监督和考察。

根据 2012 年国务院颁发的《教育督导条例》的规定，我国的教育督导是指县级以上人民政府对下级人民政府落实教育法律、法规、规章和国家教育方针、政策的情况以及县级以上地方人民政府对学校的教育教学工作进行的监督、检查、评估、指导等方面的公务活动。

《教育督导条例》

在教育督导活动中，“督”和“导”密不可分。“督”不是独立的、纯粹的督，而是伴随着指导活动或行为的督；“导”也不是单纯的、孤立的导，而是伴随着监督活动或行为的导。由于目标不同，督导活动中督与导的关系也略有区别。有些督导活动重在督，以导为辅；有些督导活动则重在导，以督为辅；还有一些督导活动，督与导并重。由于对督与导的各有侧重，教育督导的含义在不同的研究视角下，也存在着细微差别。

在行政监督的视角下，教育督导的含义更侧重于“督”。教育督导被强调为教育行政管理的重要环节，是政府对教育工作进行的视察、监督、检查、评估和指导等行政监督行为和教育管理活动。督导的本质是监督、控制，其目的在于强化国家对教育事业的管理，保证有关教育的法律、法规和方针、政策的贯彻执行，保障教育决策和教育目标的实现①。有些观点将教育督导等同于一种对教育活动的控制行为，认为教育督导是为了实现教育目的或任务而采取的教育价值判断的手段，是对各级教育行政部门和学校进行的一种控制活动②。

在指导服务的视角下，教育督导的含义更侧重于“导”。学校教育教学作为督导的主要对象被强化，教育督导通常被界定为围绕提高教师教育教学质量或达成恰当教学目标而开展的督导活动③。教育督导的任务是教会教师如何教，在课程、教学等合理化的过程中发挥其专业指导作用④。从教学的角度来理解，可以把教育督导看作是教育督导人员通过与学生、教师、校长一道工作，以改进教学、发展课程、提高教学质量的过程。在教育组织内部，教育督导活动也被设计为一种教学改进行为体系，它有六个运行目标，即教育目标的形成、实施与评鉴，课程的发展，为教学行为体系提供直接的支持与服务，评鉴有关人事上的决策，在职教育，教育结果的评鉴⑤。

在行政监督与指导服务并重的视角下，教育督导既强调在督导活动中对教育工作进行视察、评估和监督，也重视对教育的指导与服务，以促进教育工作的不断改进与发展。因此，有学者将教育督导界定为：“由教育督导组织及其成员根据教育的科学理论和国家的教育法规政策，运用科学的方法和手段，对教育工作进行监督、检查、评估和指导，以期促进教育效率和教育质量提高的过程。”⑥ 还有学者将教育督导归纳为：“各级政府授权的督导机构和人员，依据国家的教育方针、政策、法规和督导的原则与要求，对下级政府、教育行政部门和学校，进行有目的、有计划的视察、监督、评估和指导，并向同级和上级政府及教育行政部门反馈有关教育工作的信息，提供改进工作的建议。”⑦

教育督导的含义揭示了教育督导活动的三个特点。

首先，教育督导是法律规定的具有法律效力的活动。1995 年 3 月通过的《中华人民共和国教育法》第二十四条（2015 年和 2021 年修正后为第二十五条）明确规定：“国家实行教育督导制度和学校及其他教育机构教育评估制度。”《教育督导条例》以行政法规的形式

① 陶西平．教育评价辞典［M］．北京：北京师范大学出版社，1998：534.
② 徐荣强．教育督导是对我国教育事业健康发展的定向控制［J］．现代中小学教育，1988（4）：10－12.
③ EYE G G，NETZER L A，KREY R D. Supervision of instruction. New York：Harber and Row，1971：31.
④ MOSHER R，PURPEL D. Supervision：the reluctant profession. Boston：HoughtonMifflin Company，1972：4.
⑤ 朱琦，杨辛，蔡雯卿．问题与探析：当代教育督导研究［M］．天津：天津教育出版社，2006：2.
⑥ 黄崴．教育督导学［M］．北京：中国人民大学出版社，2011：4.
⑦ 萧宗六，贺乐凡．中国教育行政学［M］．2 版．北京：人民教育出版社，2004：451.

确立了教育督导的法律地位、法定职能和实施程序等。

其次，教育督导活动有明确的主体和客体。教育督导的主体是具有法定资格的专门性机构和人员。在我国，教育督导的主体是国务院及县级以上地方人民政府教育督导机构。其中，国务院教育督导机构承担全国的教育督导实施工作，制定教育督导的基本准则，指导地方教育督导工作。县级以上地方人民政府教育督导机构承担本行政区域的教育督导实施工作。教育督导的客体即督导对象，是教育督导活动影响与作用的对象。教育督导的客体包括下级人民政府、学校及其他教育机构。在人员构成上，教育督导的客体包括政府官员、教育行政人员、教师、学生。在事物构成上，教育督导的客体包括教育基础建设相关的设备、经费、场地、信息等。

最后，教育督导活动要在“三位一体”的教育督导体系内运行。教育督导不是分散、自发开展的活动，而是在国家建立的教育督导体系内开展的工作。这个体系包括三个部分：一是督促地方人民政府依法履行教育职责的督政体系，二是指导各级各类学校规范办学、提高教育教学质量的督学体系，三是科学评价教育教学质量的评估监测体系。

二、教育督导的类型

依据不同的标准和视角，教育督导可以划分为不同的类型。对不同类型教育督导的分析，有利于深刻认识教育督导的含义和功能，对教育督导的理论研究与实践探索都具有重要的意义。

（一）基本的教育督导类型

从普遍意义上来讲，根据督导的对象不同、周期不同、内容不同、组织形式不同、任务目标不同，可以将教育督导划分为以下几种类型。

1. 督政与督学

根据教育督导对象的不同，可以将教育督导分为督政和督学。督政，也称宏观督导，指县级以上人民政府对下级人民政府落实教育法律、法规、规章和国家教育方针、政策的督导。督学，也称微观督导，指县级以上地方人民政府对本行政区域的学校和其他教育机构教育教学工作的督导。督学是督政的基础，发挥着反映和印证督政的作用；督政是督学的综合，发挥着概括和指导督学的作用。在教育督导工作中应该形成督政指导督学、督学体现督政的观念，把宏观督导与微观督导有机结合起来。但是，督学不是督政的简单化体现，督政也不是督学的简单化相加，它们各具特点。因此，在教育督导工作中，既要重视督政与督学的有机统一，又要根据其各自的特点，有针对性地推进实施。

2. 定期督导与临时督导

根据教育督导周期的不同，可以将教育督导划分为定期督导与临时督导。定期督导是督导人员按计划规定的时间所实施的督导。临时督导是督导计划以外的、根据需要临时进行的督导，通常根据主管部门或被督导单位的工作需要而开展实施。定期督导是教育督导制度建设的主要内容，要按照一定时期教育督导工作的需要，建立定期督导制度。教育督导机构可在一定期限内，对行政区域的教育行政工作和学校工作进行一次全面督导，这就需要有计划地、定期地开展教育督导工作。临时督导同样是教育督导制度建设不可缺少的部分，要根据教育督导工作的实际需要，确立临时督导的内容。临时督导与定期督导要合理安排、有机结合、互为补充。

3. 综合督导与专项督导

根据教育督导内容的不同，可以将教育督导划分为综合督导与专项督导。综合督导是指督导人员对被督导单位的多项或全部工作进行的督导，其内容广泛、涉及面广、指标具体完整、时间长、空间广。专项督导是就某一项或一类工作开展的专门督导，其主题相对单一，问题集中，便于深入掌握情况。综合督导与专项督导的内容既有从属关系，但又不是简单的汇总与分割。由于教育工作的复杂性，综合督导不可能囊括各项工作的所有内容，而应从宏观上有重点地确立教育督导内容。并非每一项教育工作都需要专项督导，而应该根据一定时期内教育工作的重点或相对薄弱的环节确定专项督导的内容。在教育督导工作中，既要抓综合督导，又要抓专项督导，要使这两方面的工作有机地结合起来，成为教育督导工作的有效方式。

4. 独立督导与联合督导或个人督导与组织督导

根据教育督导组织形式的不同，可以将教育督导划分为独立督导与联合督导，也可以将其划分为个人督导与组织督导。独立督导一般指由某一级督导机构对自己所负责督导的区域组织的督导活动。联合督导是指由两级以上督导机构共同组织的督导活动，或者由负责不同区域或不同范围的督导机构合作组织的督导活动。教育督导中采用何种形式的效果好，要根据教育工作的实际需要来确定，应做到因地制宜、灵活运用。个人督导一般指教育督导人员只身前往被督导单位开展工作，多是为了掌握真实情况，对被督导单位进行巡视、检查。我国责任区督学的经常性督导多属于个人督导。组织督导是指为了工作需要将专兼职督导人员组织起来进行的督导。组织督导一般规模较大、时间较长，常常需预先制定督导标准或指标体系，分组实施进行，综合情况得出相对可靠的结论。

5. 随访性督导、检查性督导与评估性督导

根据教育督导任务目标的不同，可以将教育督导划分为随访性督导、检查性督导和评估性督导。随访性督导是指通过一般性调查了解情况的督导活动。随访性督导具有较大的灵活性，一般不需要制定详细的督导计划，也不一定提前通知被督导单位。督导人员根据工作需要可随时安排督导活动，主要采用访问调查的形式，有利于深入接触群众，了解真实情况，对工作的指导比较直接和具体。检查性督导是指调查工作进展情况的督导活动，也称为督导检查，具有较强的针对性。教育工作在不同时间和区域有不同的重点，检查性督导通常根据教育工作重点的特殊需要，确定一项或几项主要督导内容。检查性督导在内容上具有一定的灵活性，有利于突出工作重点，促进问题迅速得到解决，一般需要事前制定周密的工作计划和检查提纲，并要事先通知被督导单位按照要求先进行自查，在自查的基础上再实施检查，有利于督导预期目标的达成。教育督导检查与一般性工作检查的主要区别在于，其检查实施的主体为教育督导机构。评估性督导是指对工作进行价值判断的督导，也称作督导评估，是教育督导人员采用现代科学的评估手段实施的督导活动。随着教育督导制度的完善与发展，评估性督导越来越受到重视。实施评估性督导要预先制定科学、全面、可行的标准，并要求被督导单位先进行认真的自查，强调自查与督导评估结合。在评估性督导的实施过程中，不但要遵循教育督导与教育评估的原则，而且要合理运用评估的科学技术。从督导工作的发展趋势看，评估性督导将成为教育督导越来越重要的手段。

（二）我国的教育督导类型

根据督导任务的不同，《教育督导条例》将我国的教育督导分为经常性督导、专项督导和综合督导。

1. 经常性督导

经常性督导是指县级人民政府负责教育督导的机构根据本行政区域内的学校布局设立教育督导责任区，指派督学对责任区内学校的教育教学工作实施的督导。经常性督导每学期不得少于2次。经常性督导结束，督学应当向教育督导机构提交报告；发现违法违规办学行为或者危及师生生命安全的隐患，应当及时督促学校和相关部门处理。

2. 专项督导

专项督导是指教育督导机构根据教育发展需要或者本级人民政府的要求，就《教育督导条例》规定的督导事项中的一项或者几项对被督导单位实施的督导。教育督导事项包括四个方面：（1）学校实施素质教育的情况，教育教学水平、教育教学管理等教育教学工作情况；（2）校长队伍建设情况，教师资格、职务、聘任等管理制度建设和执行情况，招生、学籍等管理情况和教育质量，学校的安全、卫生制度建设和执行情况，校舍的安全情况，教学和生活设施、设备的配备和使用等教育条件的保障情况，教育投入的管理和使用情况；（3）义务教育普及水平和均衡发展情况，各级各类教育的规划布局、协调发展等情况；（4）法律、法规、规章和国家教育政策规定的其他事项。

3. 综合督导

综合督导是指教育督导机构根据教育发展需要或者本级人民政府的要求，就《教育督导条例》规定的督导事项中的所有事项对被督导单位实施的督导。

无论是专项督导还是综合督导，都应当事先确定督导事项，成立督导小组。督导小组由3名以上督学组成。教育督导机构可以根据需要联合有关部门实施专项督导或者综合督导，也可以聘请相关专业人员参加专项督导或者综合督导活动。教育督导机构实施专项督导或者综合督导，应当事先向被督导单位发出书面督导通知。

三、教育督导的特征

分析教育督导的特征，有助于深入厘清教育督导的内在本质。从教育督导运行的过程考察，教育督导具有行政性、法定性、专业性、权威性等特征。

（一）教育督导的行政性

教育督导的行政性是指教育督导依法享有国家赋予的行政权力，并依法实施行政行为的性质。教育督导机构代表国家和政府开展教育督导活动是政府的一种教育管理行为，所以具有行政性。这种行政性首先体现为教育督导机构具备承担行政职能的资格。《教育督导条例》第四条第三款规定，国务院教育督导机构和县级以上地方人民政府负责教育督导的机构在本级人民政府领导下独立行使督导职能。这一规定实际上表明了教育督导机构是政府管理教育的一个独立的行政机构，教育督导依法根据国家赋予的权力实施行政管理。其次体现为教育督导必须依法实施行政行为。教育督导机构和被督导单位均应按照行政职责履行行政义务，并各自承担产生的相应法律后果。在我国，各级教育督导机构按照政府的授权对区域内的教育管理行为和学校的教育行为进行督导，其区别于一般学术团体、社会机构自发或接受委托实施的教育检查、评估活动。教育督导的行政性是教育督导工作实施有效性的保障。如果督导活动没有强有力的行政权力，那么对教育督导效果将会产生不利影响。

（二）教育督导的法定性

教育督导作为国家教育治理的一种方式，具有法定性，即教育督导机构应该按照有关的法律开展督导活动的规定性。首先，教育督导是国家的法定职责。《中华人民共和国教育法》确定了教育督导与评估制度的法律地位，指出教育督导制度是我国教育的基本制度之一。《教育督导条例》作为我国专门的教育督导行政法规，确立了教育督导的法律地位、法定职能和工作要求，教育督导是实施依法治教的重要内容。《中国教育现代化 2035》也明确提出“推进教育治理体系和治理能力现代化”，“健全教育督导体制机制，提高教育督导的权威性和实效性”。其次，教育督导的实施必须按照法定程序进行。教育督导机构必须按照国家法律规定行使督导职权，督导程序必须符合规定。例如，教育督导机构实施专项督导或者综合督导，按照要求应事先向被督导单位发出书面督导通知。最后，教育督导结果必须按照法定的要求使用。教育督导机构应当就教育督导事项对被督导单位做出客观公正的评价，根据督导单位的自评报告、现场考察情况和公众意见进行评议，对存在的问题应当提出限期整改要求和建议。督导结果必须向社会公开，被督导单位也应当根据督导意见书进行整改，并将整改情况报送教育督导机构。

（三）教育督导的专业性

教育督导的专业性是指教育督导需要具备特定的知识、技术、技能、理论修养的主体来承担具体工作的属性。教育督导是对政府执行教育法律、法规、规章，以及教育方针政策和学校教育教学工作情况的督导，需要督导机构和督导人员运用科学的理论、方法和手段去发现问题、分析问题，提出解决问题的办法。教育督导的专业性在一定程度上取决于督导人员的专业性。一方面，教育督导要求职业个体的专业化，即教育督导人员能够在理解专业意义的基础上提升专业精神，提高专业修养，拓展专业知识，提高专业能力。另一方面，教育督导要求职业群体的专业化，即教育督导机构专业群体能够经过一段时间后成功地达到某一专业性职业标准①。近年来，伴随着教育督导指导服务功能的发展，教育督导的专业化程度要求越来越高。比如，美国一般要求专职督导人员具有博士学位，接受过教育督导、教学方法、教育心理学、课程设计及测量等方面的训练。教育督导人员一般要有 2～10 年的工作经验，包括督导或教学工作经验。同时，专业督导人员必须持有专业证

① 邓金．培格曼最新国际教师百科全书［M］．北京：学苑出版社，1989：524.

书。《教育督导条例》对我国从事督导工作督学的条件也有明确规定，如要求具有大学本科以上学历，从事教育管理、教学或者教育研究工作 10 年以上，工作实绩突出。建立健全高效、权威的教学督导机构，建设一支责任心强、业务精湛、结构合理的专业化督导队伍，是新时代我国教育督导体系建设的新任务和新使命。

(四)教育督导的权威性

教育督导的权威性是指教育督导在履行职能过程中表现出来的威慑力。一方面，教育督导具有行政权威，这是指教育督导在实施行政行为过程中表现出来的权威性，是教育督导机构及人员代表政府在对同级或下级政府、下级教育行政机关和所负责区域的学校教育教学工作依法进行监督、检查、评估、指导过程中所体现的力量、威信和影响，也是教育督导机构行政监督权和影响力的外在体现。教育督导的行政权威是一种合法性权威。这种权威是在我国宪法、法律、法规和国家基本教育政策的范围内，建立的一套符合民主行政程序的规则。例如，2021 年，国务院教育督导委员会印发的《教育督导问责办法》规定，“教育督导工作完成后 60 天内，各级人民政府教育督导委员会办公室会同有关部门（单位）成立调查认定工作组，对各类教育督导工作中发现的问题（包括本级教育督导委员会成员单位反馈其在教育督导工作中发现的问题）进行调查认定，撰写事实材料，决定是否启动问责”，这里的问责权就是教育督导行政权威性的体现。另一方面，教育督导在指导活动中表现出来的权威性体现为学术权威，这是指教育督导人员展现的学术地位和学术影响，以及与此相关的学术声望和在学术组织中承担的角色。教育督导学术权威的确立，主要取决于三个因素：一是督导人员的专业性，即教育督导人员应该具备专业背景和丰富的教育督导实践工作经验；二是教育督导工作的严肃性，即教育督导的实施要遵循法律规定的严格程序，以确保督导工作的可验证性和规范性；三是教育督导实施过程的科学性，即教育督导从指标体系的研发到实地调查研究，从数据分析到形成督导报告，均遵循严谨的科学程序，保证教育督导和评估监测报告的客观公正。

《教育督导问责办法》

四、教育督导的功能

教育督导的功能是指教育督导在实际运作过程中所发挥的作用，这是教育督导活动得以有效进行的前提和基础，也是提高教育质量、推动教育事业发展的保证。良好的教育督导功能的发挥，可以有效促进教育法律、法规、规章和国家教育方针政策的贯彻执行。根据教育督导在教育活动中的地位和效能，教育督导的功能可以划分为监督功能、指导功能、评估功能、反馈功能和协调功能等。

(一)监督功能

教育督导的监督功能是指教育督导机构在对督导对象的工作进行检查和督促、确保教育目标达成的过程中所发挥的作用。教育督导的监督功能是教育督导机构最核心、最能体现其本质属性的功能。教育督导机构发挥监督功能，必须依据国家有关教育的方针、政策、法律、法规、指令、规章和制度，不能受任何个人的主观意志所左右。从这个意义上说，教育督导的过程就是教育执法的过程，教育督导机构是决策机构和执行机构在实现教育管理目标的过程中最有力的助手。教育督导机构的监督功能具有不可替代性，是由教育督导的对象、内容和工作重点等确定的。例如，监督政府是否把发展教育事业放在突出的战略位置，主要领导是否认真抓教育工作、是否把解决教育的有关问题列入重要议事日程、是否把教育发展目标列入领导成员的任期目标、是否把发展教育事业纳入当地经济发展的总体规划等，这些都表明监督功能的重要性与不可替代性。因此，建立健全教育督导机构，充分发挥教育督导的监督功能，对于强化教育督导法治建设具有非常重要的意义和作用。

（二）指导功能

教育督导的指导功能是指在教育督导过程中帮助督导对象找出产生问题的原因和解决问题的办法时所发挥的作用。指导是教育督导的重要功能，也是教育督导的重要环节。从发展趋势看，教育督导逐步强化指导功能，许多国家对教育督导工作的改革核心就是强化教育督导机构的指导、建议功能。富有成效的指导以事实调查和基于事实所做的评价为依据，以督导者和被督导者之间相互信任为条件。教育督导机构及其成员施行教育督导活动时，不能仅仅凭借法律赋予的权力和法纪，还应该特别重视通过帮助、指导，激发被督导机构潜在的积极性，充分发挥其主观能动性。因此，组织教育督导，要使其成为提高教育管理水平和教学水平强有力的手段，成为教育管理与教学过程的调节者。

（三）评估功能

教育督导的评估功能是指教育督导内在的评价监测系统与外部的教育环境相互作用所产生的实际作用与效能。教育督导评估功能的发挥，需要依据一定的标准对教育活动做出评估，从而推动教育活动不断改进。教育督导的评估功能不同于一般教育活动的评价功能，它需要建立一套较为完整的评价指标体系和监测方法体系，发挥导向、激励和鉴定的作用。导向作用要求评价目标必须有方向性和客观性，通过评价的引导，为教育行政部门或学校指明教育管理与办学的正确方向。激励作用要求督导过程和督导报告能调动被督导单位的积极性，使之能根据督导报告及时加强、调整或纠正教育活动或决策，不断完善教育教学过程、教育方案和教育结果。鉴定作用要求对教育效果进行价值判断，通过比较、区分和评定等级为教育活动中的决策、筛选和管理服务①。充分发挥教育督导的评估功能，运用科学的方法对被督导机构进行客观、公正的评估、监测，对于引导教育工作方向、促进教育改革发展、加强科学管理、实现教育整体优化、提高教育质量和办学效益都具有重要意义。

（四）反馈功能

教育督导的反馈功能是指将督导信息或评估结果告知督导对象，促进其产生积极变化的作用和效能。反馈是指一个系统输出的信息作用于被控系统后使其产生反应，再把这种反应作为信息回收，并对控制系统的信息再输出产生影响的过程。因此，教育督导的反馈

① 唐金石．浅析教育督导的职能及任务［J］．哈尔滨学院学报，2002（11）：117－120．

功能可以视为教育管理的反馈系统中的重要途径。在教育督导活动中，上级政府机关发出指令，督导机构执行指令，获得的督导信息一方面反馈至上级政府机关，另一方面传达给督导对象，从而形成一个系统的督导的“闭环”。其中，反馈功能是沟通督导主体与客体的媒介，使得督导活动产生双向互动。例如，国务院教育督导委员会办公室建立了义务教育基本均衡发展监测复查制度，2019 年对 2013—2018 年通过认定的县进行了年度监测复查式督导，并召开发布会反馈督导结果。针对发现的问题，采取挂牌督办、媒体曝光和组织约谈等方式，要求其限期整改，巩固均衡发展成果①。

（五）协调功能

在教育督导活动中，教育督导机构的角色定位不是完全的行政组织，教育督导人员的角色定位也不是完全的行政人员或教育者，其在一定程度上发挥着教育者、受教育者和教育管理者之间的媒介桥梁作用，在教育活动的利益相关者之间发挥重要的协调作用。督导人员，是教师与学生的有效联系人，能够客观地促进双方进行沟通；是学校管理者和教师之间的桥梁，通过教育督导使学校管理者和教师对彼此的观点或行为有更深刻的认识和理解；是学校管理者与教育行政部门之间的桥梁，通过督导畅通信息的传递；是社会与教育部门的桥梁，使教育部门与社会有关组织联系起来，进行信息的交换。

第二节　教育督导制度的演进及现状

教育督导制度是指教育督导的组织机构体系及其运行规则。教育督导制度有其发生、发展的演化过程。由于教育督导的目的、内容、机构、组织形式和方式方法等都受国家政策和法律的约束，因此教育督导制度的发展沿革也受国家政治、经济、教育发展水平的影响，受法律、道德、文化等发展程度的制约。教育督导制度的发展可以反映出社会的变革发展对教育的新需求，以及教育内部的改革和发展对管理的新需求。

一、英国、法国、美国教育督导制度的演进及现状

教育督导的作用在于强化国家对教育的监督与指导，提高教育质量和效率。随着教育在社会发展中的作用和地位的不断提高，教育督导制度也在不断发展。由于各国教育体制和社会政治制度不同，因此教育督导的发展沿革也各具特色。英国、法国、美国的教育督导制度是比较典型的。

（一）英国教育督导制度的演进及现状

英国作为世界上较早建立教育督导制度的国家之一，在其教育督导发展历程中，已经

---

① 介绍 2019 年全国义务教育均衡发展督导评估有关情况［EB/OL］.（2020－05－19）［2021－08－15］. http://www.moe.gov.cn/fbh/live/2020/51997/.

形成了相对稳定的、比较成熟的皇家督学和地方导视两级并行的全国教育督导系统[①]，在英国的教育事业发展过程中发挥重要的监控和指导作用。

1. 英国教育督导制度的演进

英国教育督导制度的产生与当时的历史背景密不可分。19 世纪最初的二三十年，是工业革命的高峰期，同时人口出生率也达到高峰。学校教育规模急剧扩大，这对英国教育提出了普及初等义务教育的迫切要求，但许多学校在条件和质量上存在不足，所以政府要求办好学校，教育好下一代。英国教育督导制度以国家层面的皇家督学团建立为开端，大致经历了三个发展阶段。

产生阶段（19 世纪 30 年代末至 19 世纪末）。英国在 18 世纪后期的工业革命中迅速发展，但直到 19 世纪初，英国基础教育的办学主体仍是宗教组织。同时，英国传统的私人教育费用十分昂贵，因此，为满足工业革命对普及初等义务教育的迫切需求，从 1833 年起英国议会决定拨款补助教育事业[②]。由于没有任何国家的监督和控制，最终这些拨款并没能有效满足国家发展教育的需要。为解决这一问题，英国政府开始筹划建立教育督导制度。1839 年，英国首次设置直接掌管监督和控制学校教育的领导机构——枢密院教育委员会（Committee of Privy Council on Education）。枢密院教育委员会第一任主席 J. P. 凯倡导任命学校督学，对资助学校进行审核视察。因此，政府在 1839 年首次任命了两名皇家督学 J. 艾伦和 H. S. 特曼赫尔。英国皇家督学团的产生标志着英国教育督导制度的开始。

形成阶段（19 世纪末至第二次世界大战前）。1902 年，英国政府颁布《巴尔福教育法》，大力推动地方教育局兴办公立教育，结束了英国没有公立中等教育的历史，英国中等教育督导也随之实行。同时，中央教育部改组皇家督学团，下辖初等、中等和技术教育三个层次，督导范围扩展到学校管理、课程、教学和生活[③]，而后任命了首任中等教育主任督学。这一阶段，英国国家教育机构不断加强，在中央建立督导制度。此外，设督导司，督导全部教育，在地方郡、市教育局设导视处，负责本地教育督导。自此，英国近代教育督导机构正式成立。1944 年通过的《巴特勒教育法》，进一步明确了皇家督学的督导内容、程序及要求，成为英国现代教育督导制度全面建立的基础。

发展阶段（第二次世界大战后）。为适应战后政治经济环境，英国政府进行了一系列改革。1988 年颁布的《教育改革法》，强调中央对学校的控制，监控教育政策的执行情况及学校教育质量情况。1992 年，英国中央教育督导机构实行改组，将国家教育标准局从教育部中独立出来，取代皇家督学团，与国家教育行政部门同级，独立行使职权。1992 年的《教育法》也为教育督导制度制定了新的方案。此外，随着中央对教育统一管理的加强，督学的作用愈加明显，督学工作成为教育和科学部决策的重要基础。

进入 21 世纪以来，英国教育督导制度又有了新的发展。2003 年颁布了新的《学校督导大纲》。新的督导制度改进了学校督导体系，减小了学校督导规模，教育督导强调学校的个性发展，同时加强对地方教育当局工作的督导。

---

① 王璐. 中英两国教育督导制度比较研究：动因、意义与职能 [J]. 比较教育研究，2008（10）：60－65.

② 曹珊，程晋宽. 嬗变与特征：英国教育督导制度的职能转变 [J]. 外国中小学教育，2013（6）：47－52.

③ 李世恺. 英国教育督导制度之考察 [J]. 江苏高教，2001（3）：86－90.

2. 英国现行的教育督导制度

英国现行的教育督导制度主要依托国家教育标准局统管全国学校督导工作，委托区域督导签约中心完成教育督导任务，形成中央、地方双重督导机构。两级督导人员职责明确，各司其职，相互合作，共同促进英国教育督导制度的良性发展。

在中央层面，英国国家教育督导机构是国家教育标准局。该机构独立于教育和科学部，受皇家总督学领导，直接向议会报告，有较大的独立性。国家教育标准局的主要任务是：制定评估标准；建立高效的评估体系；根据教育大臣提出的要求，进行教育督导评估；制定督学撰写督导报告的规章，公布督导报告；对督学的工作进行监督；加强自身建设，使之有效运行；等等[①]。国家教育标准局督导评估的范围包括：全国中小学校和幼儿园，资格大纲委员会管理的师范学校、教师培训和中等及中等以下私立学校，地方教育行政部门的教育工作。国家教育标准局专注于检查督导活动、控制督导质量，具体的督导任务则通过市场竞争的原则，向外公开竞标，由中标的区域督导签约中心来完成。区域督导签约中心属于一种督导中介机构，被国家教育标准局认可的督导签约中心签订合同后，组织有关的学校进行督导。

在地方层面，由议会、教育委员会和教育局承担教育督导职能。议会是地方自治体的最高机关，有管理本地中等教育、初等教育和继续教育的权利和义务。在实际工作中，议会委托教育委员会和教育局行使管理与监督权。教育委员会的执行机关是教育局，负责人为教育局局长，由议会任命。地方教育导视处设在教育局内，是承担教育督导职能的专门机构。每一地区又设若干分区，每一分区都设有导视办公室并配备导视人员。国家教育标准局和地方教育督导机构不是完全的从属关系，而是相互合作的关系。中央督导不负直接的管理责任，而地方导视组织则重视导视后的改进。地方导视组织除了做导视工作外，还要做大量非导视工作，如校长的任命和提拔等。

英国的教育督导人员可以分为皇家督学、注册督学、督学组成员和非专业督学。根据1992年《教育法》，国家教育标准局的成员主要有皇家总督学（女王总督学或主任督学）、皇家督学和助理督学。皇家总督学是领导全国教育督导工作的最高官员，由女王直接任命。皇家督学作为皇家总督学的下属，直接向皇家总督学负责。助理督学是皇家总督学在征得财政部的同意后任命的督学人员，在其授权范围内协助工作。英国的学校督导工作主要由注册督学、督学组成员和非专业督学负责。注册督学是能够领导一个小组，对学校进行督导评估的专业人员，必须具备相应的资格条件，并且定期参加考核和培训。督学组成员是符合一定条件的人员，参加注册督学组织的培训并考试合格后，由国家教育标准局颁发督学证书。督学组成员既要参加国家教育标准局组织的督导评估，也要用更多的时间和精力指导所在学校的教育教学工作。非专业督学来自非教育领域，没有学校管理和教育教学的经验，他们参与督导的过程，但不对学科教学进行报告，以保障督导的独立性和客观性。

建立全国统一质量标准作为督导评价依据，是英国加强国家对教育质量监控的主要体现。1988年《教育改革法》颁布后，英国对教育的控制明显增强，开始统一国家课程和

---

① Office for Standards in Education. About us [EB/OL]. (2021-12-11)[2022-01-15]. https://www.gov.uk/government/organisations/ofsted/about.

国家测试。1992 年随着《教育法》的颁布，英国第一批国家标准以及介绍如何使用标准进行评估的手册和文件也陆续出台，教育督导评估有了全国统一标准。在英国，国家督导评估标准是指“学校督导框架”，分为督导要求（inspection requirements）和督导计划（inspection schedule）两个部分①。以英国小学督导评估指标体系为例，其包括学生的学习和发展状况、学校教育质量状况、学校与管理状况。英国的国家标准是指 1992 年的办学质量指标体系。这套办学指标体系共有 33 个质量指标，内容涵盖课程、成绩、学与教、给学生的支持、校风、资源以及领导、管理和质量保证七大领域。

（二）法国教育督导制度的演进及现状

法国是世界上最早建立教育督导制度的国家之一，在其 200 多年的发展过程中，教育督导体系不断完善和丰富。在 19 世纪 40 年代前后，形成了中央、学区和省三级督导制度。由于对督导制度的重视，对督学的选拔聘任也较为严格。法国教育督导体系完整，分工明确，督导水平高，督导细致，这些优势极大地促进了其教育事业的发展。

1. 法国教育督导制度的演进

法国大革命之前，教育很少由国家兴办，基本上都由教会或民间团体创办，但在那时便已出现了教育督导的萌芽②。拿破仑称帝后，法国教育督导制度正式确立，并开始全面推行。随后教育督导制度在实践中不断发展完善，在教育中发挥重要作用。法国教育督导制度的演进经历了初步形成阶段、完善成熟阶段和改革发展阶段。

初步形成阶段（19 世纪上半叶）。1802 年，拿破仑政府颁布《国民教育总法》，确立了中央集权的教育行政体制。该法令规定设立总督学来监督学校管理，监察初等、中等和高等教育，考核教师素质，这标志着教育督导制度在法国正式确立。1803 年，拿破仑颁布帝国大学组织政令，在帝国大学中设置总督学，在学区设置学区督学。1835—1840 年，教育部又下令设立省督学。1840 年前后，法国已经初步建立起包括总督学、学区督学和省督学在内的三级教育督导制度。这一时期法国督学的特点可归纳为督学学历高，督学工作范围广、任务繁重，但教育督导制度尚不健全。

完善成熟阶段（19 世纪中叶至第二次世界大战结束）。第一次世界大战爆发前，法国教育督导开始走向专业化和多元化，比如在教育部内设置了独立的督导机构，督导地位得到了提高。教育总督学的任命由教育部部长提名，共和国总统颁布任免令。第二次世界大战对法国教育督导的发展产生了一定程度的消极影响。这一时期，督学队伍扩大了，专业队伍分工发展了，督学工作对教职员的个人评估得到了加强和发展，但对教育机构的总体评估却有所减退，这引起了法国教育部的关注。1920 年，法国政府以法令形式明确规定了中等教育总督导的两项任务：一是对教员和管理人员个人工作进行评估，二是对学校教育教学状况进行总体考察。这些措施使法国教育督导工作进一步得以完善。

改革发展阶段（第二次世界大战结束后）。法国在 1965 年设立了国家教育行政总督导，将原来分散在教育部内各部门的行政总督学统一到一个新的督导机构里。1971 年和 1975 年，法国相继发布了《教育改革法》和《哈比改革法案》等法令，对中央视学

---

① 苏君阳．教育督导学［M］．北京：北京师范大学出版社，2012：47.

② 谢延龙．法国教育督导制度及其启示［J］．世界教育信息，2004（Z1）：26－30.

官和州视学官的职责重新加以界定。1970—2000 年，历任教育部部长都对教育督导制度进行了不同程度的改革和调整。进入 21 世纪以来，结束行政与教学管理分离的呼声越来越高，以加强对学术契约上的教学评价，并转移部分直接行政事务以加强督导的“普遍”性，促进教育系统内的职业流动[①]。2019 年，颁布法典，设立教育、体育与研究总督导局，重组法国基础教育与高等教育总督导，将已经赋予各部门的总督导权力进行重组，集中服务于基础教育、高等教育以及体育与青年文化等，并决定重新界定新督导局的任务及组织架构，制定适用于其成员的职业规则等[②]，至此开始逐步整合统一法国教育督导机构。

2. 法国现行的教育督导制度

法国教育督导机构的设置依据行政隶属关系可划分为中央和地方两个层次，地方层面又分为大学区和省两个层次。无论哪个层次的教育督导机构和督导人员，都直接服从法国教育部的领导，地方政府无权干涉，这是法国教育督导制度的显著特点。在中央层面，教育督导机构设在教育部内，由教育部部长领导，对教育部部长负责。其根据职权的不同，分为国民教育总督导处、国民教育行政督导处、图书馆督导处、青年与体育总督导处。在大学区层面，教育督导机构设于学区教育厅，属于派出机构。学区教育督导机构也受学区区长领导，因为学区区长实际上是教育部部长派驻学区的代表。在省级层面，省督学被称为国民教育省督学，是纯粹的教育督导工作实施人员[③]。

法国各层次的教育督学选拔都非常严格，有较高的任职条件。由于督导工作在国家的教育管理中有着非常重要的作用，所以督学作为教育督导机构的组成人员，享有优厚的待遇，他们属于国家第一级 A 类的公务员，工资待遇被纳入国家财政预算。

法国教育督导的内容大致可分为行政方面的督导和教育及其他方面的督导。行政方面的督导内容主要包括：对教育部、学区、公立学校等的行政财务会计及经济运行状况、效益进行研究和评估；评价和研究国家的教育制度，负责财会、行政人员的招聘和培训；对教育培训机构进行调研和紧急情况处理。教育及其他方面的督导内容包括对教育体制的评价，对教师教育质量的评价及计分，负责教师的招聘；与相关人员合作制定大纲，检查相关方面的工作运营，督导有关人员的工作[④]。在教育督导实施方面，中央层面的主要是宏观与微观相结合的督导工作，学区层面的督导工作是对中央工作的补充和完善，省级层面的督导面临的工作更加复杂、琐碎和细化。三级督导机构密切合作，纵横交错，使得教育管理系统成为一个整体。

（三）美国教育督导制度的演进及现状

美国是发达的资本主义国家，采用的是一种高度分权的教育行政体制。在长期的实践

---

① 张丹．从分离到整合：法国教育督导制度改革的机构变迁与路径选择［J］．全球教育展望，2021，50（7）：77－90.

② Décret n°2019—1001 du 27 septembre 2019 relatif au statut particulier du corps de l'inspection générale de l'éducation，du sport et de la recherche［EB/OL］．（2022－01－01）［2023－01－21］．https：//www.legifrance.gouv.fr/jorf/id/JORFTEXT000039146771.

③ 顾明远．外国教育督导［M］．2 版．北京：人民教育出版社，2002：54.

④ 涂文涛．教育督导新论［M］．北京：人民教育出版社，2015：77.

中，美国创造了与教育行政体制、政治体制相适应的，以分权为重要特征的教育督导制度。

1. 美国教育督导制度的演进

美国的教育督导制度经历了外行视察、专业督导、民主督导以及合作改进等不同的发展阶段。

外行视察阶段（1620—1850年）。当第一批欧洲移民在新大陆定居后，他们的教育活动也随之开始。《马萨诸塞1647年法》要求百户以上的居民点设置文法中学，市政委员会审查和聘请教师，并负责学校的督导工作。1709年，波士顿地区成立了由牧师、市政委员及市民代表组成的学校委员会，代表们走访学校，考察学生的学习情况，检查教师的教学是否符合宗教教义。19世纪30年代，公立学校运动从新英格兰地区的初等教育领域开始，逐步推向其他各州。公立学校运动以后，美国加强了对学校的视察。这一时期，美国的教育督导作为防止和纠正法规政策实施不当及权力滥用、保证行政管理正常进行的必要条件而被制度化[①]。督导人员主要为教会人员、家长、公民委员。督导学校的主要目的是确保教育政策与法律的执行。尽管教师是督导对象，但指导教师改进教学并不是这些教学督导人员初期最为关心的问题。

专业督导阶段（1851—1930年）。1852—1853年，马萨诸塞州和纽约州相继颁布强迫义务教育法令，给南北战争后各州普及初等义务教育打下基础。新法令对教育内容和教法改革提出了新要求，学校增设了新课程，教师也开始使用更为复杂的教学方法。这些发展变化扩大了学校督导工作的范围，使督导工作变得更为困难。由非教育人士组成的学校委员会渐渐感到难以胜任对学校的督导工作。19世纪中叶，一些大城市的学校委员会开始聘用专职人员来帮助视察学校。1911年，泰勒的《科学管理原理》出版后，科学管理运动席卷了整个美国，科学教育理论对教育督导的影响广泛而深远。1911—1930年，教育督导去除了视察这一传统内容，保留了帮助教师改进教学工作、提高教学效果相关内容。教育督导继续由专业教育管理人员执行，教育督导工作队伍里增加了学区一级的主任、科长等专职教育督导人员和副校长。

民主督导阶段（1931—1980年）。霍桑实验对全世界的管理产生了深远的影响，以人际关系为中心的管理体系开始被倡导。从20世纪30年代至50年代，教育督导中也加入了人际关系理论，民主督导开始在美国出现，并延续。民主督导认为教师具有自我管理、自我提高的能力，因而教育督导不应该是自上而下的监督与控制，而应是督导员与教师合作的、民主的过程。在这一时期，学区区长不再是专业督导人员，教育督导人员的组成主要包括学区一级的主任、科长、校长、学校内的教学骨干。

合作改进阶段（1981年至今）。从20世纪80年代开始，美国教育督导开始强调建立同事间的合作关系、教师之间互教互学、教学的艺术性、学科之间相互配合及彼此协调、教师个人特长的发挥等。同时，教育督导活动与社区、工商团体及家长的合作也得以加强。教育督导的目标不仅是改进教学，还强调教师对工作环境和工作本身的满意度，以及对整体生态环境的重视。另外，注重教育督导人员对课堂事件的全面理解。与之相应的教育改革，则是将管理权限下放到教学点。美国教育督导人员也几乎扩大到了整个教师队伍。

---

① 郭平，胡永春．教育督导学［M］．成都：西南交通大学出版社，2020：49.

2. 美国现行的教育督导制度

美国的教育督导把重点放在教学指导和教育改进方面，表现为教育辅导，也就是侧重于学校教育督导。而在学校督导中，又把重点放在课程与教学指导上。美国联邦教育部通过向州提供联邦主办的特别教育项目的部分或全部款项，对全国的教育进行调控。这些特别教育项目包括特殊教育项目、双语教育项目、为帮助处境不利的学生实施的补偿教育项目、家庭经济困难的子女设立的学校早餐计划等，以此宏观指导州、学区与学校开展教育督导评价，并加强对各州教育的实际控制。

州教育厅一般设初等教育、中等教育、职业教育、高等教育、师资鉴定、就业辅导等部门，各部门就其工作范围对各个学区实施对口辅导。各州的教学辅导工作主要是举办课程和教学研讨会，制定教师通用能力要求和高中最低毕业标准，监督教科书的采用，鼓励开设课程和教学方面的实验，以此争取联邦政府的资助和拨款。大部分实际管辖权则由学区行使，这使得学区督学成为教学督导系统中的关键。在学区一级，由主管课程和教学的学区督导长负责领导学校督学工作，内设若干专职辅导人员，负责各个专业领域的辅导工作。学区辅导人员的主要工作是帮助教师开发新材料，鼓励教师进行实验和研究，给学校提供最新的信息和资讯，帮助教师解决课程和教学方面的问题。在校本管理运动的推动下，美国学校自身承担更多的教学督导责任，学校内部督导人员成为学校课程和教学督导中的重要力量。校长是教学督导中最重要的人物，一名校长助理常常被指派负责课程和教学督导。课程协调员或学科带头人有时作为副校长的助手兼任教学督导责任。

美国教育督导人员大体可以分为两类：一类是教育行政人员兼任督学，另一类是专职督导人员。兼任督学的行政人员一般指学兼、副学兼和校长等，其资格视其工作职责要求而定。各州一般在此类行政人员之下设若干专职督导人员。专职督导人员应当具备的资格包括学历、经验、专业等方面。各州一般要求专职督导人员具备大学本科及以上的学历，应拥有 2～10 年的教学和督导工作经验。在专业方面，专职督导人员应有职前训练，各州基本都要求专职督导人员具备教育行政、教育督导、教育心理、教育测量和评估、教学法等方面课程的学习经历，并需参加过教育督导方面的实习和专业训练。有些州还建立了规范的督导人员证书制。

二、我国教育督导制度的演进及现状

古代帝王的视学制度是我国最早的督导制度之一，历朝历代的官学也有相应的督导制度。新中国成立后，教育部设视导司开展教育督导工作。2012 年，国务院正式颁布《教育督导条例》，我国教育督导制度建设迈进历史发展的新阶段。

（一）我国古代的教育督导制度

我国是一个文明古国，是世界上教育体系形成得最早、最完善的国家之一。《礼记·文王世子》《礼记·学记》中都有对古代国家统治者视学的记载，这说明教育督导在我国古已有之，体现了统治者对教育的重视。

1. 先秦的视学制度

我国教育督导由古代帝王视学演变而来。夏商周三代已有天子视学制度，不过这个时期的视学制度与养老典礼结合进行，是政治与教育合一的表现，被后世历朝历代所沿用。公元前 20 世纪，我国出现了为培养统治阶级人才而设置的学校，并且伴随着这种教育产生了视学制度和教育效果的评价。视学是我国古代的一种教育管理制度，是指天子或由天子委派的官吏常到国学考察学生的德行和学业。《礼记·学记》是我国古代最早的关于教育的专论，其中就有视察和考校学生德行与学业的记载，比如，规定隔年考校一次，第一年“视离经辨志”，视察和考校学生读书断句能力和志向是否端中。

2. 汉、唐、宋的督学制度

汉代官学从中央（太学）到地方，形成了一套体系，郡国学校亦置学官，除天子视学外，各级学官也在自己管辖的教育范围内进行视察和监督。

唐代的视学制度更加完善，“各府、州、县督学官，以察士子之德行”，督学官承担了教育管理的职能，其中一项就是监督教育。

宋代各路提举学校官，又称督学使者，负责一路所属州、县、学事。北宋崇宁二年（1103 年），朝廷在路一级建立了提举学事司，这是我国教育史上正式设立地方教育行政官署的开端。提举学事司的长官称提举学校官，也叫提举学事，其身份既是地方教育官署的行政长官，又是地方教育官署的视学。提举学校官的具体任务是：考察审批地方官学的教官，统计所辖州县在学的实际人数，对地方教育提出改进建议，监督学规执行，等等。

3. 元、明、清初的督学制度

元代设有儒学提举司，建于行省一级，其职责是：统一管理、监督各路学、府学、州学、县学的学校祭祀、教学、经费；审核地方人士的著作，并上呈朝廷。虽有专门的儒学提举司，但地方长官对地方官学仍然负有部分管理和监督的责任。此外，肃政廉访司也起着督学的作用。对地方儒学的监督由地方政府、儒学提举司和肃政廉访司共同负责，而地方政府和儒学提举司又要受肃政廉访司的监督。

明代地方教育行政设提督学校官。设于两京的提督学校官一般由中央都察院的监察御史出任，称为提学御史或督学御史，设于各行省的提督学校官，也称为学道或督学道。提督学校官的基本任务是监督地方官学贯彻封建统治者提出的办学宗旨。

清初时期沿袭明代制度，在直隶设提学御史，各直省设立提学道。雍正四年（1726 年），废除提学御史和提学道的建制，一律改称钦命提督学政，简称学政。学政的基本任务是监督清代皇帝制定的“训示规条”的执行。“训示规条”阐明了国家设学宗旨，指导生员为学方向，具体规定生员的行为规范（禁例）。学政还负责主持院试、岁试、科试和录科、录遗等。

综上可见，经过长期的历史演变，视学和督学作为国家加强教育行政管理的重要章制沿袭下来，对我国教育的发展起到了积极的推动作用。

（二）我国近代的教育督导制度

伴随着清末“废科举、兴学堂”的浪潮，以及中华民国成立后颁布的《视学规程》，新的教育督导制度逐渐建立。与此同时，在中国共产党领导下，中央苏区教育巡视制度也较好地发挥了教育督导的检查、督促作用，有力地促进了中央苏区教育的顺利发展。

1. 清末的教育督导制度

1906 年，仿照日本视学官制度，清政府正式在学部设置视学官，负责全国的教育视导工作。同年，清政府在各省设置提学使司，提学使以下设省视学六人。1909年，清政府学部颁布《视学官章程》，这是我国近代关于教育视导的第一个规则和文件，标志着我国近代教育督导制度的确立。清末的视导人员一般由两类人组成：一类是已经获得科举功名和官位的封建知识分子，另一类是既有科举功名，又曾到国外新式学堂学习过的人，也就是同时接受过新旧两种教育的知识分子①。视导人员视导的内容主要包括：各省学务公所，各厅州县劝学所、劝学区教育行政情形；各种官立、公立、私立学堂教育情形；学堂卫生情形；学堂经费情形；各项学务，职员、教员办事、授课情形；各项学堂学生风纪；有关教育学艺诸种设施；特受部示之事件②。在清末教育视导过程中，视学官主要进行向上级反映地方教学实践的真实情况、提出教育改进建议、推动地方办学等方面的实践。

2. 民国时期的教育督导制度

民国政府于1912年成立教育部承担视学工作。教育部下设视学处，统一负责全国的教育、视学事务。1913年的《视学规程》，对全国视学学区的划分、视察的种类、视察时间、视察事项、视学的权限做出具体规定。为了促进地方视学工作，教育部在1917年颁布《教育厅暂行条例》、1918年颁布《省视学规程》和《县视学规程》，对地方视学制度做了相关规定。1924年以后，国民政府的视学工作名存实亡。直到1931年，《教育部督学办事细则》公布，教育督导制度正式恢复，并由原来的视学改为督学。这一变化标志着我国教育督导制度从只"视"不"导"发展为既"视"又"导"。而后，国民政府的教育督导、视导职能经过多次的调整和完善。教育部、各省和各县层面视导人员的任用资格不尽相同，工作内容也存在差别。1946年，国民政府颁布《教育视导试行标准》，使得各级视导人员的教育督导工作有了统一的评判标准和依据。

3. 革命根据地的教育督导制度

中国共产党领导下的革命根据地的教育督导制度的建立，使教育事业得以切实推进。1931年，中央苏区成立教育人民委员部，并设有巡视委员会，负责巡视教育工作。1933年，中央苏区人民委员会批准了《省、县、区、市教育部及各级教育委员会的暂行组织纲要》，规定了各级教育行政部门设指导员，任务是去各地巡视，直接指导下级的工作。1934年修正的《教育行政纲要》规定，设巡视委员会，计划并领导巡视工作，对巡视员的职责以及巡视指导思想、工作原则和方法做了规定。全民族抗日战争时期，各抗日根据地的政府机构中，也设置了教育行政管理机构，负责本地区的教育工作。在这些机构中，一般设有督学，在各自区内督促检查学校教育和社会教育，并宣传先进事迹。解放战争时期，随着解放区的不断扩大，共产党不断接管和改造旧学校。为贯彻教育为解放战争服务的宗旨，各解放区都建立了教育行政机关，由其管理和监督本地区的教育工作。

（三）新中国成立后的教育督导制度

新中国成立后教育督导制度的发展经历了初创、中断与恢复、重建、特色化发展几个

---

① 江铭．中国教育督导史［M］．北京：人民教育出版社，1994：102.

② 闵晶．清末新政中的教育视导制度［D］．长春：吉林大学，2009：20-21.

阶段。2012 年《教育督导条例》的颁布实施，标志着我国教育督导制度走上法制化轨道，教育督导成为政府加强教育监管、指导和服务的重要抓手。

1. 新中国成立至改革开放以前的教育督导制度

1949 年 11 月，中央人民政府教育部成立。在华北人民政府高等教育委员会研究室、华北人民政府教育部视导室、资料科等几个单位的基础上组建教育部视导司承担全国视导事务。这一时期，教育督导任务的核心是保证中国共产党及其领导的政府能够顺利地接管国民党政府统治时期的各级各类学校和其他教育机构，检查各大行政区对于中央人民政府的各项教育政策、决议、指示的执行情况。各司可指定专人负责配合视导司，组织视导小组。教育的接管和改造任务完成后，我国教育督导工作的重点有所变化。1955 年 4 月，教育部发布《关于加强视察工作的通知》，强调教育视导工作是我国教育行政的一个重要部分，它的任务是对所属学校实行国家监督与指导[①]。20 世纪 60 年代后期，随着我国政治生活发生变化，教育督导工作处于停滞状态。1976 年以后，为了加强教育管理，教育部首先设置了若干巡视员，教育巡视工作逐步恢复。

2. 改革开放以后的教育督导制度

改革开放以后，教育督导工作得到恢复和加强。1978 年 12 月，中国共产党召开十一届三中全会，教育事业被提到了“四化”建设的战略地位，重新建立教育督导制度成为教育发展的必然。1981 年起，各级教育行政部门逐步恢复了视导制度，增设视导人员，视导工作重点转移到教育业务的改进方面。1983 年 7 月，教育部提出了《建立普通教育督导制度的意见》，明确了督学的任务、机构设置以及人员的职权和条件，并要求先行试点取得经验，再逐步实行。1986 年，六届全国人大四次会议批准的国务院《关于第七个五年计划的报告》明确规定要加强对教育事业的管理，逐步建立系统的教育评价和监督制度。同年，经国务院批准，国家教委设立了督导司，专门负责全国教育督导工作，并要求各省、市、自治区逐步建立教育督导机构。1988 年，国家教委和人事部联合发出《关于建立教育督导机构问题的通知》，促进了各级督导机构的建立和各地督导工作的深入开展。1991 年 4 月，《教育督导暂行规定》颁布实施，它对教育督导的任务范围、教育督导机构的职责、督学的条件及聘任、督学的职权都做了明确的规定，促进了教育督导工作在全国的开展。1994 年，国家教育督导团成立并开始办公，它是国家加强对地方政府教育工作督导的行政监督机构。1995 年 3 月通过的《中华人民共和国教育法》第二十四条规定：“国家实行教育督导制度和学校及其他教育机构教育评估制度。”从此，教育督导与评估制度成为依法确立的国家教育基本制度之一。

2001 年，国务院印发《关于基础教育改革与发展的决定》，确立了基础教育以县为主的管理体制。同年 9 月，国家教育督导团为了贯彻落实国务院的决定，发布《关于加强基础教育督导工作的意见》。2006 年修订的《中华人民共和国义务教育法》第八条规定：“人民政府教育督导机构对义务教育工作执行法律法规情况、教育教学质量以及义务教育均衡发展状况等进行督导，督导报告向社会公布。”这从法理上明确了教育督导机构“督政”的合法性。2006 年 7 月，教育部印发了《国家督学聘任管理办法（暂行）》，对国家督

---

① 郭平，胡永春. 教育督导学［M］. 成都：西南交通大学出版社，2020：33.

学的任职资格、聘任条件、权利与义务、培训等做了详细规定。2012 年，国家制定并施行《教育督导条例》，国务院成立了教育督导委员会。该条例是我国第一部专门的教育督导行政法规，标志着有中国特色的现代教育督导制度建设登上了一个新高度①。2014 年，国务院教育督导委员会办公室印发《深化教育督导改革转变教育管理方式的意见》的通知，提出建设督政、督学、评估监测三位一体的教育督导体系，为促进教育事业的科学发展、办好人民满意的教育提供制度保障。2020 年 2 月，依据《中共中央关于全面深化改革若干重大问题的决定》和《关于深化教育体制机制改革的意见》等重要文件，中共中央办公厅、国务院印发《关于深化新时代教育督导体制机制改革的意见》，对构建全面覆盖、运转高效、结果权威、问责有力的中国特色社会主义教育督导体制机制做出部署。文件以习近平新时代中国特色社会主义思想为指导，从督政、督学、评估监测三个职能领域提出了教育督导的奋斗目标，要求教育督导集中解决管理体制、运行机制、问责机制、督学聘用和管理、保障机制方面的问题，成为通往“教育督导 2.0”的路径。2021 年，国务院教育督导委员会印发了《教育督导问责办法》，切实强化了教育督导的严肃性和权威性。

《国家督学聘任管理办法（暂行）》

《关于深化新时代教育督导体制机制改革的意见》

《教育督导问责办法》

截至 2021 年 9 月，我国已经形成了中央、省、市、县四级教育督导组织体系，全国共有各级督学 14.7 万名，根据教育事业发展需要，承担相应的教育督导任务②。在督学队伍遴选上，专门制定了岗位职责，建立了实绩考核和退出机制，突出了“讲政治、懂教育、敢担当”的用人标准。在教育督导内容方面，围绕“督方针、督发展、督保障、督评价、督秩序、督环境”的“六督”要求，为我国教育事业的顺利发展保驾护航。

第三节　教育督导的内容与过程

教育督导机构和教育督导人员是实施教育督导的主体，在教育督导过程中起着极其重要的主导性作用。教育督导的实施要按照一定的标准和要求进行，发挥教育督导机构的职能。教育督导的结果和应用是教育督导的目的所在。这些要素体现了教育督导的内容与过程。

一、教育督导机构

教育督导机构是依据国家有关法律、法规设置的，代表国家履行教育督导职能，执行教育督导任务的组织。教育督导机构承担教育督导实施的具体工作，通常情况下在本级政

---

① 张俊芳．创新体制机制实现教育督导全覆盖［N］．中国教育报，2012－10－12（6）．

② 教育部发布会介绍《教育督导问责办法》有关情况［EB/OL］．（2021－09－01）［2023－04－15］．https：//www.gov.cn/xinwen/2021－09/01/content_5634696.htm．

府的领导下独立行使督导职能。

(一)教育督导机构的类型

根据履行职能过程中的独立性情况，可将教育督导机构划分为三种类型：完全独立型、相对独立型和合并型。

完全独立型是指教育督导机构独立于教育行政机构，不受教育行政机构的干预，代表国家或政府对教育行政机构进行督导。我国和英国的教育督导机构属于完全独立型。这种机构的优点是：行政权力大，独立性强，能够相对客观地进行教育督导工作；实现教育决策、执行和监督的分离；教育督导机构有职有权，教育督导开展更具权威性。这种机构的弊端是：可能会忽略教育督导非权力性因素的影响，造成“重督轻导”；容易过分强化教育督导的行政性，进而改变教育督导机构的性质，违背教育督导的初衷；督导权力性过于强化，产生督导对象应付督导、消极对待的现象等。

相对独立型是指教育督导机构设在教育行政机构内，在教育行政机构的领导下开展教育督导工作。这种机构具有相对独立性和权威性，法国的教育督导机构可归属于这一类型。相对独立型教育督导机构，尽管有自己的优势，但是由于受到教育主管部门的限制，可能出现要么把重点督导对象放在“督政”上，要么把重点督导对象放在“督学”上，而对教育主管部门自身可能不去督导，从而导致自身督导走过场，甚至完全沦为形式主义。

合并型是指教育督导机构不单独设立，而是将教育督导职能分散于教育行政机构的各职能部门开展督导工作。例如，对基础教育的督导，就由基础教育职能机构承担。美国的教育督导机构属于这种类型。合并型教育督导机构有利有弊。其优点在于：有利于保证教育管理过程的完整性；有利于把决策、执行与监督一体化，避免一些不必要的矛盾和冲突；有利于减少人员和财政负担；有利于发挥教育管理者自我教育、自我管理、自我调控的内在功能。其缺点在于：将教育行政与教育督导混在一起，可能导致教育督导工作有名无实；难以保证教育督导应有的公信力，督导结果和价值难以发挥作用；对从事教育管理的人员素质有较高的要求。

(二)教育督导机构的职能

教育督导机构主要发挥监督、指导、评估和反馈等职能。监督是指上级对下级的监察和督促，是教育督导机构最核心，也是最能体现其本质特征的职能。没有履行或者削弱了监督职能，教育督导机构就失去了存在的意义。指导是指上级教育督导机构对下级政府或政府部门、学校教育工作及工作方式给予具体的指点和引导。评估既是国家履行教育管理职能的体现，也是教育法律赋予教育督导机构的职责。反馈是指教育督导机构通过将在督导过程中获得的信息，包括下级政府、教育主管部门、学校或教育工作者的工作成效情况，反馈给有关部门，以判断教育决策是否科学、是否得到了正确执行，并使相关主体就调整或改进教育决策或执行提出建议。此外，教育督导机构作为具有法制性和行政性的专门组织，也具有组织协调、沟通反馈、工作创新等方面的职能要求。

(三)教育督导机构的工作内容和职权

在不同的国家，虽然教育督导机构的职能大致相同，但其工作内容和职权存在较大区别。以我国现行的教育督导制度为例，教育督导机构的工作内容主要围绕四个方面展开：一是学校实施素质教育情况、教育教学水平、教育教学管理等工作情况；二是学校管理相关事务，包括校长队伍建设情况，教师资格、职务、聘任等管理制度建设和执行情况，招生、学籍等管理情况，学校安全、卫生制度建设和执行情况，教学和生活设施、设备的配备和使用等教育条件保障情况，教育经费投入管理和使用情况；三是义务教育普及水平和均衡发展情况，各级各类教育的规划布局、协调发展情况；四是法律、法规、规章和国家教育政策规定的其他事项等。

根据我国 2012 年颁布的《教育督导条例》，教育督导机构具有四方面的职权：一是查阅、复制财务账目和与督导事项有关的其他文件、资料。二是要求被督导单位就督导事项有关问题作出说明。三是就督导事项有关问题开展调查。四是向有关人民政府或者主管部门提出对被督导单位或者其相关负责人给予奖惩的建议，并要求被督导单位及其工作人员对教育督导机构依法实施的教育督导积极配合，不得拒绝和阻挠。这些职权使得教育督导行为有法可依，显示了较强的权威性和独立性，可以充分地发挥监督、指导、评估和反馈的职能。

二、教育督导人员

教育督导人员有狭义和广义之分。狭义的教育督导人员是指具有教育督导资格并依法承担教育督导任务的人员，统称为督学。广义的教育督导人员是指依法参与教育督导活动，并承担一定教育督导职责的所有人员，除督学外，还包括相关专业人员、家长代表与社区代表等相关利益群体。

（一）教育督导人员的类型

教育督导人员根据其在教育督导活动中的专业性可以划分为专职督学、兼职督学、相关专业人员和利益群体代表。

专职督学是指任职于国家和地方教育督导机构，具有一定教育行政人员身份，专职从事教育督导工作的人员。专职督学是教育督导工作的基本队伍和骨干力量。在我国，专职督学一般都具有一定的行政职务职级，需由编制部门核定编制，以公务员编制为主，事业编制为辅。专职督学职务可以分为领导职务和一般职务，如：在国家督学职务中，设有国家总督学、副总督学和一般国家督学。在地方督学职务中设有总督学、副总督学或主任督学、副主任督学和一般督学。督学层级一般划分为国家督学、省级督学、市级督学和县级督学。

兼职督学是指由国家和地方教育督导机构聘任的从事教育督导工作的兼职人员。兼职督学是教育督导中来源最广泛、最具活力的宝贵资源，是教育督导工作的重要力量。兼职督学一般只在特定条件下才行使教育督导权力，即在教育督导机构授权或安排的条件下，才履行督学的职责。兼职督学由教育督导机构因需聘任，按在职与否，可划分为在职的兼职督学和退休的兼职督学；按作用，可划分为特约兼职督学和一般兼职督学；按来源，可划分为教育系统内的兼职督学和教育系统外的兼职督学；等等。

相关专业人员，也叫相关专业技术人员，是在相关单位中从事专业技术工作的人员。我国《教育督导条例》规定："教育督导机构可以根据需要联合有关部门实施专项督导或者综合督导，也可以聘请相关专业人员参加专项督导或者综合督导活动。”相关专业人员长期从事某种专业职业，对某些专业技术比较精通，具有很高的专业素养。相关专业人员参加教育督导的方式有两种，一是受聘参加督导小组，承担一定的督导任务；二是由专业人员组建教育评估事务所等中介机构，以第三方的身份独立完成教育督导机构委托的教育督导评估事项。

相关利益群体代表主要包括学生家长、社区代表等。虽然这些人员没有取得督学资格，但是教育督导机构可以根据某些督导活动的需要，临时邀请他们参加督导活动，赋予他们一定的职权，听取他们的意见建议，这可以更好地增强教育督导工作的公正性、民主性、透明性。

（二）教育督导人员的职责和权力

《督学管理暂行办法》

教育督导人员的职责指从事教育督导工作的人员所负责的范围和承担的一系列工作任务。世界各国都很重视对教育督导人员职责的探索和界定。我国教育督导人员的职责在不同的时期有不同的内容，不同层次的教育督导人员的职责也有所区别。现阶段，根据 2016 年教育部印发的《督学管理暂行办法》的规定，我国教育督导人员应履行以下基本职责：一是对政府及有关部门履行教育职责情况进行督导；二是对各级各类学校教育教学工作情况实施督导；三是对师生或群众反映的教育热点、难点等重大问题实施督导；四是对严重影响或损害师生安全、合法权益、教育教学秩序等的突发事件，及时督促处理并第一时间报告上级教育督导部门；五是每次完成督导任务后，及时向本级教育督导机构报告督导情况，提交督导报告；六是完成本级人民政府及教育督导机构交办的其他工作事项。同时，为了保障教育督导工作的顺利开展，《教育督导条例》对教育督导人员的履职行为规范做了进一步的要求。

教育督导人员在进行教育督导活动时享有一定的权力，只有权责一致，才能最大限度地发挥教育督导的作用和功能。根据《督学管理暂行办法》的规定，现阶段我国教育督导人员在教育督导活动中可行使以下权力：一是就督导事项有关问题进入相关部门和学校开展调查，二是查阅、复制与督导事项有关的文件、材料，三是要求被督导单位就督导事项有关问题作出说明，四是采取约谈有关负责人等方式督促问题整改落实，五是对被督导单位的整改情况进行监督、检查。

（三）教育督导人员的专业化建设

在教育督导队伍中，督导人员的专业化发展是一个持续的、动态的过程。要使教育督导专业化，就必须要求督导人员掌握教育督导的专业知识和技能，具有不断探索的精神，能够不断提高专业素养，在督导过程中发挥其专业性，同时具备为被督导单位和个体提供专业指导的能力。

1. 教育督导人员的任职资格

世界上许多国家都重视制定教育督导人员的任职标准，对不同类别的督导人员规定不同的任职资格。我国《教育督导条例》中规定，督学的任职条件为：一是坚持党的基本路线，热爱社会主义教育事业；二是熟悉教育法律、法规、规章和国家教育方针、政策，具有相应的专业知识和业务能力；三是坚持原则，办事公道，品行端正，廉洁自律；四是具有大学本科以上学历，从事教育管理、教学或者教育研究工作十年以上，工作实绩突出；五是具有较强的组织协调能力和表达能力；六是身体健康，能胜任教育督导工作。

此外，《督学管理暂行办法》对督学的任职资格进行了三点补充：一是热爱教育督导工作，能够深入一线、深入学校、深入师生开展教育督导工作；二是熟悉教育督导业务，掌握必要的检查指导、评估验收以及监测方面专业知识和技术；三是能够保证教育督导工作时间。我国许多地方也相继出台了省、市级督学的聘任管理办法，进一步细化了督学的任职资格。

2. 教育督导人员的素质

教育督导工作的特点决定了教育督导人员必须具备较高的素质。教育督导人员的素质高低，决定了教育督导的效率与质量，关系到教育督导工作的成败和信度。综合各方面的研究，教育督导人员的素质可以归纳为政治素质、专业知识、基本技能和身体素质四个方面。

第一，政治素质。教育督导人员的政治素质主要包括政治意识、责任意识、道德素质三个维度。政治意识是指政治思想、政治观点，以及对于政治现象的态度、价值观和评价。教育督导人员要随时保持清醒的政治头脑，具有正确的政治思想，坚定的政治立场，敏锐的政治观察力、鉴别力。责任意识包括角色意识和担当精神。教育督导人员必须有强烈的责任感、事业心，胸怀全局，爱岗敬业，忠于职守。道德素质是人们的道德认识和道德行为水平的综合反映，包含了一个人的道德修养和道德情操。教育督导人员要遵纪守法、廉洁奉公、公平公正，力戒形式主义、官僚主义，不弄虚作假，不人云亦云。

第二，专业知识。教育督导的工作性质决定了教育督导人员既要掌握扎实的理论知识，又要具备丰富的专业知识和实践知识，努力成为教育的行家里手。教育督导人员要学习和掌握教育学科和教育管理学科的基本知识，做到功底深厚；要学习和掌握教育政策、法规，做到有法须知，有法熟知；要学习和掌握教育督导评估的标准、方法等，做到了然于心。

第三，基本技能。教育督导工作具有一定的技术性，教育督导人员应当学会和掌握必要的技术技巧，具备一定的专业能力。教育督导人员要具备一定的组织协调能力，善于谋划、统筹安排、沟通各方、协调行动；要具备系统思维能力，在纷繁的事务中抓住最关键、最本质的方面，洞察事物发展的方向和规律；要具备良好的语言文字表达能力，练就“看”的本领，学会“说”的艺术；要具备一些信息处理技术，为建立教育督导资源平台、开展社会化网络评价、进行督导信息交流共享提供技能支撑。

第四，身体素质。教育督导是一项艰辛的工作，教育督导人员很多时候在基层负责检查、指导，面对不同的地区、不同的学校、不同的环境，往往奔波于学校与学校之间、学校与教育管理部门之间，经常会遇到各种各样的困难和压力。这就需要教育督导人员不怕困难、勇于吃苦，具备坚强的意志和无私奉献的精神，同时，必须具备过硬的身体条件，包括强健的体魄，良好的心态，较强的记忆力、反应力和耐受力等。

3. 教育督导人员的管理

教育督导人员的管理涉及选任、培训、考核等一系列问题。建立完善的督学管理制度，通过专业培训、定期考核及交流研讨等多种形式，可以提高督学的理论水平。

目前我国教育督导人员的选任方式主要有两种，即推荐任命和选聘。推荐任命是按照干部管理有关要求和程序组织实施的。近年来，为了扩充教育督导队伍，国家及各地均采用了选聘的办法，选任了大量的教育督导人员。《督学管理暂行办法》规定督学的聘任程序包括四步。(1) 推荐：相关单位按要求向聘任单位推荐参聘人员。(2) 审核：聘任单位对参聘人员按程序进行审查、遴选。(3) 公示：聘任单位将拟聘督学人员名单向社会公示，公示期不得少于 7 个工作日。(4) 公布：聘任单位向督学颁发聘书，聘任结果向上级教育督导机构报备并向社会公布。

加强培训是提高教育督导人员政治业务素质，推进教育督导队伍专业化、职业化发展的有效途径。在我国，各级教育督导机构负责组织督学的岗前及在岗培训。《督学管理暂行办法》第二十一条规定："督学培训可采取集中培训、网络学习和个人自学相结合的方式进行，督学每年参加集中培训时间累积应不少于 40 学时。"督学培训的主要内容包括：(1) 教育法律、法规、方针、政策、规章、制度和相关文件。(2) 教育学、心理学、教育管理、学校管理、应急处理与安全防范等相关理论和知识。(3) 评估与监测理论、问卷与量表等工具开发在教育督导工作中的应用。(4) 督导实施、督导规程和报告撰写等业务知识。(5) 现代信息技术的应用。(6) 教育督导实践案例。

建立健全教育督导人员考核机制，有利于促进教育督导人员尽职尽责，提高教育督导工作的质量和水平。在我国，各级教育督导机构负责本级督学年度考核和任期考核。专职督学和兼职督学要分类考核，结合本地实际制定具体考核标准，采取个人自评和督导部门考核相结合的方式，对考核优秀的督学按相应规定给予表彰奖励。《督学管理暂行办法》中对督学考核的内容有：(1) 督导工作完成情况。包括实施督导、督导报告、督促整改、任务完成和工作总结等情况。(2) 参加培训情况。包括参加集中培训和自主学习等情况。(3) 廉洁自律情况。包括遵守廉政规定、遵守工作纪律和工作作风等情况。

三、教育督导的实施

教育督导是依照相关法律法规进行监督和指导的过程。要取得好的效果，就需要在正确的工作原则指导下，运用科学的方法和合理的程序做好教育督导工作。

（一）制定督导计划

通常情况下，在教育督导实施之前要制定教育督导计划。教育督导计划是围绕国家或区域的教育发展战略、教育发展规划、目前的教育中心工作，根据教育督导的基本特点和教育督导理论，对教育督导部门未来活动的目标、内容、策略、方法、程序、时间进行的系统安排。教育督导计划的主要内容包括制定督导方案、建立评估指标体系、确定督导人员、培训督导人员、准备各种督导材料及设施和设备等。教育督导计划的制定步骤通常可以划分为确定督导目的、草拟简明的督导计划、审议报批督导计划草案、印发正式的督导计划四个阶段。教育督导机构应根据工作实际，因地制宜地做好督导规划和计划，使督导工作制度化和经常化，以便减少督导对象的准备时间，提高督导效率。

（二）下达督导通知

在教育督导工作正式开始前，要向督导对象下达督导通知书。通知书应明确说明督导的目的、要求、时间及程序，同时还应附上督导评估指标体系及说明、督导评估所需的材料清单。例如，2021年修正的《天津市教育督导条例》规定："教育督导委员会实施综合督导，应当提前六十日向被督导单位发出书面督导通知。实施专项督导，应当提前十日向被督导单位发出书面督导通知。"

（三）指导督导对象自评

自评是指被督导单位结合督导评估指标进行的自我评价。自评是重视督导对象主体地位的重要表现，有利于其全面了解自身情况，形成准确判断。自评是正式督导评估的预评阶段，通过自评收集材料，做出初步判断，积累经验，为正式的督导评估做准备。被督导单位开展自评时，要正确认识督导评估的意义，学习和掌握好督导评估的标准和程序，应成立自评工作小组，制定自评计划，开展宣传工作，指定专人收集材料，组织自评会议。自评结束后，要及时完成自评报告。

（四）选择科学合理的督导方式

教育督导要根据督导目的和督导对象的不同，选择科学合理的督导方式。对于"督学"，可以采用行政性督导与终结性督导相结合、静态督导与动态督导相结合、定性督导与定量督导相结合、定期督导与经常性督导相结合的方式。对于"督政"，可进行现场考察，征求公众对被督导单位的意见，并通过召开座谈会或者其他形式，专门听取学生及家长和教师的意见。对于"评估监测"，可根据评估工具和评估指标体系的特点，采用合理的方式，科学地抽样调查。

（五）收集信息

信息的收集需要借助有效的方法。教育督导常采用的信息收集方法包括问卷调查法、访谈法、文本资料收集法和实地考察法。问卷调查法是把督导中想要了解的信息设计成若干问题，编制成书面或电子问卷交给被调查者进行填写作答，然后收回整理、分析。访谈法是指督导者通过与督导对象面对面交流，以口头问答的形式了解教育教学问题，或者督导对象内心的真实想法。文本资料收集法主要指根据督导所需收集的学校有关档案资料，包括各种数据报表、规章制度、计划总结、听课记录等。实地考察法是指走进被督导机构，通过观察和聊天等方式了解督导相关信息。

（六）数据分析

在督导信息收集完成后，需要对所收集的数据进行分析。要根据数据的类型和督导结论的要求选择合适的分析方法。对于量化数据，通常使用相关分析、差异分析和因素分析等；对于观察和访谈所得到的信息，通常情况下采用定性分析，使用完全归纳法或简单枚举法。完全归纳法依据观察和访谈所获得的事实的各个部分提炼出一般的结论。简单枚举法则简单考察督导对象的一部分事实或要素，进而推断出一般的结论。教育督导由于涉及面广、内容宽泛、利益关系复杂，要慎用简单枚举法。

（七）撰写督导报告

督导报告是教育督导结果的呈现，是上级政府及社会了解督导对象工作情况的依据。

撰写督导报告是一项严肃认真的工作，因此督导组必须十分认真地核对各种材料、信息，进行深入全面的分析，并得出客观公正的结论。

四、教育督导的结果及应用

建立健全教育督导结果应用制度，是加强政府和教育主管部门对教育工作全方位领导和督促的需要，也是教育部门对自身工作总结、调整、改革、改进的需要，有助于推广好的经验做法，提升办学水平，提高教育教学工作整体质量。

（一）教育督导报告

教育督导报告主要是指督导机构或督导人员在对督导对象进行督导之后形成的书面报告，一般包括督导过程、督导意见、整改情况三部分。教育督导报告通常可以分为专项督导报告、综合督导报告和年度督导报告。教育督导报告与教育督导意见书之间既有联系又有区别。两者的联系在于它们都是在现场督导后，由督导组形成的统一意见。不同之处主要表现在两个方面：一是内容上的区别。教育督导报告除了包括教育督导意见书中的内容以外，还包括对督导过程与整改情况的报告。二是时间上的区别。教育督导意见书要求在现场督导活动结束后就形成并反馈给被督导单位，而教育督导报告则根据种类不同，其时间要求也不尽相同。

2015 年 2 月，国务院教育督导委员会办公室印发《教育督导报告发布暂行办法》，对教育督导报告的主要内容做了明确规定，主要包括督导过程、督导意见、整改情况三个方面。督导过程主要是教育督导机构开展督导工作情况，包括实施督导的机构、时间、对象、事项、内容、方式及督导人员等。督导意见主要是被督导单位针对督导事项采取的措施、工作进展及成效，督导中发现的问题，以及相应的整改建议。整改情况主要是被督导单位根据督导意见进行整改、落实、问责的情况。同时，对督导报告的撰写也提出了要求：“描述督导过程要简明扼要；总结被督导单位的工作情况要客观公正；反映督导中发现的问题，要准确、客观、具体，不回避、不掩饰、不夸大；提出督导意见，要观点鲜明、针对性强，具有专业性、指导性和可操作性；被督导单位的整改情况，要措施具体、期限明确、效果明显。”此外，对教育督导报告发布的时间、程序和途径也提出了具体要求。

《教育督导报告发布暂行办法》

（二）教育督导结果的应用

教育督导工作能否取得实效，取决于督导结果能否得到有效的应用。在督导实践中，督导结果的应用在督导过程中起着举足轻重的作用。督导结果得到充分的应用，才能真正发挥监督、指导、评估和反馈的作用，调动督导对象自我调节、自我完善、自我发展的积极性。我国近年来高度重视督导结果的应用，通过合理运用教育督导结果，强化教育督导的激励作用，主要体现为：（1）实施考核奖惩，把地方政府和学校的督导结果作为考核政绩、评选先进、任免干部的重要依据。（2）限期整改问题，做好被督导单位的限期整改工作。（3）规范教育督导结果的反馈，对整改情况进行跟踪督导，完善问责机制。（4）对督导对象进行指导服务，有效帮助督导对象改进工作。

第四节　教育督导的方法与工具

“工欲善其事，必先利其器。”若想提高教育督导工作的质量和效率，就要科学使用教育督导的方法和工具。这有助于教育督导任务的顺利完成，有利于提高教育督导的科学性和实效性。

一、教育督导方法

教育督导方法是从理论上和实践上为解决某个具体的教育督导问题而采用的一切手段和操作的总和，主要包括文献查阅法、实地考察法、问卷调查法和访谈法等。教育督导方法是一个动态发展的科学体系，伴随教育督导实践的不断深入而不断优化和完善。

（一）文献查阅法

教育督导所使用的文献查阅法是指教育督导人员根据督导的目的和内容，有选择性地查阅被督导单位所能提供的各项工作有关资料，如工作计划、工作总结、工作汇报、有关会议记录、教育教学档案、各项统计表格、各项规章制度等，以达到某种教育督导目的的方法①。在教育督导中涉及的文献主要有国家、地方各级政府或教育行政部门颁发的各种政策性文件，学校的各类档案性文件等资料。另外，根据《教育督导条例》，教育督导机构实施教育督导时，可以行使查阅、复制财务账目和与督导事项有关的其他文件、资料的职权，因此地方政府和学校的财务账目也应被纳入文献范畴。

文献查阅法具有客观性、经济性、灵活性和创造性等特点。科学地查阅和运用教育督导文献，能够为教育督导工作提供重要的证明，通过问题分析、归因分析、差异分析和趋势分析得出督导结论。文献查阅法基本的步骤包括：确定问题，制定计划；细化问题，筛选清单；探究问题，查阅文献；解决问题，分析文献。对于一般的纸质文献，在查阅时可以采用顺查法、倒查法、直查法、抽查法和综合法。对于账目文献，一般采取顺查法、倒查法、详查法和抽查法。对于电子文献，一般都具备目录、索引或信息化搜索系统，可以使用一些方便快捷的检索方式来进行查阅。

（二）实地考察法

实地考察法是指教育督导人员直接深入督导对象的个人活动空间、工作环境等现场，依据观察设计或评价指标体系，直接利用自己的感觉器官或其他辅助工具，有目的、有计划地进行观察，以此来获取基本信息和原始资料，并通过记录、分析和总结得出相关结论的方法。实地考察法是教育督导中最基本、最普遍、最直观的一种方法，是收集被督导单位教育活动资料数据的重要途径，也是检验相关文献真实性的有效手段。在教育督导过程中，可以通过参观观察、课堂教学、列席会议、参加活动等方式进行实

---

①　黄崴．教育督导学［M］．北京：中国人民大学出版社，2011：175.

地考察。

实地考察法具有自然性、目的性、直接性和工具性等特点，可以分为校园考察与课堂考察、参与考察与非参与考察、有结构考察与无结构考察等。实地考察法的基本过程分为准备、实施和总结三个阶段。准备阶段的主要工作包括：确定考察问题、制定考察计划、设定考察标准、设计考察量表、准备考察用品、训练考察人员。实施阶段的主要工作包括：进入考察现场、实施考察活动、记录考察资料。总结阶段的主要工作包括：整理考察资料、分析考察资料、形成考察结论。

（三）问卷调查法

教育督导所使用的问卷调查法是指教育督导人员通过预先编制的统一问卷，向调查对象或有关人员了解情况，或征询意见，再通过科学的结果处理，进行由此及彼、由表及里的综合分析，进而获得对督导对象的真实情况和发展变化的客观认识的方法[①]。问卷调查法是从宏观的角度、采用定量的手段、依据客观的验证来认识和说明社会现象的方法。因为其通过发放问卷的方式实现，所以不需要督导人员一对一地接触被调查人员。在实际的教育督导中，问卷调查法是收集督导对象相关信息资料最基本的方法之一，经常和访谈法结合使用，以确保结果的准确性和科学性。

问卷调查法具有标准化、效率高和真实性等特点。教育督导中使用的问卷有很多不同的类型。从要求回答的形式来看，可以分为开放型问卷、封闭型问卷和综合型问卷；根据问卷传递载体方式来看，可以分为纸质问卷和网络问卷等。问卷调查的基本流程包括：制定问卷调查方案、设计问卷、试用和修改问卷、选择调查对象、培训调查人员、发放与回收问卷、处理与分析问卷结果等。

（四）访谈法

教育督导所使用的访谈法是指教育督导人员通过寻访、访问等方式，探究式地从督导对象或相关人员处收集资料的方法[②]。访谈法是建立在解释学、建构主义的理论基础上，通过对语言事件进行分析、归纳和研究，诠释和建构其意义的一种方法。由于访谈法简单易行，对不擅长文字表达的对象同样适用，因此在教育督导中应用非常广泛。

访谈法具有目的性、计划性、灵活性和准确性等特点。根据访谈对象的数量，访谈法可以分为个别访谈和集体访谈；根据督导人员对访谈的控制程度，可以分为结构性访谈和非结构性访谈；根据访谈时是否借助一定的中介物，可以分为直接访谈和间接访谈；根据访谈的次数，可以分为横向访谈和纵向访谈；等等。教育督导中访谈法的实施过程通常包括访谈前的准备阶段、访谈的正式实施阶段和访谈后的归纳总结阶段三个阶段。准备阶段的主要工作包括：明确访谈主题、确定访谈内容、确定访谈对象、拟定访谈提纲、培训访谈人员。正式实施阶段的主要工作包括：接近访谈对象、访谈与倾听、做好访谈记录。归纳总结阶段的主要工作包括：整理访谈记录和分析访谈记录。

---

① 苏君阳．教育督导学［M］．北京：北京师范大学出版社，2012：195.

② 同①189.

二、教育督导工具

教育督导工具是教育督导人员开展督导工作时所使用的各种操作表的总称，通常包括教育督导方案、教育督导调查问卷和教育督导访谈提纲等。教育督导工具质量的高低对于教育督导工作的成败具有重要的影响。

（一）教育督导方案

教育督导方案是指教育督导机构和有关人员为保证国家有关教育的方针、政策、法规的贯彻执行与教育目标的实现，而制定的对下一级人民政府及教育行政部门的教育工作以及学校的教育教学工作进行有效监督、检查、评估和指导，由教育督导的目的、原则、指标体系构成的规范性纲领的总称[①]。教育督导方案主要解决“为什么督导”“由谁督导”“督导什么”“如何督导”“督导后怎么办”等问题，它是教育督导工作的行动指南。教育督导方案的内容是否全面、要求是否具体、导向是否明确、操作性如何等，将会直接影响教育督导工作的实效性。

教育督导方案的制定要依据国家有关的教育方针、政策和法规，教育督导任务的性质与类型，教育科学的相关理论与方法，以及被督导单位的实际情况，等等。完整的教育督导方案应该包括：督导的目的、督导的原则、适用的范围、督导评估的指标体系、督导人员的构成、督导活动的实施程序、督导评估的技术手段、督导结果的处理（形成最终的督导报告）、附录等。较为科学可行的教育督导方案，既需要理论上的指导，又需要实践中的检验。因此，教育督导方案的制定流程大致包括以下几个环节：组成撰写小组，收集相关资料，形成方案初稿，征求各方意见，修改完善方案，实验论证方案，发布实施方案。

（二）教育督导调查问卷

问卷是收集信息的一种重要工具，因其具有调查范围广、成本低、获取信息量大、耗时短、便于统计分析等特点，成为教育督导工作中常用的获取督导信息的方法之一。教育督导调查问卷的主要作用在于对被督导单位的相关利益者的意见、态度、兴趣、感受等进行调查，并与通过其他途径和方法获取的督导信息进行相互印证。

根据不同的分类标准，问卷可以分为不同的类型。在教育督导工作中，结构式问卷较为常见。一份完整的结构式教育督导调查问卷应该包括：问卷标准、卷首语（也称封面信或前言）、指导语、问题与选项、结束语等。问卷编制要注意一些基本规则，如问卷结构是否完整，问卷提问方法与选项是否协调一致，问卷文字的表述是否清晰，问卷题目的排序是否恰当，问题的数量是否合适，等等。

（三）教育督导访谈提纲

简单地说，教育督导访谈提纲就是教育督导访谈的基本内容。它是开展督导访谈工作的蓝图，是确保教育督导访谈工作有目的、有计划、有成效地进行的指导性文件。

---

① 苏君阳．教育督导学［M］．北京：北京师范大学出版社，2012：213.

访谈可以分为结构性访谈、半结构性访谈和非结构性访谈。在教育督导工作中，结构性访谈最为常见。在这种访谈中，选择受访者的标准和方法、提出的问题、提问的顺序以及记录的方式等都是标准化的。一份完整的教育督导访谈提纲通常包括四个部分：（1）受访者的基本资料。包括姓名、性别、职务、访谈时间、访谈地点等。（2）访谈导入语。简单说明访谈目的并表达谢意等。（3）访谈问题。问题阐述要简短、准确，易于理解，避免使用强烈感情色彩或禁忌性的表述，次序连贯、前后一致。（4）访谈结束语。出于礼貌和尊重，再次感谢受访者。

案例分析

上海："云督导"助力中小学同心守"沪"①

案例背景：2022 年 3 月，上海市新冠疫情呈现迅速发展态势，形势极其严峻复杂，3 月 12 日，上海市组织 150 多万中小学生正式开始线上课程学习。面对疫情形势和教育教学方式的改变，上海市区教育督导部门认真分析研判，将疫情防控督导作为当前督导工作的头等大事，将中小学在线教学督导作为关键任务，做到疫情防控督导和在线教育督导双管齐下，探索"云督导"模式，助力保障疫情下广大师生的身心健康和教育教学的顺利开展。

一、全面提高督导能级，开展督导专项行动

一是设立督导工作专班。上海市教卫工作党委、市教委层面迅速设立督导工作专班，针对各区教育系统各单位疫情防控和线上教育教学工作的落实情况，由市教卫工作党委、市教委领导班子成员分片包干，督导对口区教育局工作，做到工作布置与督导检查同步，切实推进有关政策措施的落地落实。

二是开展督导专项行动。督导工作专班通过制定抓好场所消杀、清晰人员底数、加强校门管理等防疫督导指标，印发防疫自查清单，开展联系点视频督导等举措，深入督促检查各单位防控工作落实情况，及时回应师生防疫需求，督促压实区教育局和学校主体责任。

二、抓紧抓实"云督导"，发挥责任督学作用

一是明确"云督导"工作要求。上海市教育督导部门启动疫情防控和在线教育"云督导"，围绕学校从严落实师生疫情防控管理、加强师生员工关心关爱、加大学生心理健康关心力度、线上教学落实"双减"要求、提高线上教学质量等方面，指导区县督导部门积极开展督导工作。

二是明确"云督导"关键指标。为使督导工作更为扎实有效，市督导部门设定 15 项督导指标，设计学生问卷、学校访谈提纲，发布关于本市开展责任督学主题性督导的通知，并组织区县视频培训。各区教育督导部门高度重视、快速响应、及时部署，通过督导大大提高了有关工作推进的实效性和针对性。

三是全员全覆盖落实"云督导"。上海市 700 余位责任督学，以高度的责任感和饱满热情投入"云督导"，覆盖所有中小学校，采用网络访谈、线上查阅资料、

① 中国教育督导微信公众号，2022－04－18.

在线听课和巡课、开展师生网络问卷调查、参与学校线上活动等“云督导”手段，实现对全市2 937所中小幼学校的督导，形成2 937份督导意见书，在压实学校职责的同时，切实提高了工作成效。

三、落细创新“云督导”，着力提升督导成效

一是聚焦防疫“破防”实施“云督导”。上海市区教育督导部门积极推行防疫精准督查，帮助学校梳理查找疫情“破防”环节，及时提醒填补防控漏洞。例如嘉定区教育督导室通过及时排查，形成每日1份“云督导”通报，对区15家单位防疫物资储备不充分责令限时整改，并发布疫情防控工作提示3份。

二是围绕线上教学质量实施“云督导”。上海市区教育督导部门推动各区结合区情，创新方式，为线上教育落实保驾护航。如上海杨浦区推进“四个一、六节课”督导模式：“四个一”督查方式，即电话或微信联系一次学校督导联络员、督查一套工作资料、线上观摩一节教师随堂课、在线访谈一位学校负责人；根据在线特点，将督导中的流程设定为“六节课”，即巡视校园一节课、访谈座谈一节课、调查问卷一节课、观课评课一节课、线上教研一节课、反馈交流一节课。“四个一、六节课”督导模式有力提升了学校在线教学质量。

三是设计开展满意度调研实施“云督导”。上海市各区教育督导部门主动开展在线教育情况调研，科学分析并指导在线教育工作取得成效。如奉贤区教育督导室对全区64 103位中小学学生家长，崇明区教育督导室对全区27 243位中小学学生家长、27 805名学生开展了线上教学满意度调研，发现了影响在线教育效果的具体因素和困难，就此提出区内统一的在线作业批改要求，明确线上互动教学时长的规范等。

请结合这一案例谈谈您对“云督导”的看法。

理解探究

1. 什么是教育督导？教育督导有哪些特征和功能？我国的教育督导包括哪些类型？
2. 我国现行的教育督导机构由哪几级组成？各级教育督导机构的职权包括哪些？
3. 简述教育督导报告和教育督导方案的内容。
4. 列出三种常用的教育督导方法，分别陈述它们的优点和不足。

阅读导航

1. 教育督导条例［EB/OL］.（2022-04-22）[2023-04-15]. http：//www.moe.gov.cn/jyb_sjzl/sjzl_zcfg/zcfg_jyxzfg/202204/t20220422_620486.html.

2. 国务院教育督导委员会办公室关于印发《教育督导报告发布暂行办法》的通知［EB/OL］.（2015-03-04）[2023-04-15]. http：//www.moe.gov.cn/jyb_xxgk/s5743/s5744/A11/201503/t20150304_186077.html.

3. 国务院教育督导委员会关于印发《教育督导问责办法》的通知［EB/OL］.（2021-07-23)［2023-04-15］. http：//www.moe.gov.cn/srcsite/A11/s7057/202107/t20210723_546399.html.

4. 教育部关于印发《督学管理暂行办法》的通知［EB/OL］.（2016-08-05)［2023-04-15］. http：//www.moe.gov.cn/srcsite/A11/s8390/201608/t20160805_274102.html.

5. 顾明远．外国教育督导［M］. 2版．北京：人民教育出版社，2002.

6. 苏君阳．教育督导学［M］. 北京：北京师范大学出版社，2012.

7. 黄崴．教育督导学［M］. 北京：中国人民大学出版社，2011.

8. 王璐．教育督导与评价制度比较研究［M］. 北京：人民教育出版社，2018.

9. 格里克曼，戈登，罗斯-戈登．教育督导学：一种发展性视角：第10版［M］. 任文，译．上海：华东师范大学出版社，2021.

第十二章　教育评价

学习目标

1. 理解教育评价的含义、类型及功能。
2. 了解教育评价的模式。
3. 了解国内外教育评价的演进过程。
4. 掌握教育评价的过程和方法。
5. 了解教育评价的应用。

第一节　教育评价的含义、类型及功能

教育评价是教育管理过程中必不可少的环节，对于改进教育决策、促进学生发展具有重要的作用。《中华人民共和国国民经济和社会发展第十四个五年规划和 2035 年远景目标纲要》要求深化新时代教育评价改革，建立健全教育评价制度和机制。中共中央、国务院《深化新时代教育评价改革总体方案》将培养德智体美劳全面发展的社会主义建设者和接班人作为新时代教育评价改革的指导思想之一。党的二十大将办好人民满意的教育、完善学校管理和教育评价体系作为科教兴国战略的重要内容。然而，教育评价在教育活动中涉及的变量和边界条件比较多，且变量之间的相关性不易判断。同时，教育评价也是一种价值判断活动，具有很强的主观性①。因此，正确认识教育评价的含义、类型、功能等，具有重要的理论价值和实践意义。

一、教育评价的含义

“评价”一词早在我国北宋时期就已出现，当时的评价是讨价还价、评论货物价格的意思。在《现代汉语词典》中，评价一词主要的意思是评定价值高低、评定的价值②。评价活动在我们日常生活中处处存在，不但教育领域有评价，而且经济领域、政治领域、文

① 谢维和．教育评价的双重约束：兼以高考改革为案例［J］．教育研究，2019，40（9）：4－13．

② 中国社会科学院语言研究所词典编辑室．现代汉语词典［M］．7版．北京：商务印书馆，2016：1009．

化领域等都有评价活动。教育评价的概念来自对教育评价活动共同特征的概括和提炼，但在不同的时期、从不同的角度，教育评价也有不同的界定。总体而言，对教育评价的认识和理解有三种主要观点。

第一种观点认为，教育评价是对教育活动进行价值判断的过程。这类观点在教育评价研究中占据主导地位。最早可以追溯到现代教育评价产生之初，R. W. 泰勒（R. W. Tyler）及其评价委员会经过“八年研究”，认为评价过程本质上是一个确定教育与教学计划实际达到教学目标程度的过程①。20 世纪 80 年代，由 12 个教育评价相关组织形成的美国评价标准联合委员会对教育评价提出了一个简明的定义，认为评价是对某些对象的价值（如优缺点）的系统调查，这对教育评价的研究影响深远。秉持这类观点的学者认为，“教育评价是对全部与教育活动有直接或间接关系的各种实态把握和价值判断”②，或者认为：“教育评价从本质上说是一种价值判断活动，是对教育活动现实的（已经取得的）或潜在的（还未取得，但有可能取得的）价值作出判断的过程。”③

第二种观点认为，教育评价是提供评价信息的过程。这类观点从 20 世纪 60 年代开始，产生了较大的影响力。美国学者克隆巴赫（L. Cronbach）对泰勒的教育评价总结做出批评，他认为，教育评价是为获得教育活动的决策资料，对参与教育活动的各个部分的状态、机能、成果等情况进行收集、整理和提供相关信息的过程。对这一观点贡献较多的另一位学者是美国的斯塔弗尔比姆，他提出评价最重要的意图，“不是为了证明（prove），而是为了改进（improve）”，评价可以被界定为“为决策提供有用信息的过程”④。随后，斯塔弗尔比姆等人完善了 CIPP 评价模式，并提出了全新的定义，即：“评价是一种确定、获取及提供叙述性与判断性信息的过程，这些信息涉及研究对象的目标、设计、实施及结果的价值与优缺点，以便指导如何决策，如何符合绩效的要求，并增加对研究对象的了解。”⑤ 这一定义引起了许多教育评价研究者的共鸣，他们在此基础上对教育评价的含义进一步延展、完善和阐发。

第三种观点认为，教育评价是一种共同建构的过程。20 世纪 70 年代以后，随着教育研究中质性方法的发展，教育评价中逐渐出现了一种新的思想和方法，其中以古巴（E. G. Guba）和林肯（Y. S. Lincoln）为代表，他们提出自然主义评价模式。这一评价模式在批判前三代评价缺陷与问题的基础上，提出“第四代评价”的价值主张，具体观点包括七个方面：评价是社会政治的过程，评价是各方的力量合作的产物，评价是一个相互学习和交流的过程，评价是一个连续的、问题反复呈现的、并可能有众多分歧的过程，评价是一个应急的过程，评价是一个可能产生许多非预期结果的过程，评价是一个产生（形成）事实的过程⑥。这些观点的核心思想是共同建构。所谓共同建构，即通过对各类与评价有利害关系的人的需求、关注点和问题的应答，并通过解释性辩证环节进行对话和协商，逐步达成共识，形成结论，呈现评价结果。

---

① 泰勒．课程与教学的基本原理［M］．施良方，译．北京：人民教育出版社，1994：85.
② 梶田叡一．教育评价［M］．李守福，译．长春：吉林教育出版社，1988：20.
③ 陈玉琨．中国高等教育评价论［M］．广州：广东高等教育出版社，1993：23.
④ 瞿葆奎．教育学文集：第 16 卷　教育评价［M］．北京：人民教育出版社，1989：298－301.
⑤ 黄光雄．教育评鉴的模式［M］．台北：师大书苑有限公司，1989：192.
⑥ GUBA E G，LINCOLN Y S. Fourth generation evaluation［M］．London：Sage Publications，1989：16.

以上三种认识体现了教育评价研究和实践的不同倾向。第一种倾向是价值判断，第二种倾向把评价核心转到为决策服务，第三种倾向则更关注评价准则本身。综合而言，教育评价可以被定义为：根据一定的教育价值观或教育目标，运用可行的科学手段，通过系统全面地收集、整理、处理和分析教育信息，对教育现象做出价值判断，从而为不断优化教育和教育决策提供依据的活动过程。为了深入理解教育评价的概念，有几对关系需要辨析。

（一）教育评价与教育评估

在教育研究和实践中，教育评估、评定或考评，经常被当作教育评价的近义词。英语的“evaluation”，我国常译作评价，有时也译作评估。在英语中，与“evaluation”相近的词还有“assessment”和“appraisal”，它们通常被译作评估和评定。《国际教育大百科全书》中的观点是应尽可能地把“assessment”这个词，用于人的评定，包括评级、考试和考核，比如评定学生的学习成绩，评定某一特定职业申请者的态度，也可以评定教师能力，等等。在管理学中对管理人员的考核评价，英文中有一专门的词“appraisal”，译为考评较为贴切。关于评估，《国际教育大百科全书》的建议是，使其专门用于抽象的存在物，比如方案、课程及组织变量，概括地估计事情的价值与成就。基于上述观点和中文特点，可以把评定用于对学生个体的评价，考评用于对教育者、教师或教育管理人员个体的评价，评估用于对教育机构和教育方案等的评价。此外，根据教育实践话语环境和中文使用习惯，高等教育领域多用评估，教育督导领域也称督导评估，而在普通教育领域多用教育评价[①]。

（二）教育评价与教育测量

所谓教育测量，是借助一定的工具，给教育现象赋值，进而获得评价对象数量的方法[②]。教育测量本质上是事实判断，而教育评价实质上是价值判断。教育测量强调的是数字化，一般要尽可能减少判断的作用。教育评价则突出价值观，充分重视对问题的分析和判断。教育测量是教育评价的基础，是获得教育评价所需信息的有效途径。通过教育测量和各种非测量手段，我们才能获得价值判断的事实、材料和依据，才能够有效地服务于价值判断这个核心。

（三）教育评价与教育调查

所谓教育调查，是对教育的实际情况进行深入了解、弄清事实、借以发现存在的问题、探索规律的过程[③]。与教育评价相比，二者较为相似，都有收集、整理和处理教育信息，并对信息进行分析的过程。但是，它们之间有三方面的区别：（1）教育调查注重调查结果，而教育评价旨在为决策提供信息。（2）教育调查结果越具普遍性越好，而教育评价主要是对教育的价值进行判断，结果并不一定具有普遍性。（3）教育调查主要研究各种教

---

① 一帆．教育测量·教育评价·教育评估［J］．教育测量与评价（理论版），2009（5）：47.

② 王凯．教育管理学基础［M］．杭州：浙江大学出版社，2021：289.

③ 吴钢．现代教育评价教程［M］．2版．北京：北京师范大学出版社，2015：6.

育现象之间的关系，探索教育规律，而教育评价旨在判断教育价值，促进教育决策，推动教育发展。

二、教育评价的类型

教育评价的类型是指具有共同特征的教育评价所形成的种类，它表明同种类型的教育评价具有相同的特征。评价者可以根据不同评价活动选择相适应的评价类型，以获得教育评价活动的最佳效果。

以评价范围为依据，教育评价可以划分为宏观评价、中观评价和微观评价。宏观评价是以教育全领域或涉及宏观决策方面的教育现象、措施为对象的教育评价。例如，对教育目标、教育结构、教育制度和教育社会效益等方面的评价。中观评价是以学校内部各方面的工作为对象的评价。例如，对办学水平、办学条件、领导班子、教师队伍及教学工作、思想政治工作、体卫工作的评价。微观评价是以学生发展为对象的评价。例如，对学生学习成绩、思想品德、身体健康、审美情操、劳动技能、创新精神等方面的评价。

以价值标准为依据，教育评价可以划分为相对评价、绝对评价和个体内差异评价。相对评价是指在评价对象的集合体内选取一个或若干个对象作为评价标准，然后将其余评价对象与其进行比较，或者用某种方法对所有评价对象进行先后顺序排列的评价。例如，常模参照评价，它指的是教师联系先前其他学生在某个测试上的表现来解释现在学生的成绩，先前的学生被称为常模组。绝对评价是在评价对象的集合体之外，确定一个客观标准，评价时将评价对象与这个标准进行比较，评价其达到标准的程度并做出价值判断。例如，标准参照评价，即不依赖于其他学生的表现，而是依赖于学生对所测内容的实际掌握情况进行评价。个体内差异评价是把评价对象集合体中的各个元素的过去和现在进行比较，或者将一个元素的若干侧面进行相互比较的评价。例如，成长记录袋评价，或称为档案袋评价等。

以评价功能为依据，教育评价可以划分为诊断性评价、形成性评价、终结性评价和整体性评价。诊断性评价是指在某项教育活动开始之前，为使其计划更有效地实施而进行的预测性、测定性评价，或对评价对象的基础条件做出鉴定的评价。例如，学校办学条件的诊断性评价，一般在办学水平评价之前进行。形成性评价也称为发展性评价或过程性评价，是指在教育活动中评价活动本身的效果，用以调节活动过程、保证教育目标实现而进行的评价。终结性评价也称为结果评价或绩效评价，是指在某项教育活动告一段落时，对最终成果做出价值判断。整体性评价是指对一项教育活动的规划和实施过程、结果的整体进行评价，它既不同于形成性评价，根据评价结果及时调节控制进行中的教育活动，又异于诊断性评价和终结性评价，依照评价结果对评价对象进行分等和鉴定，而是侧重于分析研究评价结果，为教育决策服务。

以评价内容为依据，教育评价可以划分为条件评价、过程评价和结果评价。条件评价是对完成教育活动所必需的基础条件的评价，比如办学条件评价和教师资格认定评价等。过程评价就是对教育过程的评价，比如教学过程评价和学校管理过程评价等。结果评价是对教育活动结果和质量的评价，比如办学水平评价和选优评价等。

以参与评价的主体为依据，教育评价可以划分为自我评价和外部评价。自我评价是指被评价者根据教育评价标准，对自己的工作、学习、品德等方面的表现进行的自行评价。比如由学校内部的校长、主任、教师和学生评价学校办学水平。又如，学生、教师、校长对各自的学业情况、教学情况、学校管理情况等进行的评价。外部评价也称他人评价，是由被评价者之外的他人进行的评价。比如由社会教育评价机构或教育督导机构等对学校的办学水平开展的评价。

此外，根据评价方法的取向，教育评价可以划分为定量评价和定性评价；根据评价对象的不同，可以划分为学生评价、教师评价、课程与教学评价和学校评价；根据评价对象的复杂程度，可以划分为单项评价和综合评价；根据评价活动的环境特征，可以划分为测验性评价和真实性评价；等等。

三、教育评价的功能

教育评价的功能是指教育评价本身所具有的、可以对教育对象产生影响或使其变化的功效与能力。教育评价具有导向、诊断、鉴定、调控和改进等多种功能。

（一）导向功能

导向功能是指教育评价所具有的引导评价对象朝着理想目标努力的功效与能力。导向功能本身具有前瞻性，并具有一定的弹性和可塑性，直接关系到教育或学校的发展前景和方向。在教育评价活动中，一般要根据评价目标设计评价指标和标准，然后依据评价指标和标准进行评价。因此，有什么样的评价指标，评价对象就会注重哪个方面的工作；有什么样的评价标准，评价对象就会向哪个方向努力。也就是说，评什么、怎么评，将直接引导评价对象在教育教学中做什么、怎么做。发挥教育评价的导向功能，要求教育评价方案的制定者从实际出发，既考虑社会的价值需要，也注意教育和评价对象本身的需要，把人们正确引导到既符合社会发展规律，又能满足国家和个体需要的目标上。

（二）诊断功能

诊断功能是指教育评价对评价对象的实际状态、各类影响因素等信息进行诊断或评判的功效与能力。诊断功能已经成为现代教育评价特别强调的功能之一。教学过程中诊断的主要作用是确定学生对教学目标所掌握的程度，找出造成困难的原因，针对具体情况加以指导，以作为因材施教的依据，保证教育教学顺利进行。发挥教育评价的诊断功能，要求评价者既熟悉、了解教育教学活动，又能摆脱固有的经验束缚，且具备一定的专业评价素养与技能，从而能够科学、认真地分析推理，对某一具体的特定的教育教学活动做出全面、准确的诊断。

（三）鉴定功能

鉴定功能是指教育评价评定和判断评价对象优劣程度、水平高低、合格与否等实际价值的功效与能力。我国教育评价主要由行政部门实施，其鉴定功能尤其明显，特别是把评价活动纳入管理工作中，作为教育管理的一种常用手段，用于各种督查、考核等。在教育评价中，鉴定一般分为三种类型：（1）水平鉴定，即根据一定的标准，鉴定评价对象达到标准的程度。(2) 评优鉴定，即通过对评价对象相互之间的比较，评定、筛选优者。(3) 资格鉴定，即对评价对象是否具有从事某种活动的资格进行鉴定，如教师资格考试、管理人员资格考试等。

(四)调控功能

调控功能是指教育评价对评价对象的教育教学或学习等活动进行调节和控制的功效与能力。教育是一个系统，处在不断发展、变化的状态中。为了使教育能达到预期目标，需要对教育系统的各个环节、组成要素等进行有效监控，并做出适当调整。在管理过程中，教育评价发挥着监控和调整的重要作用，可以通过依据预期目标制定的评价系统和评价标准，监控评价对象的变化情况，对于偏离目标的行为及时进行调整。发挥教育评价的调控功能，需要建立一系列严密的操作程序，要求评价者必须有组织、有计划、连续地、系统地收集信息、分析信息和利用信息。

(五)改进功能

改进功能是指教育评价促进评价对象为实现理想目标，不断改进和完善自我或行为的功效与能力。教育评价的改进功能与形成性评价紧密相连。通过合理的、适时的评价，可以明辨是非、区分优劣，还可以为评价对象提供反馈信息，使评价对象看到自己的进步和成绩，明确自己的缺点与不足，激发其争先欲望和动力，从而使其不断地进行自我修正与完善。与“诊断”相比，“改进”侧重提供关于“进步”的建议和对教育的促进作用。与“鉴定”相比，“改进”要求对目标本身的合理性进行判断并改善。教育评价不仅在于明辨是非、区分优劣，分析问题、找出原因、提出改进建议也同样重要，这些都是为全面提高教育教学质量服务的。

第二节　教育评价的模式

教育评价的模式是兼具理论性和可操作性的行为范式，是联系教育评价理论和实践的纽带，具有构造、解释、启发、预测多种功能。简而言之，教育评价的模式是教育评价基本理论与方法的总体概括，是特定教育评价思想方法系统化的集中体现。教育评价的模式众多，除泰勒提出的行为目标评价模式之外，CIPP 评价模式、应答评价模式、共同建构模式、CSE 评价模式、协同自评模式和增值评价模式等也是比较常见的。

一、行为目标评价模式

行为目标评价模式，又称为泰勒模式，由美国学者泰勒提出，并在实践中被不断完善。泰勒认为，教育评价就是判断实际教育活动达到预期教育目标程度的过程。因此，他提出了对教育方案进行评价的七个步骤。第一，确定教育方案目标。第二，根据行为和内容对每个目标加以定义。第三，确定应用目标的情境。第四，设计呈现情境的方式。第五，设计取得记录的途径。第六，决定评定方式。第七，决定获取代表性样本的方法。这种模式的基本特点是以目标为中心或以目标为导向，把教育方案的目标表示为一系列可测量的教育行为，并以此为依据，确定教育活动的效果，判断实际教育活动达到预期教育目标的程度。行为目标评价模式是教育评价史上第一个被提出和应用得较为成熟的评价模式。其基本观点对后来的教育评价思想和实践的发展产生了深远影响。

二、CIPP 评价模式

CIPP 评价模式是美国学者斯塔弗尔比姆提出的一种评价模式，这种模式把教育评价看作是为决策提供有用信息的过程。其是由背景评价（context evaluation）、输入评价（input evaluation）、过程评价（process evaluation）、成果评价（product evaluation）四个环节构成的评价模式。CIPP 是这四个评价环节英文单词的首字母组合。背景评价是指根据评价对象的需求，对教育目标本身的合理性、周期性做出判断，旨在形成计划决策。输入评价是指在阐明决策目标以后，关于达到目标所需而且可以得到的条件的评价，这在本质上可以理解为计划方案的可行性评价，旨在为组织决策服务。过程评价是指对计划实施情况的持续不断的检查，旨在指导决策实施。成果评价是指对教育成就的测量、解释和判断，旨在确证需要得到满足的程度，为再循环评价服务。CIPP 评价模式的基本特点是以决策为中心或以决策为导向，强调评价为决策者提供信息服务，并强调首先对评价目标本身做评价，强调评价贯穿教育活动的全过程。

三、应答评价模式

应答评价模式是由美国学者斯塔克首先提出，再由其他人进一步发展完善形成的评价模式。应答评价模式认为，要使评价结果能真正产生效用，评价者要关心活动的决策者与实施者所关心的问题。因此，该模式建议把问题作为评价的先行组织者，同时，强调评价必须从关心这一活动的所有人的需要出发，通过信息反馈（应答）使活动结果满足大多数人的需要。应答评价模式强调了多元现实性和价值观念的发散性，有时评价经验本身比评价难以捉摸的收益更有意义。在方法方面，应答评价模式注重与科学主义相对的自然主义方法，强调非正式的观察、交往和定性分析方法等。

四、共同建构模式

共同建构模式由学者古巴和林肯提出，他们认为前三代评价模式存在严重的缺陷和问题，即“管理主义倾向”、“忽略价值的多元性”和“过分依赖科学范式”。因此，他们提出以共同建构为本质的评价，也称为第四代评价。第四代评价的出发点是“应答-聚焦”，即应答推动者、受益者、受害者三类群体的要求，聚焦他们各自的主张、担心和冲突。所以，评价的方法应该是“建构性探究方法”，即是一个由进入条件、探究过程和探究结果构成的建构框架。在评价策略上，共同建构模式提出了“应答—协商—共识”的思路，具有一定的开创性，且倡导了一种民主协商精神。在评价者和被评价者关系方面，共同建构模式实现了重大突破，从传统的“权威-服从”关系转变为平等合作的关系。此外，这一模式还倡导全面参与，认为评价中人们的价值需求是多元的，因此评价要追求多元化目标。

五、CSE 评价模式

CSE 评价模式是以美国加利福尼亚大学洛杉矶分校评价研究中心（Center for Study of Evaluation，CSE）命名的一种教育评价模式。它是一种旨在为教育改革提供服务的综合性评价模式。在这种评价模式中，评价的形成性功能与总结性功能得到了有机统一。此外，它还强调评价的动态性，认为评价活动要贯穿于教育改革的全过程，即从教育目标的确立开始，到教育质量的全面检查为止，在教育改革的各个阶段，根据教育改革的需要，为教师和管理人员提供评价服务。在环节方面，CSE 评价模式与 CIPP 评价模式较为接近，包含四个步骤。第一，需要评定，即调查人们有何种需求。第二，方案计划，即对各种备择方案在成功达到目标方面的可能性做出评价。第三，形成性评价，即发现教育过程中的成功和不足之处，从而保证教育目标的实现。第四，总结性评价，即对教育质量进行全面调查和判断。CSE 评价模式是一种较为实用的模式，在课程评价中的运用尤其广泛。

六、协同自评模式

协同自评模式是由我国上海市的研究人员在确立被评价者的主体地位和肯定其个性特征的基础上，以被评价者自我评价为主，在评价人员的协同下，共同完成从制定评价目标开始的一系列工作的评价模式①。该模式认为，在任何评价活动中，只有当事人才能全过程地参与，才能全面真实地收集资料，通常评价人员只能部分参与评价过程，所以评价人员所做出的价值判断，有时难免有失实之处。但完全由被评价者做自评，也未必符合评价要求。如果能有评价人员的协同合作，则可弥补自评的不足之处。因此，形成了以自我评价为主、评价人员协同自评者进行评价活动的协同自评模式。协同自评模式必须遵循两个基本原则：（1）平等性原则，即评价过程中所有人员都是平等的。（2）共建性原则，即在评价过程中要共同协商、达成共识、共同建构。

七、增值评价模式

增值评价模式起源于增值评价法。该方法由美国学者特里·泰勒（Terry Taylor）和迈克柯兰（Charles McClain）等提出，通过对学生在某个阶段的学习过程和学习结果的分析，来描述学生在学习上进步或发展的增量。这个增量可以看作是教学品质提升的结果，是教学改进的标志，也是教学质量评价要抓住的重点。增值评价的理念建立在学校可以增加价值到学生的学习成就这一假设之上，而增值表示学校教学活动作用于学生个体，使其成绩超过一般期望成绩的额外部分。增值评价模式的优势在于重视学生的起点，关注过

① 金娣，王刚．教育评价与测量［M］．北京：教育科学出版社，2002：29.

程，强调学生发展，分清责任，高效利用统计数据，构建可操作性模型①。

第三节　教育评价的演进

教育评价学作为一门学科，同其他学科一样，也经历了一个从产生到发展的过程。探讨教育评价的历史和发展，有助于深入认识教育评价模式的演化过程，更好地研究教育评价的现状以及预测其发展趋势。

一、国外教育评价的演进

国外教育评价的发展历史大致经历了三个时期，即前教育评价时期、教育评价的产生与发展时期、教育评价的批判与重建时期。

（一）前教育评价时期

从学校出现至20世纪30年代是前教育评价时期。在这个时期，教育评价已经以片段的形式在西方学校教育中存在并发展了很长时间，此时真正意义上的现代教育评价还没有出现，还没有形成专门的教育评价理论②。但教育评价的实践却非常丰富，通常与教育活动或人才选拔活动相融合而普遍存在。

19世纪，工业革命使西方社会的经济和科学技术迅速发展，广泛和迅速提高劳动者的素质和技能成为当时社会发展的迫切需要。而大批劳动者进入学校学习和培训，与当时大部分学校以口试为主的考试制度产生了矛盾，于是以书面考试取代以往的口试改革被提出来。1845年，在贺拉斯·曼（Horace Mann）的提倡下，美国波士顿学校委员会第一次使用试卷大规模地测验学生的学习成绩。它为把学习测验分数作为依据来评价学校的教学质量打下了良好的基础。虽然实现了以书面考试取代口试，但又出现了如何提高测验客观性的新问题。

19世纪末开始，受实证主义追求客观、科学的思潮影响，为了克服笔试方式的弊端，一些学者提出了以教育测验取代笔试的主张。教育测验的产生不仅在理论上受实证主义哲学影响，而且在技术上以三个条件为前提：（1）现代实验心理学周密的实验计划和测量方法的启示。（2）统计测量技术的相继问世。（3）心理测验的直接推动③。正是在这些前期研究的推动下，引发了一场教育测验运动。教育测验运动的领袖人物之一是美国学者桑代克（E. L. Thorndike）。1904年，桑代克的《精神与社会测验学导论》出版，这是一本测量学史上划时代的巨作，标志着教育测量运动的开始。此后，桑代克编写了若干教育测量史上较早的学力量表。比纳（A. Binet）与西蒙（T. Simon）于1905年提出了第一个智力量表④。华纳德（G. G. Fernald）等人在20世纪20年代研究了人格测量工具。在长达几十

① 冯虹，张莹．增值评价：基于大数据的发展性教育评价模式［J］．当代教育科学，2016（9）：29－31.
② 刘志军．教育评价［M］．北京：北京师范大学出版社，2018：10－16.
③ 王凯．教育管理学基础［M］．杭州：浙江大学出版社，2021：292.
④ 同②13.

年的教育测验运动中，测验研究取得了较大的成效。

（二）教育评价的产生与发展时期

20 世纪 30 年代到 70 年代中期，教育评价经历了产生与发展的过程。从泰勒主持“八年研究”开始到 20 世纪 70 年代中期结束，教育评价经历了从产生到繁荣的过程。根据教育评价的发展脉络，这一时期大致可以分为泰勒模式阶段、稳定发展阶段、反思改造阶段。

1. 泰勒模式阶段

1930—1945 年属于教育评价的泰勒模式阶段。20 世纪 20 年代末，资本主义世界爆发了严重的经济危机。高中教育不能满足社会发展需要，也无法引起青年人的兴趣。为了解决高中课程及教学问题，对课程改革实验进行跟踪研究与评价，进步教育协会要求美国泰勒教授对教育改革的成效进行专项评估，其于 1942 年发表了“八年研究”报告，即《史密斯-泰勒报告》。在报告中，泰勒首次提出了“教育评价”的概念，并创立了行为目标评价模式（又称为“泰勒模式”）。由于在教育评价领域的开创性成就，泰勒被称为“当代教育评价之父”。

2. 稳定发展阶段

1946—1957 年属于教育评价的稳定发展阶段。在这个阶段，教育评价研究稳步发展，泰勒模式仍然是教育评价工作的重要内容，也取得了一些新成就。在评价方法和技术上有了两个重要的进展：(1) 标准测验的迅速发展，出现了许多新的全国性标准化测验。(2) 评价技术得到进一步发展，出现了教育目标分类学，使教育评价在泰勒模式的基础上，向科学化、可操作化的道路迈进了一大步。

3. 反思改造阶段

1958 年至 20 世纪 70 年代中期属于教育评价的反思阶段。1958 年，美国颁布《国防教育法》，投入巨额资金用于发展新教育计划，主要是新课程开发计划，同时也对课程发展计划开展了大规模的评价，这标志着教育评价进入了一个新的时期。这一时期，人们在遵循泰勒模式对政府的投资效益进行评价的过程中，发现了一些问题。一些学者开始对泰勒模式的适用性、目的与功能方面的问题进行了批判和改造，提出了新的评价思想和评价模式，如 CIPP 评价模式。从此以后，对泰勒模式的批判几乎成了教育评价发展的常态，泰勒模式在教育评价模式中的首席地位被打破，多种评价思想和评价模式并存的局面逐渐形成。

（三）教育评价的批判与重建时期

20 世纪 70 年代中期以后，随着各国经济的迅速增长和对受教育者素质要求的提高，教育改革得以全面推行。与之相适应，对泰勒模式的批判也进入新阶段，由原来的局部改造发展为全面的批判与重建。教育评价出现了各抒己见、百家争鸣的局面，进入一个全面兴盛时期。其中最具代表性的是目标游离模式、应答评价模式和自然主义评价模式等。这种批判与重建的努力一直持续到现在，体现了近几十年来，以多元化为主要特征的政治、社会和哲学思潮对教育评价的影响，也代表着教育评价模式未来的发展方向。在这一时期，世界各国还创办了许多教育评价专业学术期刊，以促进学者们研究评价，很好地发挥了交流平台的作用，是教育评价繁荣发展的重要促进力量。同时，国家及其他教育行政机构也更加关心教育评价，把教育评价作为教育管理过程的基本环节，使教育评价朝着理论联系实际的方向发展。此外，强调评价过程中评价主体间相互协调、沟通、理解、让步，强调评价标准的多元化、个性化，提倡评价手段质性化、人性化等，也都成为这一时期教育评价改革的重要理念①。因此，也有学者把这一时期称为“结果认同时期”。

二、我国教育评价的演进

我国古代萌发的教育评价思想和活动，因为种种原因未能顺利地成长和发展。直到1905年废止科举制度，开始参照西方现代的学校制度兴办新式学校，现代意义上的教育评价才逐渐发展起来，经过曲折历程，我国现代教育评价体系逐步形成。

（一）古代的选士制度

我国古代教育评价活动与选士制度密切相关。形成了一整套包括教育、考试、选才在内的严密完整的评价制度，是我国传统教育的一大特色，并成为我国现代教育评价活动的源头。西周的选士制度主要由乡里选士、诸侯贡士和学校选士组成，是世界上最早的人才选拔制度。汉代的察举制，通过“贤良方正”等选拔人才，是春秋战国时期养士制度的发展，也是后世科举制度的前身。魏晋南北朝的九品中正制，依据世家、才能、德行等进行等第评定，最终演变为士族官僚扩充势力、操纵政权的工具。科举制度产生于隋朝，经唐朝的发展和宋、元、明、清的演变，逐渐成为一种完备化、定型化的选士考试制度。它既不同于以德取人的察举制，又不同于以门第取人的九品中正制，后两者都是以举荐为主，考试为辅，而隋朝以后的科举制度则以考试为主，举荐为辅。详细情况请见第七章第二节“我国公务员制度的演进”。

（二）古代的学校教育评价活动

与选士制度相适应，我国不同的朝代形成了各具特色的学校教育评价制度。《礼记·学记》中记载了西周的考试制度，是我国有记载的最早的学校教育评价制度。同时，西周时期在各级乡学和国学之间建立了逐级递升制度，实现了学校的考察和国家的选士有机统一，为我国古代教评合一的学校评价与选士制度的发展奠定了基础。汉代太学很重视考试，充分发挥了考试选拔贤才和督促学生学习的双重作用。从隋唐到清末，与科举考试的产生与发展相适应，学校教育评价制度获得了较大的发展。宋代学校考试制度以王安石改太学时创立的“三舍法”为典型代表。元朝学校考试制度的典型代表是国子学实行的“升斋积分法”和“贡生制”，是对西周以来学校考试与选士制度相结合的传统的延续。明朝学校考试制度以“六堂三级积分法”为代表。

---

① 施良方，崔允漷．教学理论：课堂教学的原理、策略与研究［M］．上海：华东师范大学出版社，1999：330－332.

（三）现代教育评价的发展

1905 年，清政府下令停止科举，成立学部作为统辖全国教育的行政机关，我国现代教育评价的发展拉开了序幕。在曲折艰难的探索中，我国现代教育评价取得了发展，其历程可以划分为以下几个阶段。

1. 间断发展阶段

1905—1976 年，教育评价表现出间断发展的特征。这一阶段，我国教育评价在西方教育测量和教育评价思想以及苏联教育评价实践的影响下，在曲折艰难的探索中呈现出断断续续发展的特征。20 世纪初，清政府废除科举制度，实行所谓“新教育”，设立新学堂，初步建立了现代教育测量制度。民国时期，我国学者很快吸收了西方先进的测量理论和方法，开展了心理与教育测量的初步探索，奠定了我国现代教育测量的理论与实践基础。20 世纪 50 年代，引进苏联评价模式，推行以五级分制为核心的苏式成绩考评法。20 世纪 60 年代中期至 70 年代中期，受“文革”影响，高考中断，我国教育评价发展缓滞。

2. 理论积累阶段

1977—1984 年，我国的教育评价处于理论积累阶段。随着我国社会发展的稳定，学校教育教学逐步回归到正常轨道，我国教育评价理论与实践的持续研究得到有效积累。1977 年恢复高考，统一招生制度，极大地促进了我国教育评价研究的发展。从 20 世纪 80 年代开始，国内学界陆续译介了许多国外有关教育评价的研究成果，开展了大量教育测验与教育评价理论与实践的研究。

3. 持续发展阶段

1985—2000 年，我国的教育评价处于持续发展阶段。20 世纪 80 年代中后期，随着《中共中央关于教育体制改革的决定》等重要文件的发布，教育评价的研究与实践在我国大规模地开展起来。先后成立了专门的教育评价研究机构，举行了一系列全国性教育评价学术会议；完成了一批教育评价理论研究成果，初步构建了我国教育评价理论体系；出台了一系列教育评价改革政策，教育评价工作得到制度化保障。同时，教育评价中介化趋势初显，若干教育评价中介机构相继成立，第三方教育评价试点陆续开展。此外，随着高考改革的推进，考试内容与方式不断调整，我国尝试探索适应教育改革需要的高考招生考试制度。

4. 全面改革阶段

2001—2019 年，我国的教育评价处于全面改革阶段。21 世纪以来，随着新一轮基础教育课程改革的不断推进，人们开始对教育评价体系进行全面反思与批判，展开了全方位的评价改革。首先，转变评价观念，全面推进发展性课程评价。其次，进一步深化高考改革，完善高校招生考试制度。最后，促进政府职能转变，推进教育管、办、评分离。同时，形成了一系列丰富的教育评价研究成果，教育评价理论研究逐步走向深化。

《深化新时代教育评价改革总体方案》

5. 深化改革阶段

2020 年以后，我国的教育评价进入深化改革阶段。2020 年 10 月，中共中央、国务院印发了《深化新时代教育评价改革总体方案》，这是指导深化新时代教育评价改革的纲领性文件，也是新中国成立后第一个关于教育评价系统性改革的文件。《深化新时代教育评价改革总体方案》的出台实施，对于全面贯彻党的教育方针，完善立德树人体制机制，破除“五唯”顽瘴痼疾，引导全党全社会树立科学的教育发展观、人才成长观、选人用人观，具有重大意义，有利于推动构建服务全民终身学习的教育体系，培养担当民族复兴大任的时代新人和德智体美劳全面发展的社会主义建设者和接班人；有利于加快推进教育现代化，建设教育强国，办好人民满意的教育。

总体而言，改革开放以来，我国的教育评价在理论和实践方面稳步前行，尤其是随着新课程改革的推进和《深化新时代教育评价改革总体方案》的出台，教育评价改革已经触及深层次问题。随着教育改革的不断深化推进，教育评价也必将朝着更科学、更合理的方向发展。

第四节　教育评价的过程与方法

教育评价的开展有着一定的次序或步骤，每个环节对应着一定的工作和任务，这种在时间和空间上展开的顺序和逻辑，就是教育评价的过程。在教育评价过程的各个环节，所采用的操作方式和办法等就是教育评价的方法。

一、教育评价的过程

教育评价是一项专业性、技术性很强的复杂工作，只有科学、严格地按照一定的程序组织实施，才能保证教育评价结果的可靠性、有效性。通常而言，从教育评价过程的纵向顺序来看，教育评价过程可以划分为评价准备、评价实施和评价结果处理三个阶段，每一阶段又有若干主要步骤。教育评价从评价的准备阶段开始，主要包括分析评价背景、建立组织机构和设计评价方案三个步骤。评价的实施阶段是评价过程的核心阶段，一般包括试评价和正式评价两个步骤。评价结果的处理阶段是评价实施阶段的延续，主要工作有检验评价结果、分析诊断问题、反馈评价结果、总结评价工作等。教育评价过程的三个阶段紧密相连，适用于大多数教育评价活动。

（一）教育评价的准备阶段

教育评价的准备阶段对于科学地进行教育评价活动是必不可少的，甚至在很大程度上，评价准备工作的质量直接决定了教育评价开展的质量。

1. 分析评价背景

背景分析是评价准备阶段的一个重要步骤，主要任务是确定评价活动要解决的主要问题。基于不同的评价目的，评价要解决的问题也不同，明确这些问题的由来、适切性以及利益相关者的需要等，可以加强评价活动的针对性，使评价能够取得更好的实效。首先要分析社会背景。分析的重点是明确在特定的发展阶段，政治、经济、文化、科学等发展对学校教育有哪些重要的影响，又有哪些重要的需求。其次要分析教育发展阶段的重要问题。一定历史环境下，教育发展有其典型问题，可能是某一类学校带有倾向性的共同问题，也可能是某一所学校在特定时期产生的特有问题，把握这些问题，正是教育评价的意义和价值的体现。最后要分析评价的利益相关者的需求，包括分析评价委托人的需求和被评价者的需求。了解和掌握不同利益相关者的需求，对评价活动开展的时机与方法选择具有重要的影响。

2. 建立组织机构

评价的组织准备主要是成立有关的评价组织，如建立教育评价委员会或教育评价领导小组。其核心任务是设立一定的评价机构，聘请相关的专家，成立专家组，确定评价方案，解决评价过程中遇到的各种问题，公布评价结论，等等。在国外，对学校的评价通常由社会上具有一定权威性的第三方机构来组织实施。在我国，多数是由教育行政部门委托专家组进行评价。评价机构或评价人员是否掌握教育评价的理论与技术，是否熟悉教育评价的内容、方法和基本要求，以及办事是否客观公正，是否具有很好的人格品质，在很大程度上决定了评价工作的质量高低，因此，需要慎重选择评价机构与专家组①。

3. 设计评价方案

设计评价方案是准备阶段的实质性、关键性任务，它是教育评价顺利实施的前提，直接关系到教育评价工作的成败。教育评价方案是指评价活动先行组织者依据一定的评价目的，根据教育活动和评价活动的一般规律，对评价的内容、范围、方法、手段、程度等加以规范的基本文件。教育评价方案的主要内容包括评价的对象和目的要求、评价指标体系、评价方法、评价程序的时间安排、评价的注意事项等。较好的教育评价方案需要具备目的明确、完整规范、切实可行等特性。在进行教育评价方案设计的过程中，一般遵循确定与表述评价目的、设计评价准则、确定评价标准、选择评价方法或工具、明确评价程序及其他事项等逻辑流程。

（二）教育评价的实施阶段

教育评价的实施阶段指的是实际进行评价活动的阶段，它是整个评价过程的中心环节，也是评价组织管理工作的重点。教育评价的实施阶段主要包括试评价和正式评价。

1. 试评价

为了使教育评价更科学合理，在正式评价之前，一般都要进行试评价，以便总结经验，改进工作，提高教育评价质量。可以由评价组织者进行试评价，也可以把被评价者的自我评价作为试评价。后者可以为后续的正式评价提供充分的、必要的信息，而且有利于调动被评价者的积极性，促使被评价者进行自我诊断、寻找问题、解决问题，起到促进工作的作用。

2. 正式评价

正式评价是评价实施阶段的一个重要步骤。一般由专家组进行评价，其主要作用一方面是提高评价的可靠性，另一方面是提高评价结论的客观性和权威性。正式评价可以对试评价进行再检查，加强监督，防止和杜绝各种弄虚作假和不良行为的发生，有利于提高评价活动的可靠性和科学性。正式评价的专家组成员大多来自不同的领域，具有丰富的教育

---

① 陈玉琨．教育评价学［M］．北京：人民教育出版社，1999：46.

工作经验，且要作风民主、为人正派、公正廉明，对工作认真负责，处理问题实事求是。由他们展开评价工作有利于提高评价的客观性，使评价结论易于为大众所接受。正式评价包括收集信息、整理信息、评议评分、综合判断等步骤。

收集信息是教育评价的基础性工作。评价信息是进行评价的客观依据，也是做出科学结论的必要条件。教育活动的内容复杂多变，可收集的评价信息纷繁庞杂，信息收集不全面、不准确将会给评价工作带来较大的误差，导致纠正措施的失准。因此，在收集教育评价信息的过程中，要注意信息的全面性、准确性、有效性和丰富性等内在要求，切实保证信息收集的质量。

整理信息是对收集到的全部评价信息反复加以核实，对评价信息的全面性、准确性、适切性及收集方法的可靠性，认真地进行检查、分析、整理，便于服务评价目的。首先要对信息进行归类，即组织评价人员在一定时间内对通过各种方式获取的全部评价信息资料进行汇集，初步整理出类别。其次要对归类的评价信息进行审核，依据评价目的及要求，对它们逐一核实，去伪存真，去粗存精，缺失的信息要及时进行补充，次要的、代表性差的信息要舍弃，需要运用统计手段加工的信息要及时进行数字化处理。最后要对信息进行建档，即根据评价指标体系，分门别类地对评审后的评价信息进行编号建档，为接下来的评价工作做好准备。

评议评分是评价实施阶段的一项重要工作，也是教育评价活动开展的核心工作之一。对于整理后的评价信息，评价者要根据评价指标和标准判定被评价者达到规定标准的程度，并进行量化处理。

综合判断是评价实施阶段的最后一项工作，也是一项具有全局性意义的工作。综合判断是指根据分项评定的结果，并运用教育学、统计学、模糊数学等相关理论和方法，对被评价者做出定量或定性的整体综合判断。必要时可对被评价者做出优良程度的区分，或做出是否达到应用标准的结论。

（三）教育评价结果的处理阶段

教育评价过程的最后一个阶段，是对评价结果进行分析和处理。这一阶段较高的工作质量关系到评价作用的有效发挥，关系到评价目的的实现，也关系到整个教育评价工作的深入发展和提高。这一阶段具体包括检验评价结果、分析诊断问题、反馈评价结果和总结评价工作等。

1. 检验评价结果

教育评价结果的检验主要包括两个方面：（1）检查评价过程每个步骤的正确性与适切性，判断其是否贯彻了教育评价的基本原则，是否真正把握了教育评价指标和评价标准，从而确认教育评价结果的正确与否。（2）运用教育统计等检验方法对评价结果的统计量进行检验，确认教育评价结果是否科学。

2. 分析诊断问题

分析诊断问题是指根据评价目的对评价结果和评价信息资料进行分析诊断，系统评价被评价者工作的优缺点，帮助被评价者找出存在的问题以及问题的原因所在，为被评价者提供有针对性的改进建议等。

3. 反馈评价结果

为了充分发挥教育评价的作用，教育评价结果需要向有关方面进行反馈。首先，向有关的教育管理部门汇报，为上级决策提供依据。其次，向被评价者反馈，必要时要对有关结论做出合理解释，并向被评价者提出改进工作的有效建议。最后，在一定范围内公布评价结果，满足公众对于评价结果的期待，或使同行之间能够相互借鉴、相互监督、相互鞭策等。

4. 总结评价工作

评价工作的总结，一般包括：总结反思评价工作的经验教训以及评价活动规律，提升教育评价工作效率；召开评价工作总结会、表彰会，奖励先进单位和个人，推广优秀经验，改进教育评价工作；建立教育评价资料档案，将教育评价过程中的各项资料信息立卷建档，由专人妥善保管，以备查阅和研究。

综上所述，教育评价过程中的三个阶段及各个阶段的主要工作是环环相扣的，前者影响和决定后者的质量，后者为前者的改进提供信息和依据。任何一项工作出现问题都会直接影响整体评价活动的开展。因此，教育评价的组织者应将评价活动看作是一个统一的活动过程，统筹兼顾、全盘规划，切实保证评价工作的质量。

二、教育评价的方法

教育评价的方法是指评价者根据评价目标或理论，收集评价信息、处理评价信息、得出评价结论时所运用的操作方式和工具。教育评价方法的运用依赖于使用者对其理解的程度和价值选择，要使教育评价的方法充分发挥作用，需要处理好其工具价值和内在价值的关系，使其与教育评价目的相一致①。

（一）收集评价信息的方法

教育评价是为了对教育评价对象进行客观、公正的价值判断。要实现这个目标，除了要有科学、实用的教育评价方案外，最主要的是获得及时、可靠、全面、清晰的评价信息。评价信息的收集是教育评价开展的基础和前提。一般来说，教育评价过程中收集信息的方法主要有观察法、访谈法、问卷法和测验法等。

1. 观察法

教育评价的观察法是指评价者对评价对象在自然状态下或者控制状态下的有关行为表现做出描述性如实记录的方法。评价目标和标准是观察的依据，它能够保证观察的目的性。评价者可以借助自己的感官，如眼、耳等直接收集信息，也可以借助一些仪器或器具，如录音机、照相机、摄像机等收集信息。评价者可以用文字、图表记录观察结果，也可以用录音机、摄像机全部录制保管。观察法适用的范围包括：（1）收集各种外显行为信息，包括语言、动作、表情等。（2）定性评价，收集信息一般采用非数字化形式，强调对行为如实描述和记录。（3）评价对象的数量较少，如果评价对象较多时，会影响观察的全

---

① 沈玉顺．高等教育评价方法技术的误用、滥用及其矫正［J］．复旦教育论坛，2010，8（5）：10-13.

面性、客观性，降低评价的科学性。(4) 辅助其他评价方法，如可以与访谈法相配合，对访谈对象的语言信息加以整理和分析。观察法的优势是简单易行，获得的信息较为真实。其不足之处在于所获得的信息可能具有表面性，难以做量化统计，观察的效率可能不高，等等。

观察法根据评价者与观察对象接触方式的不同，可以分为直接观察法和间接观察法；根据对观察情境控制程度的不同，可以分为自然观察法、情境观察法和实验观察法。观察法的一般步骤包括：(1) 确定观察目的，明确观察活动的起点和归属。(2) 设计观察提纲和记录方式，指出观察的重点、范围、时间、次数等。(3) 确定观察对象和方法。(4) 进行试探性观察，根据结果调整和完善各项观察准备工作。(5) 实施观察，提前进入观察领域，有目的、有计划地开展观察活动，并进一步证实含义模糊的信息。(6) 观察结束后，对获得的材料进行分类和处理。

2. 访谈法

教育评价的访谈法是指评价者通过与访谈对象（不一定是评价对象）的交谈而收集评价信息的方法。交谈可以是评价者与一个访谈对象之间的交谈，也可以是评价者与众多访谈对象之间的交谈。这种交谈需要评价者亲自参加，信息是评价者从与访谈对象的谈话中直接获得的，没有经过中间环节。访谈法的适用范围包括：(1) 低文化水平的访谈对象，对访谈对象的文化水平尤其是语言表达能力要求不高。(2) 了解访谈对象的心理活动和思想状况，这些内在的东西难以通过外在的行为表现出来，需要通过访谈加以了解。访谈法的优势是有利于深入地了解访谈对象，机动灵活，具有普适性。其不足之处在于耗费人力、财力和时间，所获得的信息是一种间接的信息，对访谈者的素质要求高，访谈对象有限，等等。

访谈法有结构型访谈法和非结构型访谈法、集体访谈法和个体访谈法等不同的类型。教育评价访谈法的应用也如教育督导访谈法的应用一样，可以划分为访谈前的准备阶段、访谈的正式实施阶段和访谈后的归纳总结阶段三个阶段。访谈法的一般步骤包括：(1) 明确评价目标，制定访谈提纲。提纲表述要简单明了、含义明确，防止产生暗示作用。(2) 选择访谈对象，确定访谈类型、时间和地点。(3) 开展预备性访谈，介绍访谈目标、意义，做出承诺等，以消除访谈对象的顾虑和紧张氛围。(4) 有计划地按照访谈提纲引导访谈对象发表意见。(5) 处理访谈材料。

3. 问卷法

教育评价的问卷法是指评价者根据评价目标设计问题，要求调查对象做出回答，从而获得评价信息的方法。随着互联网的发展和计算机、智能手机的广泛应用，问卷法日益受到人们的重视，问卷的发放与回收也从“面对面”转向网上进行。问卷法常用于了解教育评价对象的行为特征、观点、态度、兴趣、差异性表现，适合于收集广泛的意见，以评价一个群体、事物或教育机构的发展状况，并有助于做出价值判断。问卷法的优势是收集信息经济、高效，结论有较高的精确性和客观性。其不足之处在于问卷中的问题常常限制调查对象的回答，难以顾及个别对象的特殊性，问卷所获材料也具有间接性，等等。

根据问卷中问题的性质，可以将问卷法划分为结构型问卷法和非结构型问卷法。问卷法的一般步骤包括：(1) 明确评价目的，规范设计问卷。问卷设计要内容全面，问题类型适合，问题表述通俗准确，问题规模适宜，避免使用暗示语言等。(2) 选择问卷调查方法和调查对象，培训调查人员。(3) 进行试调查，根据结果优化筛选问题，提供有用的数据，并检验问卷调查的组织细节、数据统计方法等。(4) 正式实施问卷调查。(5) 回收问卷并处理问卷数据。

4. 测验法

教育评价的测验法是指评价者通过一系列试题测验评价对象的水平，并以数据形式表现评价结果的一种评价方法。测验法不仅适用于知识测查，还被广泛用于智力、能力、道德认识等内容的评价。考试是测验的一种主要形式。测验法的优势是适合于易被量化的评价项目，测验结果比较精确、客观，可以鉴别调查对象的高级素质，确定调查对象对概念、命题和原理的理解水平，测验学生的书面表达能力、思维方式以及综合知识运用能力等。其不足之处在于试题的编制过程费时耗力，对编制人员的专业能力要求较高，容易使调查过程过于关注细小的知识点，过分重视测验可能导致应试教育等。

根据测验所使用试题的性质，可以将测验法划分为客观测验法、主观测验法、情境测验法和标准测验法。测验法的一般步骤包括：(1) 明确测验目标和命题指导思想。(2) 制作试卷细目计划表。(3) 编制试卷。(4) 组织测验。(5) 对测验结果进行分析和处理。

（二）处理评价信息的方法

收集到的教育评价信息可以分为定性评价信息和定量评价信息两种，对于不同类型的信息，应采用不同的方法进行处理。处理评价信息的基本方法也分为两种：(1) 定性处理法，主要包括哲学分析法、系统分析法和逻辑分析法等。(2) 定量处理法，主要包括累计分数法、统计分析法和模糊数学法等。从教育评价发展的趋势来看，提倡把定性处理法和定量处理法结合起来综合使用。

1. 哲学分析法

教育评价的哲学分析法是指用马克思主义哲学的基本原理和方法来处理教育评价信息的方法。马克思主义哲学是人类哲学思想和科学知识发展的最高成果之一。由于马克思主义哲学是科学的世界观和方法论，因此用这种世界观和方法论来分析事物和现象，就会得出科学、客观和准确的结论。在处理评价信息时，运用辩证唯物主义和历史唯物主义，评价者能透过现象，认识和揭示事物的本质，把认识从事物的外部深入内部，并从偶然性事件中发现必然的规律，以获取真知和得出科学结论。

2. 系统分析法

教育评价的系统分析法是指运用系统科学的原理和方法来处理教育评价信息的方法。系统科学是研究系统特征和演化规律的科学。所有的教育活动都可视为一个系统，它的运行遵循着系统演化的规律。如果评价者认识了这些规律，就可以较为科学地分析评价信息、推断评价结论。系统科学主要包括系统论、信息论、控制论等，运用系统科学对教育评价信息进行处理时，需要遵循以下三条基本原则：(1) 整体原则，即任何系统的整体功能等于系统各部分功能的总和加上各部分相互联系形成结构所产生的功能。(2) 反馈原则，即一个控制系统既有控制部分来控制信息输入受控部分，也有受控部分来反馈信息回送到控制部分，从而形成一个闭合回路。（3）有序原则（也称自组织原则），是指一个系统只有在开放、远离平衡和内部不同元素或子系统之间存在非线性相互作用的条件下，通过涨落放大才可能以自组织的方式，从混沌到有序，或者从低级有序到高级有序。

3. 逻辑分析法

教育评价的逻辑分析法是指用逻辑学的基本原理来处理教育评价信息的方法。常用的逻辑分析法主要包括归纳和演绎、分析和综合等。归纳是从个别事实推出一般结论的思维方法，大致相当于认识过程中从个别到一般的阶段，又分为完全归纳和不完全归纳两种。演绎是从一般结论推出个别事实的思维方法，大致相当于认识过程中从一般到个别的阶段。归纳和演绎是密切联系的两个方面，不仅归纳是演绎的基础，演绎是对原有归纳的补充，而且演绎是新的归纳过程的前导，归纳也是对演绎的补充。分析是在思维活动中把认识对象分解成各个组成部分，然后对它们进行细致的研究，即把一个整体分解成若干部分，然后逐个研究，研究结果是关于认识对象各个部分的具体知识。综合是在思维活动中将分析所得的关于客观对象各个部分、方面、特征和因素的认识联结起来，形成对客观对象的整体认识。分析和综合是两种不同的、相反的理性认识方法，但是它们又相互依存，不可分割。它们统一的客观依据是，事物本身都是由若干部分和方面组成的统一体，事物既有多样性和复杂性，又有统一性和简单性。

4. 累计分数法

教育评价的累计分数法是指评价者按照教育评价标准逐项对评价对象进行评分，然后将各项所得的分数相加起来，得出评价对象应得总分的方法。累计分数法的应用非常广泛，是一种既简单又实用的评价信息处理方法，它的计算公式主要有以下两个。

（1）当评价指标没有相应的权重时，计算公式为：

$$S=\sum_{i=1}^{n}S_i$$

公式中 S 为累计分数，S_i 为评价对象第 i 个评价指标的评定值。

（2）当评价指标有相应的权重时，计算公式为：

$$S=\sum_{i=1}^{n}w_iS_i$$

公式中 S 为累计分数，S_i 为评价对象第 i 个评价指标的评定值，w_i 为对应评价指标 i 的权重。

5. 统计分析法

教育评价的统计分析法是指应用数理统计的手段处理教育评价信息的方法。许多教育现象都与数量有关，其中有一些是随机性数量，这种数量需要用统计分析法来处理。常用的方法包括 Z 检验、T 检验和 F 检验等。同时，多元统计分析法在教育评价中的应用也越来越多。某一种教育现象往往是由多种因素决定的，对其价值进行判断势必要对与教育相关的各种因素进行分析和推断，这是单变量统计分析法不能解决的，要运用多元统计分析法来实现。常用的方法包括主成分分析法、因子分析法和聚类分析法等。

6. 模糊数学法

教育评价的模糊数学法是指应用模糊数学处理教育评价信息的方法。模糊数学是研究和处理模糊性现象的数学，它对事物的不确定性质状态做数量描述。模糊数学法的最终目的是从模糊中求精确，以获取与教育评价对象本来面目相接近的参数。模糊综合评判法是一种较为常用的对教育评价信息进行处理的方法。

（三）得出评价结论的方法

在前期收集和处理相关信息的基础上，可以得出相应的评价结论。一般而言，依据评价结论呈现形式的不同，其主要分为评分法、评等法和评语法。

1. 评分法

评分法是指评价者以数字的形式呈现评价结论的方法。这种方法适用于易于量化的评价内容，如掌握知识的水平、智力发展的水平等。评分法能够比较准确地了解被评价者的发展状况，反映被评价者之间的差异，因而具有可比性，能够使教育者有针对性地改进教育工作，为被评价者进一步发展提供有针对性的帮助。但是评分法反映的信息具有一定的片面性，无法反映那些不易量化、内涵性的评价信息。因此，不建议把评分法作为唯一的评价方法来呈现评价结论。

2. 评等法

评等法是指用不同的等级反映被评价者属性或质量状况的评价方法。评等法适用于不易量化的评价内容，如学生的品德发展、教师的教学水平等。由于评等法能够比较详细地反映被评价者的属性或质量状况，因而对评价者和被评价者掌握质量信息具有积极的作用，且能在一定程度上避免被评价者之间因细微区别而引发纠结和计较。在运用评等法的过程中常常会不可避免地受到主观因素的干扰，因此，评价者在使用评等法时要尤为关注等级评判的客观性。

3. 评语法

评语法是指运用评语对被评价者的发展质量做出定性评价的方法。评价可以是口头语言，也可以是书面语言；可以指出对象所属的等级，也可以指出对象发展质量的具体状况和特色。评语法适用于不易量化的评价内容，如品德、态度、情感、意志和个性等，也适用于评分法和评等法后的继续评价，以弥补评分法、评等法的不足。通过评语法所得到的结论明确、直观，对评价对象有较强的指导意义。同时，评语法具有一定的主观性和不确定性，容易受评价者的经验、能力和价值观等因素影响。此外，评语法得出的定性结论不易量化，无法进行统计处理，也不利于被评价者之间相互比较。

评分法、评等法和评语法各具优势和不足，在实践操作中应根据对象的实际情况，选择恰当的评价方法，并提倡多种评价方法的综合运用。

第五节　教育评价的应用

在教育管理活动中，教育评价常见的应用主要包括学生评价、教师评价、学校评价等。这些教育评价的应用是教育行政部门、学校管理者、教师、学生和家长共同关心的核心内容。

一、学生评价

学生评价是指在系统及全面地收集、处理和分析学生信息的基础上，依据一定的价值标准，运用多种科学且可行的方法，对学生的课业、思想品德、身体素质、心理素质和综合素质等方面的发展和变化进行的评价。其目的在于促进学生的全面发展，提高教师的教学质量。学生评价在教育评价中占据重要地位，从教育评价的发展历史来看，教育评价是从对学生评价的认识和研究开始的，教育评价的发展无不与学生评价的发展联系在一起。随着我国新课程改革的逐步推进，学生评价已经成为教育理论研究者和教育实践工作者共同关心的热点问题。

（一）学生评价的内容

《关于积极推进中小学评价与考试制度改革的通知》

进入 21 世纪以来，随着素质教育的全面推进，我国学生评价改革日益受到教育界的广泛重视。2001 年，教育部印发《基础教育课程改革纲要（试行）》，对学生评价提出了相关要求。2002 年，教育部印发《关于积极推进中小学评价与考试制度改革的通知》，明确指出要建立以促进学生发展为目标的评价体系，包括评价的内容、标准、方法和改进计划。2004 年，教育部办公厅印发《国家基础教育课程改革实验区 2004 年初中毕业考试与普通高中招生制度改革的指导意见》，对初中毕业综合素质评价做出了明确规定。上述政策文件对学生评价的主要内容做出了清晰界定，即按照学科学习目标和基础性发展目标对学生进行全面评价，总体而言，可以划分为课业评价、思想品德评价、身体素质评价、心理素质评价和综合素质评价五个方面。

1. 课业评价

课业评价是指教师首先依据一定的教学目标，确定出学科课程的具体标准，然后通过使用多种测验和测量方法，对学生在学科课程学习中取得的成就进行综合判断，从中得到关于学生是否达到预定教学目标的结论的过程。课业评价有三个重要目的：（1）对教师教学的有效性提供反馈信息。（2）帮助教师准确判断学生的学业成就。（3）使学生了解自己情况。因此，能否通过课业评价收集到有价值的信息，对提高教师的教学质量和促进学生的学习都有非常直接的影响。课业评价的主要功能体现在五个方面：（1）诊断——确定学生已经具备的学习基础。（2）引导——指明学生课业学习的努力方向。（3）反馈——报告学生学业成就的真实情况。（4）激励——激发学生主动学习的内在动力。（5）调解——协助整个教学过程中的教师决策。针对学生课业评价的目的、性质和特点，开展评价活动时需要遵循四条重要的基本原则：（1）目标性原则，即教师在对学生课业进行评价时，必须明确地知道要评价学生哪些方面的学习表现。（2）科学性原则，即评价内容的合理性和评价方法的适切性。（3）发展性原则，即教师在评价时应将学生的发展放在首位，把评价作为促进学生发展的重要途径。（4）多元性原则，即评价的目标要多元，评价的方法要多元，评价的主体也要多元。

2. 思想品德评价

思想品德评价是指根据一定的品德发展目标，运用科学可行的方法和技术对学生的政治品质、道德品质、思想品质做出事实分析和价值判断，以促进学生道德发展，并为德育决策提供依据的过程。思想品德评价对于学生个体的全面发展，对于学校德育实施的科学化，以及对于社会精神文明建设都具有重要的意义。具体而言，思想品德评价的功能主要体现在五个方面：（1）导向——指明学生思想和行为发展的正确方向。（2）诊断——了解学生思想品德的状况。（3）激励——鼓励学生积极上进。（4）管理——完善学校德育管理工作。（5）研究——鉴定德育实验的效果。在开展思想品德评价的过程中要制定科学的指标体系，使其具有客观性和可操作性；要将质化评价和量化评价相结合；既要重视外显行为评价，也要重视内部思想意识评价。

3. 身体素质评价

身体素质是指在遗传性和获得性的基础上表现出来的人体形态结构和生理功能的综合的、相对稳定的状况和特征。所谓身体素质评价，是指根据一定的健康标准对学生的身体状况进行测试和评估的过程。评价学生的身体素质，一般从身体形态发育水平、生理功能水平、身体机能、运动水平及适应能力五个方面进行。

4. 心理素质评价

心理素质评价是指对学生的心理状态、心理品质、心理能力和心理特征等方面进行评定。对学生进行心理素质评价，不仅能够为心理诊断和教育提供科学依据，帮助学生提高心理素质、健全人格、增强承受挫折和适应环境的能力，还可以充分发挥评价的导向和决策功能，协助学校的心理辅导教师设计更有针对性的心理教育模式，完善和改进学校心理教育工作。开展心理素质评价活动，一般借助专业的量表和测评工具，对学生的智力与学业成就、人格和社会行为、心理发展特征等内容进行测量。

5. 综合素质评价

综合素质评价指向整体的、活生生的人，指向具有多种发展潜能、可能性的人。进行综合素质评价，既要注重学生成长发展的全面性，也要注重学生成长发展的差异性。促进学生全面而有个性的发展，是综合素质评价的根本目的。综合素质评价是全面提高国民素质的重要手段，对教育教学的改进和教师评价观念的转变具有重要的导向作用。2014 年 12 月，教育部印发《关于加强和改进普通高中学生综合素质评价的意见》，对综合素质评价的内容和标准做出了规定，其中提出了把思想品德、学业水平、身心健康、艺术素养和社会实践五个方面作为考查学生综合素质的主要领域。在此基础上，综合素质评价的内容还要体现全面性和可操作性，并追求评价结果的科学性和公正性。

（二）学生评价的方法

评价方法多元化是新课程改革背景下学生评价的重要特点。教师需要在实践中开发多元化的评价任务，综合运用多种评价方法，全面评价学生在各种目标领域的学习与发展。通常情况下，学生评价的主要方法包括纸笔考试、表现性评价、档案袋评价、学生自评和学生互评。

1. 纸笔考试

纸笔考试是学生评价中最常见的一种方法，在评价学生学科学习成果方面发挥着重要的作用。所谓纸笔考试，是指教师将要考察的教学内容以不同的问题形式展现在试卷上，学生在规定的时间内运用书面语言回答所有问题，然后教师按照预先制定的标准对试卷进行评分，并根据学生的答题情况做出其是否达到课程要求的总体评价。纸笔考试可以检查学生的学习基础，发现学生的学习困难，以及评价学生的学习成果。考试题目的类型主要有客观性试题和主观性试题两种，其中客观性试题包括判断题、匹配题和选择题等。在实施纸笔考试的过程中，教师要为学生创造良好的考试环境，帮助学生排除心理压力，为学生提供充足的时间。

2. 表现性评价

表现性评价是指根据学生在真实的或模拟的情境中运用已经获得的知识解决问题或创造性地完成任务的表现，考察他们在认知、情感、技能、交流合作、批判性思考和学习成果等方面的情况的评价活动。通过表现性评价既可以了解学生在完成任务过程中所表现的行为、情感与心理活动，也可以评价他们经过学习之后所取得的外显的学习“产品”。表现性评价的主要特征包括评价任务的情境性、评价标准的多重性、评价过程的公开性和反馈信息的全面性等。在实施表现性评价的过程中，教师要确定适当的表现性任务，制定合理的评价标准，科学客观地评价学生的学习表现与成果。

3. 档案袋评价

档案袋评价是指通过对档案袋的积累过程和最终结果的分析，对学生的发展状况做出的评价活动。档案袋又称作成长记录袋，是用于显示学生学习过程或进步信息的作品、评价结果以及其他相关记录的资料的集合①。档案袋评价的优势在于可以培养学生的主体意识，全面反映学生的综合素质，促进学生的自我反思，以及提高学生的实践能力。在实施档案袋评价的过程中，教师要确定档案袋评价的目的，选择档案袋评价的内容，制定好档案袋评价的标准。

4. 学生自评

学生自评是指学生根据评价目标，运用自我认同的评价标准，对自己的课业学习和身心发展状况进行记录、分析并做出评判，以促进自身发展的评价活动。自我评价的优势在于能够帮助学生形成正确的自我意识，激发学生的学习动机和兴趣，有助于学生各种潜能的发挥，引导学生进行主动的自我调节，促进学生成为独立的终身学习者。在实施学生自评的过程中，教师应当向学生宣传强调自我评价的意义和作用，训练学生自我评价的技能，创设多种自我评价的途径。

5. 学生互评

学生互评，即学生之间的相互评价，这对于促进学生健康成长具有重要的意义。学生互评可以培养学生的协作能力和合作精神，有助于促进同伴间的信息交流和共同发展，还可以帮助教师积累学生的各种信息。学生互评可以采取多种形式，主要包括同伴评价、小组评价、班集体对个体的评价等。在实施学生互评的过程中，教师应抓住有利的互评时机，有针对性地选择适宜的评价内容，让学生采取多种信息传递方式，以达到评价的目的。

---

① 刘志军．教育评价［M］．北京：北京师范大学出版社，2018：223．

二、教师评价

教师评价是评价者依据一定的评价标准和程序，采取多种方法收集评价资料，对教师个人的资格、能力及表现进行价值判断的评价活动。教师评价对学校教育质量的提高具有重要的导向作用，是促进教师专业发展和提高教学效能的有效途径。

（一）教师评价的内容

教师评价的内容反映人们对教师工作的基本价值认识。教师评价内容的确立要以新时代社会发展对教师提出的要求、学生发展的需求、教师专业发展的需求以及教师工作自身所固有的规律和特点等为依据。其主要包括教师素质评价、教师工作过程评价和教师工作绩效评价三个方面。

1. 教师素质评价

教师素质是教师固有的职业品质，是以人的先天禀赋为基础，通过教育和自我提高而形成的具有一定时代特点的思想、知识、能力等方面的身心特征和职业修养。2012 年，教育部印发《幼儿园教师专业标准（试行）》《小学教师专业标准（试行）》《中学教师专业标准（试行）》，围绕专业理念与师德、专业知识、专业能力三个核心维度，对教师的专业素质提出了基本要求。以此为基础，教师素质评价应聚焦教师的职业道德、知识素质和能力素质三个方面。职业道德主要表现为：依法执教，爱岗敬业；教书育人，以生为本；热爱学生，为人师表；身心健康，品格高尚等。知识素质主要包括教育知识、学科知识和通识性知识三个方面。能力素质主要体现在教学设计、教学实施、班级管理与教学活动、教育教学评价、沟通与合作、反思与发展等几个方面。

2. 教师工作过程评价

教师工作是指教师按照社会对教师职业的角色要求，在教育教学过程中表现出来的种种行为。其中，教学是教师最主要的工作，因此，教师工作过程评价主要是对教师教学常规行为的评价。教师教学常规行为一般包括备课、上课、布置与批改作业、课后辅导、组织课外活动、评价学生学业成绩、开展教科研活动、承担协同工作等。对教师教学常规行为的评价主要考察教师承担以上各项工作的数量、对相关工作的态度、完成工作所采用的方法以及教学效果情况。面对千变万化的教学情境，以及人们对教学规律与学生身心发展规律认识的局限性，找到一套适用于各种情况的理想的教师课堂教学评价标准是十分困难的。有学者指出，在我国，基于教师经验的课堂教学评价准则最能为教师理解与接受，这些准则包括：与学生形成良好的关系，并有使这一关系与教学任务联系起来的能力；有激励学生积极参与教学活动的能力；有明确地表达自己思想的能力；有最大限度地利用有关资源的能力；有适应新情况的自我判断能力①。

3. 教师工作绩效评价

教师工作绩效是教师基本素质和教学行为的最终体现，也是教师工作评价的核心内容

---

① 陈玉琨．教育评价学［M］．北京：人民教育出版社，1999：186－189.

之一。一般从工作数量和工作质量两个维度进行绩效评价。工作数量主要指教师的教学工作量、科研工作量、社会兼职工作量等。工作质量主要指学生在德、智、体、美、劳等方面表现出来的质量，教育教学经验，以及科研成果等。其中，学生的发展状况是衡量教师工作绩效的重要依据之一。综合而言，我国教师工作绩效评价的主要观测指标可以归纳为教学成绩、教育效果和教科研成果三个方面。

（二）教师评价的方法

依据不同的划分标准，教师评价的方法也是多样化的。从评价主体的视角出发，教师评价的方法可以划分为教师自我评价、领导-同行评价、学生评教三种①。

1. 教师自我评价

教师自我评价又称教师自我反思评价，是指教师依据评价准则，按照一定的评价标准和发展目标，对自己的知识、能力、职业道德、教育教学工作等做出的评价活动。教师自我评价重在自我反思。对于绝大多数教师来说，自我评价是一个连续不断的自我反思、自我教育、激发内在动因的过程②。在实施教师自我评价过程中，首先要确定教师自我评价的机制，主要包括根据别人对自己的评价来评价自己、通过与他人的对比来评价自己和通过自我分析来评价自己三种形式；其次要制定教师自我评价的标准，它是教师有效开展自我评价的重要依据；再次要选择教师自我评价的工具，主要包括教学录像、教学录音、专家量表、教师自制量表、教学日志、事件记录表等；最后要促使教师进行自我反思，反思途径主要包括教学笔记、反思日志、交流讨论和行动研究等。

2. 领导-同行评价

领导评价是指教育督导机构、上级教育行政部门、学校领导等依据一定的评价标准和准则对教师的教育教学工作进行价值判断的评价活动。同行评价是指本校教师、校外教师和专家等对教师的工作情况和个人发展情况进行价值判断的评价活动。领导-同行评价是指将领导评价与同行评价相结合，依据一定的评价标准和准则共同对教师的工作情况和个人发展情况进行价值判断的评价活动。领导-同行评价的操作方法主要包括：课堂观察评价法、教学档案袋评价法和三人评价法。课堂观察评价法又称课堂听课评价法，是指评价者直接进入课堂，通过现场观察教师的教学实践，总结优点，发现问题，并做出相应评价的方法。教学档案袋评价法又称教师成长记录册评价法，是指教师把自己最具代表性的作品汇集起来，通过开放的、多层面的评价，展示自己成长过程的特点，总结反思自己工作的经验教训，从而不断地促进专业发展的评价方法。三人评价法又称“校长-同事评价法”，即建立由第一评价者（校长）、第二评价者（同事）和评价对象（教师）组成的评价小组，由第一评价者与第二评价者共同对评价对象进行评价的方法。

3. 学生评教

学生评教是指学生对教师素质和教育教学行为等进行价值判断的评价活动。通常情况下，学生被认为是对教师教育教学状况进行“全程监控”的最有权的评价者。实施学生评

---

① 陈玉琨．教育评价学［M］．北京：人民教育出版社，1999：138－140．

② 王斌华．教师评价：绩效管理与专业发展［M］．上海：上海教育出版社，2005：18．

教的途径主要是将问卷调查与学生座谈相结合。问卷调查指相关人员依据教师评价标准，设计学生评价问卷，由学生对教师的教育教学状况做出评价，然后其对问卷结果进行统计处理，获得评价结果。学生座谈指相关人员通过与部分学生谈话，更进一步地了解学生对教师及其教育教学情况的认识，获得描述性的质性评价信息。

三、学校评价

学校评价是指以一定的教育价值观为指导，运用教育评价的理论和方法，按照党和国家的教育方针、政策、法规以及特定的评价标准，对学校的办学方向、办学条件、管理工作、办学效益等方面进行总体评价或单项评价的活动。通过学校评价可以鉴定学校办学水平，评定学校等级优劣，促进学校发展，为教育行政决策服务，以及有效回应家长和社会对学校教育教学质量的期待，等等。

（一）学校评价的内容

学校评价活动丰富多样，评价活动的出发点不同，其评价内容会呈现出不同的侧重。一般来讲，按照评价对象的不同，可以把学校评价分为综合性学校评价与专题性学校评价两大类。

1. 综合性学校评价

综合性学校评价是对学校工作的全面评价，评价内容较为多元，但一般可以从办学思想、办学条件、办学行为和办学绩效四个方面开展评价。学校办学思想评价，主要包括办学方向、教育思想、办学理念和办学目标等维度。学校办学条件评价，主要针对学校硬件建设（学校设置与规划、学校用地与校舍建设、装备条件、经费保障等）和软件建设（领导班子建设、师资队伍建设和校园文化建设等）两个方面。学校办学行为评价，主要针对课程设置、教育教学活动、教研活动、学校管理活动、与社区和家庭的交流合作活动等方面。学校办学绩效评价，主要针对学生发展、教师成长和学校发展三个方面。

2. 专题性学校评价

在具体的学校评价活动中，有时需要专门针对学校的某一项专题工作进行评价。通常要根据实际需要，从学校的综合性评价内容中选择适当的部分加以组合，形成评价指标体系，以构成专题性评价内容的主体。例如，针对学校管理工作的评价，可以从学校的管理思想、管理人员和组织机构建设、师资队伍管理、教育教学管理、体育卫生管理、总务管理等方面进行。

（二）学校评价的方法

学校评价的方法可以分为学校自评和校外他评两种。

1. 学校自评

学校自评是指学校干部和教师参照评价指标体系对学校自身工作状况或发展状况进行自我鉴定的评价活动。学校自评实质上是学校自我认识、自我分析、自我提高的过程。学校自评在实施过程中，要成立自评工作机构，制定自评工作计划，展开自评工作，形成学校自评报告。

2. 校外他评

校外他评是指由各级教育行政部门和社会评价机构等校外其他相关者对学校工作和发展状况实施的评价活动。校外他评在学校自身发展、行政决策管理和社会舆论导向等方面都具有重要的价值，可以通过查阅材料、听说课以及实地核实等途径开展这项工作。

课程评价请见第六章第三节，此处不再赘述。

案例分析

智慧阳光评价，破解“唯分数”顽疾

——中小学教育质量综合评价改革的广州方案（节选）①

案例背景：广州市是全国中小学教育质量综合评价改革实验区之一。从 2013 年起，广州全面启动中小学生综合素质评价改革，探索建立破解“唯分数”顽疾的阳光评价体系。2020 年初，阳光评价依托教育信息化升级转型为智慧阳光评价，实现了大数据、云计算等新一代信息技术与教育评价改革的融合创新。

测什么：学生综合素质关键指标

2017—2018 年，广州阳光评价指标体系主要针对中小学生，包含的六大维度分别为：品德社会化、艺术素质、身心发展、学业发展、学业负担和学校认同。2019 年，广州阳光评价指标体系在上述指标的基础上，优化完善了学生测评指标，增加了针对中小学教师、校长和中小学生家长的测评指标。

2020 年，广州阳光评价指标体系新增学业发展维度下的学科素养，以及劳动实践维度。其中，学科素养分为数学素养、科学素养和阅读素养：数学素养包括数学内容、数学学习过程、数学情感与态度三项指标，科学素养包括科学知识、科学能力、科学态度与价值观三项指标，阅读素养包括阅读情境、阅读文本、阅读策略三项指标。劳动实践维度下设劳动素养，包括劳动观念与态度、劳动技能与习惯、劳动情感与品质三项指标。

该指标体系解决了评价指标单一问题，聚焦提高学生综合素质，培养学生正确价值观、必备品格和关键能力。其强化了过程性评价和发展性评价，注重将结果评价与增值评价相结合，改变学生的学习方式，将学生的发展和进步作为评价的核心，强调教育的核心使命，充分发挥评价的引导、诊断、改进、激励功能。

依托云计算和大数据平台，2020 年，广州中小学教育质量智慧阳光评价体系包含四大领域，分别是广州中小学生综合素质评价体系、中小学校长测评体系、中小学教师测评体系、中小学生家长测评体系。从评价对象来看，该评价体系中既包括对义务教育和普通高中阶段学生的德智体美劳五育并举的全面发展评价，又包括对教师、校长以及学生家长的针对性评价；既反映各评价对象群体的发展情况，又注重评价对象个体的发展情况。

---

① 韦英哲，穗教研．智慧阳光评价，破解“唯分数”顽疾：中小学教育质量综合评价改革的广州方案［J］．广东教育（综合版），2022（1）：6－11.

怎么测：依托数据研制测评工具

广州依托信息技术、大数据技术、人工智能技术和新的统计模型，创造性地构建“学业测试＋问卷调查＋非学业量表”综合评价新模式，研制出18个测试工具，较好解决了指标单一、观测点模糊、工具单一等难题。

在方法上，综合运用因子分析法、聚类分析法、多重线性回归、决策树等，了解学生发展水平，探讨影响因素，综合充分、全面的信息刻画、描述学生的发展情况，为学生全面发展提供精准指引和建议。

在技术上，充分利用大数据平台，完全实现无纸化的在线测试（包括视听技术的运用），不同终端之间互通，根据不同的用户权限自行提取报告结果；构建数据反馈体系，精准推送数据，促进中小学生综合素质评价闭环的运用。

教师评价能力的提升是教育评价改革的关键。广州认真研究如何提高教师的教育评价能力，推动教育评价改革走出关键的一步。一是在各区推荐的基础上，组建广州“数据分析师”团队，形成基于大数据分析和使用的教研机制，推动形成“一区一案”“一校一案”“一生一案”精准评价和精准改进机制，保障测试工作和数据分析应用的科学性、规范性。二是邀请教育测评研究机构的专家团队培训各区测评工作领导者和测评学校骨干，提升他们运用测试和评价工具的能力，提升一线教师的教育评价能力。三是建立激励机制，在每年组织市、区、校三级报告解读和数据应用分享与培训的基础上，从2021年开始，每年评选数据应用优秀案例，激发一线教师和家长参与测试和评价的积极性和主动性。

怎么用：精准评价形成治理闭环

如何解决测评结果运用的难题？对于这一问题，广州从评价实测、科学统计、结果运用三方面形成教育治理闭环，将评价结果应用于全市初中学业评价，并将其作为“观察学生、体察老师、洞察学校、督导政府”的重要参考和主要依据。

年度市、区、校、班和个体五级报告必须发布，专家对市、区、校三级报告进行解读。各区教育局组织校级阳光评价年度报告解读暨培训会。以阳光学业评价为抓手，结合数字光学点阵技术，打造以智慧教辅、智能点阵笔为核心的智慧作业平台，为义务教育阶段学生学业负担重、课后辅导难等问题提供解决方案。

评价是为了教育增值。广州注重开展综合评价，更注重不同因素对学生发展的影响。个体评价结果只定向推送给学生本人和家长，不用于横向比较。同时，广州也关注不同区域、不同学校、同一学校学生的发展状况及其差异性，并从定性和定量方面予以更精准的描述和诊断。

此外，建立智慧评价常态化测评机制，将智慧评价模式扩展到粤港澳大湾区，对大湾区中小学实施教育质量智慧评价，为指导学生发展提供依据。探索建立以广州为核心的大湾区教育质量评价联盟，构建教育行政顶层设计、区县级行政积极参与、三方机构实施的共建共测共享机制。初步形成了基于网络、依托大数据的教育质量评价技术支持，具备了数据上传、后台管理、抽样与数据采集、自动化报告等功能，实现报告生成和结果运用的协同创新。评价组织机构与参评学校共同研究评价数据，依据数据并且结合学校实际进行科学归因，评价对象由评价的消费者转变为评价的贡献者，形成了新的评价文化。

请结合这一案例阐述中小学教育质量改革应注意哪些问题。

理解探究

1. 举例说明什么是教育评价、教育评估、教育测量和教育调查。
2. 列举三种教育评价模式，并简述其适合的应用领域、优势和不足。
3. 完整的教育评价活动包括哪些阶段和步骤？每个阶段的主要任务是什么？
4. 分别列举一种收集、处理教育评价信息和得出教育评价结论的方法，并结合案例说明其特点。
5. 结合案例说明我国目前在学生评价、教师评价或学校评价领域存在的问题，分析其原因并提出解决问题的对策。

阅读导航

1. 深化新时代教育评价改革总体方案 [M]. 北京：人民出版社，2020.
2. 教育部关于印发《中国教育监测与评价统计指标体系》的通知 [EB/OL]. (2015-09-07)[2023-04-15]. http://www.moe.gov.cn/srcsite/A03/s182/201509/t20150907_206014.html.
3. 教育部关于印发《国家义务教育质量监测方案（2021年修订版）》的通知[EB/OL]. (2021-09-26)[2023-04-15]. http://www.moe.gov.cn/srcsite/A11/moe_1789/202109/t20210926_567095.html.
4. 陈玉琨. 教育评价学 [M]. 北京：人民教育出版社，1999.
5. 金娣，王刚. 教育评价与测量 [M]. 北京：教育科学出版社，2002.
6. 吴钢. 现代教育评价教程 [M]. 2版. 北京：北京师范大学出版社，2015.
7. 胡中锋. 教育评价学 [M]. 3版. 北京：中国人民大学出版社，2016.
8. 刘志军. 教育评价 [M]. 北京：北京师范大学出版社，2018.

教学支持说明

（教学课件）

中国人民大学出版社教育学科秉承“出教材学术精品，育人文社科英才”的出版宗旨，多年来，出版了大批高质量的教育学、小学教育、学前教育专业教材和学术著作。

我们为本教材制作了相应的PPT教学课件，任何一位采用本书作为授课教材的教师均可免费获得该课件。为了确保该课件仅为授课教师获得，烦请您填写如下材料，并将相关信息通过E-mail发送给我们，我们将在收到相关信息后通过E-mail给您发送该课件。欢迎您加入我们的QQ群（教育新视野交流群，群号为159813080），或登录我社官方网站（www. crup. com. cn），注册并认证成为教师会员，以获得更好的服务。

我们的联系方式：

地址：（100872）北京市中关村大街甲59号文化大厦1202室

中国人民大学出版社

电话：（010） 62515955 62515054

E-mail：ggglcbfs@vip. 163. com

QQ群：159813080

兹证明____________大学/学院____________院/系____________专业____________学年第____________学期开设的________________课程，采用中国人民大学出版社出版的________________________________（书名、作者）作为本课程教材。授课教师为____________，授课班级共________个、学生________人。授课教师需要与本书配套的教学课件。

联 系 人：________________________

通信地址：________________________

邮　　编：________________________

电　　话：________________________

E-mail：__________________________

系/院主任：____________（签字）

（系/院办公室章）

________年______月______日

图书在版编目（CIP）数据

教育管理学/杨颖秀主编. -- 北京：中国人民大学出版社，2024.6
新时代马克思主义教育学系列教材/顾明远总主编
ISBN 978-7-300-32760-0

Ⅰ.①教… Ⅱ.①杨… Ⅲ.①教育管理学—高等学校—教材 Ⅳ.①G40-058

中国国家版本馆 CIP 数据核字（2024）第 082571 号

新时代马克思主义教育学系列教材
总 主 编 顾明远
执行主编 刘复兴
教育管理学
主 编 杨颖秀
Jiaoyu Guanlixue

出版发行	中国人民大学出版社		
社 址	北京中关村大街 31 号	邮政编码	100080
电 话	010－62511242（总编室）		010－62511770（质管部）
	010－82501766（邮购部）		010－62514148（门市部）
	010－62515195（发行公司）		010－62515275（盗版举报）
网 址	http://www.crup.com.cn		
经 销	新华书店		
印 刷	北京密兴印刷有限公司		
开 本	787 mm×1092 mm 1/16	版 次	2024 年 6 月第 1 版
印 张	21.25	印 次	2024 年 6 月第 1 次印刷
字 数	503 000	定 价	49.00 元